零碳发电技术教程

主 编 李珊珊 唐美玲 高庆忠
副主编 李卉颖 董颖男 唐 坚

北京理工大学出版社
BEIJING INSTITUTE OF TECHNOLOGY PRESS

内容提要

本书共分为七章，主要内容包括中国电力概述、生物质发电技术、化学电源、氢气储能与发电技术、太阳能发电技术、其他零碳发电技术、中国低碳电力发展。为使全书结构完整，对相应的太阳能、风能、地热能、生物质能和海洋能的概况和资源分布也做了比较详细的介绍，包含大量翔实数据、图表及诸多实例。

本书可作为能源电力类相关专业的高等职业教育教材，同时，该书也是"沈阳工程学院本科教学质量工程（校级规划教材）"，也可作为普通本科教材，以及研究生和中等职业教育参考书，也适合对零碳发电技术有兴趣的其他专业的学生学习，还可作为科普读物供希望了解零碳发电技术的读者参考。

版权专有　侵权必究

图书在版编目（CIP）数据

零碳发电技术教程 / 李珊珊，唐美玲，高庆忠主编. -- 北京：北京理工大学出版社，2023.5
　ISBN 978-7-5763-1983-5

Ⅰ. ①零… Ⅱ. ①李… ②唐… ③高… Ⅲ. ①电力工业－节能－技术－教材 ②电力工业－无污染技术－教材 Ⅳ. ①F407.61②TM

中国国家版本馆CIP数据核字（2023）第003575号

责任编辑：阎少华	文案编辑：钟　博
责任校对：刘亚男	责任印制：王美丽

出版发行 / 北京理工大学出版社有限责任公司
社　　址 / 北京市丰台区四合庄路6号
邮　　编 / 100070
电　　话 / (010) 68914026（教材售后服务热线）
　　　　　(010) 63726648（课件资源服务热线）
网　　址 / http://www.bitpress.com.cn
版 印 次 / 2023年5月第1版第1次印刷
印　　刷 / 河北鑫彩博图印刷有限公司
开　　本 / 787 mm×1092 mm　1/16
印　　张 / 16
字　　数 / 352千字
定　　价 / 79.00元

图书出现印装质量问题，请拨打售后服务热线，负责调换

前言

Foreword

零碳（carbon neutral）是全球最流行的词汇之一，其目的是减缓气候变化。"零碳"并不是不排放二氧化碳（CO_2），而是通过计算温室气体（主要是二氧化碳）的排放量，设计方案抵减"碳足迹"、减小碳排放量，达到"零碳"的目的，即碳的零排放。让我们从低碳做起，在衣食住用行各方面逐步接近"零碳"。零碳生活是指人们在社会生活各个方面尽可能节能减排并且将碳排放量降至最低，直至碳排放量为零。人们应践行自然、健康、和谐理念，在生产、生活中追求"可持续性发展"的目标。可以说，现今各国都通过发展潮汐能、风能、太阳能、核能等非碳能源发电供热的渠道来减少城市碳排放。

面对全球化石燃料逐渐枯竭的危机和生态环境受到污染的问题，以及自然灾害频繁发生的局面，人们深刻地认识到改善能源消费结构、大力发展可再生能源、走绿色发展道路已经刻不容缓。近年来，我国政府制定了多种促进零碳发电技术的政策，目的就是支持构建清洁、低碳、安全、高效的能源体系，大力构建可再生能源高比例应用，推动构建新能源占比逐渐提高的新型电力系统。

为了深入贯彻落实习近平总书记关于碳达峰碳中和工作的重要讲话和指示批示精神，认真落实党中央、国务院决策部署，落实《中共中央 国务院关于完整准确全面贯彻新发展理念做好碳达峰碳中和工作的意见》《2030年前碳达峰行动方案》的要求，把绿色低碳发展理念全面融入国民教育体系各个层次和各个领域，培养践行绿色低碳理念、适应绿色低碳社会、引领绿色低碳发展的新一代青少年，发挥好教育系统人才培养、科学研究、社会服务、文化传承的功能，特撰写本书，用浅显易懂的语言将学术性、知识性、趣味性融为一体，力求深入浅出，使读者在知识的天地里遨游。

本书共分为七章，第一章为中国电力概述，阐述中国电力发展概况、电力概况及中国低碳电力行动，作为本书的"前奏"，展开对基础理论体系的论述；第二章为生物质发电技术，条理清晰地将与生物质发电有关的知识，如我国生物质发电产业主要发展阶段、国内外生物质发电产业分析、我国生物质发电项目现存问题及其对策、垃圾焚烧发电技术、沼气发电技术等内容一一进行讲述，能够让读者了然于心；第三章拉开对化学电源研究的序幕，化学电源的发展与分类、化学电源的工作原理及组成、化学电源的电性能是本章研究的重点；第四章为氢气储能与发电技术，以氢气储能发电现状、氢气的储存技术、储氢材料、储氢容器、燃料电池共五节内容来呼应本章的主题；第五章为太阳能发电技术，深入浅出地剖析了新型太阳能电池，太阳能光伏发电，太阳能光伏发电系统的构成、工作原理和分类等内容；第六章论述了其他零碳发电技术，为读者徐徐展开了关于风力发电技术、海洋能发电技术、核能技术等内容的画卷；第七章是中国低碳电力发展，"十四五"中国低碳电力发展展望及政策建议是本章重点分析的内容。

本书由毕孝国策划并担任主审，李珊珊、唐美玲、高庆忠担任主编，李卉颖、董颖男、唐坚担任副主编，刘锋、陶燃、牛微参与编写。此外，唐坚、牛微还负责本书校对工作，刘锋、陶燃作为企业顾问为本书的编写提供了宝贵意见和建议，在此表示感谢。

本书在编写过程中参阅了大量相关资料，吸取了许多有益的内容，由于编者水平有限，书中难免存在疏漏和不当之处，恳请广大师生和读者予以批评指正，以臻完善。

编　者

2022年11日

目录

Contents

第一章　中国电力概述 ··· 1
 第一节　中国电力发展概况 ··· 2
 第二节　电力概况 ·· 11
 第三节　中国低碳电力行动 ··· 20

第二章　生物质发电技术 ·· 39
 第一节　我国生物质发电产业主要发展阶段 ······················· 40
 第二节　国内外生物质发电产业分析 ································ 43
 第三节　我国生物质发电项目现存问题及其对策 ················· 52
 第四节　生物质气化发电技术 ·· 62
 第五节　垃圾焚烧发电技术 ··· 83
 第六节　沼气发电技术 ·· 98
 第七节　农林生物质直燃发电技术 ·································· 115

第三章　化学电源 ··· 129
 第一节　化学电源的发展与分类 ····································· 130
 第二节　化学电源的工作原理及组成 ································ 132
 第三节　化学电源的电性能 ··· 134
 第四节　常见化学电池简介 ··· 141

第四章　氢气储能与发电技术 ·· 153
 第一节　氢气储能发电现状 ··· 154
 第二节　氢气的储存技术 ·· 164
 第三节　储氢材料 ·· 168
 第四节　储氢容器 ·· 172

第五节　燃料电池 ········· 179

第五章　太阳能发电技术 ········· 181
　　第一节　新型太阳能电池介绍 ········· 182
　　第二节　太阳能光伏发电概述 ········· 183
　　第三节　太阳能光伏发电系统的构成、工作原理和分类 ········· 188
　　第四节　离网（独立）光伏发电系统 ········· 192
　　第五节　并网光伏发电系统 ········· 196
　　第六节　太阳能热气流发电系统 ········· 200
　　第七节　太阳能利用发展现状和趋势 ········· 211

第六章　其他零碳发电技术 ········· 215
　　第一节　风力发电技术 ········· 216
　　第二节　海洋能发电技术 ········· 220
　　第三节　核能技术 ········· 224
　　第四节　农林电技术 ········· 230
　　第五节　地热发电技术 ········· 234
　　第六节　CO_2捕集技术 ········· 236

第七章　中国低碳电力发展 ········· 239
　　第一节　重要影响因素 ········· 240
　　第二节　"十四五"中国低碳电力发展展望 ········· 243
　　第三节　政策建议 ········· 247

参考文献 ········· 249

第一章　中国电力概述

章前导读

中国有电历史开始于 140 年前，1882 年 7 月 26 日，中国第一盏电灯在上海亮起。在多方共同努力下，截至 2021 年年底，我国电力装机容量、发电量分别增长至 23.8 亿千瓦、8.4 万亿千瓦时，可再生能源发电装机突破 10 亿千瓦，水电、风电、光伏发电装机容量均超 3 亿千瓦，位居世界首位。

在"双碳"战略下，能源电力发展既充满机遇，也面临挑战。要立足以煤为主的基本国情，保障电力安全供应；要通盘谋划，加快发展可再生能源，加快推进电力绿色转型发展；要健全完善能源电力科技创新体系，提升电力自主创新能力；要坚决破除体制机制障碍，加快推进全国统一电力市场体系建设，全面深化电力体制机制改革；要始终坚持以人民为中心的发展思想，持续提升电力服务民生水平；通过完整、准确、全面贯彻新发展理念，扎实推进能源电力绿色低碳高质量发展。

学习目标

1. 了解中国电力发展进程、绿色电力市场化现状及政策。
2. 掌握国内外低碳各项政策。

案例导入

2022 年 9 月，天津市滨海新区中新天津生态城有效整合、高效利用风、光、地热等清洁能源，打造"生态宜居"型智慧能源新城。其多维感知、多能互补、多方参与、多元服务；区域供电可靠性、清洁能源利用比例、电能占终端能源比重、综合能源利用效率等核心技术指标达到国际领先水平。中新天津生态城围绕"生活更舒适，出行更低碳，体验更便捷"三大目标，在已有的智能电网建设成果上，通过主动运维、智慧运检进一步提升能源供应网络基础设施；部署新型智能电能表、家庭能源路由器等装置，为居民提供智慧生活服务；通过电动车无线充电、高效充电技术应用，服务小镇低碳出行；建设多业态绿色能源公建和能源数据服务平台，系统提升清洁能源消纳率达到 100%，电能占终端能源比例超过 45%。

——引自《中国发展网》

第一节　中国电力发展概况

电力工业是国民经济的重要基础工业，是资金密集型、技术密集型的基础产业，是社会公用事业的重要组成部分。

1882年7月26日，中国电力工业诞生。从此，马克思称之"电气火花"的"无比的革命力量"，开始降临具有5 000年悠久文明史的中国大地，开启了曲折漫长而又波澜壮阔的中国电气化进程。随着中国社会历史的变迁，经过数代中国电力工作者的不断努力奋斗，中国电力工业从小到大、从弱到强，历经140年的发展壮大，已经跃居世界电力工业先进行列。

中国电力工业的历史是一部国家兴衰史。中国电力工业在其发展的前60多年里，发展极其缓慢，技术和装备十分落后。1949年前中国的电力工业史是一部被列强掠夺、饱受战争创伤的辛酸史。中华人民共和国的成立是中国电力工业迅速崛起的里程碑。从此，我国电力工业走上了欣欣向荣的康庄大道。

中华人民共和国电力工业的历史是一部艰苦奋斗史。中华人民共和国的电力工业是从战争的废墟中起步的，中国电力工作者在一穷二白的基础上，发扬愚公移山的精神，依靠自己的力量和聪明才智，独立自主、自力更生、顽强拼搏、不懈努力，创造了一个又一个辉煌。没有艰苦奋斗，就没有发展壮大的中国电力工业。

中华人民共和国电力工业的历史是一部改革发展史。中国电力工业跨越式发展得益于改革开放。改革开放破除了体制机制的障碍和藩篱，调动了电力市场主体的积极性和创造性，极大地解放了生产力；改革开放使中国电力工业从引进资金、设备和技术到走向国际市场、赶超世界先进水平。没有改革开放，就没有走向世界的中国电力工业。

中华人民共和国电力工业的历史是一部科技进步史。电力工业是技术密集型产业，技术进步是高质量发展的动力。中国电力工业坚持自力更生与引进、消化、吸收、创新相结合，短短几十年突破了众多重大技术、重大工程、重大装备的难关，在发电、输变电、大电网自动控制等多个领域进入世界先进行列。没有科技进步，就没有高质量发展的中国电力工业。

中华人民共和国电力工业的历史是在中国共产党领导下创造的历史。中华人民共和国成立之初即明确电力工业是国民经济"先行官"的地位。在中国共产党的领导下，中国电力工业开辟了一条中国特色社会主义的发展之路。"人民电业为人民""能源建设以电力为中心""四个革命、一个合作"能源安全新战略，引导中国电力工业持续健康和高质量发展。电力工业所取得的辉煌成就，是中国共产党领导中国人民在电力行业从胜利走向胜利的光辉写照。

党的十九大提出，2035年要基本实现社会主义现代化，2050年要建成富强民主文明和谐美丽的社会主义现代化强国。电力作为社会发展的生产资料，又是生活资料，也是物质文明和精神文明的基础，将伴随社会经济的发展、人民生活水平的提高而不断发展。"十四五"时期，我国已转向高质量发展阶段，将由全面建成小康社会转向全面建设社会主义现代化国家，处于转变发展方式、优化经济结构、转换增长动力的攻坚期。我国电力工业从总量来看已成为世界第一，技术水平和管理水平都已进入世界先进行列，但我国人均占有电量只有发达国家的60%左右，人均生活用电仅为发达国家的35%左右。据初步预测，到2050年中国达到现代发达国家水平，从电力需求来说，今后30年内需再新增发电容量30亿千瓦以上；从技术发展来说，在提高电力智能化、自动化水平上，在煤的清洁高效利用与可再生能源的高效转换上，在电能供应质量和可靠性上，在节能环保和综合能源管理上，都需要科技创新和技术升级，这是所有电力工作者的重要职责和伟大使命。电力工业将始终坚持"创新、协调、绿色、开放、共享"的新发展理念，坚持创新驱动战略，加强核心技术攻关，推动服务模式创新，促进中国电力工业高质量发展，为经济社会健康发展提供坚强支撑。

一、中国电力发展阶段

天热了，手指轻轻拨动开关，空调、电扇等电器开始运转，这就是人们日常生活习惯的动作。在开关的背后，是迄今为止最复杂的人造电力系统。我国电力行业从落后到进入世界领先行列，经历了数代人百余年的摸索和奋斗。我国电力发展大致经历了四个阶段：1882—1949年，起步期；1949—1978年，艰苦创业期；1979—2002年，蓬勃发展期；2003年至今，改革收获期。

(一)起步期(1882—1949年)

1843年，根据《南京条约》《五口通商章程》的规定，1846年，上海正式开埠，租界设立。中外贸易的中心逐渐从广州迁移到了上海。世界各地慕名前来的传教士、外交官员、海员、商人、旅游者络绎不绝，由于当时租界当局仍然实施华洋分居的政策(1853年小刀会起义后才得以松动)，传统的中国旅馆无法满足陡增的市场需求。

一名叫彼得·菲利克斯·礼查(Peter Felix Richards)的英国籍进出口商人，在靠近上海县城的洋泾浜南岸开设了第一家西式旅馆，礼查饭店(Richards' Hotel and Restaurant)由此诞生。1856年，外白渡桥前身"韦尔斯桥"建成，礼查以极其低的价格买下苏州河口黄浦江河岸边的一块荒地，将饭店迁建，1859年改名为Astor House Hotel(Astor当时是豪华酒店的冠名词)。1860年，亨利·史密斯从礼查手里接手这座酒店，改名Astor House，就是今天上海著名的浦江饭店，如图1-1所示。

这家饭店在史密斯接手后进行改造，创造出中国历史上多个第一。如上海第一个使用煤气的地方、第一部电话在这里接通、最早使用自来水、半有声露天电影在中国第一次亮相……这里还是中国最早装电灯的地方。

图 1-1　早期的浦江饭店

1882年4月,英国人立德尔(R. W. Little)和狄斯(C. M. Dyce)、罗(G. E. Low)、魏特迈(W. S. Wetmore)等招股集银5万两,在大马路31号(今南京路江西路口老同孚洋行的院落),成立了第一家发电厂——上海电气公司。上海电气公司从美国克利夫兰的布拉什电气公司购买了一台12千瓦的直流发电机,在电厂围墙内竖起第一根电灯杆,并沿外滩到虹口招商局码头立杆架线。7月26日下午7时,电厂开始供电,共有15盏弧光电灯被点亮,其中有7盏,就位于礼查饭店内部及花园。"亮灯仪式"宣告上海成为中国最早,也是全世界第三个使用电能照明的城市(英法租界之前也有过路灯,不过使用的是安全系数更低的煤气灯)。

尽管上海电气公司是由英国人建立的,但中国是与世界基本同步打开电气时代的。上海电气公司只比法国巴黎北火车站电厂(世界第一座发电站)晚建7年,比英国伦敦霍尔本高架路电厂晚建6个月,与爱迪生在美国建立的第一座电站同年(他安装了世界上第一个在纽约市的金融区珍珠街的中央发电设备),比俄国圣彼得堡电厂早1年,比日本桥矛场町发电所早5年。

继上海以后,北京、天津、广州、台北、旅顺等中国重要城市也相继供了电,成为中国近现代工业文明的重要坐标。1888年,北洋大臣李鸿章将发电设备和电灯作为贡品献给慈禧太后。发电设备安装在仪銮殿(今怀仁堂)西门墙外盔头作胡同北侧饽饽房。1888年12月14日,伴随着机房嗡嗡作响的发电声,仪銮殿的电灯照亮了北京城夜空,由此,北京城第一次出现电力照明。经李鸿章奏准,清政府成立了北京专门的供电机构,即西苑电灯公所。

电力技术在很短时间内被引入中国,西方主要国家(如英国、法国、德国、俄国、日本等),相继在上海、中国香港、天津、青岛、大连、旅顺等地组建电气公司。20世纪初,是中华民族电力工业与帝国主义竞争时期,各地纷纷成立官办、商办的电灯公司或电厂。

辛亥革命前，中国共有80座电厂，发电设备总容量37 000 kW；1936年，中国发电设备总容量增加到1 365 792 kW，年发电量44.5亿千瓦时，位居世界第14位。这些算是中国人电力事业起家时的全部家当。

"卢沟桥事变"后，中国电力工业在拆迁和战乱中损失惨重。国民党政府西迁重庆后，在后方建了一些电厂。而在沦陷区，大量电力设备和整座电厂则不断落入日本军国主义之手。

关乎经济命脉的大型电力企业基本集中在沿海、沿江地区等战争前线，怎样才能尽可能减少损失？只能内迁！杭州和广州两座电厂来不及撤走，被迫就地炸毁。其他如戚墅堰电厂、南京下关电厂，因受敌机轰炸，部分设备被毁。上海华商、闸北、浦东等的发电设备、输电杆线器材等，多被日军拆迁移用，损失严重。

1938年10月，日军逼近武汉，当时全国规模较大电厂之一的汉口既济水电公司的员工们冒着敌机轰炸扫射的危险，克服饥饿、疲劳、交通阻塞等各种困难，肩挑背扛、跋山涉水，将发电设备搬运到大后方的重庆。部分来不及撤走的电力设备，只好就地炸毁……

当时，后方的电厂也缺少设备，从国外进口又因海上通道被封锁，内运困难重重，缓不济急。为保证生产和战时供电需要，不得不将邻近战区的发电设备拆迁至后方，尽量修复利用，重新安装发电。在常熟、九江、汉口、连云港、郑州、长沙、宜昌等地拆移设备30余套，器材总质量在5 000 t以上，大后方电力设备的供给大多数依赖这些拆迁的旧设备。就是在这么艰苦的环境下，我们还是保留了中国电力一点点火种。

我国的电力工业是从服务租界"洋人"及服务日本侵略者掠夺中国大量煤炭资源开始的，当时的电力工业总体规模小、单机容量规模小、单厂规模小，从空间分布上主要集中在租界、东北和江浙等城市，大多数的中国人还没用过电。

(二)艰苦创业期(1949—1978年)

所谓不破不立，破而后立，中国电力事业在经过60多载的沉沦后，终于在1949年迎来了曙光。随着天安门城楼上的宣言响彻全世界，中华人民共和国成立了！

中华人民共和国电力工业是在"中共中央燃料工业处"的基础上起步的。在这个基础上，组建了燃料工业部，管理全国的煤炭、石油和电力工业。

当时东北、华北地区已形成的电力系统如下：

(1)东北中部电力系统，以丰满水电站为中心，采用154 kV输电线路，连接沈阳、抚顺、长春、吉林和哈尔滨等地区；

(2)东北南部电力系统，以水丰水电站为中心，采用220 kV和154 kV输电线路，连接大连、鞍山、丹东、营口等供电区；

(3)东北东部电力系统，以镜泊湖水电站为中心，采用了110 kV输电线路，连接鸡西、牡丹江、延边等供电区；

(4)冀北电力系统，以77 kV输电线路连接北京、天津、唐山等供电区和发电厂。

1949年，全国发电量只有43.08亿千瓦时，远远不够用。同年年初，中国委托苏联彼得格勒水电设计院做出丰满水电站修复和扩建工程的设计（366号设计）才正式开工。也是这一年，中国陆续开始在上海、哈尔滨、东方三大发电设备制造基地，开启一边收购设备发电一边加快学习吸收国外先进技术，转化为适合中国发电条件的技术。到第一个五年计划开始的1953年，中国总发电量突破百亿千瓦时大关。

限制重工业发展的电荒问题基本解决了，但新困难接踵而至，即电力系统的自主化。如果苏联中断援助，中国的重工业体系随时有停摆的可能。所以，中国在1953年，又启动了发电设备和技术的国产化进程。

1955年，我国的第一台空冷6 000 kW轮汽发电机组成功下线，由上海汽轮机厂自行设计和制造；1955年7月30日，电力工业部成立。

1956年，中国第一套6 000 kW火电机组在安徽淮南电厂顺利投入运行，从此结束了我国不能制造火电设备的历史。

1957年，中华人民共和国第一座自己勘测、设计、施工和制造设备，浙江新安江水电站建成，被誉为"长江三峡的试验田"。1958年2月11日，水利部与电力工业部合并，第一次重组成立水利电力部。

1959年10月，我国第一座自行制造设备、自行设计、自行安装建设的大型高温高压热电厂在哈尔滨建成。1969年，我国首座自行设计、施工、设备制造的百万千瓦级水电站刘家峡投运。

1972年，国产第一台20万千瓦火电机组，在辽宁朝阳电厂投运；1974年，国产第一台30万千瓦燃油机组，在江苏望亭电厂投运；1975年，国产第一台3 000 000 kW燃煤机组，在河南姚孟电厂投运。

此后，中国电力工业得到了迅速发展，电力装机规模和发电规模不断扩大，有力地支持了经济社会的发展，实现了电力在大中城市的普及。电力装机容量从1949年185万千瓦，增长到1978年的5 712万千瓦，增加了30倍；发电量从1949年的43亿千瓦时，发展到1978年的2 566亿千瓦时，增加了59倍。电网建设初具规模，初步形成了华北、东北、华东、华中、西北5个跨省电网及山东、福建、广东、广西、四川、云南、贵州、蒙西等10多个独立省网，不少省网还分别由几个独立的小电网供电。

用电量计划配给，电价国家统一制定，电力建设政府单一投资，电厂和电网都是政府的附属单位。这一时期，尽管电力工业发展迅速，但还是不能满足经济快速发展的需求。到1978年，全国发电装机缺口达1 000万千瓦，发电量缺口达400亿千瓦时，出现了全国性缺电局面。人民生活用电得不到高质量保障，工厂生产用电是"停三开四、停二开五"。1979年2月23日，中央决定撤销水利电力部，成立电力工业部和水利部。

（三）蓬勃发展期（1979—2002年）

党的十一届三中全会以来，电力工业进入改革发展阶段，中国电力工业开启了改革之路。按照"政企分开，省为实体联合电网，统一调度，集资办电"和"因地因网制宜"办电原则，打破发电环节垄断，打破政府单一定价模式，对电力体制进行一系列的改革。

集资办电有两种主要方式：一是集资扩建、新建电厂；二是卖用电权，将这部分资金作为电力建设资金。国家还同意,在华东地区实行每度电征收二分钱作为电力建设基金,用于投资办电。从1988年1月1日开始,"二分钱办电"的范围从华东变成全国。在"二分钱"的基础上,各省市区又出台了地方办电基金。直到2000年12月31日,包括地方出台征收的资金在内,全国共征收到电力建设资金750亿元。三峡、二滩水电站建设都利用了这笔资金。

1978年10月到12月,第一机械工业部派人去欧洲和日本考察,参观了欧洲11个发电设备制造企业、5个高压开关厂、日本三菱和日立共177家工厂,大开眼界。1980年,国家决定拿出仅有的一点外汇,让第一机械工业部负责引进制造技术(电力部则负责引进电厂设计)。我国相继成立了华能国际电力开发公司和国家能源投资公司。全国各省、自治区、直辖市也纷纷成立能源、电力、能交、信托等投资公司。

1988年1月1日,时任国家计委的主任黄毅诚和时任铁道部的部长丁关根一起到广东视察工作,先后考察了深圳飞机场、大亚湾核电站、东莞、广州市。黄毅诚向国家领导人提出的意见是,电力系统改革一步到位,不再保留全国性的机构,各网省局直属能源部,组织五大电力公司;煤炭分两步走,第一步把煤炭部分为东北、关内统配煤和地方公司,第二步在1990年前再把关内统配公司分为三个地区公司,成立一个煤炭企业联合会;石油工业1990年以后再组建四五个地区综合性公司,届时也成立一个石油企业联合会。核工业的改革到下个五年再说。

1988年,水电部被撤销,能源部成立。黄毅诚任国家能源部部长。1993年,能源部被撤销,成立电力工业部。能源部将电力联合公司改组为电力集团公司,组建了华北、东北、华东、华中、西北五大电力集团。同一时期,高耗能的化工厂、有色冶炼企业也发展起来,针对供电不足的状况,中央决定允许让高耗能企业建设自备电厂,自发自用。

大量的投资持续涌入电力领域,包括地方政府、民资、外资等,电力能源建设发展一日千里。到了20世纪90年代中后期,电力开始供过于求。1996年年底,撤销电力部,组建国家电力公司。

1987年,二滩电站获得国家立项批复,总投资需要200多亿元。当时国家没有这么多钱,只能借钱发展。1991年6月,世界银行董事会通过了对二滩电站7.8亿美元的贷款。第一期贷款3.8亿美元;之后,又从世界金融机构融资,引进外资10.789亿美元。直到1998年7月,二滩一期建设完工,第一台机组开始发电。1998年8月,在国家电力公司的主持协调下,二滩公司与四川省电力公司、重庆市电力公司重新签订了《电力电量购销合同》。根据该合同,二滩电站在1998—2000年的合同上网电量分别为9.8亿千瓦时、66.3亿千瓦时、93.1亿千瓦时。

事实上,二滩电站实际的上网电量却非常低。1998年和1999年二滩电站的实际上网电量仅为7.5亿千瓦时和49.84千瓦时,弃水电量分别达15.6亿千瓦时和81.16亿千瓦时。投产两年,二滩累计亏损已达12.5亿元。

这就引出一个问题:既然没有市场,项目为什么要开始?一边用煤发电,一边建好的水电站把水白白放掉(这个弃电,中国在光伏、在风能发电里也有)?当时的解释是,西部地区电力负荷低,大型电站电力地方难以消纳,而各省电网互为独立,都愿意先用本省的电。

以此为导火索，国务院提出电力体制改革。2002年的《电力体制改革方案》，明确电力工业改革的重点任务是"厂网分开、主辅分离、输配分开、竞价上网"。同年12月，国家电力公司拆分为两大电网公司和五大发电公司。

(四)改革收获期(2003年至今)

1996年2月，山东省在全国率先实现户户通电。截至2020年，我国电力工业投资达到10 189亿元。通过改革，电力装机容量和发电量从改革开放之初的5 712万千瓦、1.1万亿千瓦时(1978年)，增加到22亿千瓦、7.6万亿千瓦时(2020年)，分别增长了3 854倍和653倍。

回首百年，中国的电力工业从一片废墟中艰辛探索，经过足足上百年的不懈努力，披荆斩棘攻坚一个又一个技术难关，才走到了如今全世界的前列，创下一个个工业奇迹。

如今中国拥有全球第一的风电并网容量、全球第一的特高压直流输电工程、全球在役最大火力发电厂、全球第一的电源装机总规模、全球规模最大的特高压交直流混合电网、全球单机容量最大功率的百万千瓦水轮发电机组等。

2020年以来，能源荒遍及全球甚至出现惊人的事件。美国一季度寒潮导致得克萨斯州电价飙升超百倍，欧洲电荒，英国三季度电价也一度大涨7倍，而印度全国频频大面积停电成为家常便饭……中国民用平均电价为0.542元，在近十几年来物价一直上涨的通胀环境下，中国的电价没有明显上涨。甚至国家电网还主动为企业纾困减免了926亿元的电费，以利润下滑为代价，助力国家恢复生产。

正是因为保证了电力的供应，中国在高速公路、高铁、药品、谷物、肉类、棉花、水果、钢、煤、水泥、化肥、飞机、坦克、导弹、常规武器、船舶、汽车、铁路机车、摩托车、机床、风力发电机、家用电器、手机、数字程控交换机、计算机等方面的产品产量才能走在世界前列。

随着中国的电力工业体系成为国际标准，中国的电力事业也走出国门，助力很多技术落后国家布局电网。国家电网已在菲律宾、葡萄牙、澳大利亚、意大利、比利时、希腊、阿曼、智利等国家和地区，成功投资运营骨干能源网资产，并全部实现盈利。

回顾中国的电力事业百年奋斗史，从1882年在上海点亮的第一盏电灯到现在，中国电力工业已经走过140年的风雨历程。电已然从百年前的"奢侈品"，成为中国人的"必需品"，并指引我们前进。

二、中国电力未来发展

2020年是中国全面建成小康社会的收官之年，也是推进落实生态环境"十三五"规划目标并取得污染防治攻坚战阶段性胜利的关键之年。电力行业积极抗击突如其来的新冠肺炎疫情的同时，有效落实"四个革命、一个合作"能源发展新战略，进一步提高了非化石能源发电比重、提升了化石能源清洁化水平、增加了电力系统灵活性等，为经济社会发展和能源清洁低碳转型做出了积极贡献。

(一)电力生产与消费

1. 电力生产

(1)装机容量。根据中国电力企业联合会(以下简称中电联)《2020年全国电力工业统计快报》(以下简称统计快报),截至2020年年底,中国发电装机容量达到220 058万千瓦,同比增长9.5%。其中,水电37 016万千瓦,同比增长3.4%(包括抽水蓄能3 149万千瓦,同比增长4.0%);火电124 517万千瓦,同比增长4.7%(包括燃煤发电107 992万千瓦,同比增长3.8%;燃气发电9 802万千瓦,同比增长8.6%);核电4 989万千瓦,同比增长2.4%;并网风电28 153万千瓦,同比增长34.6%;并网太阳能发电25 343万千瓦,同比增长24.1%。

根据中电联《中国电力行业年度发展报告2020》(以下简称统计年报),截至2019年年底,中国全口径发电装机容量为201 006万千瓦,同比增长5.8%。其中,水电35 804万千瓦,同比增长1.5%(包括抽水蓄能3 029万千瓦,同比增长1.0%);火电118 957万千瓦,同比增长4.0%(包括燃煤发电104 063万千瓦,同比增长3.2%;燃气发电9 024万千瓦,同比增长7.7%);核电4 874万千瓦,同比增长9.1%;并网风电20 915万千瓦,同比增长13.5%;并网太阳能发电20 418万千瓦,同比增长17.1%。中国人均装机容量为1.44千瓦/人,比2018年增加0.08千瓦/人。

(2)发电量。根据统计快报,2020年,中国全口径发电量为76 236亿千瓦时,同比增长4.0%。其中,水电13 552亿千瓦时,同比增长4.1%(包括抽水蓄能334亿千瓦时,同比增长4.8%);火电51 743亿千瓦时,同比增长2.5%(包括燃煤发电46 316亿千瓦时,同比增长1.7%;燃气发电2 485亿千瓦时,同比增长6.9%);核电3 662亿千瓦时,同比增长5.0%;并网风电4 665亿千瓦时,同比增长15.1%;并网太阳能2 611亿千瓦时,同比增长16.6%。

根据统计年报,2019年,中国全口径发电量为73 269亿千瓦时,同比增长4.7%,增速比2018年降低3.6个百分点。其中,水电13 021亿千瓦时,同比增长5.7%(包括抽水蓄能319亿千瓦时,同比减少3.0%);火电50 465亿千瓦时,同比增长2.5%(包括燃煤发电45 538亿千瓦时,同比增长1.6%;燃气发电2 325亿千瓦时,同比增长7.9%);核电3 487亿千瓦时,同比增长18.2%;并网风电4 053亿千瓦时,同比增长10.8%;并网太阳能发电2 240亿千瓦时,同比增长26.6%。中国人均发电量为5 242千瓦时/人,比2018年增加229千瓦时/人。

2. 电力消费

根据统计快报,2020年,中国全社会用电量为75 110亿千瓦时,同比增长3.1%。分产业看,第一产业用电量859亿千瓦时,同比增长10.2%;第二产业用电量51 215亿千瓦时,同比增长2.5%;第三产业用电量12 087亿千瓦时,同比增长1.9%;城乡居民生活用电量10 950亿千瓦时,同比增长6.9%。

根据统计年报,受宏观经济运行稳中趋缓、2018年用电量增速基数偏高、夏季气温比2018年偏低和冬季气温比2018年偏高等因素的综合影响,全社会用电量实现稳定增长。2019年，中国全社会用电量为72 486亿千瓦时，比2018年增长4.4%，增速比2018年下降4%。电力消费结构持续优化，第一产业、第二产业、第三产业和城乡居民生活用电量占全社会用电量的比重分别为1.1%、68.4%、16.4%和14.1%；与2018年相比，第三产业和城乡居民生活用电量占比分别提高7‰和1‰，第二产业用电量占比降低8‰。中国人均用电量、人均生活用电量分别为5 186千瓦时/人和733千瓦时/人，较2018年分别增加241千瓦时/人和38千瓦时/人。

(二)电力结构

1. 非化石能源发电

根据统计年报，截至2019年年底，中国全口径非化石能源发电装机容量为84 410万千瓦，同比增长8.8%，占总装机容量的42.0%，比重较2018年提高1.2%。2019年，非化石能源发电量为23 930亿千瓦时，同比增长10.6%，占总发电量的32.7%，比重较2018年提高1.7%。

2. 火力发电

根据统计快报，截至2020年年底，中国火电装机容量为124 517万千瓦，占全国总装机容量的56.6%。其中，燃煤发电装机容量107 992万千瓦，占比49.1%，首次降至50%以下；燃气发电9 802万千瓦，占比4.5%。2020年，火电发电量为51 743亿千瓦时，占全国总发电量的67.9%。其中，燃煤发电量46 316亿千瓦时，占全国总发电量的60.8%；燃气发电量2 485亿千瓦时，占全国总发电量的3.3%。

根据统计年报，2019年，中国火电装机容量118 957万千瓦，占全国发电装机容量的59.2%，比2018年降低1.0个百分点。其中，燃煤发电104 063万千瓦，占比51.8%，比2018年降低1.3%。火电发电量50 465亿千瓦时，占全国总发电量的68.9%，比2018年降低1.5%。其中，燃煤发电量45 538亿千瓦时，占全国总发电量的62.2%，比2018年降低1.9%。

火电发电结构持续优化。一方面，大容量、高参数、节能环保型火电机组比重持续提高，火电单机30万千瓦及以上机组容量占火电机组容量从2010年的72.7%逐年上升到2019年的80.5%，累计提高7.8%；另一方面，热电联产机组比重持续提高，火电供热机组利用高品质能量发电、较低品质的能量供热(减少汽轮机冷端热损失)，可实现能量的梯级利用，提高能源利用效率。截至2019年年底，火电供热机组容量比重超过43.7%；6 000千瓦及以上火电厂热电比达到28.89%。

3. 电网规模及等级

截至2019年年底，中国电网35 kV及以上输电线路回路长度为193.5万千米，比2018年增长3.4%。其中，220 kV及以上输电线路回路长度75.5万千米，比2018年增长4.1%。中国电网35 kV及以上变电设备容量为65.3亿千伏，比2018年增长7.6%。其中，220 kV及以上变电设备容量42.7亿千伏，比2018年增长5.7%。2019年中国35 kV及以上输电线路回路长度及变电设备容量见表1-1。

表 1-1 2019 年中国 35 kV 及以上输电线路回路长度及变电设备容量

电压等级		输电线路回路长度		变电设备容量	
		长度/万千米	增长率/%	容量/亿千伏	增长率/%
35 kV 及以上各电压等级合计		193.5	3.4	65.3	7.6
220 kV 及以上各电压等级合计		75.5	4.1	42.7	5.7
其中	1 000 kV	1.2	12.6	1.6	10.2
	±800 kV	2.2	—	1.8	—
	750 kV	2.2	8.1	15.7	5.7
	500 kV	20.9	3.3	1.3	5.9
	其中±500 kV	1.5	—	1.2	—
	330 kV	3.2	6.6	20.1	2.5
	220 kV	45.3	4.2	—	4.8

第二节 电力概况

目前火力发电占据了我国电力的大半壁江山，但是，抱着"绿水青山就是金山银山"的信念，随着清洁能源规模和利用的大幅增加，中国电能消费被注入越来越多的绿色活力。《能源生产和消费革命战略（2016—2030）》明确提出 2020 年、2030 年非化石能源占一次能源消费比重达 15%、20%。预计到 2050 年，中国能源发展将出现"两个 50%"，即能源清洁化率（非化石能源占一次能源消费比重）超过 50%，电气化率（电能占终端能源消费比重）超过 50%。

中国电力谱写的用电奇迹，不仅解决了中国能源逆向分布的问题，还会将更多源源不断的绿色能源输送到中国经济发展的中心、扶贫攻坚的阵地。换而言之，我们不仅要让全民通电，还要让大家全都用上绿色电。[①]

一、污染控制

火电行业积极贯彻落实国家各项污染控制政策要求，对主要排放口、无组织排放源、电煤运输等环节加强管理，污染治理技术与管理水平持续提升，主要大气污染物和废水排放水平持续向好。截至 2020 年年底，全国达到超低排放限值的煤电机组装机容量约为 9.5 亿千瓦，约占全国煤电总装机容量的 88%。

（一）大气污染治理

1. 烟尘

2019 年，中国电力烟尘排放总量约为 18 万吨，同比下降约为 12.2%；单位火电发

---

① 蒋茂荣，肖新建. 碳达峰碳中和背景下，我国煤炭减量发展途径初步分析与建议[J]. 中国能源，2021，43(9)：38-43.

电量烟尘排放量约为 0.038 g/(kW·h)，同比下降约为 0.006 g/(kW·h)。

2. 二氧化硫

2019 年，中国电力二氧化硫排放总量约为 89 万吨，同比下降约为 9.7%；单位火电发电量二氧化硫排放量约为 0.186 g/(kW·h)，同比下降约为 0.025 g/(kW·h)。

3. 氮氧化物

2020 年，中国电力氮氧化物排放总量约为 93 万吨，同比下降约为 3.1%；单位火电发电量氮氧化物排放量约为 0.195 g/(kW·h)，同比下降约为 0.011 g/(kW·h)。

(二) 废水治理

2020 年，火电废水排放总量为 2.73 亿吨，比 2005 年峰值 20.2 亿吨下降 86.5%；单位火电发电量废水排放量为 54 g/(kW·h)，比 2000 年的 1.38 kg/(kW·h) 下降 96.1%。

1. 资源节约

2020 年，电力行业持续推进煤电节能升级改造，淘汰落后产能，加大供热改造力度，供电标准煤耗、水耗等主要指标持续向好；同时，加强火电厂大宗固体废物（粉煤灰、脱硫石膏等）资源化利用，综合利用率持续提高。

(1) 节能降耗。根据国家能源局发布的 2020 年全国电力工业统计数据，2020 年，中国 6 000 kW 及以上电厂供电标准煤耗 305.5 g/(kW·h)，比 2019 年降低 0.9 g/(kW·h)；全国电网线路损失率 5.62%，比 2019 年降低 3.1‰。

(2) 水资源节约。2020 年，中国火电厂单位发电量耗水量 1.21 kg/(kW·h)，比 2019 年降低 0.02 kg/(kW·h)。

2. 固废综合利用

(1) 粉煤灰。2020 年，中国火电厂粉煤灰产生量 5.5 亿吨，与 2019 年持平；综合利用量 4.0 亿吨，比 2019 年增加 0.1 亿吨；综合利用率 72%，比 2019 年提高 1%。

(2) 脱硫石膏。2020 年，中国火电厂脱硫石膏产生量约为 8 200 万吨，比 2019 年略有增加；综合利用量约为 6 150 万吨，比 2019 年增加约为 100 万吨；脱硫石膏综合利用率 75%，比 2019 年提高 1%。

二、低碳发展

2020 年，电力行业积极应对气候变化，大力发展非化石能源发电，优化发展火力发电，通过调整电力结构、节能降耗、发挥市场机制等多种措施促进电力低碳发展，电力行业碳排放强度持续向好、削减温室气体贡献持续提高，为国家落实应对气候变化目标和碳减排承诺做出积极贡献。低碳发展宣传图如图 1-2 所示。

图 1-2 低碳发展宣传图

我国在2020年第七十五届联合国大会上提出将提高国家自主贡献目标，力争在2030年前实现碳排放达到峰值，在2060年前实现碳中和。而电力行业作为中国主要的化石能源消费和碳排放大户，在"十三五"期间的碳排放增量中，有80%以上来自电力部门，且在2020年碳排放占比超过全国碳排放总量的43%。因此，电力行业低碳转型发展是中国社会经济实现可持续绿色发展的内在要求，也是中国实现"双碳"目标的必然选择。电力行业低碳转型的关键是推进电力清洁化，降低对传统化石能源电力的依赖。因此，促进可再生能源合理开发与利用及大规模部署，如碳捕集与封存(Carbon Capture and Storage，CCS)技术是构建低碳能源系统的有效途径。近年来，中国政府也一直予以高度重视。在2015年《巴黎协定》中，中国政府提出到2030年非化石能源占一次能源消费比重的20%。在2016年《可再生能源发展"十三五"规划》中，政府进一步明确了中国可再生能源发展的指导思想和主要任务。再者，在关于做好碳达峰、碳中和工作的指导文件中，也再次强调电力系统脱碳是实现碳达峰、碳中和的关键。然而，考虑到电力行业是国民经济和社会发展的重要基础性行业，其低碳转型很可能会通过改变部门的成本结构、资源配置等，进而会对经济系统的其他部分产生明显的波及效应。

中国能源供应保障能力稳步提高，2021年一次能源生产总量达到43.3亿吨标准煤，同比增长6.3%，增速较2020年提高3.8%。

具体而言，煤、油、气产量稳步提高，原煤产量41.3亿吨创历史新高。原油产量1.99亿吨，连续三年持续稳定增长。天然气产量2 076亿立方米，连续五年增产超过100亿立方米。电力生产较快增长，全年新增发电量超过7 500亿千瓦时，创历史新高。

备受关注的能源绿色低碳转型进程正加快推进。报告显示，2021年中国能源生产和消费结构显著优化，清洁能源生产比重同比提高0.8‰，非化石能源消费比重同比提高0.7‰。能耗强度和碳排放强度持续下降，能耗强度同比降低2.7%，碳排放强度同比降低3.8%。

与此同时，可再生能源发展迈上新台阶，风电、太阳能发电装机双双突破3亿千瓦，海上风电装机跃居世界第一，沙漠、戈壁、荒漠地区大型风光发电基地加快建设。化石能源消费合理控制，煤炭、石油消费增速低于能源消费总量增速6‰、2.2‰。

与此同时，中国能源体制改革继续深化。电力市场化交易电量同比增长17.2%，占全社会用电量的44.6%，第一批8个现货市场试点开展长周期结算试运行。输配电价体系进一步完善，燃煤发电上网电价全面放开。能源领域对外合作持续深化，积极参与全球能源治理，境外绿色能源项目顺利开展。

中国现代能源体系建设已取得新进展。针对构建面向未来的现代能源体系，提出三个方面研判：

(1)实现"碳达峰"需要更加注重能源消费环节。当前及未来一段时期中国能源需求还将保持刚性增长，节能提效是实现"碳达峰"目标的关键举措。

(2)能源低碳转型的节奏应科学务实。2020—2040年，中国能源转型总体处于"积极替代阶段"；2040—2060年，能源转型进入"加速替代阶段"。

(3)"绿氢"及其衍生品将成为重大战略关键技术。需要尽快破除当前存在的多头管理、标准缺失等政策性障碍，推动氢气储能产业尽快实现规模化发展。

三、绿色电力市场化的现状分析及政策建议

绿色电力包括水力发电、风力发电、太阳能发电、生物质能发电、地热能发电、海洋能发电等可再生能源发电。绿色电力交易特指以绿色电力产品为标的物的电力交易，用以满足电力用户购买和消费绿色电力的需求。目前，我国绿色电力交易正在开展机制设计和试点示范。自2017年试点绿色电力证书自愿交易以来，我国于2019年建立可再生能源消纳保障机制，2020年开展可再生能源超额消纳量交易，2021年启动绿色电力交易试点，全国和南方区域分别开展了首笔交易，可再生能源电力消纳机制正从保障性消纳向市场化消纳加速转型。

2022年，国家发改委、能源局陆续印发《关于加快建设全国统一电力市场体系的指导意见》《关于完善能源绿色低碳转型体制机制和政策措施的意见》等政策文件，要求到2030年新能源全面参与市场交易，强调在全国统一电力市场框架下，构建适应新型电力系统的市场机制，开展绿色电力交易试点，完善能源绿色低碳转型体制机制，服务碳达峰、碳中和目标实现。为此，本书重点梳理我国绿色电力市场化的政策和实践进展，并展望其未来发展趋势。

（一）绿色电力市场化的相关要求

在宏观层面，"双碳"目标下以新能源为主体的新型电力系统建设、新能源2030年全面市场化目标出台、可再生能源补贴逐步退出、煤电价格全面市场化等战略、政策和措施都将利好绿色电力交易的发展。

1. "双碳"目标加速新型电力系统建设

2020年9月，我国提出"二氧化碳排放力争于2030年前达到峰值，努力争取2060年前实现碳中和"的目标，开启了全社会绿色低碳转型的新征程。我国二氧化碳排放体量大，从碳达峰到碳中和仅有30年时间，任务艰巨复杂。其中，能源电力的低碳转型是实现"双碳"目标的主战场。目前，我国能源燃烧占全部二氧化碳排放量的88%左右，电力行业排放约占41%，电力行业不仅要加快行业自身的低碳转型，还要助力工业、建筑、交通等终端用电部门实现更高的电气化水平。

落实"双碳"目标，加快建设以新能源为主体的新型电力系统是重中之重。2021年11月，《关于完整准确全面贯彻新发展理念做好碳达峰碳中和工作的意见》《2030年前碳达峰行动方案》两份纲领性文件发布，要求积极发展非化石能源，加快建设新型电力系统，2025年、2030年、2060年的非化石能源消费比重分别达到20%、25%、80%。随后，中央经济工作会议、中共中央政治局、碳达峰碳中和工作领导小组全体会议多次提出大力发展新能源的相关要求。在电力供给侧，全面推进风电、太阳能发电大规模开发和高质量发展，构建新能源占比逐渐提高的新型电力系统，到2030年，风电、太阳能发电总装机容量达到12亿千瓦以上。在电力消费侧，研究构建推动"双碳"的市场化机制，深化能源体制机制改革，全面推进电力市场化改革，完善电价形成机制。

在大力推动新能源规模化发展的政策激励下，2021年全国可再生能源发电装机规模历史性突破10亿千瓦，水电、风电装机均超3亿千瓦，海上风电装机规模跃居世界第一。新能源年发电量首次突破1万亿千瓦时大关，风电、光伏和水能利用率分别达到96.9%、97.9%和97.8%，核电年均利用小时数超过7 700 h，全国风电、光伏发电发电量占全社会用电量的比重达到11%左右。

2021年，我国全社会用电量达到8.3万亿千瓦时。据国际能源署（IEA）预测，若要达成"双碳"目标，中国在2020—2060年，电力行业快速低碳转型的同时用电量将增长130%，2030年和2060年的用电量将分别超过9万亿千瓦时、16万亿千瓦时。其中可再生能源电力比重将从2020年的约25%上升到2030年的40%和2060年的80%。据此可推算出2030年来自可再生能源发电的绿电将超过3万亿千瓦时，与2021年我国新能源年发电量1万亿千瓦时相比，未来9年，可再生能源发电具有巨大的增长空间。

2. 新能源2030年全面参与市场化交易

国家发改委、能源局出台的《关于加快建设全国统一电力市场体系的指导意见》及国家发改委等七部门发布的《促进绿色消费实施方案》明确了新能源市场化交易的时间表和路线图。

(1) 在时间进度方面。到2025年，显著提高跨省跨区资源市场化配置和绿色电力交易规模，初步形成有利于新能源、储能等发展的市场交易和价格机制；到2030年，新能源全面参与市场交易。

(2) 在交易方式方面。有序推动新能源参与电力市场交易，建立与其特性相适应的中长期电力交易机制，鼓励新能源报量报价参与现货市场，对报价未中标电量不纳入弃风弃光电量考核，新能源比例较高的地区可探索引入爬坡等新型辅助服务。加快建设绿色电力交易市场，开展绿色电力交易试点，统筹推动绿色电力交易、绿色电力证书交易，以市场化方式发现绿色电力的环境价值，体现绿色电力在交易组织、电网调度等方面的优先地位，引导有需求的用户直接购买绿色电力，推动电网企业优先执行绿色电力的直接交易结果。

(3) 在绿色电力用户方面。鼓励行业龙头企业、大型国企、跨国公司等消费绿色电力，制定高耗能企业电力消费绿色电力最低占比，推动外向型企业较多、经济承受能力较强地区逐步提升绿色电力消费比例，需求侧管理时优先保障绿色电力消费比例较高的用户，推广建筑光伏提升居民绿色电力消费占比，重点发展可再生能源制氢。

(4) 在促进机制方面。绿色电力交易与可再生能源消纳责任权重挂钩机制，市场化用户通过购买绿色电力或绿色电力证书完成可再生能源消纳责任权重，做好绿色电力交易与绿色电力证书交易、碳排放权交易的有效衔接，研究在碳市场排放量核算中扣减绿色电力相关碳排放量。

3. 可再生能源补贴逐步退出

一直以来，可再生能源补贴是我国激励新能源发展的主要措施。根据《中华人民共和国可再生能源法》的相关规定，我国自2006年起对可再生能源发电实行基于固定电价制度的补贴政策，由国家专门设立的可再生能源电价附加来补足风电和光伏发电电价与当地燃煤机组标杆电价的价差，在补贴扶持下，风电和光伏的装机容量大幅增加。

在推进碳达峰、碳中和目标实现和能源转型加速的背景下，由于可再生能源发展迅猛，可再生能源电价附加收入无法满足补贴的需求，电价补贴缺口日趋增大。据风能专委会测算，截至2021年年末，可再生能源发电补贴拖欠累计在4 000亿元左右。由于补贴资金缺口持续增加，补贴发放时间滞后，发电企业现金流不及预期，实际投资效益受到不利影响，依靠补贴解决可再生能源电力规模化难以为继。

2021年，风电、光伏等可再生能源已经实现了全面平价上网，在电力交易市场上相对于传统的火电具备了价格竞争优势。2021年，国家发改委正式发文明确，中央财政不再补贴新备案集中式光伏电站、工商业分布式光伏项目和新核准陆上风电项目，新建项目实行平价上网，其上网电价按当地燃煤发电基准价执行，并鼓励其自愿参与市场化交易形成上网电价，以更好体现光伏发电、风电的绿色电力价值。

4. 更多高耗能企业将进入绿色电力市场

当前碳中和已成为全球的主流，国内外碳定价机制对高碳行业的约束日益趋紧，全国碳市场于2021年7月正式启动了电力行业的碳排放权交易。同时，欧盟委员会也于2021年7月公布《欧盟关于建立碳边境调节机制的立法提案》，2025年将正式开始征收碳关税，首批纳入钢铁、水泥、化肥、铝、电力、有机化工、塑料和氢等行业，甚至外购电力的碳排放也将纳入征税范围，从非欧盟国家进口上述产品将征收碳关税，或按规则采购碳排放凭证。随着全国碳市场扩大行业范围和欧盟碳边境调节税启动，将有更多高碳、高耗能企业进入绿色电力市场。

(二)我国绿色电力市场化现状

我国新能源市场化交易形式包括两大类：一类是新能源参与常规电力市场进行交易，另一类则将风电和光伏发电等新能源从传统电源分离出来，单独设计为绿电交易品种，相当于在常规电力交易基础上开辟了一个专门的交易通道，各个市场主体可以直接参与，通过双边协商、集中撮合、挂牌等方式达成交易，明确绿电交易电量、电价、执行周期、结算方式等，签订双边合同。截至2021年年末，参与市场的新能源比例约占全国新能源发电量的20%，以新能源省间市场化交易为主。

1. 常规电力市场绿电交易情况

常规电力市场有多种分类方式，按交易范围分类可分为省内交易和省间交易；按交易标的分类可分为电能量市场、辅助服务市场和容量市场；按时间尺度分类可分为中长期交易和现货交易。电力作为一种特殊商品，长期以来实行"计划定价"，随着国家发改委2021年10月印发的《关于进一步深化燃煤发电上网电价市场化改革的通知》（以下简称1439号文）落地实施，电价进入"能涨能跌"阶段。同时，1439号文推动全部工商业用户进入电力市场，市场交易电量规模大幅增加。2021年，全年市场化交易电量3.7万亿千瓦时，同比增长17.2%，占全社会总用电量的44.6%，是2015年市场化交易电量的近5倍。

近10年来，我国新能源省间交易电量逐年上升。"十三五"期间，国家电网经营区累计完成新能源省间交易电量3 372亿千瓦时，年均增长率为25.5%。其中，国家电网经营区2021年完成新能源省间交易电量1 300亿千瓦时，同比增长达到39.9%。跨省区电力市场大部分采取"网对网"的挂牌交易方式，交易电量、电价均由国家指令性计划和地方政府间的框架协议确定，作为市场主体的发用两侧无法直接参与市场竞争。近3年，跨区跨省新能源交易价格相对稳定，2021年国网经营区价格约为278元/兆瓦时。

2. 绿色电力交易品种及交易情况

目前，我国绿色电力交易品种包括绿色电力证书自愿认购交易、可再生能源超额消纳量交易、绿色电力交易试点及分布式发电交易试点（隔墙售电）等。其交易标的、市场主体、交易模式、认购价格和交易周期等构成要素均有不同设计。

（1）绿色电力证书交易情况。绿色电力证书即可再生能源电力证书，简称"绿证"。绿色电力证书可以与物理电量捆绑销售，同时代表电力的物理价值和环境溢价，也可与物理电量剥离，单独销售体现可再生能源的环境溢价。绿色电力证书的作用包括计量可再生能源电力配额，证明用电企业和个人消费绿色电力，也可进行交易和兑换货币。

我国绿色电力证书交易的发展可以划分成两个阶段：第一阶段为始于2017年的绿色电力证书自愿认购交易，建立在试行的可再生能源绿色电力证书核发及自愿认购交易制度基础上；第二阶段是《关于促进非水可再生能源发电健康发展的若干意见》提出的自2021年1月1日起实行配额制下的绿色电力证书交易。

我国第一阶段的绿色电力证书自愿认购交易自2017年7月启动以来，由于政策目标为弥补补贴缺口，有补贴新能源项目的绿色电力证书价格往往偏高，均价超过600元/个，认购率很低。截至2022年4月，风电和光伏项目绿色电力证书核发数量超过4 200万个，绿色电力证书认购平台共登记认购数量为192万个，认购比例不足5%。2021年，中央财政正式取消对集中式光伏电站、工商业分布式光伏、海上风电新建项目的补贴，无补贴的平价新能源项目绿色电力证书进场交易，绿色电力证书价格大幅下降，线上挂牌均价为50元/个，线下大宗交易价格多为20~50元/个，平价绿色电力证书上线4个多月以来，交易量已经达到4年来绿色电力证书交易总量的20%以上。但交易仍然不够活跃，主要受制于绿色电力证书的刚性需求不足以及对绿色电力证书的认可度不高等原因。

尽管2020年《关于促进非水可再生能源发电健康发展的若干意见》规定，自2021年1月1日起实行配额制下的绿色电力证书交易，同时研究将燃煤发电企业优先发电权、优先保障企业煤炭进口等与绿色电力证书挂钩，持续扩大绿色电力证书市场交易规模。在实际运行中，尽管可再生能源电力消纳保障机制（配额制）于2020年1月已开始实施，但由于初期各省消纳责任权重指标比较宽松，除个别省份外基本能够完成，大部分省份未将消纳责任权重分解落实和考核到市场主体，实际执行的主要是电网组织的省间超额消纳量交易，尚未形成用户对绿色电力证书、绿色电力需求的推动作用。由于缺少配额制的有效加持，目前国内绿色电力证书市场仍是自愿市场，绿色电力证书买家主要是外资企业、出口加工企业及国内"100%可再生能源"（RE 100%）企业等，市场仍持观望态度。尽管2020年国内绿色电力证书已获得国际绿色电力证书认证标准"RE 100%"的认可，但属于有条件认可，且目前国内绿色电力证书的法律依据和定价机制尚未理顺，国内绿色电力证书能否在国际上获得对碳抵消的认可也将成为后续发展的关键。

(2)绿色电力交易试点情况。我国2021年9月开始试点的绿色电力交易是在常规电力市场中长期交易框架下设立的独立绿色电力交易品种，目前参加绿色电力交易的产品为风电和光伏发电企业上网电量，条件成熟时扩大至符合条件的水电。

对于中长期框架下的交易周期，《绿色电力交易试点工作方案》不仅提出了初期开展以年度(多月)为周期的交易，还鼓励市场主体之间可签订5～10年的长期购电协议。此举有利于市场主体通过长周期协议获得较为稳定的价格，投资方也能够以长期电力销售的形式获取投资回报，并且长期购售电协议能够预判市场对绿色能源的诉求，可作为绿色能源规划的重要依据。

2021年9月7日，我国绿色电力交易试点开展首笔交易，来自17个省份259家市场主体以线上线下方式完成了79.35亿千瓦时绿色电力交易，成交均价较中长期协议溢价3～5分/千瓦时(较火电基准价上涨约2分/千瓦时)，绿色电力交易的溢价部分可以视为绿色电力证书的价格，绿色电力溢价与目前平价绿色电力证书的价格相当。初步核算，此次交易可减少标煤燃烧243.6万吨，减排二氧化碳607.18万吨。

根据中电联全国电力市场交易的数据统计，2021年度全国各电力交易市场绿色电力交易量达6.3亿千瓦时，仅占当年市场交易电量的0.017%，2022年一季度绿色电力交易量已经达到21.7亿千瓦时，粗略估计2022年全年绿色电力交易量将接近百亿千瓦时。

(3)可再生能源电力超额消纳量交易情况。我国于2020年开始实施可再生能源消纳责任制，每年由国家能源主管部门对各省电力消费设定可再生能源电力消纳责任权重，包括总量消纳责任权重和非水电消纳责任权重，并开展年度考核。2021年下达全国最低可再生能源电力总量消纳责任权重为29.4%、非水消纳责任权重为12.9%，2021年实际完成值分别为29.4%、13.7%。甘肃、新疆未完成最低可再生能源电力总量消纳责任权重，分别相差2.6%和1.8%，新疆未完成最低可再生能源电力非水消纳责任权重，相差6‰。

根据可再生能源消纳责任制，超额完成可再生能源电力消纳的市场主体，可以通过跨省电力交易将超额指标卖给未完成消纳责任的省份。2021年全国首次开展可再生能源电力超额消纳量交易，共有10个省参与省间交易，其中双边交易达成消纳凭证转让245.5万个，相当于可再生能源电量24.55亿千瓦时，挂牌交易申报交易意向910万个。

(4)分布式发电交易试点情况。目前，分布式发电市场化交易在全国范围内推进较慢，在国家公布的首批26个试点项目中，仅江苏省率先出台了《江苏省分布式发电市场化交易规则》并开始试点交易。2020年12月，常州市天宁区郑陆工业园区5MW(兆瓦)分布式市场化交易试点项目成功并网发电，成为国家全部试点项目中首个建成并网发电的项目。该项目采用"光伏+农作物种植"的农光互补模式，预计年发电量为680万千瓦时，所发电量就近在110 kV武澄变电所供电区域内直接进行市场化交易。2021年，山东省、浙江省也先后发布文件，鼓励分布式可再生能源电力就地就近开发利用，开展市场化交易，但尚未开展实际交易。

(三)推动绿色电力市场化的政策措施

绿色电力价值包括电能价值和环境价值两个部分。而环境价值部分是绿色电力相对于火电最大的优势。推动新能源全面参与市场化交易，一方面需要通过基于配额制的强制绿色电力交易市场及推动新能源消纳的各项政策形成稳定的绿色电力需求；另一方面要通过合理的交易规则和价格机制对环境价值部分给予正确定价。另外，可再生能源消纳相关的补贴、配额及多种市场化交易形式也应进一步统筹优化。根据目前政策走向，推测下一步将从以下几个方面推动绿色电力市场化：

(1)建立绿色电力交易与可再生能源消纳责任权重挂钩机制。在2018年《可再生能源电力配额及考核办法》征求意见稿中，能源主管部门提供了一个相对成型的配额制下绿色电力证书交易的框架，覆盖配额分配、管理、考核和交易，被认为是提振绿色电力交易最重要的政策手段。其主要内容包括绿色电力配额由国家能源局按年度向各省市分配；由国家可再生能源信息管理中心核发绿色电力证书，证书的有效期为一年，可随绿色电力交易一同转让，也可与电量交易分离，在承担配额的市场主体间流转；分配到配额指标的市场主体，需要从可再生能源发电企业或其他售电主体购入并消纳绿色电力，或自发自用绿色电力，以获得证书；当证书所载绿电量达到配额量时，经过核查后即为完成配额指标；配额发放及核算每年进行一次，未能获得足额证书的主体，可通过向电网企业购买替代证书完成配额，否则将受到相应的处罚。

2020年，配额制以"可再生能源电力消纳保障机制"的形式正式落地，能源主管部门每年年初滚动发布各省权重，同时印发当年和次年消纳责任权重，当年权重为约束性指标，各省按此进行考核评估。根据"双碳"目标的要求，2060年的非化石能源消费比重将达到80%，消纳责任权重目标将不断上升。

"可再生能源电力消纳保障机制"提及"自愿认购可再生能源绿色电力证书，绿色电力证书对应的可再生能源电量等量记为消纳量"，为市场主体通过购买可再生能源超额消纳量或绿色电力证书来完成消纳留出空间。但配额制并未公布中长期的消纳责任权重目标，每年公布年度目标无法形成长期稳定的市场预期，而且目前仅有可再生能源超额消纳量的交易规则，并未详细规定配额制下的绿色电力证书交易规则。发改委等七部门在《促进绿色消费实施方案》提出，进一步激发全社会绿色电力消费潜力，建立绿色电力交易与可再生能源消纳责任权重挂钩机制，市场化用户通过购买绿色电力或绿色电力证书完成可再生能源消纳责任权重，具体挂钩机制将会对绿色电力交易至关重要。

(2)完善绿色电力交易规则和电价机制。近年来，能源主管部门、电网企业和电力交易机构修订交易规则，以推动新能源自愿参与电力交易，充分体现新能源的环境价值和系统消纳成本。当前的绿色电力交易规则体系明确了可再生能源交易在执行中的优先地位，为新能源参与常规电力市场的中长期交易、现货交易留出了接口，并且初步建立了绿色电力证书交易、绿色电力中长期交易及分布式发电交易的规则体系。

未来，一方面将继续修订完善常规电力市场的中长期交易规则、现货规则，建立与新能源特性相适应的交易机制，构建主要由市场形成新能源价格的电价机制；另一方面将建立健全绿色电力交易品种，将绿色电力交易市场主体从目前集中式陆上风电、光伏，扩大到水电、分布式电源、电动汽车、储能等，完善目前的绿色电力证书自愿交易、绿色电力中长期交易、分布式发电交易等交易产品，开发配额制下的绿色电力证书交易、绿色电力现货交易等。

(3) 加大金融支持绿色电力市场化。可再生能源行业的发展是我国绿色发展的重要内容，也是绿色金融的重点支持领域。近几年，在绿色信贷、绿色债券和绿色保险等方面都有支持可再生能源行业发展的丰富实践案例。未来，随着可再生能源行业补贴的退坡，绿色金融对可再生能源行业的支持预计也显得更加重要。对于存量补贴延迟支付的可再生能源项目，金融机构可依据《关于引导加大金融支持力度 促进风电和光伏发电等行业健康有序发展的通知》，按照商业化原则与可再生能源企业协商贷款展期、续贷等安排，并对补贴确权贷款给予合理支持。但目前，能否发放补贴确权贷款的核心障碍还是补贴还款预期，对于新建的平价风电光伏项目，可对绿电市场化的发展态势保持密切关注。

(4) 进一步统筹优化绿色电力相关政策。近年来，为了实现碳达峰、碳中和目标，推动可再生能源的消纳，我国行政和市场政策双管齐下，但旧有补贴机制依然作用于存量可再生能源发电项目，新生的配额制、绿色电力证书交易、绿色电力交易，碳市场等相关政策和市场机制又相互交织影响，在促进绿色电力发展的同时也形成了一些新挑战。例如，配额制框架下可再生能源超额消纳量与绿色电力证书如何安排，常规电力市场新能源省间省内交易与绿色电力交易试点如何协调，绿色电力交易和绿色电力证书交易两个市场证电关系如何平衡，绿色电力证书交易市场中有补贴项目和平价项目如何安排，绿色电力市场与碳交易市场重复支付环境费用的缺陷如何规范。在 2030 年新能源全面参与市场交易的大目标下，绿色电力相关的政策机制还将进一步统筹优化。

第三节　中国低碳电力行动

在传统观念中，低碳环保意味着高投入。现实表明，低碳环保是一项开发性的事业，蕴含巨大的机会和无限的空间。在企业的竞争层次中最高层次的竞争是低碳环保和健康的竞争。低碳环保要解决的是大循环的问题：人类的生产活动如何与地球相和谐；健康要解决的是小循环的和谐问题：人的身体微循环如何与局部环境相和谐。局部环境受制于地球气候，小和谐是大和谐当中的一部分，小和谐依赖于大和谐。低碳经济、低碳生活和每个人的健康都息息相关。

电力也不例外，预计到 2025 年年底，中国电力境内清洁能源装机占比超过 90%、清洁能源收入占比超过 70%；综合智慧能源收入占比超过 25%，绿色电力交通、储能和氢能等建成若干试点示范项目等。

在新战略框架下，中国电力立足清洁低碳能源生产商、绿色能源技术服务商、双碳生态系统集成商的"三位一体"定位，着力推进光伏、风电、水电、地热能、生物质能等清洁低碳能源发展；积极培育储能、氢能、绿色电力交通、综合智慧能源等绿色新兴产业，实施清洁低碳能源和绿色新兴产业"双轮驱动"，努力实现"从中国一流走向世界一流"的"双一流"成长,致力打造"世界一流绿色低碳能源供应商",造就人类美好健康的生活。

一、国际低碳电力政策回顾

(一)国际应对气候变化的主要国际公约

1.《联合国气候变化框架公约》

《联合国气候变化框架公约》(United Nations Framework Convention on Climate Change,UNFCCC,以下简称《公约》)是1992年5月22日联合国政府间谈判委员会就气候变化问题达成,于1992年6月3日举行的联合国环境与发展会议上签署,于1994年3月21日正式生效的公约。1992年11月7日,我国经全国人大批准了该《公约》,于1993年1月5日将批准书交存联合国秘书长处。《公约》自1994年3月21日起对中国生效,即日起适用澳门特别行政区(1999年12月回归后继续适用),并自2003年5月5日起适用香港特别行政区。

《公约》由序言及26条正文组成,是世界上第一部为全面控制温室气体排放、应对气候变化的具有法律约束力的国际公约,也是国际社会在应对全球气候变化问题上进行国际合作的基本框架。其目标是减少温室气体排放,减少人为活动对气候系统的危害,减缓气候变化,增强生态系统对气候变化的适应性,确保粮食生产和经济可持续发展,并为此确立了5个基本原则:"共同但有区别的责任"的原则,要求发达国家应率先采取措施,应对气候变化;要考虑发展中国家的具体需要和国情;各缔约方应当采取必要措施,预测、防止和减少引起气候变化的因素;尊重各缔约方的可持续发展权;加强国际合作,应对气候变化的措施不能成为国际贸易的壁垒。《公约》的缔约方做出了许多旨在解决气候变化问题的承诺;每个缔约方都必须定期提交专项报告,其内容必须包含该缔约方的温室气体排放信息,并说明为实施《公约》所执行的计划及具体措施。

2.《联合国气候变化框架公约的京都议定书》

《联合国气候变化框架公约的京都议定书》(Kyoto Protocol,以下简称《京都议定书》)是1997年在日本京都召开的《公约》第三次缔约方大会上通过的,旨在限制发达国家温室气体排放量以抑制全球变暖的国际性公约。《京都议定书》首次以国际性法规的形式限制温室气体排放。2012年,多哈会议通过包含部分发达国家第二承诺期量化减限排指标的《〈京都议定书〉多哈修正案》。1998年5月29日,中国签署《京都议定书》,并于2002年8月30日核准,自2005年2月16日起对中国生效,即日起适用香港特别行政区,并自2008年1月14日起适用澳门特别行政区。2014年6月2日,中国向联合国秘书长交存了中国政府接受《〈京都议定书〉多哈修正案》的接受书。

《京都议定书》及其修正案规定了7种限制排放的温室气体,包括二氧化碳(CO_2)、甲烷(CH_4)、氧化亚氮(N_2O)、氢氟碳化物(HFC_s)、全氟碳化物(PFC_s)、六氟化硫(SF_6)和三氟化氮(NF_3);规定发达国家可采取"排放贸易""共同履行""清洁发展机制"3种"灵活履约机制"作为完成减排义务的补充手段等。

3.《巴黎气候变化协定》

2015年11月30日至12月12日，在法国巴黎进行的巴黎气候变化大会达成《巴黎气候变化协定》（以下简称《巴黎协定》），对2020年后应对气候变化国际机制做出安排，标志着全球应对气候变化进入新阶段。中国于2016年4月22日签署《巴黎协定》，并于2016年9月3日批准《巴黎协定》，自2016年11月4日起正式生效。《巴黎协定》主要内容如下：

(1)长期目标。重申把全球平均气温升幅控制在工业化前水平以上低于2 ℃之内的目标，努力将气温升幅限制在工业化前水平以上1.5 ℃之内，并且提出在21世纪下半叶实现温室气体源的人为排放与汇的清除之间的平衡。

(2)国家自主贡献。各缔约方应编制、通报并保持其打算实现的下一次国家自主贡献；各缔约方下一次的国家自主贡献将按不同的国情，逐步增加缔约方当前的国家自主贡献，并反映其尽可能大的力度，同时，反映其共同但有区别的责任和各自的能力。

(3)减缓。要求发达国家继续提出全经济范围绝对量减排目标，鼓励发展中国家根据自身国情逐步向全经济范围绝对量减排或限排目标迈进。

(4)资金。明确发达国家要继续向发展中国家提供资金支持，鼓励其他国家在自愿的基础上出资。

(5)透明度。建立"强化"的透明度框架，重申遵循非侵入性、非惩罚性的原则，并为发展中国家提供灵活性。透明度的具体模式、程序和指南将由后续谈判制定。

(6)全球盘点。每5年进行定期盘点，推动各方不断提高行动力度，并于2023年进行首次全球盘点。

联合国第25届气候变化大会，于2019年11月2—15日在西班牙马德里举行，各方就能力建设、性别计划和技术等问题达成一致，但在重启国际碳市场、为应对气候变化造成的损失和损害寻找资金、制定发达国家为发展中国家提供长期融资的路线图及发达国家对其在《巴黎协定》生效之前应采取的气候行动负责等重大议题未能达成一致。尽管会议未对重大议题取得进展，但在为期两周的会议期间各级表态加强承诺成为应对气候变化的积极信号（如欧盟宣布致力于到2050年实现净零排放，有73个国家宣布他们将提交增强的气候行动计划等）。

(二)主要国家或区域低碳政策

1. 欧盟

1998年年底，欧盟环境部长理事会会议出台了《欧盟关于气候变化的战略》；2000年2月，欧盟委员会提出《欧盟温室气体排放交易绿皮书》立法建议，并于2003年10月正式成为欧盟法律予以颁布，这是欧盟碳市场的基本法律，以此为依据的欧盟温室气体排放交易体系于2005年1月正式运行；2011年欧盟委员会陆续发布了《2050年能源路线图》《2050年低碳经济转型路线图》《2050年交通白皮书》等政策文件，对减排目标（当时确定为2050年碳排放量比1990年下降80%~95%）及能源结构转型提出了明确的计划；2014年，欧盟又提出"到2030年碳排放量要比1990年减少40%，可再生能源消费占能源消费总量的30%及能源使用效能整体提升30%"的具体目标；2017年7月，欧盟委员会出台了《强化欧盟地区创新战略》，该战略提出欧盟各国要提升智能化建设水平，通过智能化建设来应对全球气候挑战，推进欧盟低碳转型；2018年，欧盟对排放交易体系(促进第四阶段欧盟碳市场实施)、土地政策(土地利用、林业利用与碳排放、碳市场结合)、能源政策(出台《能源效率指令》，要求交通领域节能及提高能效)等提出具体修正计划；2019年12月11日，欧盟委员会在布鲁塞尔公布应对气候变化新政《欧洲绿色协议》(European Green Deal)，提出到2050年欧洲在全球范围内率先实现"净零排放"(net-zero emissions)。《欧洲绿色协议》旨在通过将气候和环境挑战转化为政策领域的机遇，实现欧盟经济可持续发展；同时，提出了行动路线图，通过转向清洁能源、循环经济及阻止气候变化、恢复生物多样性、减少污染等措施提高资源利用效率。2020年3月，欧盟委员会公布了《欧洲气候法》(草案)(以下简称草案)，决定以立法的形式明确到2050年实现"净零排放"的政治目标。按照草案要求，欧盟所有机构和成员国都需采取必要措施以实现上述目标，还规定了采取何种措施来评估成果，以及分步实现2050年目标的路线图等。

欧盟碳市场(EU-ETS)是世界上最早建成对企业有法律约束力的碳市场，是欧盟气候政策的核心要素。EU-ETS依据欧盟议会和欧盟理事会2003年10月批准的《建立欧盟温室气体排放配额交易体系指令》(2003/87EC)，于2005年1月1日建立。为保证实施过程的可控性，EU-ETS的实施分为四个阶段逐步推进。

第一阶段(2005—2007年)，交易温室气体仅为二氧化碳，范围覆盖了欧盟28个成员国中2万千瓦以上的电力、炼油、炼焦、钢铁、水泥、玻璃、石灰、制砖、制陶、造纸10个行业，配额依据每个成员国提供的国家分配计划，95%的配额免费分配，此阶段主要目的并不在于实现温室气体的大幅减排，而是获得碳市场的经验。

第二阶段(2008—2012年)，时间跨度与《京都议定书》首次承诺时间保持一致，承诺到2012年温室气体在1990年的基础上减少8%，在行业覆盖范围(增加了航空业)、成员国数量(扩充了挪威、冰岛和列支敦士登)、排放上限(改为欧盟范围内统一排放上限)、免费配额比重(减少至90%)等方面有所调整，新纳入企业储备配额中预留3亿吨配额，通过"NER300项目"用于资助创新可再生能源技术和碳捕获与封存技术的应用。

第三阶段(2013—2020年)，排放总量每年以1.74%的速度下降，行业覆盖范围除第二阶段所有行业外，增加制铝、石油化工、制氨、硝酸、乙二酸、乙醛酸生产、碳捕获、管线输送、二氧化碳地下储存等。第三阶段电力公司不再得到免费的配额，而是被要求通过参与拍卖或在二级市场购头来获取需要的所有配额。2014年1月，欧盟委员会公布了《2030年气候与能源政策框架》，并于2015年7月对EU-ETS第四阶段(2021—2030年)提出了法律修订建议；2018年2月，欧盟理事会通过了对EU-ETS第四阶段立法框架的修订。

2019年12月11日，欧盟委员会发布了《欧洲绿色协议》，这是迄今为止欧盟关于绿色可持续发展的最高纲领性文件。该协议是一项新的增长战略，旨在通过将气候和环境挑战转化为政策领域的机遇，实现欧盟经济社会向更加可持续的方向转型。

《欧洲绿色协议》内容包括提高欧盟 2030 年和 2050 年的气候雄心，提供清洁、可负担及安全的能源，推动工业向清洁循环经济转型，实现能源资源的有效利用，构建零污染的无害环境，保护与修复生态系统和生物多样性，打造公平、健康、环保的食物体系及加快向可持续和智慧出行的转变 8 大主题。协议还提出了实现可持续发展目标的关键政策和措施的初步路线图，所涉及的政策变革涵盖了绝大多数经济领域，特别是交通、能源、农业、建筑、钢铁、水泥、信息通信、纺织和化工产业，为未来数月和数年的行动铺平了道路。

2. 美国

美国各级联邦政府在应对气候变化问题上的总体态度存在较大变动，气候政策几经调整，且多为颠覆性调整，这与美国国内政治体制特点和两党执政理念的差异性有很大关系。乔治·赫伯特·沃克·布什任美国总统期间（1989—1992 年）的美国政府延续了《清洁空气法案》，签署和批准了《联合国气候变化框架公约》，但明确表示不接受发展中国家"弱化"的碳减排义务规定；比尔·克林顿任美国总统期间（1993—2000 年）的美国政府，努力把环境问题与美国国家安全联系起来，成立了总统可持续发展委员会，提升了环境问题在国内政治议程上的优先性，签署了《京都议定书》；乔治·沃克·布什任美国总统期间（2001—2008 年）的美国政府，于 2001 年 4 月宣布退出《京都议定书》，认为继续履约将为美国经济带来消极影响；贝拉克·侯赛因·奥巴马任美国总统期间（2009—2018 年）的美国政府，将气候变化和美国能源独立联系起来，推行"能源型气候政策"，发布了以《总统气候行动计划》和《清洁电力计划》为代表的行政法规，推动了《巴黎协定》的达成、签署和提前生效等；唐纳德·特朗普任美国总统期间（2017—2020 年）的美国政府，对气候政策进行了重大调整，全面颠覆了奥巴马政府的气候政策，于 2017 年 3 月 28 日发布能源独立行政令（旨在推动化石能源发展），于 2017 年 6 月 1 日正式宣布退出《巴黎协定》（2020 年 11 月 4 日正式退出），不再实施国家自主贡献，取消《总统气候行动计划》和《清洁电力计划》，通过削减预算使气候变化科学研发和技术工程项目受到严重影响等。在州政府层面，由于影响美国应对气候变化的诸多关键因素并不在联邦政府的管控之下，一些关键州和城市依然在推行积极的应对气候变化政策，如由加利福尼亚州、华盛顿州、纽约州三州州长发起了"美国气候联盟"，已有多个州加入；超过 200 个美国城市市长承诺将恪守对《巴黎协定》的承诺等。当地时间 2021 年 1 月 20 日，约瑟夫·拜登正式宣誓就任美国第 46 任总统，当天签署行政命令宣布美国重新加入《巴黎协定》；此后，又签署行政命令为应对气候变化提出一揽子行动计划，如提出美国将通过联合国等多边机制促进大幅提高全球气候目标以应对气候挑战，明确气候应是美国外交政策和国家安全的一个基本要素等；又如，重组应对气候变化国家机构，包括成立白宫国内气候政策办公室，成立由财政部部长、国防部部长等政府机构负责人组成的国家气候工作组等；再如，提出一系列政策目标，包括最迟于 2035 年实现电力部门无碳污染，联邦、州等各级政府车辆"零排放"，暂停在联邦土地上进行新的石油及天然气项目，逐步取消化石燃料补贴等。拜登政府关于应对气候变化问题的态度和行动释放出未来美国将更加积极地参与及开展全球气候治理的信号。

碳市场机制是美国应对气候变化政策的重要组成，但区别于 EU-ETS 的重要特征是非联邦政府主导，主要在州层面开展，如区域温室气体减排行动（RGGI）源于 2005 年美国东北部地区 10 个州共同签署的应对气候变化协议，从 2009 年起，美国东北部的康涅狄格州、特拉华州、缅因州、马里兰州、马萨诸塞州、新罕布什尔州、纽约州、罗得岛州和佛蒙特州 9 个州（新泽西州初期参与 RGCI，但后期退出），共同开展了美国首个旨在减少温室气体排放的市场手段监管计划，且只有火电行业参与。又如，《西部气候倡议》（WCI）组织于 2007 年 2 月成立，是由美国加利福尼亚州等西部 7 个州和加拿大中西部 4 个省发起的区域性组织，其成员根据自愿协议制定自身的计划；覆盖发电、工业燃料、工业加工、交通燃料、居民用燃料与商业燃料所产生的二氧化碳、一氧化碳、甲烷、全氟碳化物、六氟化硫、氢氟碳化物、三氟化氮；计划覆盖成员州（省）90% 温室气体排放，旨在以 2005 年为基准年，2020 年之前温室气体排放量减少 20%，在 2050 年之前减少 80%。再如，加利福尼亚州碳市场，于 2013 年 1 月 1 日正式启动，其法律基础是《AB32 法案》和《SB32 法案》，规定到 2020 年实现 15% 的温室气候减排目标以求达到 1990 年的排放水平；到 2030 年实现在 1990 年的基础上减少 40%；到 2050 年实现在 1990 年的基础上减少 80% 以上。

3. 其他国家

（1）英国。英国的低碳发展起步早，自 20 世纪 70 年代起，英国就已开始致力于提高能源效率的技术研发，于 2008 年成立能源与气候变化部和气候变化委员会，并制定实施了"碳预算"方案，在世界上率先开展了"碳中和""碳补偿""碳标签"等一系列政策举措。英国在立法、政策等方面拥有丰富的实践经验，先后颁布《能源法案》《气候变化与可持续能源法案》《气候变化法案》（2008 年正式颁布，2019 年修订，正式确立到 2050 年实现温室气体"净零排放"）、《英国低碳转型计划：国家气候变化战略》等，以推动国内低碳经济的发展。2020 年 11 月，英国政府宣布一项涵盖 10 个方面的"绿色工业革命"计划，包括大力发展海上风能、推进新一代核能研发和加速推广电动汽车等；同年 12 月，再次宣布最新碳减排目标，承诺到 2030 年英国温室气体排放量与 1990 年相比至少降低 68%。另外，英国政府注重市场机制在低碳发展中的引导作用，积极参与欧盟排放交易体系，建立碳基金，实施通过引导消费者行为来影响企业生产和市场发展的"碳标签"制度，通过气候变化税等财政税收方式进行调控等。

（2）韩国。韩国积极参与应对气候变化行动，将"低碳绿色发展"作为国家长期发展目标，通过建立能源、环境、经济的协调发展模式，逐步向低碳型经济转变，为此韩国政府实施了一系列政策与措施。2008 年后，韩国实施"低碳绿色发展战略"，出台了四份《新再生能源基本计划》，通过加大研发投入，发展风能、太阳能、燃料电池等新再生能源产业，逐步向低碳经济转型。2015 年，韩国政府为进一步加大清洁能源的推广力度，出台《2030 新能源产业扩散战略》，推动新能源汽车等产业发展，并呼吁企业在新能源领域加大投入。2016 年 2 月，韩国出台《第一次应对气候变化基本计划（2017—2036 年）》，这是《巴黎协定》后，为达成 2030 年的减排目标，韩国政府制订的第一个详细的综合计划，该计划提出将大力发展清洁能源，建立低碳社会，引导企业通过技术创新和运用市场机制代替硬性的减排任务，并开始注重构建官民合作的社会体系来共同应对气候变化。2019年，韩国政府通过了《第二次气候变化应对基本计划》，确定到2030年，将把温室气体排放量减少24%的减排计划，在能源、工业生产、建筑、运输、废弃物、公共、农畜产业、山林8个领域推动温室气体减排，争取到2030年前，将温室气体排放量从2017年的约7亿吨缩减到5.3亿吨左右。

韩国将碳市场(KETS)作为重要的碳减排政策机制。自2015年启动运行，覆盖了二氧化碳、甲烷、一氧化二氮、氢氟碳化合物、全氟碳化合物和六氟化硫6种温室气体，约占全国温室气体排放量的72%。KETS分为三个阶段，其中2015—2017年为第一阶段，2018—2020年为第二阶段，2021—2025年为第三阶段。其中，第一阶段配额交易量小、价格低的最主要原因在于所有配额免费分配，且除水泥、航空和石化行业采用基准值法分配外，其他行业均采用"历史排放总量法"分配，导致配额量高于排放量；第二阶段KETS将基准值法扩展到7个子行业，将发电等行业纳入其中，且将配额免费分配比例全部调整为97%；预计第三阶段进一步减小免费分配比例，碳价有很大可能性会进一步上涨。

(3)墨西哥。2012年，墨西哥政府通过了《气候变化基本法》；2013年，批准通过《国家气候变化战略：10—20—40愿景》；2015年，向UNFCCC递交了《国家自主贡献预案》，并于2016年签署了《巴黎协定》，计划到2030年，在基准情景下无条件地减少温室气体与短效空气污染物(SLCP)25%；相当于到2026年温室气体净排放量达峰，2013—2030年单位GDP碳排放强度减少40%。2018年，墨西哥等7国向《公约》秘书处提交了21世纪中叶长期温室气体低排放发展战略，明确了近、中期碳减排目标(2030年较基线情景下降22%)和长期碳减排目标(2050年温室气体较2000年减排50%)。同时，墨西哥已加入一些碳市场与碳合作机构，其中包括太平洋MRV[监测(Monitoring)、报告(Reporting)、核查(Verification)]联盟、碳价格领导联盟、美国与新西兰碳市场宣言组织等，通过区域合作加强碳市场与碳价体系建设。另外，墨西哥还与一些国家或区域开展了双边气候合作，如与加利福尼亚州碳市场签署气候议程等。

二、国内低碳电力政策

(一)低碳政策定位与特点

1. 低碳发展是生态文明建设的重要内容

中国共产党第十八届中央委员会第五次全体会议提出"五大发展理念"，其中，绿色发展理念与其他四大发展理念相互贯通、相互促进，是我们党关于生态文明建设、社会主义现代化建设规律性认识的最新成果，具有重大意义。绿色发展理念以人与自然的和谐为价值取向，以绿色低碳循环为主要原则，以生态文明建设为基本抓手。走绿色低碳循环发展之路，是突破资源环境"瓶颈"制约的必然要求，是调整经济结构、转变发展方式、实现可持续发展的必然选择。

2015年4月25日，中共中央、国务院发布《关于加快推进生态文明建设的意见》。其提出"坚持把绿色发展、循环发展、低碳发展作为基本途径"原则；提出"单位国内生产总值二氧化碳排放强度比2005年下降40％～45％，能源消耗强度持续下降，资源产出率大幅提高……非化石能源占一次能源消费比重达到15％左右"的2020年主要目标；提出"积极应对气候变化。坚持当前长远相互兼顾、减缓适应全面推进，通过节约能源和提高能效，优化能源结构，增加森林、草原、湿地、海洋碳汇等手段，有效控制二氧化碳、甲烷、氢氟碳化物、全氟化碳、六氟化硫等温室气体排放。提高适应气候变化特别是应对极端天气和气候事件能力，加强监测、预警和预防，提高农业、林业、水资源等重点领域和生态脆弱地区适应气候变化的水平。扎实推进低碳省区、城市、城镇、产业园区、社区试点。坚持共同但有区别的责任原则、公平原则、各自能力原则，积极建设性地参与应对气候变化国际谈判，推动建立公平合理的全球应对气候变化格局""建立节能量、碳排放权交易制度，深化交易试点，推动建立全国碳排放权交易市场""大力推广绿色低碳出行，倡导绿色生活和休闲模式"等措施。

2015年9月21日，中共中央、国务院印发《生态文明体制改革总体方案》。其提出"发展必须是绿色发展、循环发展、低碳发展"理念；"健全节能低碳产品和技术装备推广机制，定期发布技术目录……逐步建立全国碳排放总量控制制度和分解落实机制，建立增加森林、草原、湿地、海洋碳汇的有效机制，加强应对气候变化国际合作""深化碳排放权交易试点，逐步建立全国碳排放权交易市场，研究制定全国碳排放权交易总量设定与配额分配方案。完善碳交易注册登记系统，建立碳排放权交易市场监管体系"等措施。

2017年10月18日，习近平总书记代表中国共产党第十八届中央委员会向中国共产党第十九次全国代表大会做了题为《决胜全面建成小康社会 夺取新时代中国特色社会主义伟大胜利》的报告。该报告指出"加快生态文明体制改革，建设美丽中国"；提出"推进绿色发展。加快建立绿色生产和消费的法律制度和政策导向，建立健全绿色低碳循环发展的经济体系。构建市场导向的绿色技术创新体系，发展绿色金融，壮大节能环保产业、清洁生产产业、清洁能源产业。推进能源生产和消费革命，构建清洁低碳、安全高效的能源体系……倡导简约适度、绿色低碳的生活方式，反对奢侈浪费和不合理消费，开展创建节约型机关、绿色家庭、绿色学校、绿色社区和绿色出行等行动"等。在2020年10月29日召开的中国共产党第十九届中央委员会第五次全体会议上通过的《中共中央关于制定国民经济和社会发展第十四个五年规划和二〇三五年远景目标的建议》，对生态文明建设、绿色低碳发展及2035年社会主义现代化远景目标中有关低碳目标提出要求。

2. 以法律为基础

在法律层面，尽管我国尚未颁布应对气候变化的专项法律，但全国人大常委会制定和修订了《中华人民共和国节约能源法》(1997年颁布，分别于2007年、2016年、2018年修订)、《中华人民共和国可再生能源法》(2005年颁布，于2009年修订)、《中华人民共和国循环经济促进法》(2008年颁布，于2018年修订)、《中华人民共和国清洁生产促进法》(2002年颁布，于2012年修订)、《中华人民共和国森林法》(1984年颁布，分别于1998年、2009年、2019年修订)、《中华人民共和国草原法》(1985年颁布，分别于2002年、2009年、2013年、2021年修订)等一系列与应对气候变化相关的法律，从节能降耗、能源低碳转型、循环清洁发展、生态环境保护等方面为推动我国低碳发展奠定了法律基础。

3. 以规划(方案)为引领

2007年6月4日,我国发布《中国应对气候变化国家方案》,明确了应对气候变化的指导思想、基本原则、具体目标、重点领域、政策措施和步骤,完善了应对气候变化工作机制,实施了一系列应对气候变化的行动,为保护全球气候做出了积极贡献。

2011年12月1日,国务院印发《"十二五"控制温室气体排放工作方案》(国发〔2011〕41号),明确了"到2015年全国单位国内生产总值二氧化碳排放比2010年下降17%……应对气候变化政策体系、体制机制进一步完善,温室气体排放统计核算体系基本建立,碳排放交易市场逐步形成。通过低碳试验试点,形成一批各具特色的低碳省区和城市,建成一批具有典型示范意义的低碳园区和低碳社区,推广一批具有良好减排效果的低碳技术和产品,控制温室气体排放能力得到全面提升"等主要目标;提出综合运用"加快调整产业结构""大力推进节能降耗""积极发展低碳能源"等多种控制措施,开展低碳发展试验试点,探索建立碳排放交易市场,加快建立温室气体排放统计核算体系等重点任务。

应对气候变化纳入国民经济和社会发展"十二五"规划、"十三五"规划。2011年3月16日,《中华人民共和国国民经济和社会发展第十二个五年规划纲要》发布,明确"非化石能源占一次能源消费比重达到11.4%。单位国内生产总值能源消耗降低16%,单位国内生产总值二氧化碳排放降低17%"为主要约束目标。在"积极应对全球气候变化"部分提出:

(1)控制温室气体排放。综合运用调整产业结构和能源结构、节约能源和提高能效、增加森林碳汇等多种手段,大幅度降低能源消耗强度和二氧化碳排放强度,有效控制温室气体排放。合理控制能源消费总量,严格用能管理,加快制定能源发展规划,明确总量控制目标和分解落实机制。推进植树造林,新增森林面积1 250万公顷[①]。

(2)增强适应气候变化能力。

(3)广泛开展国际合作。坚持共同但有区别的责任原则,积极参与国际谈判,推动建立公平合理的应对气候变化国际制度。加强气候变化领域国际交流和战略政策对话,在科学研究、技术研发和能力建设等方面开展务实合作,推动建立资金、技术转让国际合作平台和管理制度。

2016年3月17日,《中华人民共和国国民经济和社会发展第十三个五年规划纲要》发布,明确了"非化石能源占一次能源消费比重达到15%。单位国内生产总值能源消耗降低15%,单位国内生产总值二氧化碳排放降低18%"为主要约束目标。在"积极应对全球气候变化"部分提出:一是有效控制温室气体排放。有效控制电力、钢铁、建材、化工等重点行业的碳排放,推进工业、能源、建筑、交通等重点领域低碳发展。支持优化开发区域率先实现碳排放达到峰值。深化各类低碳试点,实施近零碳排放区示范工程。控制非二氧化碳温室气体排放。推动建设全国统一的碳排放交易市场,实行重点单位碳排放报告、核查、核证和配额管理制度。二是主动适应气候变化。三是广泛开展国际合作。

---

① 1公顷=10 000 m²。

坚持共同但有区别的责任原则、公平原则、各自能力原则，积极承担与我国基本国情、发展阶段和实际能力相符的国际义务，落实强化应对气候变化行动的国家自主贡献；积极参与应对全球气候变化谈判，推动建立公平合理、合作共赢的全球气候治理体系；深化气候变化多双边对话交流与务实合作等。

2014年9月，国务院正式批复同意《国家应对气候变化规划（2014—2020年）》（发改气候〔2014〕2347号）。根据该规划，到2020年，中国将全面完成单位国内生产总值二氧化碳排放比2005年下降40%~45%，非化石能源占一次能源消费的比重达到15%左右，森林面积和蓄积量分别比2005年增加4 000万公顷和13亿立方米的目标，工业生产过程等非能源活动温室气体排放得到有效控制，温室气体排放增速继续减缓。

2016年10月27日，《国务院关于印发"十三五"控制温室气体排放工作方案的通知》（国发〔2016〕61号）明确了"到2020年，单位国内生产总值二氧化碳排放比2015年下降18%，碳排放总量得到有效控制……支持优化开发区域碳排放率先达到峰值，力争部分重化工业2020年左右实现率先达峰，能源体系、产业体系和消费领域低碳转型取得积极成效。全国碳排放权交易市场启动运行，应对气候变化法律法规和标准体系初步建立，统计核算、评价考核和责任追究制度得到健全，低碳试点示范不断深化，减污减碳协同作用进一步加强，公众低碳意识明显提升"等主要目标；提出了低碳引领能源革命（包括加强能源碳排放指标控制、大力推进能源节约、加快发展非化石能源、优化利用化石能源等）、打造低碳产业体系、推动城镇化低碳发展、加快区域低碳发展、建设和运行全国碳排放权交易市场、加强低碳科技创新、强化基础能力支撑、广泛开展国际合作等重要举措。

(二)碳达峰与碳中和目标明确

2014年11月，中国政府与美国政府在北京联合发表了《气候变化联合声明》（以下简称《声明》）。《声明》提出，中国计划2030年左右二氧化碳排放达到峰值且将努力早日达峰，并计划到2030年非化石能源占一次能源消费比重提高到20%左右。2020年9月22日，习近平总书记在第七十五届联合国大会一般性辩论上发表重要讲话，提出"应对气候变化《巴黎协定》代表了全球绿色低碳转型的大方向，是保护地球家园需要采取的最低限度行动，各国必须迈出决定性步伐。中国将提高国家自主贡献力度，采取更加有力的政策和措施，二氧化碳排放力争于2030年前达到峰值，努力争取2060年前实现碳中和"。

2020年10月29日，中国共产党第十九届中央委员会第五次全体会议通过《中共中央关于制定国民经济和社会发展第十四个五年规划和二〇三五年远景目标的建议》（以下简称《建议》）。《建议》提出"十四五"时期经济社会发展指导思想和必须遵循的原则，明确了"十四五"时期经济社会发展主要目标，涉及低碳方面要求"生态文明建设实现新进步……生产生活方式绿色转型成效显著，能源资源配置更加合理、利用效率大幅提高"等；在"十、推动绿色发展，促进人与自然和谐共生"中提出"加快推进绿色低碳发展……推动能源清洁低碳安全高效利用……降低碳排放强度，支持有条件的地方率先达到碳排放峰值，制定二〇三〇年碳排放达峰行动方案""全面实行排污许可制，推进排污权、用能权、用水权、碳排放权市场化交易……积极参与和引领应对气候变化等生态环保国际合作"等。《建议》提出 2035 年社会主义现代化远景目标，涉及低碳方面内容，如"广泛形成绿色生产生活方式，碳排放达峰后稳中有降，生态环境根本好转，美丽中国建设目标基本实现"。2020 年 12 月 12 日，习近平总书记在气候雄心峰会上通过视频发表题为《继往开来，开启全球应对气候变化新征程》的重要讲话，宣布中国国家自主贡献一系列新举措。习近平总书记提出 3 点倡议：第一，团结一心，开创合作共赢的气候治理新局面。在气候变化挑战面前，人类命运与共，单边主义没有出路。我们只有坚持多边主义，讲团结、促合作，才能互利共赢，福泽各国人民。中方欢迎各国支持《巴黎协定》、为应对气候变化做出更大贡献。第二，提振雄心，形成各尽所能的气候治理新体系。各国应该遵循共同但有区别的责任原则，根据国情和能力，最大程度强化行动。同时，发达国家要切实加大向发展中国家提供资金、技术、能力建设支持。第三，增强信心，坚持绿色复苏的气候治理新思路。绿水青山就是金山银山。要大力倡导绿色低碳的生产生活方式，从绿色发展中寻找发展的机遇和动力。

另外，习近平总书记进一步宣布：到 2030 年，中国单位国内生产总值二氧化碳排放将比 2005 年下降 65% 以上，非化石能源占一次能源消费比重将达到 25% 左右，森林蓄积量将比 2005 年增加 60 亿立方米，风电、太阳能发电总装机容量将达到 12 亿千瓦以上。2020 年 12 月 16—18 日，中央经济工作会议在北京举行。习近平总书记发表重要讲话，提出"做好碳达峰、碳中和工作"要求，即我国二氧化碳排放力争 2030 年前达到峰值，力争 2060 年前实现碳中和。要抓紧制定 2030 年前碳排放达峰行动方案，支持有条件的地方率先达峰。要加快调整优化产业结构、能源结构，推动煤炭消费尽早达峰，大力发展新能源，加快建设全国用能权、碳排放权交易市场，完善能源消费双控制度。要继续打好污染防治攻坚战，实现减污降碳协同效应。要开展大规模国土绿化行动，提升生态系统碳汇能力。

根据政府间气候变化专门委员会(IPCC)发布的《全球变暖 1.5 ℃特别报告》(Global Warming of 1.5 ℃，2018 年 10 月)附件术语表，碳中和(Carbon neutrality)是指在特定时期，全球范围内二氧化碳的人为排放与清除相平衡，也称二氧化碳"净零排放"(Net-zero CO_2 emissions)；气候中和(Climate neutrality)是指人为活动对气候系统不造成净影响的状态，即残余排放量与排放清除相平衡的状态，其中排放清除还应考虑因人为活动影响地表反射率或区域气候而产生的区域性生物地球物理效应；"净零排放"(Net-zero emissions)是指在特定时期，温室气体的人为排放与清除相平衡。

全球已有 30 多个国家或地区提出碳中和(二氧化碳"净零排放")或"净零排放"的目标或承诺。

(三)碳排放权交易市场

2011 年 3 月，《中华人民共和国国民经济和社会发展"十二五"规划纲要》(以下简称《"十二五"规划》)明确要求逐步建立碳排放权交易市场。同年 11 月 29 日，国家发展和改革委员会(以下简称国家发展改革委)办公厅印发《关于开展碳排放权交易试点工作的通知》,为落实"十二五"规划关于逐步建立国内碳排放交易市场的要求,推动运用市场机制以较低成本实现2020年中国控制温室气体排放行动目标,加快经济发展方式转变和产业结构升级,正式批准北京、天津、上海、重庆、湖北、广东及深圳等省市开展碳排放权交易试点工作。

2013年11月,党的十八届三中全会通过的《中共中央关于全面深化改革若干重大问题的决定》,将推行碳排放权交易制度,建设全国碳市场作为全面深化改革的重点任务之一。

2014年,国家发展改革委颁布《碳排放权交易管理暂行办法》(中华人民共和国国家发展和改革委员会令第17号)对排放配额和国家核证自愿减排量的交易活动进行了框架性的规定,明确了全国碳市场建立的主要思路和管理体系,包括配额管理、排放权交易、核查与配额清缴、监督管理、法律责任等。该办法作为第一份适用中国国家碳市场的文件,释放了国家碳市场建设起步的明确信号,为后续一系列相关工作的开展提供了重要支撑。

2013—2015年,国家发展和改革委员会分3批印发了24个行业的温室气体核算和报告指南,其中包括《中国发电企业温室气体排放核算方法与报告指南(试行)》和《中国电网企业温室气体排放核算方法与报告指南(试行)》。

2015年9月,《中美元首气候变化联合声明》提出,中国于2017年启动全国碳排放权交易体系。同年11月,习近平总书记在巴黎气候变化大会上提出把建立全国碳排放交易市场作为应对气候变化的重要举措。

2016年1月发布了《国家发展改革委办公厅关于切实做好全国碳排放权交易市场启动重点工作的通知》(发改办气候〔2016〕57号),组织各地方、有关部门、行业协会和中央管理企业开展拟纳入碳市场企业的历史碳排放核算报告与核查、培育和遴选第三方核查机构、相关方能力建设等全国碳市场启动的重点工作。同年3月,第十二届全国人民代表大会第四次会议批准《中华人民共和国国民经济和社会发展第十三个五年规划纲要》,提出"推动建设全国统一的碳交易市场,实行重点单位碳排放报告、核查、核证和配额管理制度"。同年10月,《国务院印发"十三五"控制温室气体排放工作方案的通知》(国发〔2016〕61号)在"建设和运行全国碳排放权交易市场"部分提出"建立全国碳排放权交易制度,启动运行全国碳排放权交易市场,强化全国碳排放权交易基础支撑能力"。

2017年12月,国家发展改革委办公厅印发《关于做好2016、2017年度碳排放报告与核查及排放监测计划制定工作的通知》(发改办气候〔2017〕1989号)。另外,国家发展改革委还组织制定《企业碳排放报告管理办法》和《碳排放权第三方核查机构管理办法》等配套制度;制定完善配额分配方法,完成电力、电解铝和水泥行业部分企业配额分配试算;开展全国碳排放权注册登记系统和交易系统联合建设;研究推进清洁发展机制和温室气体自愿减排交易机制改革等。

2017年12月18日,国家发展改革委关于印发《全国碳排放权交易市场建设方案(发电行业)》的通知(发改气候规〔2017〕2191号)。该方案将排放量每年2.6万吨二氧化碳当量、1万吨标准煤综合能耗的企业纳入重点排放单位；提出分三阶段稳步推进碳市场建设工作：一是基础建设期。用一年左右的时间，完成全国统一的数据报送系统、注册登记系统和交易系统建设。深入开展能力建设，提升各类主体参与能力和管理水平。开展碳市场管理制度建设。二是模拟运行期。用一年左右的时间，开展发电行业配额模拟交易，全面检验市场各要素环节的有效性和可靠性，强化市场风险预警与防控机制，完善碳市场管理制度和支撑体系。三是深化完善期。在发电行业交易主体间开展配额现货交易。交易仅以履约（履行减排义务）为目的，履约部分的配额予以注销，剩余配额可跨履约期转让、交易。在发电行业碳市场稳定运行的前提下，逐步扩大市场覆盖范围，丰富交易品种和交易方式。创造条件，尽早将国家核证自愿减排量纳入全国碳市场。另外，该方案明确了各主体任务，即国务院发展改革部门与相关部门共同对碳市场实施分级监管；国务院发展改革部门会同相关行业主管部门制定配额分配方案和核查技术规范并监督执行；各相关部门根据职责分工分别对第三方核查机构、交易机构等实施监管；省级、计划单列市应对气候变化主管部门监管本辖区内的数据核查、配额分配、重点排放单位履约等工作。

  2019年3月，生态环境部公布《碳排放权交易管理暂行条例（征求意见稿）》，标志着全国碳市场立法工作和制度建设取得了重要进展，将为全国碳市场建设提供政策基础和法律保障。

  2020年12月29日，生态环境部发布《关于印发〈2019—2020年全国碳排放权交易配额总量设定与分配实施方案（发电行业）〉〈纳入2019—2020年全国碳排放权交易配额管理的重点排放单位名单〉并做好发电行业配额预分配工作的通知》（国环规气候〔2020〕3号）。在配额总量方面，省级生态环境主管部门根据本行政区域内重点排放单位2019—2020年的实际产出量及本方案确定的配额分配方法与碳排放基准值，核定各重点排放单位的配额数量。将核定后的本行政区域内各重点排放单位配额数量进行加总，形成省级行政区域配额总量。将各省级行政区域配额总量加总，最终确定全国配额总量。在分配方法方面，对2019—2020年配额实行全部免费分配，并采用基准法核算重点排放单位所拥有机组的配额量。重点排放单位的配额量为其所拥有各类机组配额量的总和。采用基准法核算机组配额总量的公式：机组配额总量＝供电基准值×实际供电量×修正系数＋供热基准值×实际供热量。考虑机组固有的技术特性等因素，通过引入修正系数进一步提高同一类别机组配额分配的公平性。在配额发放方面，省级生态环境主管部门根据配额计算方法及预分配流程，按机组2018年度供电（热）量的70%，通过全国碳排放权注册登记结算系统向本行政区域内的重点排放单位预分配2019—2020年的配额。在完成2019年和2020年碳排放数据核查后，按机组2019年和2020年实际供电（热）量对配额进行最终核定。核定的最终配额量与预分配的配额量不一致的，以最终核定的配额量为准，通过注册登记结算系统实行多退少补。该通知公布了纳入2019—2020年全国碳排放权交易配额管理的重点排放单位名单，根据筛选原则，纳入发电行业重点排放单位共计2 225家。

  2020年12月31日，生态环境部发布《碳排放权交易管理办法（试行）》，包括总则、温室气体重点排放单位、分配与登记、排放交易、排放核查与配额清缴、监督管理、罚则、附则 8 章 43 条，适用碳排放配额分配和清缴，碳排放权登记、交易、结算，温室气体排放报告与核查等活动，以及对前述活动的监督管理，为落实和推进全国碳排放权交易市场建设、促进碳市场在应对气候变化和促进绿色低碳发展中的市场机制作用，以及规范全国碳排放权交易与相关活动奠定了法律基础。

(四)能源电力结构调整

优化调整能源电力结构，促进以风电、太阳能发电为代表的新能源的开发利用，是落实我国低碳发展目标的重要途径。

以《中华人民共和国可再生能源法》的颁布为标志，我国新能源相关法规政策加快制定出台，逐步形成了涵盖《可再生能源法》、各项发展规划、行政法规、部门规章、技术规范及标准等各层面的法规政策体系。

(1)规划制定方面。早在 2007 年 8 月 31 日，国家发展改革委印发《可再生能源中长期发展规划》（发改能源〔2007〕2174 号），提出到 2020 年期间可再生能源发展的指导思想、主要任务、发展目标、重点领域和保障措施。其中，针对风电和太阳能的具体发展目标是到 2020 年全国风电总装机容量达到 3 000 万千瓦、太阳能发电总容量达到 180 万千瓦，目前的发展已大大超过预期。同时，该规划还提出了实施保障措施，包括对非水可再生能源发电制定强制性市场份额目标、各相关单位需承担促进可再生能源发展责任和义务、制定电价和费用分摊政策、加大财政投入和税收优惠力度、加快技术进步及产业发展等，上述保障措施在后续实施中逐步得到落实。作为首部针对可再生能源发展的战略性规划，《可再生能源中长期发展规划》起到了基础性、指引性的作用。"十三五"时期，国家能源局开展了能源发展系列规划编制工作，其中电力、水电、风电、太阳能等专项规划的发布实施，对"十三五"我国能源清洁低碳发展具有重要指导意义和作用。2016 年 11 月 7 日，国家发展改革委、国家能源局发布《电力发展"十三五"规划（2016—2020 年）》，这是时隔 15 年之后，电力主管部门再次对外公布电力发展 5 年规划，主要目标有：2020 年全社会用电量 6.8 万亿～7.2 万亿千瓦时，全国发电装机容量达到 20 亿千瓦，电能占终端能源消费比重达到 27%；非化石能源发电装机容量达到 7.7 亿千瓦左右，发电量占比提高到 31%，气电装机容量增加 5 000 万千瓦，达到 1.1 亿千瓦以上，占比超过 5%，煤电装机容量力争控制在 11 亿千瓦以内，占比降至约 55%，单循环调峰气电新增规模 500 万千瓦，热电联产机组和常规煤电灵活性改造规模分别达到 1.33 亿千瓦和 8 600 万千瓦左右；力争淘汰火电落后产能 2 000 万千瓦以上，新建燃煤发电机组平均供电煤耗低于 300 g 标准煤/千瓦时，现役燃煤发电机组经改造平均供电煤耗低于 310 g；火电机组二氧化硫和氮氧化物排放总量均力争下降 50% 以上，30 万千瓦级以上具备条件的燃煤机组全部实现超低排放，燃煤机组二氧化碳排放强度下降到 865 g/(kW·h)左右，火电厂废水排放达标率实现 100%，电网综合线损率控制在 6.5% 以内等。同年年底，陆续发布了《风电发展"十三五"规划》《水电发展"十三五"规划》《太阳能发展"十三五"规划》。

(2)电价及补贴方面。2006 年 1 月 4 日，国家发展改革委关于印发《可再生能源发电价格和费用分摊管理试行办法》的通知（发改价格〔2006〕7 号），明确提出了"可再生能源发电价格实行政府定价和政府指导价两种形式。政府指导价即通过招标确定的中标价格。可再生能源发电价格高于当地脱硫燃煤机组标杆上网电价的差额部分，在全国省级及以上电网销售电量中分摊"。此后，国家发展改革委针对陆上风电项目、海上风电项目、光伏发电项目、太阳能热发电项目、可再生能源项目电价附加费等陆续出台了相关电价政策，并且依据新能源发电技术成本和产业发展及时调整相应电价。

自2006年《中华人民共和国可再生能源法》实施以来，我国逐步建立了对可再生能源开发利用的价格、财税、金融等一系列支持政策。其中，对于可再生能源发电，通过从电价中征收可再生能源电价附加的方式筹集资金，对上网电量给予电价补贴。2012年，按照有关管理要求，可再生能源电价附加转由财政部会同国家发展改革委、国家能源局共同管理。此后，中央财政累计安排超千亿资金有力支持了我国可再生能源行业的快速发展。随着可再生能源行业的快速发展，相关管理机制已不能适应形势变化的要求。可再生能源电价附加收入远不能满足可再生能源发电需要，补贴资金缺口持续增加，2019年可再生能源累计缺口已达3 000亿元以上。2020年1月20日，国家发展改革委、财政部、国家能源局印发《关于促进非水可再生能源发电健康发展的若干意见》(财建〔2020〕4号)，提出4个方面内容：一是坚持以收定支原则，新增补贴项目规模由新增补贴收入决定，做到新增项目不新欠；二是开源节流，通过多种方式增加补贴收入、减少不合规补贴需求，缓解存量项目补贴压力；三是凡符合条件的存量项目均纳入补贴清单；四是部门间相互配合，增强政策协同性，对不同可再生能源发电项目实施分类管理。

另外，绿色电力证书制度(又称可再生能源证书、可再生能源信用或绿色标签)，是国家对发电企业每兆瓦时非水可再生能源上网电量颁发的具有独特标识代码的电子证书，是非水可再生能源发电量的确认和属性证明及消费绿色电力的唯一凭证，是支撑可再生能源发展的一项政策工具。2017年1月18日，国家发展改革委、财政部、国家能源局印发的《关于试行可再生能源绿色电力证书核发及自愿认购交易制度的通知》(发改能源〔2017〕132号)，要求进一步完善风电、光伏发电的补贴机制。此通知要求建立可再生能源绿色电力证书自愿认购体系，鼓励各级政府机关、企事业单位、社会机构和个人在全国绿色电力证书核发和认购平台上自愿认购绿色电力证书，根据市场认购情况，自2018年起适时启动可再生能源电力配额考核和绿色电力证书强制约束交易；试行可再生能源绿色电力证书的核发工作，依托可再生能源发电项目信息管理系统，试行为陆上风电、光伏发电企业(不含分布式光伏发电，下同)所生产的可再生能源发电量发放绿色电力证书；完善绿色电力证书的自愿认购规则，认购价格按照不高于证书对应电量的可再生能源电价附加资金补贴金额由买卖双方自行协商或通过竞价确定认购价格；做好绿色电力证书自愿认购责任分工等。根据中国绿色电力证书认购交易平台网站统计，截至2021年1月15日，中国累计核发风电和光伏绿色电力证书超过0.27亿张，但实际成交量占比仅0.15%。

(五)低碳技术创新

低碳技术创新与进步对能源电力低碳发展发挥着重要的作用，国家在科技规划、产业指导、技术目录等方面制定出台了多项政策性文件推动节能低碳的电力技术创新、示范与应用。

(1)在科技规划方面,主要是鼓励和支持高效煤电技术、碳捕集利用和封存技术等。如《国家中长期科学和技术发展规划纲要(2006—2020年)》将"主要行业二氧化碳、甲烷等温室气体的排放控制与处置利用技术"列入环境领域优先主题,并在先进能源技术方向提出"开发高效、清洁和二氧化碳近零排放的化石能源开发利用技术";《国家"十二五"科学和技术发展规划》提出"发展二氧化碳捕集利用与封存等技术";《中国应对气候变化科技专项行动》《国家"十二五"应对气候变化科技发展专项规划》均将"二氧化碳捕集、利用与封存技术"列为重点支持、集中攻关和示范的重点技术领域。此后,《科技部关于印发"十二五"国家碳捕集利用与封存科技发展专项规划的通知》(国科发社〔2013〕142号)、《关于加强碳捕集、利用和封存试验示范项目环境保护工作的通知》(环办〔2013〕101号)、《国家发展改革委关于推动碳捕集、利用和封存试验示范的通知》(发改气候〔2013〕849号)等政策陆续出台,对碳捕集、利用和封存的技术和试验示范提出了具体要求。

(2)在产业技术方面,国家发展改革委先后于2005年、2011年、2013年、2019年4次发布《产业结构调整指导目录》。其中,2019年10月30日,《产业结构调整指导目录(2019年本)》(国家发展改革委令第29号),鼓励"单机60万千瓦及以上超超临界机组电站建设""降低输、变、配电损耗技术开发与应用""火力发电机组灵活性改造""传统能源与新能源发电互补技术开发及应用"等28项电力项目和16项新能源项目;限制"大电网覆盖范围内,发电煤耗高于300克标准煤/千瓦时的湿冷发电机组,发电煤耗高于305克标准煤/千瓦时的空冷发电机组"等2项电力项目;淘汰"不达标的单机容量30万千瓦级及以下的常规燃煤火电机组(综合利用机组除外)、以发电为主的燃油锅炉及发电机组"等。

(3)在节能低碳技术目录方面,国家发展改革委陆续发布了《国家重点推广的低碳技术目录》(国家发展改革委公告2014年第13号)、《国家重点推广的低碳技术目录(第二批)》(国家发展改革委公告2015年第31号)、《国家重点节能低碳技术推广目录(2016年本,节能部分)》(国家发展改革委公告2016年第30号)、《国家重点节能低碳技术推广目录》(2017年本低碳部分)(国家发展改革委公告2017年第3号);2019年12月6日,生态环境部《关于开展第4批〈国家重点推广的低碳技术目录〉征集工作的通知》(环办气候函〔2019〕900号),持续征集和推广技术成熟、经济合理的低碳技术。

(六)加强低碳管理

1. 深化需求侧管理

需求侧管理(DSM)是为提高电力资源利用效率,改进用电方式,实现科学用电、节约用电、有序用电所开展的活动。DSM兴起于20世纪七八十年代的北美、欧洲等地的发达国家,90年代开始在我国推行,目的是克服由于经济体制变化、资源短缺、燃料价格上涨、资金困难、环境挑战、电站选址困难等对电力规划和电力供应造成的种种不确定性因素,挖掘资源潜力,以最低的成本实现电力供应,降低对电量和电力的需求,尽可能延缓新电厂和电力设施建设，提高供电的可靠性和经济性。

1995年起，国家电力公司开始在华北、北京、天津、福建、辽宁等电网进行DSM试点研究。"十五"初期，中国电力供需出现总体紧张、部分地区严重缺电的局面。2000年，《节约用电管理办法》以法规形式纳入电力需求侧管理。2004年，《加强电力需求侧管理工作的指导意见》进一步规范了电力需求侧管理工作。为进一步加强电力需求侧管理工作，深入贯彻落实国家节能减排战略，2010年11月国家发展改革委、国家电力监管委员会等6部委联合印发《电力需求侧管理办法》（发改运行〔2010〕2643号），明确了电力需求侧管理工作的责任主体和实施主体，提出了电力需求侧管理工作的16项管理措施和激励措施，是至今最为全面的、具体的、权威的、专门性的电力需求侧管理行政性法规。2011年4月，国家发展改革委发布《有序用电管理办法》，是对《电力需求侧管理办法》在用电负荷管理方面规定的进一步落实。另外，在配套的电价政策、专项资金补助方面出台了与DSM相关的经济政策。2014年，国家电网有限公司、南方电网公司均超额完成电力需求侧管理目标任务（《电力需求侧管理办法》明确电力需求侧管理的责任落实单位为电网公司，要求电网公司的电力电量节约指标不低于上年售电量的0.3%、最大用电负荷的0.3%），共节约电量131亿千瓦时，节约电力295万千瓦。

2016年9月1日，《工业和信息化部办公厅关于印发工业领域电力需求侧管理专项行动计划（2016—2020年）的通知》（工信厅运行函〔2016〕560号）。该《通知》提出，通过5年的时间，组织全国万家工业企业参与专项行动，千家企业贯彻实施电力需求侧管理工作指南，打造百家电力需求侧管理示范企业，进一步优化电力资源配置，提升工业能源消费效率，到2020年，实现参与行动的工业企业单位增加值电耗平均水平下降10%以上；明确了五大任务，包括制定工业领域电力需求侧管理工作指南、建设工业领域电力需求侧管理系统平台、推进工业领域电力需求侧管理示范推广、支持电力需求侧管理技术创新及产业化应用，以及加快培育电能服务产业，并制定了进度安排表。

2017年9月20日，国家发展改革委等6部门联合发布的《关于深入推进供给侧结构性改革做好新形势下电力需求侧管理工作的通知》（发改运行规〔2017〕1690号）明确：一是国家发展改革委负责全国电力需求侧管理工作，县级以上人民政府经济运行主管部门负责本行政区域内的电力需求侧管理工作。国务院有关部门、各地区县级以上人民政府有关部门在各自职责范围内开展和参与电力需求侧管理。二是电网企业、电能服务机构、售电企业、电力用户是电力需求侧管理的重要实施主体，应依法依规开展电力需求侧管理工作。三是提出环保用电，是指充分发挥电能清洁环保、安全便捷等优势，在需求侧实施电能替代燃煤、燃油、薪柴等，促进能源消费结构优化和清洁化发展，支持大气污染治理。四是综合考虑电力市场建设、技术经济性、节能环保效益等因素，因地制宜、有序推进各领域电能替代，重点推进京津冀等大气污染严重地区的"煤改电"工作及北方地区的电供暖工作。实施电能替代新增电力电量需求应优先通过可再生能源电力满足，并在电网企业年度电力电量节约指标完成情况考核中予以合理扣除，对于通过可再生能源满足的电能替代新增电力电量，计入电网企业年度节约电力电量指标。

2022年4月，国家层面一共发布了9项与电力相关的政策。4月10日，国务院发布的《中共中央、国务院关于加快建设全国统一大市场的意见》要求，健全多层次统一电力市场体系，研究推动适时组建全国电力交易中心。这为我国电力市场体系建设指明了方向。我国自2015年开启新一轮电力体制改革以来，完善电力市场建设就一直是改革的重点。

2. 夯实统计核算

2013年，国家发展改革委、国家统计局联合印发了《关于加强应对气候变化统计工作意见的通知》（发改气候〔2013〕937号）和《关于开展应对气候变化统计工作的通知》（发改气候〔2013〕80号）；2014年，国家统计局印发了《应对气候变化统计工作方案》，提出了应对气候变化统计指标体系，制定了《应对气候变化部门统计报表制度》，对加强国家应对气候变化工作起到了重要作用。从已经开展的国家应对气候变化统计看，要求电力行业每年报送火力发电企业温室气体相关情况，用于全国温室气体统计核算，主要指标包括燃料平均收到基含碳量、燃料平均收到基低位发热量、锅炉固体未完全燃烧热损失百分率、脱硫石灰石消耗量、脱硫石灰石纯度。

在此基础上，2014年3月18日，国家能源局发布《燃煤电厂二氧化碳排放统计指标体系》（DL/T 1328—2014），适用燃煤电厂发电和供热生产过程中二氧化碳排放数据的收集和统计。国家发展改革委于2013—2015年先后发布了3批共24个行业的温室气体排放核算方法与报告指南，其中，包括《中国发电企业温室气体排放核算方法与报告指南（试行）》《中国电网企业温室气体排放核算方法与报告指南（试行）》（发改办气候〔2013〕2526号）等。此后，国家发展改革委应对气候变化司提出、全国碳排放管理标准化技术委员会（SAC/TC 548）归口、中国标准化研究院等单位联合起草了国家标准《温室气体排放核算与报告要求 第1部分：发电企业》（GB/T 32151.1—2015）和《温室气体排放核算与报告要求 第2部分：电网企业》（GB/T 32151.2—2015），并于2015年11月19日由国家质量监督检验检疫总局和国家标准化管理委员会发布。上述两项标准自2016年6月1日起实施，是发电企业和电网企业温室气体排放核算与报告的依据。

3. 强化考核评估

2014年8月，国家发展改革委制定了《单位国内生产总值二氧化碳排放降低目标责任考核评估办法》（发改气候〔2014〕1828号），要求对各地单位国内生产总值二氧化碳排放降低目标完成情况进行考核，对落实各项目标责任进行评估，以确保实现"十二五"碳强度降低目标。根据该考核评估办法，考核评估对象为各省级行政区人民政府；考核内容为单位地区生产总值二氧化碳排放降低目标完成情况，评估内容为任务与措施落实情况、基础工作与能力建设落实情况等；5年为一个考核评估期，采用年度考核评估和期末考核评估相结合的方式进行；考核步骤为考核对象自评、初步审核、现场评价考核、考核结果审定与公布。

2015年4月20日，国家发展改革委印发《关于开展2014年度单位国内生产总值二氧化碳排放降低目标责任考核评估的通知》（发改办气候〔2015〕958号），对省级人民政府开展2014年度单位国内生产总值二氧化碳排放降低目标责任考核评估。同年9月25日，国家发展改革委印发《关于2014年度各省（区、市）单位地区生产总值二氧化碳排放降低目标责任考核评估结果的通知》(发改办气候〔2015〕2522 号)，发布考核评估结果：北京、天津、河北、山西、内蒙古、辽宁、吉林、上海、江苏、浙江、安徽、湖北、广东、广西、重庆、四川、贵州、云南和陕西 19 个省级行政区考评等级为优秀；黑龙江、福建、江西、山东、河南、湖南、海南、甘肃、青海和宁夏 10 个省级行政区考评等级为良好；西藏和新疆考评等级为合格。

2017 年 12 月 29 日，国家发展改革委印发《关于 2016 年度省级人民政府控制温室气体排放目标责任考核评价结果的公告》(国家发展改革委公告 2017 年第 25 号)，评估结果：北京、天津、山西、内蒙古、上海、江苏、浙江、安徽、福建、河南、湖北、广东、重庆和四川 14 个省级行政区考评等级为优秀；河北、吉林、黑龙江、江西、山东、湖南、海南、贵州、云南、陕西、甘肃、宁夏和新疆 13 个省级行政区考评等级为良好；辽宁、广西、西藏、青海 4 个省级行政区考评等级为不合格。

此后，在《国务院关于印发"十三五"节能减排综合工作方案的通知》(国发〔2016〕74 号)、《关于印发〈"十三五"全民节能行动计划〉的通知》(发改环资〔2016〕2705 号)等政策文件中提出了强化考核问责方面的要求。

2022 年，国务院印发《"十四五"节能减排综合工作方案》，明确，到 2025 年，全国单位国内生产总值能源消耗比 2020 年下降 13.5%，能源消费总量得到合理控制，化学需氧量、氨氮、氮氧化物、挥发性有机物排放总量比 2020 年分别下降 8%、8%、10% 以上、10% 以上。节能减排政策机制更加健全，重点行业能源利用效率和主要污染物排放控制水平基本达到国际先进水平，经济社会发展绿色转型取得显著成效。

思考与练习

1. 阐述中国电力发展的各个阶段。
2. 绿色电力市场化的要求有哪些？
3. 应对气候变化的国际公约有哪些？

第二章　生物质发电技术

章前导读

生物质发电是指利用农业、林业、工业中的废弃物或生活垃圾等为原料，进行直接燃烧或气化发电的过程。该项技术起源于 20 世纪 70 年代的石油危机时期，自 20 世纪 90 年代以来，在很多欧美发达国家得到了迅速的发展。伴随着我国经济的飞速发展，能源危机及环境污染问题的日益严峻，兼具经济、生态与社会等综合效益的生物质发电项目得到了广泛关注。

学习目标

1. 了解我国生物质发电的主要发展阶段、国内外生物质发电产业现状。
2. 学习掌握几种发电技术。

案例导入

为了消除废料对当地环境造成的污染，2011 年，浙能集团选择在龙泉市查田镇金圩工业区建设一座生物质发电厂。该厂以木屑、竹屑、菌菇棒作为主要燃料，其他生物质废弃物作为辅助燃料，如果建设同等容量的火电厂将消耗 7 000 kcal 的标煤 6.4 万吨。项目的建设不仅优化了当地的电源结构，增加非化石能源比重，还能够变废为宝，有效促进当地循环经济发展。据测算，浙能龙泉生物质发电厂一年所需生物质燃料约 25 万吨，按照每吨 400 元的收购价格计算，每年将为所在地区农户带来 7 500 多万元的直接或间接收益(图 2-1)。

图 2-1　浙能龙泉生物质发电厂

2022年9月30日，浙能龙泉生物质发电厂区域集中供热项目实现首次通气。该项目是以生物质发电为核心的区域综合能源项目，分为厂内设备改造和厂外热网建设两部分。厂内设备改造主要对现有两台锅炉及汽轮机进行抽气供热管路改造，厂外热网建设约 1.47 km。该项目日供热量为 200 t，全年供汽量约 6 万吨，具有较好的经济效益和环保效益。

该项目实现龙泉市查田镇几个小微工业园区的供热模式由"零散耗能型"逐步向"集约经济型"转变，在助力政府招商引资、地方企业发展的同时，大大降低了环境污染，也为精准减排、贯彻落实"双碳"目标、推动山区 26 县高质量发展实现共同富裕扛起国企担当，为保障能源安全、推动浙江经济社会发展、助力生态文明建设贡献着源源不断的"浙能力量"。

——引自《学习强国》

第一节　我国生物质发电产业主要发展阶段

根据对生物质发电项目在生物质发电过程中产生的温室气体（GHG）排放进行系统定量的全生命周期方法的研究表明，生物质发电项目不仅能够减少我国对传统化石能源的依赖，还能够减轻我国电力部门碳减排的任务。因此，我国作为一个生物质资源相对丰富的国家，在面对石油、天然气等传统化石能源严重短缺的先天环境，生物质资源的有效开发利用对我国新能源产业的发展，以及减轻我国能源的进口依赖程度有着重要的价值与意义，而生物质发电产业属于整个生物质研究中相对重要的一项技术应用。我国生物质发电的研究及产业的发展同国外先进发达国家相比，虽然起步较晚，但是受到了政府及专家、学者的广泛重视。同时，我国政府也出台了一系列的法规制度，来促进我国生物质发电产业的发展。

在欧盟，可再生能源的份额在过去几年中显著增加。在可再生能源选择中，生物能源被认为是最主要的来源。以前的关于生物能源是否适合减少温室气体排放的问题，现存文献尚无定论。由于传统能源的供应短缺、环境保护的压力，生物质作为一种重要的可再生能源越来越受到各国政府、学者、企业的关注。近期有很多的专家学者对不同国家、不同地区的生物质发电项目进行了全生命周期方法的碳排放核算。虽然得出的结果存在差异，但是对于生物质发电项目的社会效益、环境效益都给予了肯定的评价。我国的生物质的相关研究相对于西方国家较晚，但随着近些年生物质发电项目的迅猛增长也逐渐与国外先进的水平拉近。下面对我国生物质发电项目的发展做一个简单的回顾。我国的生物质发电项目主要经历了研究、试验阶段，快速发展阶段，成熟阶段 3 个阶段，具体每个阶段所呈现的特征如下所述。

一、第一阶段：研究、试验阶段（1987—2005 年）

从 1987 年起，我国就开始展开了对生物质发电设备和技术的研制工作，并且给予了充分的重视。"生物质小型气化发电技术"被列为国家"七五"重点攻关项目；"1 MW 生物质循环流化床气化发电系统"被列为国家"九五"重点攻关项目；"大型生物质气化发电产业化关键技术"被列为科技部"十五"重点攻关项目，其中"生物质气化发电优化系统及其示范工程"还是 863 计划的一个重大课题。1998 年，中国首个 1 MW 谷壳气化发电示范工程建成投入运行；1999 年，首个 1 MW 木屑气化发电示范工程建设投入运行；2000年，首个 6 MW 秸秆气化发电示范工程建设投入运行。上述示范工程的建设运行为生物质能的发展提供了重大的研究和试验基础。2003 年以来，国家先后批准了多个秸秆发电示范项目。

但是，由于我国的生物质发电起步较晚，此时期中国生物质发电技术相对于先进发达国家还比较落后。在 2005 年以前，以农林废弃物为原料的规模化并网发电项目在我国几乎是空白。而且，在生物质发电技术方式上主要为小型生物质气化发电项目，对其他生物质发电技术的研究并不充分，相关技术的研究数量也并不多。

二、第二阶段：快速发展阶段(2006—2010 年)

自 2006 年以来，我国的生物质发电项目呈现爆发式增长。2006 年 12 月，中国首个生物质发电项目正式投产。2006 年 1 月，国家发改委颁布了生物质发电电价定制办法，规定每度电补贴 0.25 元，生物质发电进入了一个快速发展的阶段。2006 年，全国生物质发电装机容量达到 168 MW，2007 年 1—9 月增加了 141.5 MW。截至 2010 年年底，我国已审批的生物质发电项目装机容量已达到了 5 500 MW，而已并网发电的生物质发电企业装机规模只有 2 134.58 MW，平均每年增长了约 491 MW，远未达到可再生能源发展"十二五"规划制定的目标。这其中有一批项目核准后未动工或项目建成后未能并网。例如，江苏省利森秸秆发电有限公司于 2006 年 8 月经政府核准，而直至 2010 年年底尚未动工。

然而，在生物质发电项目快速发展的同时，生物质技术的研发在这一阶段并没有出现快速的增长。该阶段我国生物质发电项目所使用的生物质发电主要设备(锅炉岛、破碎机等)大多是从国外引进的技术。相比国产设备，上述进口设备可靠性较高，价格也较高。生物质发电项目每天平均发电小时数一直处于较低水平，最多约为 9.5 h，最低为 5.61 h。生物质秸秆发电项目产能利用率较低。

在此阶段，生物质发电的政策环境也在不断发展，包括发展规划、产业指导目录、电价补贴政策、税收优惠政策等一系列政策相继实施。据统计，该阶段颁布的政策包括 5 个发展规划、1 部法律、3 部产业发展指导目录、6 部关于行业准入和项目审批的规范要求、28 部技术规定和标准(包括 3 部行业管理、3 部资源调查和评估、13 部原料开发与利用、6 部技术研发、3 部项目建设)、2 部电价制定方法及若干财税政策。

在这个阶段里，生物质发电行业整体处于亏损状态，一部分企业被迫停产甚至破产。直到 2010 年 7 月，国家发改委将生物质发电上网价格调高至 0.75 元/千瓦时，才有部分生物质发电企业开始实现盈亏平衡或扭亏为盈。

三、第三阶段：成熟阶段（2011年至今）

与2006—2010年的装机容量变化情况相比，2011年新增并网装机容量约为100 MW，增速大为减缓。2011年，973计划、自然科学基金和中小企业创业基金投入生物质发电相关技术研究的资金共计2 368万元，2012年总投入为3 497.5万元，2011年与2012年投入总和（5 865万元）相较2006—2010年的投入大大增加。

从《中华人民共和国可再生能源中长期发展规划》，到《关于完善农林生物质发电价格政策的通知》和《关于生物质发电项目建设管理的通知》，随着一系列有关可再生能源政策的推出，我国生物质发电产业的政策环境也逐步稳定，为该产业的平稳发展奠定了基础。

经历了2006—2010年的快速增长阶段，2010年我国生物质发电产业各种问题不断涌现，发展的势头也开始冷却下来。从2011年开始，我国生物质产业开始关注自身存在的各种问题，产业发展的政策环境也趋于改善，对于生物质发电项目的审核更加严格，对相关技术的研究投入也不断增加，我国生物质发电开始逐渐走向成熟。截至2015年年底，我国生物质发电并网装机总容量为1 031万千瓦，其中，农林生物质直燃发电并网装机容量约为530万千瓦，垃圾焚烧发电并网装机容量约为468万千瓦，两者占比在97%以上，还有少量沼气发电、污泥发电和生物质气化发电项目。我国的生物质发电总装机容量已位居世界第二，仅次于美国。

据《2018年中国生物质发电产业排名报告》，截至2017年年底，全国已投产生物质发电项目744个，较2016年增加79个。市场分析指出，预计2018年中国生物质发电行业装机容量将接近1 500万千瓦时，未来3年内年均复合增长率超过9.14%。这也意味着，生物质能"十三五"规划提出的各项指标有望提前完成。但即便如此，我国生物质发电的年发电量约为800亿千瓦时，只占我国年总发电量的1.4%。事实上，我国生物质发电目前只占可再生能源发电装机的0.5%，远远低于世界的平均水平25%。生物质发电由于能大大减少二氧化碳和二氧化硫的排放量，产生巨大的环境效益而备受推崇。与能源属性相比，生物质能更为优先的是环保属性，这也是从本质上区别于光伏、风电等可再生能源形式的关键。从产业整体状况分析，生物质发电及生物质燃料目前仍处在政策引导扶持期。2016年年底，国家能源局下发《生物质能发展"十三五"规划》明确，到2020年，生物质能基本实现商业化和规模化利用。而《生物质发电"十三五"规划布局方案》明确到2020年，符合国家可再生能源基金支持政策的生物质发电规模总计将超过2 317万千瓦，比"十三五"规划目标增长近54.9%。而在广大农村地区，玉米、小麦、水稻、高粱等脱粒后的秸秆等生物质是发电的理想原料。而在农林生物质发电项目中，原料成本已占项目整体运行成本约60%。众所周知，生物质发电包括农林生物质发电、垃圾焚烧发电、沼气发电，无论哪一种发电形式，首当其冲处理的是垃圾、废弃物。以一台30 MW的农林生物质发电机为例，超低排放改造投入达1 000余万元，且每年需要的维护费用也达到800万元以上。目前，我国生物质电厂投资结构大致为国有企业投资占主体，占比达60%，民营占30%，外资等占10%，而民营资本进入较少的根本原因就在于项目的营利能力不强。

近年来，生物质发电得到高层部门的大力支持。2021年8月，国家发改委、财政部、国家能源署联合印发《2021年生物质发电项目建设工作方案》。方案总体明确了"以收定补、央地分担、分类管理、平稳发展"的总体思路，重点突出"分类管理"，推动生物质发电行业平稳健康发展。随着生物质发电快速发展，生物质发电装机容量在我国可再生能源发电装机容量中的比重呈逐年稳步上升态势。据统计，截至2021年年底，我国生物质发电累计装机容量占可再生能源发电装机容量的3.6%。

因此，我国生物质发电项目目前在政府的大力支持下已呈方兴未艾之势，但是将生物质发电项目做大做强的道路仍然任重而道远。

第二节　国内外生物质发电产业分析

一、与发达国家的生物质发电产业对比分析

(一)绿色童话的丹麦

秸秆发电产业是丹麦实行绿色发展、打造绿色童话王国的成功典范。其具有显著先进性的秸秆发电技术已经被联合国列为重点推广项目。目前，在可再生能源领域，丹麦是公认的生物质能利用强国。

为了确保能源的供应，丹麦从19世纪70年代开始将生物质作为能源资源进行使用。1988年，丹麦建成了世界上第一座秸秆生物燃烧发电厂。在1989年，丹麦政府对焚烧秸秆颁布了禁令，并提出了在2005年要达到相比1988年减排20%的目标。如今，国土面积只有我国山东省面积1/4的丹麦，已建成了15座大型生物质直燃发电厂，秸秆发电等可再生能源占到丹麦全国能源消费总量的24%以上。其中，生物质直燃发电年消耗农林废弃物约150万吨，提供全国5%的电力供应。生物质发电项目在未来仍将继续扩张，并已经列入能源发展计划，预计2030年实现年消耗农林废弃物等900万吨。

丹麦生物质发电产业的成功首先源于注重生物质能基础技术的研发。在政府的大力支持下，丹麦各大学的化工工程系及研究所对生物质发电机进行了多次的研究与改进。并且，对于生物质发电过程中的热解动力等相关数据进行统计，以供生物质发电产业参考。其次，丹麦还通过立法来推动生物质发电产业的发展。

上述这些因素为丹麦的"绿色王国"奠定了基础。也正是由于生物质发电产业的迅猛发展，丹麦在保持GDP稳步增长的前提下，石油消费量比20世纪70年代下降了50%，成功摆脱了对石油进口的严重依赖。

(二)法治先行的美国

美国的生物质发电量已被视为该国现存配电系统的基本发电量，其生物质发电技术也处于世界领先水平。其生物质发电项目的原料大多数源于工业生产中的废料，因此也大大提升了工业生产的原料利用率。

为了提高生物质的转化效率，降低发电成本，改善环境，创造就业机会，提高能源安全，美国能源部于1991年提出生物质发电计划。紧接着在2002年，议会通过了《美国农业法令》，鼓励联邦政府通过采购、直接投入资金和对可再生能源项目给予贷款等方式支持生物质企业发展。此后还颁布了一系列法案，来直接推动生物质发电项目的发展，如2004年的《美国就业机会创造法》、2005年的《国家能源政策法》、2007年的《能源独立与安全法》、2008年的《农业新能源法案》、2010年的《生物质能研发法案》等。这些法案为生物质能等新能源的开发利用提供了宏观上的法律支持与政策规划，并就可再生能源的范围、生产标准、中长期目标、资金支持等提出了具体的计划。如《美国就业机会创造法》就提出对生物燃料的使用税费进行减免的优惠政策。至2012年年底，美国生物质直燃发电量占可再生能源发电量的75%，这是一个远高于中国目前水平的数值。在技术方面，美国也有明显优势，美国目前有300多家发电厂采用生物质能与煤炭混合燃料技术，装机容量高达22 000 MW。目前，美国的生物质发电并网装机容量为1 610 kW，规模居世界第一。通过一系列法律法规的制定与实施，美国的生物质发电行业走上了规模化、科技化的高速发展道路。

(三)循环发展的日本

日本生物质发电厂在2012年7月经历了一次重要的变革，日本政府启动了上网电价政策(FIT)系统。自此之后，以废料和间伐材为燃料发电的木质生物质发电逐渐发展起来。根据生物质工业社会网络机构的数据显示，截至2014年11月，日本有84个被批准的项目，包括44个未使用的木质生物质发电项目、36个木质生物质发电项目及4个再生木材工程。因此，由间伐材和废料加工成碎小颗粒的"木质颗粒"成为日本生物质发电的主流燃料。但是，由于日本国内的工厂规模都普遍较小，导致所需原料供不应求。这也使得日本的许多生物质发电企业不得不进口这种木质颗粒。根据2020年的数据显示，日本国内木质颗粒的产量约为11万吨，而进口量高达8万吨左右。

日本由于地理面积小、资源匮乏，因此，循环发展的理念深入人心。日本的一些地区在可再生能源利用领域也进行了大胆的尝试，不仅将家畜粪便进行生物质发电，还将饲养家畜、生产肥料、种植牧草及生物质发电整合成一条闭合的循环经济产业链，带来了显著的经济、环保效益。其中，位于北海道别海町的"别海町资源循环中心"即一个成功的案例。

利用100头奶牛的粪便进行生物气发电，可以满足45户家庭的热水需求及20户家庭的电力需求。在粪便发酵完成之后，其残渣采用固体分离过滤形成消化液，然后经过杀菌处理就形成了可供牧草使用的肥料。100头奶牛平均每天产生的消化液相当于9 000日元的化肥，大大降低牧草所需肥料的成本，根据核算，此模式下可将每年所需的270万日元肥料费用降低为217.8万日元，相当于每只奶头每年削减了5 220日元的费用。准备打造"生物质产业城市"的别海町，预想利用这样的循环发展理念，建造日本国内最大规模的生物质气发电项目。预计此项目在投产后，可实现9 600 MW·h的年发电量，满足当地44.2%的用电量。日本在自身的地理资源形式的逼迫下，开创了一条让世界震惊的循环发展模式的道路。其生物质发电行业的发展也在当地政府部门的高度重视下跻身世界前列,并以高速发展的态势帮助日本解决能源缺乏的现况。

二、我国生物质发电项目区域分布

我国在2006年建设了第一个生物质发电项目,随后我国的生物质发电项目就开始急剧增加。2021年生物质发电量排名前六位的省份是广东、山东、浙江、江苏、安徽和黑龙江,分别为206.6亿千瓦时、180.2亿千瓦时、143.8亿千瓦时、133.9亿千瓦时、117.4亿千瓦时和79.7亿千瓦时。我国生物质直燃发电项目分布与电力需求分布不一致。

区域生物质发电年等效满负荷运行小时数反映了地区生物质直燃发电项目的产能利用情况。从区位选择的角度看,项目年等效满负荷运行小时数这一指标主要受到秸秆资源收集情况的影响。项目的燃料收集越充分,其年等效满负荷运行小时数越高。因此,年等效满负荷运行小时数这一指标反映了区域生物质资源的供应情况。我国的项目年等效满负荷运行小时数较高的地区主要在安徽和山东,年等效满负荷运行小时数均超过6 000 h,说明这些地区的生物质发电燃料收集充分,地区内部存在的对燃料需求的竞争压力不是很大。

除垃圾发电厂和沼气电厂外,一些项目多以秸秆、稻壳、树皮、木屑、废旧板材等为原材料。这些电厂主要分布在我国中部、东部及东北部地区,代表省区有河南、山东、江苏和黑龙江省。我国生物质发电项目区域间分布不平衡,并且与区域资源数量不匹配,同时,生物质发电项目布点过于集中,容易造成争夺生物质资源的情况。

三、我国生物质发电产业现状

近年来我国生物质发电产业在国家相关政策的支持下发生了翻天覆地的变化。下面将具体介绍我国生物质发电产业的现状,包括产业规模与产业布局及其经济性分析的情况。

(一)产业规模

生物质资源经过处理后除发电外,其剩余的能量还可用于供热和制冷。目前的生物质发电技术主要包括农林生物质发电、垃圾焚烧发电、气化发电、生物质—燃煤耦合发电,以及各类技术的生物质热电联产等。据统计,2003年我国生物质发电装机容量为150万千瓦,经过近15年的发展,到2017年我国的生物质发电装机容量接近1 500万千瓦。截至2021年年底,我国生物质发电装机容量达3 798万千瓦,同比增长31%,占全国总发电装机容量的1.6%。我国生物质发电产业迅猛发展的原因主要在于2005年《中华人民共和国可再生能源法》的颁布。近年来,我国生物质发电增幅一直稳定在10%左右,其中资源条件的限制成为阻碍生物质发展的一项重要因素[①]。

---

① 张晓东. 生物质发电技术[M]. 北京:化学工业出版社,2020.

1. 农林生物质发电产业规模

农林生物质发电是指全部以农业或林业生物质为发电的原料，通过生物质专用锅炉对原料进行燃烧，再将产生的蒸汽驱动蒸汽轮机以驱动发电机发电的技术。其主要的原料成分是农作物秸秆，并使用部分林业剩余物。农林生物质发电是目前农林剩余物消耗量最大，并已实现规模化和产业化的农林剩余物能源化利用方式。因此，农林生物质发电项目应尽可能选择建在农业发达的秸秆资源丰富地区，以保证生物质发电项目的原料供应。

我国于2006年11月建成了第一个规模化秸秆直燃发电项目，并进行了投产，这也标志着我国的农林生物质发电进入产业化发展阶段。由于国家近年来对农林生物质发电产业的扶持力度不断加强（电价补贴、优惠贷款等方式），吸引了众多投资企业、设备制造企业及科研院所等从事该领域的投资、生产和研发，是当前我国农林生物质发电的主要利用方式之一。

2. 垃圾焚烧发电产业规模

目前，垃圾能源化利用的主要技术有垃圾焚烧发电与垃圾填埋气发电两种。它们都是将城乡生活垃圾通过拣选来回收垃圾中生物质，进而发电的过程。其主要特点有无害化程度高，占地面积小，处理量大，是我国目前大力推广的清洁能源产业之一。垃圾焚烧发电是指将燃烧值较高的垃圾放在焚烧炉中进行高温焚烧，再利用焚烧中生产的热能转化为蒸汽驱动蒸汽轮机来驱动发电机，从而产生电能的过程。垃圾焚烧技术应用广泛，经过几十年的发展已经属于一项比较成熟的技术。目前，我国垃圾焚烧技术的主流技术为循环流化床技术和往复式炉排燃烧技术。城镇垃圾的处理是维持城市正常运行的基本需求，随着经济的发展，城市周边的可用地量也在日趋减少，生活垃圾填埋场的选址将越来越困难。另外，如果生活垃圾填埋场选址不当还可能带来地下水源污染问题，这将严重危害当地城镇居民的生活健康。与此同时，随着我国城镇化步伐的加速，我国城市的数量和规模都在不断扩大，城镇垃圾生产量年增长率约10%。据统计，目前全国生活垃圾清运量为1.56亿吨，如何处理这些城镇生活垃圾，成了许多城市面临的紧迫问题。2021年垃圾焚烧发电并网装机容量为987.4万千瓦，首次超过农林生物质发电。随着各地城镇化步伐的不断加速，垃圾焚烧发电项目也仍将保持快速增长的态势。

3. 农林生物质热电联产产业规模

农林生物质热电联产比起普通的生物质发电项目将秸秆等生物质燃料转化为清洁能源的效率更高，不仅解决了因秸秆露天焚烧产生的环境问题，而且还可以通过能量的转换为当地的居民供应电力和热力。因此，在"十三五"期间实现农林生物质发电产业向农林生物质热电联产这种高效转变，进行产业升级是一项重要的工程。这也将在推进大气污染防治、城镇化建设及推动经济可持续发展等方面发挥重要的作用。

生物质热电联产是当前我国积极推动的北方地区清洁供暖的一项重要手段，是就地利用农村资源，改善当地农村居民的生活用能质量，有效替代燃煤、天然气等化石能源，解决农村居民供暖问题，缓解传统能源供给不足与环境发展的矛盾，实现农村能源转型的可行路径。其带来的社会环境效益远大于经济效益。

(二)产业布局

1. 农林生物质发电产业布局

2006年我国首个大型秸秆直燃发电项目建成投产,在后来的10多年中,由于国家持续财政支持,我国农林生物质发电开始步入规模化快速发展阶段,产业的利用规模在不断扩大。农林生物质发电项目具有显著的地理分布特征:我国的农林生物质发电项目主要集中在农作物秸秆丰富的华北、东北、华中和华东地区,装机容量约占全国装机总量的91.7%。而在西南地区,由于农作物秸秆资源相对贫乏,山区地形导致原料收集运输困难,高温、潮湿的气候不利于原料储存,因而农林生物质发电项目较少,约占全国农林生物质发电装机总量的6.3%。而西北地区由于缺乏农林生物质原料资源,因此没有秸秆直燃发电项目建设。

2. 生物质热电联产产业布局

热电联产是生物质发电产业转型的方向,是提升生物质能转化效率,解决环境问题,实现经济可持续发展的重要途径。目前,此项产业已成为生物质发电领域的新方向,在我国有大批的热电联产改造项目已经开始实施。根据《关于促进生物质能供热发展的指导意见》,到2020年,我国的生物质热电联产装机容量超过1 200万千瓦。同时,在2018年年初,国家能源局还发布《关于开展"百个城镇"生物质热电联产县域清洁供热示范项目建设的通知》(国能发新能〔2018〕8号)。"百个城镇"清洁供热示范项目建设旨在建立生物质热电联产县域清洁供热模式,为治理县域散煤开辟新路子。目标构建就地收集原料、就地加工转化、就地消费的分布式清洁供热生产和消费体系。"百个城镇"清洁供热示范项目将形成100个以上以生物质热电联产清洁供热为主的县城、乡镇,以及一批中小工业园区。示范项目共136个,涉及20个省(区、市)及新疆生产建设兵团,装机容量为380万千瓦,年消耗农林废弃物和城镇垃圾约3 600万吨。这也表明,我国的生物质发电产业有待依托热电联产改造来提升系统效率从而达到绿色可持续发展。2021年,我国聚焦能源民生保障,加快推进大型风电光伏基地等重大项目建设,全力增加清洁电力供应,努力推动可再生能源高质量跃升发展,实现了"十四五"良好开局。在生物质能领域,实现生物质发电装机容量快速增长、新增装机容量增长、生物质发电量稳步增长。

近几年,我国生物质发电装机容量快速增长。数据显示,2020年,全国生物质发电装机容量达2 952万千瓦,同比增长22.6%。截至2021年年底,我国生物质发电装机容量达3 798万千瓦,同比增长31%,占全国总发电装机容量的1.6%。

3. 垃圾焚烧发电产业布局

在我国的"十三五"期间,由于城镇化建设的进一步深入,垃圾焚烧发电项目开发建设重点已经逐步由大中型城市向新兴城镇转移,并将成为生物质发电产业中的主要增长点。我国的垃圾焚烧发电项目主要集中在华东和华北地区。其中,经济发达的华东地区的发展规模最大,占全国垃圾焚烧发电装机容量的近一半。目前,垃圾焚烧发电累计装机容量占全国比例最高的4个地区与国内生产总值最高的4个地区相一致,为广东、江苏、山东和浙江。这也表明,地区经济的发展直接影响当地垃圾焚烧发电项目的建设。

2018年，我国生物质发电水平整体有所提升，发电效率显著提高。但是相比于欧洲的生物质发电项目的年等效满负荷运行小时数（均高于7 000 h），我国的生物质发电效率和技术水平与欧洲仍有较大的差距，生物质发电产业升级改造任重而道远。这也表明我国垃圾焚烧发电产业对于解决我国快速城镇化过程中所带来的垃圾处理问题有着极佳的效果。经历近10年的高速发展，我国垃圾焚烧发电行业已相对成熟，行业集中度较高，增量市场空间减少。2020年国家出台了一系列发电补贴政策，其中，财政部、发展改革委、国家能源局关于《关于促进非水可再生能源发电健康发展的若干意见》有关事项的补充通知（财建〔2020〕426号）提出"生物质发电项目，包括农林生物质发电、垃圾焚烧发电和沼气发电项目，全生命周期合理利用小时数为82 500 h"，垃圾焚烧发电行业已逐步由早期市场驱动的"跑马圈地"模式逐渐转为运营管理驱动的"精耕细作"，降本增效成为项目管理的关键指标。结合自身资源禀赋，多家焚烧发电龙头一方面打通固废产业链，实现项目协同处置；另一方面着手布局新能源业务，探索新的利润增长点。

(三)经济性分析

1. 农林生物质发电经济性分析

农林生物质发电厂以农作物废弃物为主要原料，其中还包括稻谷壳、稻秆、油料作物秸秆、棉花秸秆、枝桠材、玉米秸秆等农作物废料，果枝、桑条等生物质燃料也可以在内掺烧，其建设规模一般为25～30 MW。在实验室环境下，农林生物质发电厂全年运行7 500～8 000 h，发电量为1.8亿～2.2亿千瓦时，耗用的农林剩余物为28万～30万吨。近年来，其原料成本呈上升趋势。预计到2030年，农林生物质发电成本总体仍将呈上升趋势。能影响生物质发电成本上升的因素有很多，其主要因素包括固定资产投资少、未来农林生物质发电原料成本高、技术成本高（生产效率低）、人工成本和管理运维成本高。未来的生物质发电项目将向模块化施工方式转变，生物质锅炉、蒸汽轮机等关键设备的制造技术将得到改善和提高，逐步走向成熟。通过这样一系列的改变，投资建设成本将逐渐缓慢降低，2023年预计将从总投资的25%降至23%。未来农林生物质发电原料成本仍将增长。随着原料市场的发展不断趋向规范化，收集管理水平也得到大幅提高。生物质原料收集的方式将逐步发展为自动机械化收集，生物质原料收集利用将向集约化、规模化发展模式逐渐靠近。虽然在产业升级过程中原料成本将不可避免有所增长，但随后将趋于稳定。目前，生物质发电主要燃料为农林废弃物类原料，原料的购买、收集、转运和存储等费用都算入收储运行经济成本，价格为280～320元/吨。其中，收集成本（木质纤维素类的原料被企业从农民手中收购，再由企业对其进行简单的堆放或储存处理时产生的相关费用）一般为110元/吨；运输成本（收购完成后由堆放或储存地点运输至企业过程中产生的费用）平均为1元/吨公里，且价格将随着运费、运输量和转运点距离的变化而变化；在储存期间，由于原料需要人工看守和维护，所以会产生一定的维护、人工和其他费用，如消防、用电等为了维持生活和保卫安全所必须消耗的费用，该费用称为储存成本。2022年，生物质原料总成本稳定在380元/吨左右。系统效率的不断提升离不开生产装备的升级和管理水平的提高。2022年，各系统的效率平缓地得到提高，生物质锅炉的总体热效率将从85%提高至90%，汽轮机发电效率将从28%提至31%，总体发电效率将从25%提至30%。每度电的原料消耗将从1.2 kg下降至1 kg。管理运维成本也呈现平稳上升的趋势。尽管自动化程度与系统集成度均不断得到提高，但人工成本的增加还是导致了管理运维成本上升。人工成本的增长加剧了管理运维成本上升的趋势，成为管理运维成本大幅上升的主要因素。农林生物质发电项目不仅投资额大，运行成本高昂，而且其盈利水平还不如一般的火电，主要原因有两点：一是单位造价高，目前的单位造价大概为9 000元/千瓦；二是燃料成本高，仅电价成本中的燃料成本就达0.42～0.45元/千瓦时，远远高于常规的利用燃煤发电的成本。

2. 垃圾焚烧发电经济性分析

我国的垃圾焚烧发电产业主要应用流化床焚烧炉和炉排焚烧炉两种炉型。因为我国流化床焚烧炉的热含水量较大，低位热值较低，所以，绝大多数采用流化床技术的企业仍然采用将其与煤混烧的方法。然而这在很大程度上破坏了行业的规则，因此，目前国内许多专家认为需要鼓励应用炉排炉焚烧技术（用炉排焚烧炉的方法无法掺煤混烧）。在国内大部分的垃圾焚烧发电厂中，用循环流化床焚烧炉焚烧发电的单位投资平均为25万～40万元/吨日，用炉排焚烧炉焚烧发电的单位投资平均为40万～60万元/吨日。采用垃圾焚烧发电的收入主要包括发电收益和垃圾处置费两个部分。目前，我国垃圾焚烧发电在线实施国家生物质发电统一标杆电价，而垃圾处置费是根据项目投资、项目投资规模、项目边界条件、竞标情况等多方面情况来做出决定的，全国各地的差距较大，一般为30～120元/吨。我国生活垃圾焚烧炉的入炉垃圾热值设计一般为1 500～1 800 kcal/kg，锅炉热效率为60%，该机组的效率为80%，耗电率大约为20%，整个发电厂的发电效率低于25%，上网电价为0.65元/千瓦时。经过计算分析，单吨垃圾大概可以产出50 kW·h电，扣除发电厂用电后，上网电量为280 kW·h，互联网收入约为182元。从垃圾处置费的角度出发进行分析，垃圾处置费的多少与生活垃圾焚烧发电厂能处理垃圾的规模、生活垃圾焚烧发电厂投资建设、运营操作的边界条件（如是否包括粉煤灰、渗滤液处理和飞灰处理的要求）、项目是否已经通过了竞争性招标等因素有关，在不出意外的情况下，政府给出的垃圾补贴费为60～100元/吨。对于那些虽然处理规模较大，但不包括或只包括部分粉煤灰、渗滤液处理的生活垃圾焚烧发电厂，能得到的补贴就较低，为35～60元/吨。而对于那些虽然规模较小，但对处理飞灰、渗滤液要求较高的生活垃圾焚烧发电厂，能得到的补贴基本为70元/吨以上。通过竞争性招标选择的生活垃圾焚烧发电厂往往需要较低的生活垃圾处置费，而通过招商引资或直接指定选择对生活垃圾焚烧发电厂往往需要较高的生活垃圾处置费用。近年来，由于生活垃圾焚烧发电厂所需配备的设备已经能够依赖国产，同时，生活垃圾热值不断增加，使得生活垃圾焚烧发电所产生的预计收入也随之水涨船高，生活垃圾焚烧发电项目的竞争日益激化，其投资回报率也有望降低。总体而言，生活垃圾处置的费用呈现逐步降低的趋势。按照垃圾焚烧厂可以日处理大约2 000 t垃圾来进行计算，项目的投资财务费用和折旧费相当于1 t垃圾约120元，而药剂、维护、人员、管理等费用折合后相当于80元/吨，总成本约为200元/吨。

一般来说，生活垃圾焚烧发电行业属于一个投资多、收入稳健的产业。通过不断改进设备的制造，逐步积累正确建设运营的经验，我国在这一行业内所占的优势逐渐凸显。现在，与发达国家相比较，建造规模相同的生活垃圾焚烧发电厂，我国的投资只占发达国家投入的1/3，并且建设的时长比发达国家整整减少了一半。部分投资企业只要通过大力提升自身的能力和水平，完全可以完成投资项目建设的 EPC 总包或管理总包，在一次投资中实现多方环节的收益，很大程度上提高了垃圾焚烧发电投资企业的盈利能力。我国垃圾焚烧发电产业的快速发展，不仅提高了垃圾运营企业的经营水平，同时，也增强了垃圾焚烧发电企业的盈利能力。

根据单位投资和"十三五"规划对于垃圾焚烧处置规模的建议和规定，在"十三五"期间有关垃圾焚烧处置设施更新完善的新增投资增加到 800 亿元。为促进垃圾焚烧发电项目，政府应继续提供优惠电价支持。中央财政应大力给予资金支持，积极推动新型垃圾焚烧发电技术的研发和产业化示范项目建设，发挥好带头引领和模范作用。2017—2030 年，预估投资成本将明显下降，发电效率也将从 22% 提升至 26%。2017—2030 年，垃圾焚烧发电的平均成本预计提高 25%，主要是因为废物焚烧发电总成本的运营成本增加。在未来，人工成本上涨对垃圾焚烧发电产生的影响将远远大于其他因素。而对于污染物排放处理设施的投资水平，也将随着污染物排放标准的不断提高而增加，成为垃圾焚烧发电成本增加的另一个重要因素。

3. 热电联产技术经济性分析

由于热电联产技术主要使用的是用于加热的废蒸汽，因此，设备的总投资并没有增加，并且对总发电量的影响也是有限的。由于现在的许多生物质发电厂都已经安装了带有热电联产功能的发电装备，需要供热的消费者较少，从而导致许多供热设备都不能使用，这也成为供热整体成本一直不能减下来的一项重要原因。热电联产技术的应用逐渐增加了热量供应，由热负荷效率可以显示出来。根据上述的供热负载效率，可以通过观察各类热电联产技术的总体效率进行预测。热电联产技术可以产生电力与热力两种产品。因此，为了了解热和电的成本比重就需要明确燃料成本在热和电的成本中的比例，这可以通过热电比的方式来确定。热电比的计算方法有热量法、实际焓降法、折扣法、热电联合法等，经过相互比较，本报告决定采用热量法来计算热电比。以中夏节能烟台栖霞项目为例，对农林生物质热电联产技术的经济性进行分析。项目参数：发电机组装机容量为 3 万千瓦，厂用电率 13.6%，上网电价 0.75 元/千瓦时，年等效发电小时数 6 267 h，供热锅炉容量 3×75 吨/时，供热量 $3.7×10^5$ GJ，年供热面积 185 万平方米，供热价格 46 元/吉焦，年原料消耗量 30 万吨，原料含水率 20%，总静态投资 4.2 亿元，原料热值 3 150 kcal/kg，自有资金比例 20%，贷款利率 4.9%，炉前原料价格 340 元/吨（20%含水率），年固定成本占总投资比例 0.53%，年水费和其他燃料费占总投资比例 2.2%。环境效益：电力按照 0.126 元/千瓦时考虑，加热环境效益未考虑整体系统发电效率，计算出的校准参数为 24.1，原料单位热值成本 0.108 元/兆卡。财务经济性评价结果：资本金内部收益率 0.2%，项目仅仅处于不亏损状态，没有盈利效益，远达不到合理投资回报率 8% 或者央行五年期及以上基准贷款利率 4.9%。从成本角度来看，按照内部收益率 0%、0.2%、

8%折现，原料成本占比最大，为73%～75%，除原料外的其他成本占5.5%左右，初始投资占15%～18%，财务成本占5%～7%，由于项目收益率低和享受增值税，税收只占成本的一小部分。

影响收益的关键因素是供热价格。在其他条件不变情况下，如果想让项目资本金内部收益率达到8%，则供热价格至少需达到37.5元/平方米，这一价格为目前供热价格的1.6倍，之间的差价则需要地方政府给予地方性的热价政策或产品补贴政策。在该项目中，设计供热能力为300万平方米，如果按照300万平方米考虑，利用余热实现供暖，原料年消耗仍为30万吨，则系统发电效率需提升到30.0%，项目资本金内部收益率为7.8%。因此，通过热电联产技术提升系统效率是影响成本的关键因素。在目前的电价和热价政策水平下，生物质热电联产项目的收益主要来自发电，本项目中发电收益占比为88%，即使考虑供热达300万平方米，发电收益仍占总收益的82%。如果在增加供热比例但热电联产机组效率没有较为显著提升的情况下，项目的经济性反而变差。如供热达到300万平方米，但系统发电效率仅从24.1%提升到27%，则项目资本金内部收益率将为0.4%。总体看，在现有电价和税收、贷款政策条件下，原料价格、系统发电效率、地方供热价格将显著影响项目的经济性。如果考虑发电的环境效益，则财务评价收益率达17.0%，国民经济评价收益率达10.2%。

四、我国生物质发电产业特点

(一)整体发展稳定上升

近年来，我国生物质发电能力与发电总量处于稳定增长的态势。根据《2016年度全国可再生能源电力发展监测评价报告》，截至2016年年底，生物质发电装机容量为1 214万千瓦，较2015年增长17.86%；发电量为650亿千瓦时，较2015年增长23.34%。近几年我国生物质发电装机容量快速增长。数据显示，2020年，全国生物质发电装机容量达2 952万千瓦，同比增长22.6%。截至2021年年底，我国生物质发电装机容量达3 798万千瓦，同比增长31%，占全国总发电装机容量的1.6%。

自2006年《中华人民共和国可再生能源法》实施以后，我国生物质发电产业发展进程较为迅速，2008—2012年，装机规模从140万千瓦增加到550万千瓦，投资总额从168亿元增加到586亿元，年均增长率均达30%以上。

根据生物质能源"十三五"规划和《可再生能源中长期发展规划》，中国生物质发电到2020年，总装机规模要达到1 500万千瓦。因此，近几年生物质发电产业的发展速度依然会较高。但是，装机规模和投资总额的增长率呈逐年下降的趋势，这说明中国生物质发电厂商在不断扩大建设规模，但是其发展步伐并不激进。

(二)产业链的结构单一

生物质发电的产业链构成较为简单，产业链较短，上游厂商仅包括燃料供应商和设备供应商；下游厂商则只有电网企业。由于我国生物质发电的燃料成本占发电成本的

60%以上，因此，上游产业对生物质发电产业的影响主要来自燃料成本的变动。

我国实行可再生能源发电全额保障性收购制度，生物质发电在可再生能源发电上网电量中所占比例较低，电力需求波动对生物质发电产业的影响很小，下游的影响主要体现在上网电价。现行的生物质发电按国家发改委发布的《关于完善农林生物质发电价格政策的通知》中规定，未采用招标确定投资人的新建农林生物质发电项目，统一执行标杆上网电价 0.75 元/千瓦时（含税）。

（三）区域差异显著

我国生物质发电产业的区域分布特征比较明显，一方面是生物质资源因素导致，另一方面取决于不同地区生物质能的生产特性。例如，秸秆直燃发电厂大多分布在农作物资源丰富的地区，因为有利于降低成本；而东部发达地区会产生大量城镇垃圾，相应的垃圾发电厂就比较集中。

我国生物质发电主要分布在华东地区，其次是中南地区、东北地区和华北地区，西南地区和西北地区分布较少。

（四）整体效率偏低，发展空间巨大

我国生物质发电的效率普遍较低，特别是年等效满负荷运行小时数平均不足 5 200 h。辽宁省生物质发电年等效满负荷运行小时数是我国生物质发电项目中此项指标最高的省份，超过 7 000 h。除辽宁外，我国超过 6 000 h 的省份仅有 6 个，分别是宁夏、江苏、陕西、浙江、广西和广东。然而，欧洲的生物质发电项目的年等效满负荷运行小时数均高于 7 000 h。从该数据可以看出，中国的生物质发电效率和技术水平与欧洲的差距较为明显，生物质发电产业升级改造刻不容缓。生物质发电产业未来的发展，主要依托热电联产改造来提升系统效率，提高生物质发电的技术经济性，以达到可持续绿色发展。

第三节 我国生物质发电项目现存问题及其对策

在政府政策的大力支持下，我国生物质发电产业正处于蓬勃的发展时期。但是，在实际的发展过程中，由于之前快速发展中有许多问题没能受到重视，生物质发电产业也面临着较多亟待解决的问题与挑战。因此，本节将从我国生物质发电项目现有问题出发，对面临的问题进行深入分析，最后提供相应的对策。

一、我国生物质发电项目现存问题

（一）原料与运输问题

在生物质能发电的过程中，需要大量的生物质原料。根据 Janet Nagel 等人的分析表明，原料成本占生物质发电公司运营成本的绝大部分，对生物质发电厂的经济影响最大。因此，生物质发电厂选址时必须考虑合适的供应链设计，以降低生物质原料获取和运输

所涉及的燃料成本，这对于降低生物质发电的成本至关重要。在我国，原料收集与运输也是生物质发电行业发展所要解决的两大重要问题。首先，由于目前我国对于生物质发电的原料还未形成固定的产业链，且我国对农林生物质资源没有稳定的价格体系支撑，从而导致我国生物质发电的原料没有稳定的保证。同时，生物质电厂使用的主要原料是农作物秸秆等资源，农作物具有季节性，而农忙季节只占一年中极少的时间，这是导致生物质原料供应不稳定的主要因素。观察近些年的历史数据，可看出生物质原料的价格在不断攀升。

无锡2021年的秸秆收购价格达到450～480元/吨。其他省份的生物质资源价格也在逐年增长，如四川双流地区秸秆到厂价格从2013年的100元/吨涨到2021年的380元/吨。

然而，除原料本身的问题外，供应原料而产生的物流费用(包含运输、包装与搬运费用)也成为一大难题。例如，在生物质电厂及原料密集的苏北地区，生物质资源充足，农户愿意无偿转让给电厂，但是收集、转运费等成本高是电厂面临的一个主要问题。由于原料的运输会产生装卸、搬运和包装等活动，因此，原料供应的主要成本并非其本身的成本而在于原料供应产生的物流费用。同时，由于我国农林生物质资源分布分散，从而导致很多由于布局不合理的生物质发电厂的原料短缺问题，十分严峻。这也导致这些生物质发电厂不得不扩大自己原料的收集半径，来满足自身对原料的需求。因此，根据2020年江苏省能源研究会公布的数据，目前我国的平均收购半径为100 km，远远高出了生物质能发达国家的平均距离。由于距离长且大多数的生物质原料处于农村偏远地区，道路运输十分不便。因此，较高的运输成本也大大提高了生物质电厂的原料成本。

(二)运营维护成本问题

由于我国生物质发电在研究、试验阶段没能积累足够的技术支持和项目运营经验，还属于新兴产业，这也导致我国生物质发电项目在发展过程中面临着生产技术不发达、生产效率低、原料需求大、所需运输车辆及工作人员较多、维护成本高等问题。这也给生物质发电企业带来了严重的运营问题。目前，我国生物质发电的平均运营成本和国外的生物质电厂的平均水平相比有着较大差距。

首先，我国生物质发电项目的大量设备需要进口。因此，初期即需要大笔的资金投入，由于先进技术的保护，有些从国外进口的机器设备并不是行业最先进的。同时，由于没有真正掌握后期相关设备的维护方式及没有自己的维修渠道，从而导致生物质发电设备购买难，且维护费用高的状况。而且，在我国国家电网并不提供上网的电路铺设工作。因此，生物质发电上网的输变电线路尤其是边缘的输电项目均由发电公司自己建设，运营中线路出现问题也需要发电公司花钱请电网企业维修。而火力发电项目由电网企业建设和维护输变电线路。这些成本对于本来就利润不高的生物质发电行业来说也是不小的负担，再加上火力发电的竞争优势，生物质发电的项目投资更显得没有吸引力。

(三)工艺技术问题

目前，我国生物质发电的主要障碍是生物质能原料供应不足和技术落后。我国的生物质发电技术远远落后于技术和设备的进口国。由于缺乏生物质材料供应而造成的拖延使这种情况更加严重。这两个问题共同阻碍了我国生物质发电产业的发展。

我国的生物质发电项目相对于国外开始的时间较晚，因此，在发展过程中对于技术工艺的沉淀不足，从而导致当前我国的生物质发电产业还存在一定程度的工艺技术缺陷。不仅在生物质发电机上的生物质能转化率远远低于国外先进水平，而且在实际的作业过程中，由于没有经验的积累，作业效率低下。正是由于生物质发电项目的自身用电率过高造成生物质发电项目的实际效率较低，减排效用并不能达到目标水平，从而导致生物质发电的优势并不能有效发挥。例如，装机容量为 30 MW 的国能单县生物质发电项目是我国首个建成投产的生物质发电项目，项目总投资为 3.4 亿元，单位投资约为 11 000 元/千瓦。同等规模的项目单位装机容量投资约为 10 000 元/千瓦。而传统形式的发电项目单位投资成本中，火电约为 4 000 元/千瓦，水电约为 5 000 元/千瓦。与传统电力项目相比，生物质发电的单位投资高出了 1 倍左右。

(四)财税融资问题

《中华人民共和国可再生能源法》第 26 条规定："国家对列入可再生能源产业发展指导目录的项目给予税收优惠。"但是，就目前我国的生物质发电项目现实情况而言，大多数的生物质发电项目享受不到任何税收优惠。这是由于可再生能源法颁布之后，中国尚未颁布任何有关可再生能源税收优惠的实施细则或条例。因此，地方政府部门，无论是省级还是市级，都没有实施当地生物质发电项目的具体措施。另外，按照《财政部 国家税务总局关于部分资源综合利用及其他产品增值税政策问题的通知》(财税〔2001〕198 号)(以下简称《通知》)的规定，对于我国资源综合利用项目增值税，实行即征即退政策，如利用城市生活垃圾和工业废物发电。虽然生物质发电主要是基于使用农村农业废弃物发电，这与城市固体废弃物发电非常相似。但是，由于《通知》缺乏对生物质发电的优惠规定，税务机关无法对使用农村农业废弃物的生物质发电项目给予优惠待遇。此外，由于生物质发电企业的大部分原材料来自农民或个体运输商，他们无法获得增值税发票，企业也无法获得增值税抵扣。这变相加剧了企业的缴税负担。实际增值税税率已经高于传统能源发电企业。我国的税收政策不仅不倾向于生物质发电项目，而是收取比化石能源发电更多的税收，这违背了国家大力发展可再生能源产业政策的初衷。

《中华人民共和国可再生能源法》第 25 条规定："金融机构可以对列入国家可再生能源产业发展指导目录、符合信贷条件的可再生能源开发利用项目提供有财政贴息的优惠贷款。"然而，现实中我国的大多数生物质发电项目目前未享受到任何贷款利息优惠。这是因为，按照本条规定，允许新能源项目的融资贷款有两个条件：一是开展的项目需要纳入国家可再生能源产业发展指导目录；二是可再生能源项目正在进行中。与此同时，2005 年国家发展和改革委员会发布了《可再生能源产业发展指导目录》，符合可再生能源产业指导目录和允许贷款的相应条件就可以获得贷款。从理论上讲，只要满足上述两个条件的可再生能源项目，金融机构就应该给予金融贴息贷款。但到目前为止，国内省级或地方政府尚未针对可再生能源项目的贷款特许权采取具体措施。这也致使国家所颁布的财政贴息贷款政策变成了"镜中花，水中月"。

生物质发电项目的融资渠道相对于风力发电行业、太阳能发电行业也较为匮乏。主要原因是清洁发展机制（CDM）无法有效打开可再生能源项目的主要融资渠道。国内CDM项目主要用于较为成熟的项目，具体来说主要是用于风电行业，这是因为其交易量需要根据项目的实际发电量来确定。对项目进行检测，相比于风力发电项目，生物质发电的具体操作要复杂得多，这就意味着要有很多监测点，即生物质发电项目的融资相较风力发电项目需要投入更多的监测成本，自然使得生物质发电项目的融资渠道变窄了很多。

(五)相关政策缺失

近年来，由于经济增长所造成的环境污染问题日益凸显。新能源与传统能源的替代关系成了社会各界关注的热点问题。为了减少环境污染、降低碳排放，实现可持续、绿色的发展，各国政府还出台了促进新能源，加速能源转型，促进经济转型和发展的政策。作为一种重要的新能源，我国也引入生物质能相关政策的提案。但是，由于我国引入生物质能相关配套政策相对较晚，因此，导致目前我国生物质发电产业的相关配套优惠政策及监督政策很少，仍然处于进一步完善的状态。2007年，我国政府第一个专门针对生物质能产业的发展规划由农业部编制而成，即《农业生物质能产业发展规划（2007—2015年）》。直到2012年，特别针对的生物质能发展规划（《生物质能发展"十二五"规划》）才出台。《生物质能发展"十三五"规划》于2016年出台。在财政和税收政策方面，我国主要采用增值税优惠待遇，企业享受所得税减免，财税支持和投资信贷政策支持，如《中华人民共和国企业所得税法实施条例》等。在补贴政策方面，中国主要采用专项资金进行开发，对生物质能产品和生物质原料进行补贴，如《可再生能源发电价格和费用分摊管理试行办法》《可再生能源发展专项资金管理暂行办法》《关于完善农林生物质发电价格政策的通知》等。

就目前的国内法律法规而言，除相关行业或经济领域外，还有生物质能产业政策，如2005年发布的《中华人民共和国可再生能源法》和2008年发布的《中华人民共和国循环经济促进法》。但我国至今还没有形成专门针对生物质能产业发展的法律、法规，如《中华人民共和国可再生能源法》规定，农林剩余物生物质发电应该尽快享受财政税收等优惠政策，但是相关的具体政策仍未全部出台。同时，我国示范项目从立项、建设、发电上网，到验收，没有专门的管理监督政策。现有的国家生物质发电示范项目运营状况也是时好时坏，总体亏损。在此之前的国家863环保示范项目——江苏兴化中科生物质发电项目早已关闭。这些示范项目缺乏有效监督。更有甚者，个别项目平时停运，当有人前去参观时，才开动机器。

(六)上网电价与补贴问题

由于近年来国内电力行业效率整体下降及煤炭和石油成本上升，近年来我国的煤电价格也有所上涨。相比之下，近年来生物质发电价格没有太多波动。目前，国内生物质发电价格仍按照《可再生能源发电价格和费用分摊管理试行办法》(发改价格〔2006〕7号)的规定执行。生物质发电电价的标准：基本净电价0.386元/千瓦时(2005年当地脱硫单位基准含税电价)+可再生能源价格补贴0.25元/千瓦时+可再生能源网络连接费0.01元/千瓦时=0.646元/千瓦时(苏价工〔2007〕115号)。缴税后，实际电价为0.552元/千瓦时，实际补贴为0.22元/千瓦时。面对成本上升，生物质发电项目产生的实际利润不断受到压缩，项目盈利空间越来越小。另外，生物质发电项目目前使用的补贴仍然是根据2015年电价基准确定的，即每千瓦时电费补贴0.25元，并且在2018年到2020年的3年期间没有变化。面对生物质发电项目电价未发生任何变动，而成本随着物价、人力资源成本的上涨不断攀升的情况，仍然采用不变的补贴政策，明显会给生物质发电的整个行业带来严重的经济损失。

二、我国生物质发电项目现存问题溯源

在我国，生物质发电的成本远高于传统火电和水电的发电成本。人们将生物质发电成本相对于国外领先水平较高的原因分为两点：

(1)从企业的角度讲，问题的根源主要在于项目选址的不合理和技术选择的决策不科学。

(2)从政府角度来说，存在的主要问题就是政策研究和制定体系不完善。

(一)项目选址不合理

我国生物质发电项目存在布点过密的现象，致使出现生物质资源获取困难、盈利空间缩小、资源价格快速上涨等许多问题。国能单县生物质发电厂的周边有4家同类电厂，宿迁方圆100 km内共有宿迁凯迪、中节能、国信泗阳、沭阳光大、嘉豪泗洪共5家秸秆发电厂。扬州市至少有7家非发电企业需要大量的秸秆资源，其中仪征市鼎盛炭业有限公司年秸秆需求量就达到15万吨。由于企业在项目选址过程中未考虑其他项目的情况，导致原料价格上涨，从而形成了原料供应不足、收集半径扩大、原料存储需求高和项目产能利用率较低等一系列问题。

与此同时，一些项目在选址时未考虑其社会认可度，导致在建设过程中出现一些事先无法预料的社会问题，从而提高了项目的建设成本。部分地区农民出售秸秆的积极性不高，也会降低原料的供应能力、提高原料价格，从而使得原料成本过高。

(二)技术选择决策不科学

由于生物质发电项目在技术选择中所做的决策不科学，所选技术需要的设备成本过高，从而增加了建设成本。并且生物质发电技术在我国的准备也不够充分，在生物质发电项目准备阶段，我国的研究主要集中于小型生物质气化发电技术，对于大型的生物质直燃发电技术的研发较少。而生物质发电项目在我国快速发展的过程中，所采用的技术大多是20 MW以上的生物质秸秆直燃发电技术或与煤混燃发电技术，一般采用的项目规模有15 MW、20 MW、24 MW和30 MW。同时，由于所选技术不成熟、可靠性低、停

机检修频繁，使得项目的运营维护成本增加，还造成了项目的产能利用率降低。由于所选生物质发电技术所需要的配套设备较多并且配套设备的能耗较高，从而使得该项目的自身用电率较高，降低了项目实际发电的效率。与此同时，由于所选技术在某一地区的社会认可度低，会增加项目在建设过程中受到的阻碍，从而提高项目的建设成本。

(三) 政策体系不完善

生物质发电项目相关政策从制定到执行都存在着一定的问题，主要包括政策制定过程不科学、政策缺失、政策执行不到位、后续具体实施细则出台的速度缓慢。生物质发电相关政策在制定过程中不能做到广泛接受社会专业人士的意见和建议，一些政策过于粗糙，并且没有可行性强的配套政策的支持，因而使得政策的效力大打折扣。在对生物质能的扶植政策执行的过程中，高效而又职责明确的可再生能源主管机构是实现生物质发电项目度过艰难初期的重要支持力量。《中华人民共和国可再生能源法》第5条第2款明确规定："县级以上地方人民政府管理能源工作的部门负责本行政区域内可再生能源开发利用的管理工作"。但是我国很多地区的体制改革相比于中央，往往相对滞后，根据《中华人民共和国可再生能源法》第7、8条，我国明确要求国务院会同省、自治区、直辖市人民政府确定各行政区域可再生能源开发利用中长期目标，并依据中长期目标编制本行政区域的可再生能源开发利用规划，国家在2008年3月也出台了《可再生能源"十一五"规划》，对主要的可再生能源开发利用项目在"十一五"期间的发展做了详细规划。但是，省级及以下的能源主管部门没有出台针对本地区的具体规划或者未向社会公开该规划。这导致了虽然国家已经出台相关的政策，可是当地的政府并没有相关的规划及法令出台，更没有相关的部门来负责落实，致使当地的生物质发电项目并没有很好地享受到国家对生物质发电项目的财政优惠政策。例如，江苏省就有发展改革委员会与经济贸易委员会两个机构对能源具有管理职权。生物质发电项目审批及运营过程中涉及众多的审批部门，并且没有固定的审批期限，很大程度上就是由于没有一个统一的可再生能源主管机构。由于监管体系不完善，同时没有专门的部门进行协调，使得政策的执行不到位，这些均严重影响了我国生物质发电项目的实际效益。

三、我国生物质发电项目发展的对策建议

通过以上分析了解我国的生物质发电产业问题后，除由于自然客观因素所导致的资源分布不均匀、供需关系不匹配等不可抗力因素外，可以着重考虑另外3个方面以解决生物质发电企业的高成本问题。

(一) 加强对生物质发电项目的规划

政府和企业都要加强生物质发电项目的规划工作。

1. 全面地评估发电绩效

一般电厂的秸秆消耗量约为20万吨/年，若按365天/年，即平均需求550吨/天。从田间地头到临时收购点只能用小三轮车或四轮车，运秸秆1.5吨/车〔往返路程平均10 km，

7 L/(100 km)]，需 367 车次/天；从临时收购点到电厂的卡车可运 5 吨/车，需 110 车次/天[往返路程平均 100 km，25 L/(100 km)]；秸秆运输所需柴油超过 100 万升/年。秸秆粉碎、包装和转运及厂内生产等特殊设备和操作也需要大量的能源消耗。如果将秸秆大规模转化为电力，将不可避免地加剧农村能源紧张的非理性现象。不仅如此，针对关于生物质发电的综合效益存在的问题，还引发了一场激烈的辩论。

事实上，对发电效率的综合评估应包括国家的财政补贴和税收激励，生产过程中的能源消耗和碳排放及其生产效益，社会和环境对农民收入的影响，农村能源结构和关税补贴。

2. 认真总结经验和教训

自第一批国家级示范建成后，生物质发电项目建设大规模地涌现，但并网发电以来各项目损失严重，从来没有总结经验和教训。示范项目从立项、建设、发电上网，到验收，没有专门的管理方法。针对示范项目遇到的问题未及时采取有效措施。

针对此观点，应该借鉴国外的一些做法。美国在 1979 年开始进行区域生物质能开发的试验，1991 年才提出了生物质发电计划；在生物质中长期纲要计划（2010.11 版）中不仅提出了未来生物质发电的绩效目标，而且提出了要实现目标的特殊技术路线，还将开启先进的 10 MW（2015 年）、20 MW（2016 年）规模发电的试验，并验证 GHG 减排效果。加拿大在 2007 年就已限制大规模秸秆发电项目，而多伦多、不列颠哥伦比亚等省转而支持 10 MW 以下规模项目。

3. 重新论证发展目标

对于农林废弃物的发电，如果"十一五"目标没有完成，那么是否可以完成装机容量为 8 000 MW 的"十二五"目标是值得怀疑的。这一目标意味着在"十二五"期间，如果每个发电厂的装机容量为 24~30 MW，新增容量约为 5 500 MW，或增加 183~230 个新发电厂（"十一五"期间约 90 个发电厂正在运行）。在原材料价格每年增长和行业整体亏损的情况下，有多少公司敢于投资生物质发电项目？建议重新审视生物质发电"十二五"发展规划，减少其战略目标的具体任务。

（二）强化政策研究和落实

1. 强化政策研究

现有的生物质发电政策存在一些问题，如 2008 年 9 月，环保部等 3 个部门《关于进一步加强生物质发电项目环境影响评价管理工作的通知》要求装机规模不低于 12 MW，而国家发展和改革委员会于 2010 年 8 月在《关于生物质发电项目建设管理的通知》则要求不能高于 30 MW；按照《增值税暂行条例实施细则》，秸秆收购的增值税抵免无法操作，如果是中间商送到收购站，企业则不仅不能享受 13% 的抵扣，且需另外填写或取得小规模纳税人发票，则原料成本增加 4%。在《国家先进污染治理技术示范名录》的 2007 年"名录"中，补贴的是"中温中压锅炉的秸秆发电技术"，而"高温高压"才是高效燃烧的国际主流技术，新能源电价的补贴制度亟须完善。目前，我国及开始实施对新能源电力进行并网的补贴定价政策，同时，还起草了对于新能源强制比率及电力绿色电力证书的相关措施来促进新能源企业的发展。根据幼稚产业保护理论，一项新兴产业前期需要得到更多的支持与帮助。因此，政府可根据生物质发电产业的实际情况，对生物质发电确立合理的补贴额度，帮助企业度过初始期从而实现生物质发电产业的可持续发展。同时，在制定政策时，政府应该充分论证和征求意见，厘清政策作用的范围和时间，考虑不同政策之间的衔接关系，认真评估政策的可能后果。

2. 严格地执行相关规定

2006年1月，国家发展和改革委员会在《可再生能源发电管理条例》中要求项目建设应"合理布局"，发电企业要"认真做好设计准备工作，土地利用，水资源，环境保护等"。从实际的角度来看，有更多的重复建设和强制实施的项目，并且有增长的趋势。江苏盐城还计划在未来5年内在每个县建立一座秸秆发电厂，山东也有这样的计划。由于国家面临"巨大"压力，一些小型发电厂已经转变为直燃或混烧发电。例如，涿鹿华达生物热电项目的装机容量为 2×25 MW，粤电湛江生物质发电项目的装机容量为 4×50 MW。2012年3月，广东省发展和改革委员会批准了 2×30 MW 韶关生物质发电项目。

全球第三大也是国内最大的江苏兴化中科生物质发电项目(5 MW)在不到一年的时间内倒闭了，这一教训应该引起我们的高度重视。因此，我们要严格执行现有政策；从企业角度，应切实、认真做好原料资源的调研工作，充分估计其供应困难和价格变化，科学论证项目可行性，按照《秸秆发电厂设计规范》(GB 50762—2012)建设项目；从政府角度，应严格审批项目，限制装机规模。

(三)大力提高农民销售原料的积极性

1. 完全禁止燃烧秸秆

由于秸秆的使用多样化及全国各地秸秆的综合利用，相关公司对秸秆原料的"抢劫"变得更加激烈。据估计，中国每年直接秸秆燃烧量约为2.54亿吨，燃烧秸秆每年二氧化碳排放量达 $3.55\sim38.10$ t，二氧化硫355万吨，颗粒物254万吨。据估计，秸秆燃烧产生的颗粒物(PM)占全国颗粒物排放总量的11.5%。秸秆燃烧已成为我国大气污染源不可忽视的因素之一。禁止在露天燃烧秸秆，既减少了环境污染，又明显增加了秸秆的供应。

完全禁止燃烧秸秆是可行的。从2019年5月27日至7月8日国家有关部门监测的27天，江苏省未发现秸秆燃烧17天。秸秆禁令的最佳实现地区是宿迁(0点)，其次是镇江(10点)和淮安(36点)。

许多地方政府为禁止燃烧秸秆投入了大量的人力和资金，但仍需要长期投资，不能掉以轻心。我们将继续利用各种媒体宣传露天燃烧秸秆造成的污染，对田地的危害，对人民生活的不利影响，以提高农民禁止秸秆燃烧的意识。

当然，秸秆禁令还必须考虑到农民的利益，仅靠惩罚措施是行不通的。由于秸秆燃烧的秸秆灰有利于耕地的松散，钾含量增加，病虫害减少。这样，一亩土地的成本减少了20~30美元，相关部门应该考虑到这一点，并在政策的制定和执行上予以补偿。

2. 加强与农民和经纪人的合作

电厂采购模式是影响农民销售秸秆等原料的热情的关键因素。目前，存在诸如"运送到厂""上门收购""帮助收割""预先买断"等模式，但各种模式利弊共存。

生物质发电的特点是小型发电厂和大量燃料。生物质发电厂每年需要一定数量的经纪人来完成大量的秸秆采购任务。经纪人还与其他需要扩大秸秆规模的公司合作，这意味着每个地区需要原料的公司不仅仅是生物质发电厂。随着对秸秆的需求持续增长，经纪人的队伍也继续增长。其中一些经纪人会做出欺凌农民（秸秆定量较低，购买时质量评级较低）、欺骗公司（混合秸秆水、黏土、石头和其他杂质）的行为。这不仅会挫伤农民出售原料的积极性，还会影响原料的充分燃烧甚至损坏设备。

企业应选择适当的原料采集模式，通过正常交易、设备提供、参股、持股等方式加强与经纪人的合作，并通过合同和供应商管理实践加强对经纪人的激励，以确保发电厂的原料供应。另外，有条件的企业还可以利用荒地种植能源植物，逐步改善秸秆来源单一的状况。

3. 加大生物质发电项目的宣传力度

根据《中华人民共和国可再生能源法》第12条第2款，国务院教育行政部门应将可再生能源知识和技术纳入普通教育和职业教育课程。有关教育单位和新闻媒体应充分整合可再生能源的种类、形式、经济和环境效益的基本知识，培养公众环保意识，使公众了解和自觉支持可再生能源的开发和利用，从而积极推动新能源产业的发展向前进。通过生物质发电项目的原则设置，可以产生经济效益，以及给当地居民带来的环境效益，使生物质发电项目成为当地社会和文化所接受并得到当地人民认可的民生项目。

4. 扩大投资补贴

作为一个新兴产业，生物质发电产业离不开政府在发展初期的强大资金支持。没有政府的财政支持，完全依靠企业或分散的民间资本来发展这样一个清洁、环保、高成本的产业，必然会挫伤投资者的积极性，导致行业萎缩。目前，生物质发电企业不享受税收和贷款优惠，反映出国家对可再生能源开发利用的资金支持明显不足。另外，除参与国外CDM项目外，生物质发电项目目前没有其他融资方式，单一的融资渠道也限制了行业的发展。

然而，同属可再生能源，生物质发电相比受资本市场热捧的风电、光伏发电等产业，仍有些落寞。这与生物质能兼具技术密集型和劳动密集型等特点密切相关。生物质发电为实现规模经济，一般初始投资较大（通常3亿元起），需要一定的融资能力；而投产后原料收集、运输及储运等成本，也需占用大量流动资金，且有一定波动性；再加上相对较高的运维成本，生物质发电项目普遍投资回报率较低。疏通资金的关键就在于广开渠道"引水入田"，努力形成以政府为引导、企业投入为主体、金融为支撑和社会融资相结合的投资新体系。人类对能源利用的演变过程与应用成本密切相关，与传统能源利用方式相比，新能源应用的前期投入还相当之高，需要进一步加大政府扶持力度，不断降低企业开发新能源项目的总成本。如何破解"降成本"问题的关键是需要将生物质直燃发电技术带来的环境效益考虑进来，生物质能开发利用会产生两种效益：环境效益和经济效益。应将产生环境效益的利用成本从总成本中剔除，由政府承担，通过政策补贴等方式返还给农民或企业，实现环境收益由全体民众共享；另一部分真正产生原料经济价值的成本由企业承担，同时由企业享受经济收益。应充分发挥社会资本的作用，充分用好绿色信贷、绿色直接融资等投融资工具，鼓励各类金融资金和社会资本向有前景的优质生物质直燃发电项目进行投资，促进生物质直燃发电实现规模化和产业化运营。作为企业本身，也不能坐享其成，不能光靠等机会、要补贴、要扶持，患上政策依赖症，有条件的企业应主动探索，通过全国中小企业股份转让系统（俗称"新三板"）、IPO、发债等方式解决资金问题。同时，还要进一步总结生物质经济的模式及特点，不断完善生物质发电产业发展的商业模式和技术路线，实时引入政府购买服务、BOT、PPP等多种生物质发电产业发展的商业模式。而建立碳排放交易市场，形成科学的碳交易价格机制，也有助于减轻生物质发电企业的经营压力。

5. 加强技术创新管理

技术是生产力，创新是企业发展的动力之源。从国际上看，生物质发电已经作为一项成熟技术得到大力推广应用。与欧美等农业发达国家相比，我国生物质能技术的研发能力总体还比较落后，正处于发展阶段。目前，国内生物质发电的技术设备有待升级，多数还依赖进口，影响了整个产业的发展。同时，从整体上来说，我国生物质发电技术力量比较薄弱，企业或机构的研究规模和投入的资源也都相对较少，一些研究成果的作用也比较小。在资助的科研项目中，有一些重复现象，这种重复包括同类基金与不同类基金之间的项目。例如，在科技型中小企业技术创新基金立项项目中，流化床和锅炉有19项、燃料输送有5项、打捆机有2项；从2017年到2021年的240个发明专利和实用新型专利中，有42个属于进料系统，8个与破碎机有关，4个与锅炉有关。应该进一步加大科研投入，鼓励研究机构、企业整合现有技术资源联合攻关。

当前，我国燃烧生物质主要用来发电，而国外通过余热回收实现热电联产，取得了较好的经济效益。一般热电联产的热效率可达75%以上，比起单纯生物质燃烧发电30%~50%的热效率要高不少。挖掘我国生物质发电潜力的必经之路，就是要通过技术创新，提升生物质发电技术水平，提高发电效率，尤其应当鼓励生物质热电联产技术发展。而当前我国针对生物质直燃发电的引导政策，主要集中在发电侧的激励，缺乏对生物质供热的鼓励政策，使得生物质直燃发电产业的资源、经济、生态和社会等综合效益未能充分显现。如果实现生物质热电联产，则能源转化效率将比生物质直燃发电提升近一倍。因此，应鼓励生物质热电联产应用，力争在现有生物质直燃发电项目的基础上，采取就近利用原则，向有供热需求的城镇居民住宅、工业生产企业及公共建筑等区域提供生活生产用能，实现能源高效清洁化利用。

因此，我国需要尽快成立生物质发电项目的国家级研发中心。目前，这类的研发中心分为两大类：一类是由科技部主管的"国家工程技术研究中心"（141个）；另一类是由国家发改委主管的"国家工程研究中心"（127个）。成立这些"中心"的目的是加强相关产业的技术创新和推广应用，但这些中心没有涵盖生物质发电技术的研发。

6. 结合地理特征培育新增长点

我国生物质资源相当丰富，而结合各地区的地理特征培育新的生物质发电项目是实现生物质资源的重要保障。其中，我国的广东等华南地区地处亚热带，光照与水分相当充足，有利于植物生长。每年生成的包括腐败凋谢、植物与农作物废弃物、林业采伐和加工的残余副产品等可利用的生物质资源量达 7 000 余万吨，按照 10%～15% 的利用率，每年能实现利用的量也有 1 000 万吨左右，按照 30% 的能源转化率计算，可实现替代标煤 300 万吨左右。华南地区不仅生物质资源非常丰富，而且在华南地区开展生物质直燃发电具有较好的支撑条件。从需求侧来看，华南地区社会经济发展迅速，用能、用电消耗持续刚性增长。华南地区全社会的用电、用能及用热需求仍将保持刚性增长，在非水可再生能源 15% 发电配额的约束目标下，将极大激发生物质直燃发电的需求空间。另外，秉持绿色发展理念，服务华南地区电力输送的南方电网一直严格贯彻落实国家可再生能源并网相关政策，积极实施各项并网工程，可以为规划范围内的各类可再生能源发电全额收购和全额上网提供强有力保障。考虑到生物质资源分布具有地域性、分散性和资源储量的有限性等特征，在华南地区发展生物质直燃发电，需根据生物质的固有属性对其进行适度化、集中化、规模化的开发利用，做到布局要合理、管理要有效、发展要有序。

第四节　生物质气化发电技术

一、生物质气化发电概述

生物质气化技术首次商业化应用可追溯至 20 世纪 30 年代，当时以木炭作为原料，经过气化器生产可燃气，驱动内燃机应用于早期的汽车和农业灌溉机械。第二次世界大战期间，生物质气化技术的应用达到高峰，当时大约有 100 万辆以木材或木炭为原料提供能量的车辆运行于世界各地。20 世纪 70 年代，能源危机的出现，重新唤起了人们对生物质气化技术的兴趣。研究开发的重心是以各种农业、林业废弃物为原料的气化装置，生产的可燃气可以作为热源，或用于发电，或生产化工产品（如甲醇、二甲醚及氨等）。

生物质气化发电是利用生物质气化产生的可燃气体在燃气机中燃烧从而产生动力的发电方式，其结合了生物质气化清洁、灵活与燃气发电高效、设备紧凑等优势，是生物质能最有效、洁净的利用方式之一。由于生物质气化发电可以采用内燃机，也可以采用燃气轮机，甚至可以结合余热锅炉和蒸汽发电系统，所以，可以根据规模的大小选用合适的发电设备，保证在任何规模下都有合理的发电效率，这一技术的灵活性能很好地满足了生物质分散利用的特点，可以保证其在小规模下仍具备较好的经济性。同时，燃气发电过程简单，设备紧凑，也使其比其他可再生能源发电技术投资更小。总体而言，生物质气化发电技术是一种经济、清洁的可再生能源发电技术。

(一)生物质气化发电原理与分类

生物质气化发电过程包括以下三个方面：

(1)生物质气化，利用气化炉将固体生物质转化为可燃气体。

(2)气体净化，气化出来的燃气都带有一定的杂质，包括灰分、焦炭和焦油等，需经过净化系统把杂质除去，以保证燃气发电设备的正常运行。

(3)燃气发电，净化后的燃气送入锅炉、内燃机、燃气轮机的燃烧室中燃烧，并带动发电机来发电，有的工艺为了提高发电效率，发电过程可以增加余热锅炉和蒸汽轮机。

生物质气化发电的一般工艺流程如图 2-2 所示。

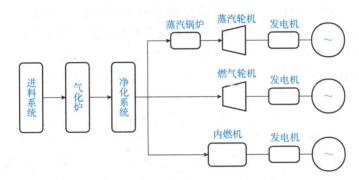

图 2-2　生物质气化发电的一般工艺流程示意

生物质气化发电系统根据发电规模可分为小规模、中等规模和大型规模 3 种。小规模生物质气化发电系统适用生物质的分散利用，具有投资小和发电成本低等特点，已经进入商业化示范阶段；大规模生物质气化发电系统适用生物质的大规模利用，发电效率高，已经进入研究和示范阶段，是今后生物质气化发电的主要发展方向。

(二)生物质气化过程原理

生物质气化是以生物质为原料，以氧气(空气、富氧或纯氧)、水蒸气或氢气等作为气化剂(或称气化介质)，在高温条件下通过热化学反应将生物质中可燃的部分转化为可燃气的过程。

生物质气化过程是挥发分受热分解、热解产物燃烧还原等诸多复杂反应的集合，反应机理非常复杂。热解是气化过程的起始和伴生过程，气化和燃烧过程是密不可分的，燃烧是气化的基础，气化是部分燃烧或缺氧燃烧。固体燃料中碳的燃烧为气化过程提供了热量，气化反应其他过程的进行取决于碳燃烧阶段的放热状况。随着气化装置类型、工艺流程、反应条件、气化介质种类、原料性质等的不同，反应过程也不完全相同，但是这些过程的基本反应都包括干燥、热解、氧化和还原 4 个过程。下面以吸式固定床气化炉为例，对生物质气化中的主要过程和反应机理进行具体分析，如图 2-3 所示。

(1)干燥层。生物质原料进入气化装置后，在热量的作用下，首先被加热析出表面的是水分。干燥过程主要发生在100~300 ℃，大部分水分在低于105 ℃的条件下释放，然后干燥原料被继续加热到300 ℃。干燥过程进行得比较缓慢，而且需要吸收大量的热量，在表面水分完全脱除之前，被加热的生物质基本不升温。由于气化高水分原料需要消耗更多的热量用于表面水分脱除，从而影响燃气品质，甚至无法实现自能平衡，因此，生物质气化要求原料水分一般不超过20%。

(2)热解层(干馏层)。热解是高分子有机物在吸热条件下所发生的不可逆的热分解反应，温度越高，反应越剧烈。生物质热解就是在高温条件下，将组成生物质的高分子聚合物打碎、析出挥发分的过程，过程包括若干不同路径的一次、二次甚至高次反应，而且不同的反应路径得到的产物比例和成分也不同。热解产物呈现气、液、固三种形态，气态产物主要包括CO_2、H_2等永久性气体，热值可达15 MJ/m^3以上，可单独作为气体燃料使用。液态产物主要是生物质中的水分和未完全分解的大分子烃类化合物，常温下呈液态。固态产物是生物质析出挥发分后剩余的残炭类物质。在气化工艺中，热解是初始反应过程，而且随着反应的进行，原料持续不断地发生热解，热解产物则进一步发生氧化还原反应。

(3)氧化层。氧化是一个放热过程，为气化的其他过程提供热量。由于干燥、热解和后面的还原过程都是吸热的，为维持这些反应的进行，必须提供足够的热量，通常采用的方式是向反应层提供空气(或氧气)，通过部分燃烧释放热量。在氧化区，温度可达800~1 200 ℃，燃烧反应比较迅速。由于是限氧燃烧，氧气的供给是不充足的，因此，不完全燃烧反应也会发生。同时，氧化层中仍会发生部分大分子的热解液态产物在高温下的进一步分解反应。

(4)还原层。在固定床中，氧化层燃烧产生的气体进入还原区，进一步发生还原反应。燃烧产生的水蒸气和二氧化碳等与碳反应生成氢气和一氧化碳，这些气体和未参与燃烧的挥发分等形成了可燃气体并被排出反应区，从而完成了固体生物质原料向气体燃料的转变。还原过程发生的反应多为吸热反应，温度越高，反应越强烈。随着反应的进行，还原层的温度不断下降，因此，反应速度也逐渐降低。还原层的温度一般为700~900 ℃，发生的主要反应如图2-3所示。

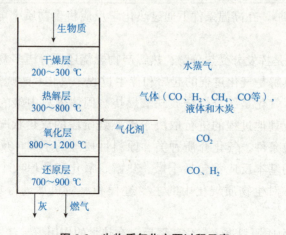

图2-3　生物质气化主要过程示意

生物质气化的主要反应发生在氧化层和还原层,所以称氧化层和还原层为气化区,而热解层及干燥层则统称为燃料准备区或燃料预处理区。在实际操作中,上述四个区域没有明确边界,一个区域可以局部地渗入另一个区域,各过程是互相交错进行的。

由于反应得不彻底,气体产物中总是掺杂生物质原料热解过程的部分大分子产物,如焦油、醋酸、醇类及低分子的烃类化合物等,水蒸气及少量灰分也是不可避免的产物。

(三)生物质气化方式

对于生物质气化过程的分类有多种形式。按照产品燃气热值的不同,可分为低热值燃气(燃气热值低于 13 MJ/m^3)、中热值燃气、高热值燃气(燃气热值高于 30 MJ/m^3)气化工艺;按照气化设备运行方式的不同,可分为固定床、流化床和旋转床气化工艺;按照气化剂的不同,可分为干馏(热解)气化、空气气化、氧气气化、水蒸气气化、水蒸气/空气气化和氢气气化等。

(1)干馏(热解)气化。干馏(热解)气化属热解的一种特例,是指在缺氧或少量供氧的情况下,生物质进行干馏的过程(如木材干馏)。其主要产物为醋酸、甲醇、木焦油、木馏油、木炭和可燃气。可燃气的主要成分和产量与热解温度及加热速率有关,燃气热值一般可达到中热值水平。

(2)空气气化。以空气作为气化剂的气化过程。空气中氧气与生物质中可燃组分发生氧化反应,提供气化过程中其他反应所需热量,并不需要额外提供热量,由于空气的易得性,空气气化是一种较为普遍、经济、设备简单且容易实现的气化形式。空气中含有78%的氮气,氮气一般不参与气化的反应过程,但氮气在气化过程中会吸收部分反应热,降低反应温度,并阻碍氧气的充分扩散,降低反应速率。同时,不参与反应的氮气稀释了生物质燃气的可燃组分,降低了燃气热值。在空气气化的生物质燃气中,氮气含量可高达50%,燃气热值一般为 5 MJ/m^3 左右,属于低热值燃气,不适用管道进行长距离输送。

(3)氧气气化。以纯氧作为气化剂的气化过程中,如果合理地控制氧气供给量,即可保证气化反应所需的热量,不需要额外的热源,又可避免氧化反应生成过量的二氧化碳。与空气气化相比,由于没有氮气参与,氧气气化提高了反应温度和反应速度,缩小了反应空间,提高了热效率。同时,生物质燃气的热值也得到大幅度提高,可达到 15 MJ/m^3 以上,且可与城市煤气相当。但是,纯氧的生产需要耗费大量的能源,故纯氧气气化不适合在小型的气化系统中应用。在工业应用中,可采用富氧气化的方式,即提高送入气化设备中的空气中的氧气含量,以获得较好的气化产品气体,同时,又能降低制氧的成本。

(4)水蒸气气化。在以水蒸气作为气化剂的气化过程中,水蒸气将直接与生物质热解产生的中间产物及热解炭发生还原反应生成一氧化碳和氢气,一氧化碳与水蒸气还会发生变换反应,从而有利于氢气、一氧化碳及甲烷等烃类化合物的生成,燃气热值也可达到 17～21 MJ/m³，属于中热值燃气。水蒸气气化的主要反应是吸热反应，因此，需要额外的热源，反应温度不能过高，技术操作比较复杂。

(5)水蒸气/空气气化。两种气化介质结合，主要用以克服空气气化产物热值低的缺点。理论上，水蒸气/空气气化比单独使用空气或水蒸气作为气化剂的方式减少了空气的供给量，并生成更多的氢气和烃类化合物，提高了燃气热值。同时，空气与生物质的氧化反应可以提供过程所需热量，因而可以不需要外加热系统。

(6)氢气气化。以氢气作为气化剂的气化过程，主要反应是氢气与固定碳及水蒸气之间发生反应而生成甲烷的过程，此反应的可燃气热值可达 22～26 MJ/m³，属于高热值燃气。氢气气化反应的条件极为严格，需要在高温、高压下进行，且采用氢气为原料，成本较高，所以一般应用较少。

二、生物质气化装置

(一)固定床气化炉

在固定床气化炉中，气化反应在一个相对静止的床层中进行，依次完成干燥、热解、氧化和还原过程，最终将生物质原料转变成可燃气体。根据气化剂供给位置和经过燃料层的形式，固定床气化炉可分为上吸式、下吸式和横吸式等。

1. 上吸式固定床气化炉

(1)工作原理与反应过程。

①上吸式固定床气化炉的结构和工作原理如图 2-4 所示。原料从上部加入，依靠重力向下移动，整个燃料层支撑在炉排上；气化剂从炉排下部进入，向上经过各反应层，燃气从上部排出。在上吸式固定床气化炉中，气流与原料运行方向相反，所以也称逆流式气化炉。

②上吸式固定床气化炉发生的反应过程。加入炉膛后，原料与上行的燃气接触，首先吸收燃气的显热进行脱水干燥，并使燃气的温度降低到 100～300 ℃；干燥后的生物质原料进一步受热发生热解，原料中的挥发分大量析出，热分解产生的残炭进入下方的还原层；残炭与下部氧化层产生的二氧化碳和水蒸气发生还原反应，生成一氧化碳和氢气，在这一层几

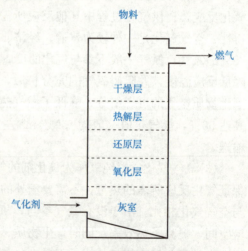

图 2-4 上吸式固定床气化炉的结构和工作原理

乎没有氧气的存在，而且随着反应的进行，温度不断降低；未反应完的残炭与下部通入的气化剂发生强烈的氧化反应，产生二氧化碳和水蒸气，并使温度迅速升高到 1 000 ℃以上，释放出来的热量为其他各层的反应提供能量。

(2)上吸式固定床气化炉的工艺特点。上吸式固定床气化炉自上而下发生的反应依次

为干燥、热解、还原和氧化。该工艺系统能量利用充分，气化效率较高。首先，氧化层在反应器的最底部，以还原后的残炭作为氧化区的燃料，与鼓入的新鲜空气充分燃烧，提供上部吸热反应所需能量，最大限度地利用了生物质中的碳源；同时，充分利用上行还原气体余热为原料干燥和热解提供能量，出口燃气的温度可降低到300 ℃以下，减少了燃气带出热损失。上吸式固定床气化炉产品燃气热值较高，原因是有较高热值的热解产物直接混入燃气，提高了出口燃气热值。燃气带灰少，上部未反应原料层对上行燃气起到过滤作用，随燃气带出的飞灰少。上吸式气化炉内，气体与原料流动方向相反，气化剂由炉排下部直接鼓入，保证进气通畅，上行气流对料层有一定松动作用，气体通道阻力较小，气化炉压力损失小。同时，气化炉下部炉排受到灰渣层的保护和进风的冷却，工作条件较为温和，因此炉排工作可靠。

在上吸式固定床气化炉中，热解产生的焦油直接混入可燃气体，导致产品燃气中焦油含量较高，因此，上吸式气化方式一般用于粗燃气不需净化冷却就可以直接使用的场合，如直接作为锅炉或加热炉的燃料气。当需要使用清洁燃气的场合，可以使用木炭等焦油产量较低的原料。上吸式固定床气化炉的加料也是需要考虑的难题，因为气化器的进料点正好是燃气出口的位置，为了防止燃气的泄漏，必须采取专门的加料措施。通常采用间歇加料的方式，将炉膛上部做得较大，能储存一段时间的用料，运行时将上部密闭，炉内原料用完后停炉加料。对于要求连续运行的场合，则需要采用较复杂的进料装置。

2. 下吸式气化炉

(1)工作原理与反应过程。

①下吸式固定床气化炉的工作原理：生物质原料由上部加入，依靠重力逐渐由顶部移动到底部，灰渣由底部排出。气化剂在气化炉上部或中部的氧化层加入，燃气由反应层下部吸出。气流与原料均自上而下同方向流动，因此又称为顺流式气化炉。

②下吸式固定床气化炉发生的反应过程。原料自上而下分层完成水分脱除、热解，挥发分与炭的不完全燃烧和部分大分子挥发分物质的二次裂解、二氧化碳和水蒸气在剩余炭层与炭发生还原反应等过程，最终得到含一氧化碳、氢气、甲烷、二氧化碳和氮气的混合气体。在下吸式固定床气化炉中，热解产物随气流进入气化层继续参与后续氧化还原反应。

(2)下吸式固定床气化炉的工艺特点。下吸式气化炉中，热解产物通过炽热的氧化层而得到充分裂解，因此，焦油含量比较低，在需要使用洁净燃气的场合得到更多的应用，如发电、供气等。下吸式固定床气化炉的输气风机处于气化炉的后部，气化炉内呈微负压，因此，加料端不需要严格的密封，便于实现连续加料和运行中料层检查及过程调整等操作。这一特性对于秸秆类原料是非常重要的。因为秸秆类原料堆积密度很小，为其设计一个能容纳一定时间料量的炉膛是十分困难的，同时秸秆类原料自然堆积角过大，保证运行中反应层的稳定较为困难，连续加料和运行中搅动料层、消除架桥、空洞是维持松散物料在固定床气化炉稳定运行的重要操作手段。最后，下吸式固定床气化炉结构简单，使用流动性好的原料时其运行稳定性较好。

下吸式固定床气化炉的气化效率较低,原因是燃气离开气化炉的最后反应为还原反应,气体温度高、灰渣碳含量多,导致燃气带出热和灰渣碳损失均较上吸式气化炉大。气流与原料流动方向同为下行,因此燃气带灰多。如果不能在高温阶段将灰分移出,达到冷凝温度后,这些灰分就会与冷凝下来的焦油和水混在一起黏附在设备或管道内壁,影响系统正常运行。因此,虽然下吸式气化工艺所生产的燃气焦油含量比上吸式少,但由于焦油和灰同时存在,使得下吸式炉燃气净化成为应用的制约性问题。下吸式固定床气化炉炉排工作条件恶劣,长时间工作于高温区而得不到冷空气保护,因此,对炉排材质要求较高。随着反应进行,固体产物体积收缩,强度降低,容易产生空洞、架桥,影响反应的稳定性,运行中需要拨火或选用密度高、流动性好的原料。最后,在下吸式固定床气化炉中,受下行气流作用,炉排上会形成一层相对致密的灰层,有些渣块还会卡在炉排空隙中或堆积在燃气流出通道中,减少流通面积,增加气体流动阻力,床层阻力大,能耗相应增大。

3. 横吸式固定床气化炉

与上吸式、下吸式固定床气化炉相同,横吸式固定床气化炉的生物质原料从其顶部加入,灰分落入底部的灰室,如图2-5所示。

横吸式固定床气化炉的特点是气化剂从气化炉的侧向进入,所产生的燃气从对侧排出,气体横向通过氧化层,在氧化层及还原层发生热化学反应。反应过程与其他固定床气化炉基本相同,但横吸式固定床气化炉的反应温度很高,容易发生灰融化和结渣情况,因此,多用于灰含量很低的生物质原料。

横吸式固定床气化炉的一个主要特点是在气化炉中存在一个高温燃烧区,即图2-5中的氧化层。在高温燃烧区,温度可达1 000 ℃

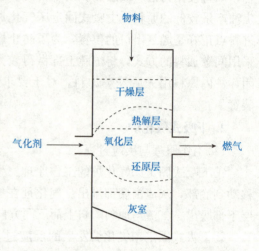

图2-5 横吸式固定床气化炉工作原理

以上,因此热解反应非常迅速,可获得焦油量极低的燃气。高温区的大小由进风喷嘴形状和进气速率决定,不宜过大或过小,以保证燃气质量和产量。

(二)流化床气化炉

生物质流化床气化反应系统采用了流态化技术,具有很高的相间动量、热量和质量传递能力。流化床气化炉内布置热床料,生物质的燃烧气化反应均在热床料床层中发生。当气化剂以一定的流速吹入床层,炉内的物料颗粒、床料和气化剂发生充分接触,均匀受热,在炉内形成"沸腾"状态,具有良好的混合特性和反应均匀性,气化反应速率高。生物质流化床气化反应系统技术成熟,操作过程控制简单、可靠,可实现连续运行,因此,适合较大规模的生产。

流化床气化炉多选用惰性材料(如石英砂)作为流化介质,首先使用辅助燃料(如燃油或天然气)将床料加热,然后生物质进入流化床与气化剂进行气化反应,产生的焦油也可在床层内分解。生物质原料形状大多不规则,表面粗糙,容易聚团,不易流化。因此,要想进行生物质原料的单独流化,必须先进行粉碎预处理或选用本身粒径较小的生物质(如稻壳、木屑等),在较高气体流速下可满足流化要求。而在床料(合适粒径的砂子、煤灰等)的辅助流化作用下,生物质原料的尺寸及形状可以扩大到比较宽泛的范围,并且对床内气流速度的要求也可以降低。

从形式上,流化床气化炉可分为鼓泡流化床气化炉、循环流化床气化炉、双床气化炉和携带床气化炉。前两种形式的气化炉应用较为广泛;而后两种形式的气化炉将在后续章节中进行介绍。

1. 鼓泡流化床气化炉

气化剂从流化床底部由鼓风机送入,经过底部布风板进入床层中与生物质颗粒发生气化反应,生成的生物燃气由气化炉顶部出口排出,进入气体净化系统。鼓泡流化床气化炉流化速率较低,一般为 2~3 倍的临界流化速度到自由沉降速度范围,适用颗粒度较大的生物质原料,且一般情况下需要使用石英砂等流化介质作为床料和热载体。由于其存在飞灰和炭颗粒夹带严重等问题,不适合小型气化系统,一般在大中型气化系统中应用。

2. 循环流化床气化炉

循环流化床气化炉与鼓泡流化床气化炉的主要区别在于采用了较高的流化速度,并在生物燃气排出口处设置分离器,将气体中携带的颗粒物质返回流化床。

循环流化床气化炉的上升段流化速度较高,固体物料被速度大于物料颗粒终端速度的气流所流化,以颗粒团的形式上下运动,产生高度返混,使得产出的燃气中含有大量的固体颗粒(床料、炭颗粒、未反应完全的生物质原料等),经分离器(旋风分离器或袋式分离器等)分离后,固体颗粒返回流化床,再次发生反应并保持气化床层密度,这样就可以获得较高的碳转化效率。循环流化床气化炉适用颗粒较小的生物质,甚至特定状态下可以不需要床料而运行。

(三)气化装置的结构设计

1. 气化炉设计中应考虑的因素

(1)原料理化特性。在气化炉结构与工艺设计中,首先需要考虑所使用气化原料的物理化学性质,还要考虑燃气用途,不同的燃气用户对燃气热值、组分构成、杂质含量、供气连续性、稳定性及供气温度等均有不同要求。

在固定床气化炉中,原料的理化性质对炉内各反应层物料、气流速度、温度分布的均匀稳定性均有重要影响。物理性质包括堆积密度、形状、粒度、水分、流动性、焦炭机械强度、灰熔融性等;化学性质包括挥发分及灰分含量、反应活性等。与煤相比,生物质原料具有密度低、流动性差、挥发分高、热解后焦炭机械强度低且体积收缩明显等特点,这些因素对于实现稳定运行均能产生影响。例如,对于以简单粉碎秸秆为原料的气化炉设计,要考虑挥发分大量析出后秸秆体积迅速缩小,需要及时填充空间才能阻断空气的穿透，而秸秆依靠重力向下流动的能力较差，因此，连续的加料机构、合理的炉膛形状和必要的拨火方式都是不可缺少的。

(2)燃气用途。生物质燃气的主要用途包括用作工业炉窑燃料、炊事燃气、发电用燃气和作为化工合成原料气等。用作工业炉窑燃料一般要求燃气具有较高热值，以满足工艺需要的燃烧温度。多数情况下可以采用热燃气直接燃烧，因此，对燃气中焦油含量要求不高，可以选择上吸式气化、热燃气直接燃烧。此时，热燃气显热和燃气中的焦油都作为能量带入窑炉参与燃烧，能量利用率较高。用于炊事燃气时，要求热值稳定、焦油等杂质含量少、CO含量符合民用燃气规范，多采用下吸式间歇运行气化工艺。其优点是系统简单、启停及运行操作方便，适合集中供气规模应用。但是，由于运行时间短，气化炉内很难达到满足焦油裂解的高温环境，燃气中焦油比较多，经常会影响用户使用。作为内燃机燃料发电时，则要求得到连续、稳定的燃气供应，燃气清洁并控制氢含量。因此，与发电系统匹配的气化系统要保证能长时间稳定运行，能连续获得品质稳定的清洁燃气。气化系统必须考虑采用强化裂解手段以尽量减少焦油产出，减轻燃气净化难度。从连续稳定运行考虑，系统的加料、除灰及过程控制应尽量实现机械化和自动化。当用作化工合成原料气时，希望燃气中有效组分氢气和一氧化碳含量尽可能高，且两者比例满足要求，当采用氧气(富氧)+水蒸气气化方式时，可得到总有效组分超过70%、氢碳比适宜的优质合成原料气。

(3)燃气品质及热效率。气化过程的好坏通常用生成燃气的品质和热效率等指标来进行判断。气体的品质一般指气体中CO、H_2等的含量，或热值的大小。热效率一般是指生成气体的热值与加入系统的总热量的比值。虽然气化指标与原料的理化特性、气化炉的结构有关，但主要还取决于气化炉的结构尺寸和操作条件。气化炉的炉型确定之后，就要进行参数设计。

(4)当量比。当量比是气化过程的重要参数之一。当量比大，说明气化过程消耗的氧量多，反应温度升高，有利于气化反应的进行，但燃烧的生物质比例增加，产生的二氧化碳量增加，气体质量下降。由于原料与气化方式的不同，在实际运行中，最佳当量比控制为0.25~0.33，选定之后，就可根据气化剂的多少设计进风布风方式。

(5)反应温度。反应温度是影响气化指标好坏的最重要的参数。温度升高，有利于还原反应的进行，气体热值提高，但也带来一些不良后果，如热损失增加、材料的耐热性提高，甚至结焦。因此，炉内反应温度必须控制在燃料的灰熔点以下，一般来说，固定床气化炉的操作温度为800~1 200 ℃。同时，还需要尽量保持料层温度的均一性，否则会因局部过热而造成结焦风险增大。料层温度的不均一与气化炉的设计、布风有关，也与加料、出灰等操作形式密切相关。

(6)气流速度。在气化炉中，气流速度应保持在一定范围内，对于固定床气化炉，根据燃料性质的不同，其气流速度为0.1~0.2 m/s(以炉内的空床横断面计算)。适当提高气化剂的进风速度，可以提高反应温度，增加气化强度，但气流速度过分增加，不但会增加燃料层的阻力及带出物损失，而且气流速度过快时，势必会相应减少气体与燃料的接触时间，从而使二氧化碳的还原作用变差。所以，在气化炉运行过程中应使气流速度控制在一个合理范围内。

2. 固定床气化炉主要参数的选取

(1) 气化强度。气化强度即气化炉单位时间、单位横截面面积上气化的原料量。选定了气化强度就可以确定气化炉的生产能力，即每小时的原料处理量。在整个反应过程中，还原区的反应速度是决定气化强度的主要影响因素。还原区总反应速度主要受化学反应速度控制，因此为了提高气化强度，应努力提高化学反应速度，如提高反应温度及反应物浓度等，但这些因素的提高又受限于原料的灰熔点，应综合考虑。固定床气化炉的气化强度一般可采用 $100 \sim 250 \text{ kg/(m}^2 \cdot \text{h)}$。

(2) 气化炉直径。选定了气化强度，即可计算出气化炉的直径。例如，假定每小时处理原料 600 kg 的固定床气化炉，气化强度选为 $200 \text{ kg/(m}^2 \cdot \text{h)}$，则炉膛的直径计算为

$$D = \sqrt{4C/(\pi \times \Phi)} = 1.95 \text{(m)}$$

式中　　D——炉膛直径；

　　　　C——原料单位时间消耗量(kg/h)；

　　　　Φ——气化强度[kg/(m$^2 \cdot$h)]。

(3) 气化炉高度。气化炉炉体的高度为炉内各反应层的高度之和再加上灰室与出气腔的高度。在下吸式固定床气化炉中，干燥与热解热源来自下部氧化区的高温，主要依靠颗粒间和颗粒自身的导热，传热速度非常慢。因此，干燥与热解主要发生在接近氧化区很小的高度上，特别是在连续加料的气化炉中，与燃烧几乎同步进行，沿高度方向上没有明显的层次划分，燃烧区上部的空间更多用于储存原料，以保证燃烧区连续的燃料供应。在上吸式固定床气化炉中，燃料干燥与热解所需热量一部分来自高温炭层的导热，大部分是通过高温燃气经过料层时气固间的对流换热和颗粒自身的导热。因此，气化过程中热传导的时间是制约干燥热解反应的主要因素，颗粒越大，热量传导过程越长，则干燥热解层的高度就需要越大一些。另外，原料水分含量越大，其干燥所需热量就越多，所需在炉内的停留时间就越长，因此，原料水分也是影响干燥热解层高度的重要因素。通常，当干燥热解层高度不够时，未经完全热分解的燃料进入气化层，就会影响气化层的温度，进而影响水蒸气反应及二氧化碳的还原，最终造成气体品质的下降。在实际设计中，干燥热解层高度的选择要根据气化炉直径、原料粒度、水分、挥发分等因素综合考虑。

氧化区发生的燃烧反应一般都处于扩散控制区，即化学反应速度大大超过了氧的扩散速度，燃烧进行得十分剧烈，以至于空气中的氧一达到碳的表面就立刻被消耗，碳表面气体中的氧含量接近零。因此，氧化层厚度很小，一般只有 3~4 个原料颗粒的当量直径。

还原层是以半焦为主组成的高温炭层，其性质比较单一，反应层高度主要取决于还原反应的速度，反应进行得越快，高度越小。其影响因素包括料层温度、半焦粒度、燃料反应活性等。在实际生产中，还原层的高度一般为 200~500 mm。燃用木材的 Imbert 型下吸式气化炉，喉口至炉排的高度为 200~500 mm。

灰室高度要根据气化炉规模、出灰形式、适宜的进、排气空间等综合考虑。

3. 鼓泡流化床气化装置的设计

通常，鼓泡流化床采用锥形设计方案，床层截面随高度而增大，气流存在着速率梯度。在一定的流量下，通过床层截面变化，使大小不同的颗粒都能在床层中流化，并使流化床轴向方向气速基本保持不变，有效降低了流化床中气流对炭粉的夹带，同时增加设备的操作弹性。气化炉一般采用钢结构，内部使用耐火绝热材料以应对高温环境。

鼓泡流化床气化炉运行参数设计如下：炉膛温度主要受炉内空气当量比影响，两者接近正比关系，所以，调节气化温度也就是调节当量比。当量比的调节首先必须确定加料量，鼓泡流化床鼓泡的加料量可以根据生产需要在大范围内进行连续调节，但加料量不能超过设计能力太多，否则由于流化速度太快，气化炉内燃烧及热解过程可能会变得不稳定，分离效果也会明显降低。在加料量确定之后，调节当量比及炉温就可通过改变空气量来实现。从实际运行经验来看，为达较好的气化效果，炉温最好为800～900 ℃，当量比在0.25左右。如果因生产需要，处理量大于设计能力，可适当降低炉温，只要炉温不低于600 ℃，气化炉都能正常工作。另外，如果采用农作物秸秆作为气化原料时，由于其灰渣的灰分熔点较低，容易发生床结渣而丧失流化功能，因此，需严格控制运行温度，一般可控制为700～850 ℃。

生物质鼓泡流化床一般都在微负压下运行，其压力大小取决于分离器及燃气输送管道的阻力及引风机的能力。气化炉负压运行，可能从加料口处漏入空气，改变了原来设定的空气燃料比，这将导致气化反应发生变化，影响燃气品质。因此，需要较严格控制炉内压力，避免负压太大，同时要使气化过程均匀，并避免炉内压力的波动。

4. 循环流化床气化装置的设计

循环流化床与鼓泡流化床的最大差别在于炉内气流速度高，设置旋风分离器和返料器等外循环设备，实现未反应完全物料的多次循环，提高气化效率。循环流化床和鼓泡流化床布风情况相似，因此，重点介绍循环流化床在结构上的特殊设计。生物质循环流化床气化装置的结构参数主要包括床体直径、床体高度及加料、返料开口的位置3个方面，这些参数必须根据原料数据（如处理量、颗粒大小等）及所选择的运行参数而定。

（四）新型气化装置

1. 两段式气化装置

传统的气化工艺，无论是固定床还是流化床，所产生的燃气中都含有一定量的焦油。焦油难以净化和处理，会导致用气设备和管道堵塞等问题，因此，很大限度上限制了生物质气化技术的应用，焦油处理问题也成为行业公认的难题。基于固定床气化技术，针对燃气中的焦油问题，可采用两段式气化的方式，将生物质低温热解和高温气化两个过程分开进行。在热解过程中产生的大分子焦油将在高温区充分裂解为低分子气体，从而减少燃气中携带的焦油，提高后续设备运行的稳定性和可靠性。

两段式气化工艺的基本流程：生物质原料首先进入热解反应器，由外热源加热而发生热解反应；热解后的产物（包括热解气相产物和固相残炭）进入气化器，在燃烧区与空气发生强烈的氧化反应而使重烃类物质发生再次分解，裂解后的气体通过下部炙热的炭层，完成气化过程，产生的高温燃气经过简单净化冷却后即可满足用气要求。

典型的两段式气化技术是由丹麦技术大学研发的，采用螺旋滚筒裂解器与下吸式固定床相结合，生物质首先在螺旋反应器内发生热解反应，热解产物进入固定床反应器，并通入空气作为气化剂，在固定床内实现部分燃气的燃烧以产生高温，从而使焦油发生深度的裂解转化，最终获取的焦油浓度甚至可以降低到 5 mg/m^3。

类似的两段式气化装置在国内也进行了验证。中科院广州能源研究所在两段式固定床气化装置上进行了试验，验证了当量比、富氧浓度和水蒸气对于燃气组分和焦油产率的影响。上海交通大学研制的 60 kW 两段式气化装置，通过调整空气当量比，燃气品质和焦油产量均得到有效的改善。山东省科学院能源研究所对此进行了相关研究，利用两步法气化技术建成了发电功率 200 kW 的示范装置，其基本原理同样是螺旋热解器热解与下吸式固定床相配合。

与传统固定床气化工艺相比，两段式气化装置将热解和气化两个阶段分离，燃烧过程也与热解过程分开，可以更加方便有效地组织热解产物的燃烧，形成均匀稳定的高温环境，保证重质烃类化合物的深度裂解，降低焦油产生，还可避免因反应不均而造成的局部结焦现象。焦油的裂解，一方面是靠部分燃气燃烧所释放的高温；另一方面是焦油通过半焦气化层时发生的部分催化分解反应来降低焦油产量。因此，在提高燃气品质上具有明显效果。

质地疏松、外形杂乱的生物质经过热解过程以后，形成的热解炭产物的堆积密度和流动性比原始生物质原料有较大改善，热解产物可以较容易地通过燃烧区进入还原反应区，形成稳定的燃烧、还原环境，克服了传统固定床因架桥、空洞而产生的反应不稳定现象。干燥热解过程中的原料可以方便地采用机械推进式，大大提高了原料的适应性，也避免了生物质原料下料不畅的现象。

运行实践表明，两段式气化装置由于热解气化分步进行，反应过程均匀稳定，通过强化裂解后产生的燃气，焦油含量明显降低，经过旋风除尘和布袋过滤后，燃气中焦油等杂质总含量低于 20 mg/m^3，符合常规用气要求。但是，螺旋式或固定床的热解器，由于受结构的限制，其放大应用较为困难，因此，两段式的气化装置用于生物质的大规模利用时将受到一定的限制。

2. 双流化床气化装置

双流化床气化装置由气化炉和半焦燃烧炉组成，并通过循环灰进行耦合，图 2-6 所示为双流化床气化过程的基本原理。

双流化床气化炉包括两个互相联通的流化床，即一个吸热的气化室和一个放热的燃烧室，将生物质的干燥、热解、气化与燃烧过程进行解耦。在气化过程中，生物质加入气化炉，吸收高温循环灰的热量并进行热分解和气化反应，生成的燃气送入燃气净化系统，同时，热解反应中未转化为气态的半焦及循环灰被输送到燃烧炉，半焦在其中发生氧化燃烧反应，释放出热量使床层温度升高并重新加热循环灰，而高温循环灰将被循环返回到气化炉，作为气化反应所需要的热源。

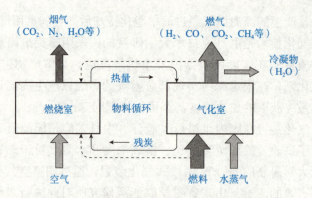

图 2-6 双流化床气化过程的基本原理

因此，循环灰是双流化床的热载体，将燃烧炉内产生的热量供给气化炉，实现装置的自热平衡。同时，热解气化所得燃气与燃烧所产生烟气是分离的，避免了烟气对气化反应生成燃气的影响，从而提高了燃气品质。双流化床气化装置的碳转化率也较高，其运行方式与循环流化床类似，不同的是气化炉反应器的流化介质被另外设置的燃烧炉所加热。

奥地利维也纳工业大学的 Hofbauer 等对双流化床生物质气化技术进行了一系列理论和实验研究，并于 2002 年在澳大利亚建立了工业化实验装置。其采用鼓泡流化床作为气化反应器，而采用高速床作为燃烧器，燃烧产生的高温循环灰从上部返回气化器，研究者还研究了利用水蒸气气化进行合成气的研究。

日本的 Takahiro Murakami 等设计的双流化床气化装置与维也纳工业大学提出的反应装置类似，它们的不同之处主要在于燃烧室出来的高温床料经分离后直接送入气化室底部。Xu 等研究者提出了两段式双流化床气化装置（T-DFBG）。该装置主要采用两段式气化器代替鼓泡流化床气化装置，其下段反应情形类似鼓泡流化床气化装置，而上段主要作用是浓缩下段产生的产品气并抑制可能发生的燃料颗粒扬析，以提高气化效率并降低产品气中焦油含量。

双流化床气化系统的优点是产品气纯度、氢气含量及热值（标准状态）（通常为 $12\sim15$ MJ/m³）都较高，但从系统构成来看，双流化床结构比鼓泡流化床和循环流化床复杂很多，这也造成了系统启动和操作困难。由于需要实现燃烧炉向气化炉传递热量，两个反应装置之间必须有一定的稳定的循环量。通常燃烧炉温度为 $850\sim1\,100\,\text{℃}$，燃烧生物质类原料时如果操作不当易发生结焦。另外，双流化床系统的技术要求和研究成本都较高，技术的成熟性和经济的可行性都是需要在发展中进一步解决的问题。

3. 气流床气化装置

气流床（或称携带床气化炉），是流化床气化炉的一种特例，其不使用惰性床料作为流化介质，而是由气化剂直接吹动生物质一起流动、反应，属于气力输送的一种形式。该类型气化炉要求原料被粉碎成细小颗粒，以便气流携带及快速反应。在气流床气化中，气化剂（氧气和水蒸气）携带着细小的燃料颗粒，通过特殊设计的喷嘴喷入炉膛。由于燃料颗粒很小，能够分散悬浮于高速气流中，形成良好的扩散条件，床层的压降大大减少。

在高温辐射作用下,细颗粒燃料与氧气接触,瞬间着火、迅速燃烧,产生大量热量,同时固体颗粒快速完成热解、气化,转化成以含 CO 和 H_2 为主的合成气及熔渣。由于反应非常迅速,气化炉运行温度可高达 1 100～1 300 ℃,产出气体中焦油成分及冷凝物含量很低。气流床气化具有并流运动的特点,气化过程向着反应物浓度降低的方向进行,由于反应过程温度较高,反应基本受扩散过程控制,同时由于燃料颗粒较小,因此,碳转化率很高,甚至可达 100%。通常情况下,气流床气化过程所需热量由燃料自身的燃烧反应提供,属于自热式反应系统。气流床气化反应温度高,因此,多采用液态排渣,而且气流床气化通常在加压(通常 20～50 bar,1 bar＝10^5 Pa,下同)和纯氧条件下运行。

目前,气流床在煤气化方面已经有多项工程应用案例,但在生物质气化仍处于起步阶段。国外主要有德国科林公司(Choren)开发的 CARBO-V 系统和荷兰 BTG 的实验系统,另外,荷兰能源研究中心(ECN)及意大利比萨大学等研究机构也进行了生物质气流床实验室与中试研究。CARBO-V 系统生物质气化技术现在已被德国林德(Linde)公司收购,是一套先进的生物质气流床气化装置,气化效率达到 80% 以上,产出的燃气含极少焦油,排出的熔渣适合用作建筑材料。气化过程分为三段:第一段为预处理(400～500 ℃),木质原料经旋转搅拌后混合均匀、干燥到 15% 含水率以下,然后气化成挥发分和半焦;第二段为部分氧化(1 200～1 500 ℃),挥发分进入反应室顶部,在氧气中部分燃烧生成高于灰渣熔融温度的高温以分解焦油等大分子物质;第三段为化学淬火(700～900 ℃),半焦研碎后吹入气流床中部,发生吸热反应生成燃气,反应剩余的半焦从燃气中被移除,和挥发分一起送入第二段的高温燃烧室,灰分在燃烧室内壁形成熔融保护层,玻璃状的灰渣从燃烧室底部排出。该系统 1 MW 的中试装置已能够生产费托合成液体燃料产品,后期建设了 50 MW 的半工业化生物燃油系统。

国内生物质气流床气化技术还处于实验室阶段,主要报道的有浙江大学、大连理工大学、华东理工大学等设计的下行床式反应器,进行了生物质气流床气化的初步实验和理论分析、过程模拟,研究了温度、生物质颗粒等因素对气化的影响,同时,对灰熔融特性和原料的预处理及加料装置进行设计和分析。

气流床气化作为一种高温气化技术,气化效率和碳转化率都非常高,代表了生物质气化的发展方向,但目前技术实现难度仍然很大。气流床所产高温燃气的显热必须进行高效回收以维持气化炉的高温,需要庞大的余热回收装置。另外,气化炉的材质、加工质量要求也会高于普通的气化方式。

三、生物质气化发电产业化应用

(一)技术产业应用情况

从 20 世纪 80 年代开始,世界范围内生物质气化发电应用获得了持续的增长。早期主要利用上吸式固定床气化炉和下吸式固定床气化炉,规模大多比较小,主要用于发电和供热。由于下吸式固定床气化炉产气焦油含量相对较低,因此,在发电方面逐渐占据了主流地位。近年来,随着应用规模和范围的扩大,大中型的气化发电系统更多地采用了流化床气化方式，原料适应性好，而且工艺容易放大。随着技术的进步，气化发电工艺装备水平和应用规模都得到了长足发展，建设了一大批商业或示范性工程。体现生物质气化高水平循环的生物质整体气化联合循环发电(IGCC)也在世界范围内建设了多个示范性的应用，但由于系统运行要求和成本较高，现大部分已经停止运行。我国国内早期发展了一批稻壳气化发电的工程，用于碾米厂废料处理和自用电，取得了良好效果，后期在一系列国家科技计划项目和相关激励政策的支持下，中小规模的生物质气化发电系统在技术和应用方面也取得了长足发展，发电装置装机容量从几十千瓦到兆瓦级，气化装置主要采用下吸式固定床气化炉和流化床气化炉，并应用于大批工程。

1. 固定床气化发电

国内外研究机构针对固定床气化发电技术做了大量研究及改进工作，取得了实质性进展，对生物质气化发电产业的推广应用起到了重大的推动作用。但由于固定床本身结构的限制，其更适合中小规模的分散式发电应用，而且后期也向着热电气联产的方向发展，更为灵活地满足分散式能源的需求。

丹麦科技大学基于研究 Viking 两段式固定床气化技术，通过对技术的集成，建立了 75 kW 的中试示范，并进行了 2 000 h 的示范应用，证实该气化技术基本可以实现焦油的脱除转化，生物质气化发电的综合效率为 25%。

丹麦 Harboore 生物质气化热电联产工程，由 Babcock & Wilcox Vølund 公司负责建成，原料处理能力为 1.2 t/h(干基)。气化系统采用 5 200 kWth 上吸式气化炉，气化炉直径为 2.5 m，炉高约为 8 m，配备旋转炉排和水封，炉顶安装慢速旋转的叶轮以控制进料和调节负荷。气化介质为加热到 150 ℃ 的空气，气化炉出口粗燃气通过换热器降温到 45 ℃，除掉大部分焦油和灰尘颗粒后再通过静电除尘器，将焦油和颗粒物含量降低到 25 mg/m³ 以下，然后送入内燃发电机。发电机组满负荷运行情况下，净化系统每小时排出 1.2 t 废水，经油水分离器分离后获得 100 kg 热值为 27 MJ/m³ 的重质焦油，可用于锅炉燃烧或重新进入气化炉进行气化。回收重质焦油后，剩余的废水则采用 TARWATC 工艺进行进一步净化，获得一部分轻质焦油和剩余废水，轻质焦油可重新进入气化系统进行气化，而剩余废水中苯酚含量低于 0.15 mg/m³，总有机碳(TOC)浓度低于 15 mg/L，pH 值为 6.9~7.0，满足环保排放要求。燃气发电采用 2 台颜巴赫(Jenbacher)公司的 320 GS 768 kWe 内燃发电机组，电力输出为 1 400 kWe，发电效率 28%，热电联产热力输出 3 400 kWth，热效率为 65%，总效率为 93%。

高邮市林源科技开发有限公司建设了 4 MW 高效生物质固定床气化发电工艺产业化成套技术及装备，项目以单炉产气量大于 5 000 m³/h 的规模化成型生物质固定床气化技术为核心，组合了焦油催化裂解、高效电捕除焦、冷凝酚水回用和深度脱硫脱氯等高新燃气生产净化技术，结合多套内燃发电机组，成功实现了生物质燃气的净化和高效燃气发电。工程年需生物质原料约 30 000 t，项目实施在利用农作物秸秆的同时，可以把燃烧后的草木灰返还给农民作肥料，实现秸秆的循环利用。

山东省科学院能源研究所设计建设了 200 kW 两步法生物质气化发电示范工程，并以此为基础建设了 500 kW 固定床生物质气化多能联供系统示范。系统由气化炉、废热锅炉、燃气净化系统、燃气发电机组及余热利用系统组成。采用的气化装置为固定床式气化炉，结合了上吸式和下吸式气化炉的优点，使用高温蓄热室将燃气加热到 1 000 ℃ 左右，使其中的焦油在高温下分解为小分子可燃气体。使用空气作为气化介质处理生物质原料，产生的原生燃气中焦油的含量（标准态）小于 20 mg/m³，燃气热值（标准态）为 4.5～5.0 MJ/m³，系统能量转化率>80%，气化灰渣中含碳量<25%。

高温燃气排出气化炉后进入废热锅炉换热，产生蒸汽。初步冷却的燃气经除尘净化和进一步冷却后进入内燃机，驱动发电机组产生电力。由内燃机排出的高温烟气与废热锅炉产生的蒸汽进入双热源空调机组，冬季供暖、夏天制冷，而内燃机外循环冷却水所带出的热量可以为周边提供生活热水。产生的燃气除发电外，还可以通过管道输出作为炊事燃气使用。系统消耗秸秆约为 4 000 t/a，具备为 5 000 m² 的建筑提供炊事燃气供应、采暖和制冷的能力，并可对外供应 9 t/h 的生活热水。该系统通过余热梯级利用，实现冷、热、电、气的联产联供，大大提高了系统的整体能源利用率，形成了一种基于小区域自产生物质资源的多种能源供应模式。

通过集成连续运行的下吸式固定床生物质气化系统、无污染燃气净化系统及气化发电系统等多种先进技术，黑龙江美溪建设了固定床气化气热电联产示范工程。工程项目配备 1 200 m³/h 产气量气化机组 2 套，1 000 m³ 干式储气柜，500 kW 发电机组，并配套生物质成型加工生产线和生物质直燃锅炉，年产生物质燃气 49×10⁴ m³，解决了当地林区林业废弃物的综合利用问题，在提供电力的同时，为当地 300 余户居民提供炊事用气及冬季供暖。

甘肃山丹 200 kW 气电联供示范工程是 2005 年由亚洲开发银行与国家发改委合作建设的可再生清洁能源支援项目。项目采用 JQ-C900 下吸式固定床气化机组和 B6250ML1 燃气内燃发电机，主要原料以当地丰富的油菜秆资源为主，发电功率为 200 kW，同时接入农户 320 户，为其提供清洁炊事燃气，主输气管网为 1.6 km。示范工程每年消耗秸秆近 2 000 t，年可运行 4 800 h，年净发电为 8×10⁵ kW·h。

2. 流化床气化发电

（1）国外流化床气化发电示范工程。鼓泡流化床的研究、开发和制造机构较多，比较著名的有 Carbona（奥地利、芬兰）、Foster Wheeler（美国、芬兰）、Energy Products of Idaho（EPI，美国）、Enerkem（加拿大）、Iowa State University（美国）和 ThermoChem Recovery International（TRI，美国）等。

Carbona 公司主要进行生物质气化利用系统的研发和生产，注册的 Renugas 专利气化工艺最初由美国燃气技术学会（Gas Technology Institute，GTI）开发。1993 年在芬兰的 Tampere 建立了规模（干吨）为 72 t/d 的示范工程，工作压力 20 bar，以不同的生物质废弃物为原料，并对高温过滤净化进行了评测以应用于整体气化联合循环，稳定运行超过 2 000 h。美国夏威夷 Maui 示范工程规模（干吨）达 84 t/d，以蔗渣为原料，采用高压空气气化和高温过滤手段，但因遇到严重的进料问题而于 1997 年关闭。2005 年，GTI 在伊利诺伊州的 Des Plaines 完成规模为 24 t/d 的多原料试验装置，此平台能以鼓泡床 BFB 或循环流化床 CFB 形态进行生物质气化或燃烧，运行压力可达 25 bar，能处理绝大多数类型的含碳原料；Carbona 公司在丹麦 Skive 建设 100～150 t/d 的低压(0.5～2 bar)鼓泡流化床气化系统，采用石灰石床料和焦油催化裂解，利用 3×2 MWe 带余热回收的燃气内燃机和 2×10 MWth 燃气锅炉进行热电联产，以木质颗粒和木屑为燃料，发电净效率为 28%，系统总效率为 87%(LHV)。系统实现全自动化运行，负荷可在 50%～130% 的范围内进行调节，年运行时间达 8 000 h，寿命大于 15 年。

Foster Wheeler 公司拥有的鼓泡流化床技术为 Ecogas 气化工艺，在芬兰的 Varkaus 建立了 15 MWth 的示范工程，以一个液体包装回收公司回收的废料为原料，气化燃气进入蒸汽锅炉燃烧发电。因废料主要成分为聚乙烯塑料，含有 10%～15% 的铝箔，铝成分容易导致锅炉受热面积灰，普通的锅炉无法适应，这是一个需要解决的问题。该技术于 2001 年建立了第一个商业化工程，规模为废弃物处理量(干吨)82 t/d，以蒸汽/空气为气化介质进行常压气化，气化炉输出为 40 MWth，系统发电净效率可达 40%，并且每天可回收 5.7 t 铝。

生物质循环流化床气化炉在国外发达国家为主要应用方式，比固定床气化炉的应用规模大，而且技术也比较成熟。生产厂家主要包括 Foster Wheeler(美国、芬兰)、VTT(芬兰)、CUTEC Institute(德国)、FraunhoferUmsicht(德国)等。Foster Wheeler 公司从 20 世纪 80 年代起就开发了 CFB 技术(此时为前身 Alhstrom)，其第一个商业化气化炉应用在纸浆和造纸行业，利用 17～35 MWth 废木料气化燃气替代石灰窑所需要的燃油；1993 年，Sydkraft Ab 采用该公司的 CFB 技术在瑞典 Värnamo 建设 IGCC 示范工程(9 MWth+6 MWe)，加压 CFB 气化炉稳定运行约 8 500 h，整个 IGCC 系统运行超过 3 600 h，验证了生物质增压气化和高温烟气净化系统的可行性，得到了一些宝贵的运行经验。在示范工程运行中出现了冷却器的沉灰和结垢问题，实验表明使用氧化镁(MgO)做床料和底灰再循环方式可以有效地解决问题。先期系统采用陶瓷管式过滤器，在运行 1 200 h 左右后由于机械应力出现陶瓷管破碎，1998 年改用金属管式过滤器，正常运行达 2 500 h，可以有效地过滤飞灰和重焦油。通过对燃气轮机的燃烧室、燃烧器和空气压缩机进行改造，所生产的低热值燃气(3.4～4.2 MJ/m^3)能稳定燃烧，燃气轮机可以在 40%～100% 负荷下稳定运行，但低负荷运行一氧化碳(CO)排放量较大。由于经济性原因，该项目于 2000 年停产，2005 年因欧盟 CHRISGAS 项目而重新启动，升级为水蒸气/氧气气化、高温过滤、催化重整制备生物燃料系统。

1997 年，Foster Wheeler 公司在芬兰的 Lahti 建设了生物质气化混燃项目，利用各类生物质和回收燃料进行气化，气化燃气不经净化直接输入煤粉锅炉与煤混燃。气化炉在 40～70 MWth 负荷下稳定运行超过 30 000 h，系统可用性超过 97%。2002 年，又建设了 45～86 MWth 的比利时 Electrabel Ruien 气化混燃发电项目。Foster Wheeler 公司的 CFB 气化技术和设备具备较强的燃料适应性，目前已应用于木屑、树皮、木粉、废木料、RDF、塑料、枕木和废轮胎等的气化，能使用湿度为 20%～60% 的原料。

芬兰国家技术研究中心(VTT)从 20 世纪 80 年代开始进行生物质气化的研究，在循环流化床气化方面积累了丰富的设计和运行经验，并与 Foster Wheeler 公司有着较多合作，包括合作完成的 Varkuas 工程。2004 年起，芬兰开始实施 UCG 计划(Ultra Clean

Gas development program），目的是优化气化、燃气净化和重整过程，以提供能满足多种用途的燃气，包括费托燃料、合成天然气、氢气和甲醇等。计划将气化技术商业化分成3个阶段实现，分别是第一阶段的 500 kWth 实验装置、第二阶段的 50 MWth 气化系统用于石灰窑、第三阶段的 200～3 000 MWth 费托柴油工程示范。VTT 领头实施了 UCG 计划，主要进行了加压、氧气、水蒸气气化测试，实验了多种林业废弃物和副产物，也可以使用能源植物、RDF 和泥煤等为原料，以提供能满足多用途的生物质燃气。

德国弗劳恩霍夫协会、克劳斯环境技术研究所（CUTEC）等也都在循环流化床气化方面进行了多年的开发。CUTEC 开发了 Artfuel 工艺，采用循环流化床技术进行常压、氧气/水蒸气气化，主要以木屑、木片和成型颗粒为原料，并于 2008 年完成了 2.7 t/d 处理量的中试装置，气化装置功率为 400 kWth。

(2) 国内流化床气化发电示范工程。与发达国家相比，我国目前在生物质流化床气化技术和装备开发方面相对滞后，特别在实际应用方面相对较少，但该技术已成为今后技术发展的趋势。20 世纪 90 年代，中科院广州能源研究所成功开发了第一台循环流化床气化炉，并先后应用于湛江、三亚及武夷山的木材加工厂，处理细小木屑及砂光粉尘。循环流化床气化炉的生产强度突破了 2 000 kg/(m³·h)，比传统的固定床气化炉提高了 10 倍左右，并且气体热值提高了 40%，并使气化炉的操作实现了长期连续运行，为生物质气化的大规模应用奠定了基础。广州能源研究所研究开发的中小型生物质气化发电成套设备已应用于 20 多个生物质气化发电项目，并出口到泰国、缅甸、老挝等国家。中小型生物质流化床气化发电系统的发电规模为 200～1 200 kW，发电效率为 16%～20%，年运行时间可达 6 000 h/a，长期运行平均负荷为设计容量的 85%。在江苏兴化开发建设了当时国内最大的 5.5 MWe 生物质气化-蒸汽整体联合循环示范电站，为我国生物质气化发电的发展提供了宝贵经验。

中国林业科学研究院林产化学工业研究所对锥形流化床生物质热解气化发电成套技术和设备进行技术研究与集成，利用技术成果进行了推广应用，建成安徽 800 kW 锥形流化床生物质热解气化发电示范工程。工程利用企业的稻壳废弃物资源发电自给，并出售生物质炭，既解决稻壳废弃物的出路，又节省了用电成本。生物质炭销售增加了收入，经济效益和社会效益明显。通过技术成果推广应用，共建成 400～3 000 kW 规模生物质热解气化发电工程 10 余套，技术成套装置实现出口。

(二) 生物质气化发电机组

生物质气化燃气普遍热值较低，且可能含有较大量杂质，燃气发电设备需要针对生物质燃气的特点、利用规模等采用不同的燃烧方式。目前，生物质气化燃气发电采用的发电机组主要是内燃机和燃气轮机。

1. 内燃机发电机组

气体内燃机是最常用的生物质气化发电设备，适应生物质气化一般规模较小、灵活分散的特点，而且内燃机技术成熟，适用性强。目前，国内外大部分的中小规模生物质气化发电系统均采用内燃机作为动力机，根据利用规模的大小而采用一台到多台内燃机构成机组。生物质燃气内燃发动机可以由发动机厂家根据生物质燃气的特点和燃烧特性进行专门研制，也可以在柴油机、汽油机或天然气发动机等成熟机型上改装，主要包括对燃料供给系统、配气机构、点火控制系统和燃烧系统的改装。

点火系统的设计必须根据燃气成分和热值等特点进行调整，同时，还需要解决因燃气热值较低而引起的内燃机组出力降低、含氢气量高而可能引起的爆燃、焦油及灰分含量影响排烟温度过高和效率低等问题。目前，专门针对生物质气化燃气而开发的内燃机发电机组仍较为薄弱，同时产品单机功率主要在几百千瓦的数量级，更大功率的专门针对生物质燃气的机组缺乏定型产品。

2. 燃气轮机发电机组

燃气轮机发电机组更加适合大功率的燃气发电。生物质燃气热值低，其燃烧温度和发电效率将受到限制，而且需要处理的燃气体积大，压缩困难，从而进一步降低了发电效率。生物质燃气中杂质含量偏高，特别是含有碱金属、卤素化合物等腐蚀性成分，对于燃气轮机的转速和材料都提出了更高要求，也要求燃气净化达到较高水平。目前，专门针对生物质燃气而开发的燃气轮机发电机组还较为少见，将常规的天然气燃气轮机发电机组用于生物质燃气，需要进行针对性的改造，调整燃气轮机的运行工况点使燃气压缩机与透平的通流能力相匹配，同时，通过对燃料喷嘴、燃烧室喷嘴布置等进行相应调整，以实现低热值燃气的高效燃烧。

3. 燃气蒸汽联合循环发电机组

采用内燃机或燃气轮机燃烧后，生物质燃气燃烧尾气仍具有较高温度，发电机组具有大量的余热可以利用。同时，生物质气化炉出门的燃气一般也具有 600 ℃ 以上的高温，所以，通过余热锅炉、过热器等设备将这部分气化燃气显热和燃气发电设备余热重新回收利用，生产高温水蒸气，再利用蒸汽循环进行发电，这样就可以构成燃气蒸汽联合循环，从而实现更高的发电或热电联产效率。瑞典的 Varnamo 曾建立了最早的生物质整体气化联合循环发电系统并进行了成功的示范，发电效率提升到 35% 以上。

由于效率方面的优势，生物质整体气化联合循环发电方式被普遍认为是非常有前景的生物质发电利用方式，美国、奥地利、瑞典和丹麦等也建立了类似的示范项目，但由于工程投资、规模及经济性等方面的问题，生物质整体气化联合循环发电技术的大范围商业化推广仍需时日。

(三)产业应用面临的挑战

1. 技术方面

生物质气化发电具有配置灵活性强、投资少、建设周期短等优点，但生物质气化用于发电尚处于推广的初级阶段，提升气化效率、降低燃气净化成本、开发配套大功率发电机是该项技术当前面临的主要技术挑战。气化发电站的规模较小，产品单一，国家政策支持力度不够，使得气化发电项目整体经济效益不高，持续稳定运行受到挑战。

(1)原料预处理。由于生物质资源的种类繁多，分布分散，生物质原料的收集与处理是影响生物质发电经济性的关键之一。开发有效的生物质原料预处理设备，如大功率、低能耗的生物质粉碎装置和成型装置,将是生物质有效进行热化学转化必须要解决的问题。目前,国外颗粒成型能耗为 30～60 kW·h/t,国内一般为 60～70 kW·h/t,有待进一步改进。国内对成型机理和高效装备研究较为薄弱,成型机大多由饲料成型机改进而来,设备效率、能耗及模具寿命方面都具有很大的提升空间。

(2)焦油裂解与燃气净化。生物质的热解气化过程会产生大量的焦油物质,不同的热解气化工艺产生的焦油量差别较大。例如,下吸式固定床气化炉产生的燃气中焦油含量一般在 1 g/m³ 数量级水平,原因是气化燃气流经高温的氧化层,使得焦油发生深度分解;上吸式固定床气化炉则相反,燃气流经未反应的生物质原料层而降温,所以,焦油含量高,一般在 100 g/m³ 数量级水平;流化床气化炉所产生燃气中焦油含量相对适中,一般在 10 g/m³ 数量级水平。焦油是多种生物质热分解大分子产物的混合物,成分非常复杂,在降低温度条件下形成黏稠液体,易于附着在管道和设备壁面上,形成堵塞和腐蚀,并对下游的用气设备如燃气机等的安全运行产生影响。焦油的存在还大大降低了燃气的利用价值,而且造成燃烧废气中微细灰尘颗粒物数量增多,这种微细颗粒物对人体健康和大气能见度都有一定影响。用通常的洗涤、冷却、过滤方法去除焦油效果有限,并可能产生二次污染问题,这个问题一直是气化技术的难点。针对焦油处理和燃气净化问题,后期研究了多种新型技术,包括催化裂解、化学吸收及化学链重整等,但由于技术成熟度、工艺成本及二次污染等问题,目前尚未产业化应用。采用经济、高效的工艺来制取低焦油含量的燃气用于发电,是生物质气化技术应解决的重点问题。

生物质气化器出口粗燃气中除含有焦油外,还含有灰分和水分。粗燃气直接使用,会影响设备的稳定运行,因此,必须进行净化处理。离开气化器的粗燃气温度一般还具有较高的温度,在进行燃气净化的同时还要将燃气冷却到常温以便于燃气输送。利用燃气的降温过程合理地组织燃气净化工艺,是能得到洁净燃气的关键。一般采用在燃气温度显著下降前先脱除灰尘,然后逐步脱除焦油的流程。

在目前的工程应用中,中小型气化发电设备大部分采用水洗净化的方式,净化效率低,并可能影响发电机组运行;净化水中含有灰分和焦油等有害物质,排放之前需要进行无害化处理,并尽可能循环使用。

(3)气化产品的利用。由于气化发电站的规模相对较小,发电产品单一,使得气化发电项目整体经济效益不高。通过热电联产的方式,根据需求灵活调整供热和供电的比例,可以提升发电站的运营经济性,这也符合生物质能利用分布式的特点,是生物质气化发电的发展趋势。另外,近年来国内生物质气化产业也在积极探索新的产业模式,特别是通过生物质气化进行发电、供热、供燃气、供冷及生物炭产品的多联产模式,根据不同季节、区域的具体市场需求,调整气化生产工艺和特定产品,实现经济效益的优化和气化发电站的长期运转。生物质热解气化产生的副产物固体炭是冶金、化工和民用领域良好的炭材料的原料,可以提升气化过程的经济价值,但采用不同的气化工艺,炭材料产物的产量和品质差异较大。因此,炭材料产品的开发还要综合气化工艺和产业模式进行考虑。

(4)气化炉结构优化设计及系统耦合。气化炉的结构和系统工艺对生物质气化系统的优劣起到决定性的作用,研究开发高效的设备结构和工艺路线,形成稳定、可靠的设备并优化发电系统各单元设备的耦合,对气化发电系统来讲也是需要重点考虑的因素。农林生物质气化及发电技术发展的时间不长,产业化运行的经验还较为缺乏,生物质气化发电系统各项单元技术或系统间缺乏必要和有机的集成,大多没有经过扩大实验或中间实验,未能很好地进行工程化开发,产业化成熟度难以保证。利用现有技术,研究开发经济上可行、效率较高的气化发电设备的高效集成和控制技术,是关系到生物质发电系统效率和经济性的关键。

2. 生物质原料方面

随着发电站持续运行,对原料的需求量加大,农林废弃物作为发电原料的成本也会随之增长。生物质气化电站对原料的需求是持续的,而农作物的收获季节集中在某一时段,具有明显的季节性特征。因此,会造成原料供需的矛盾。生物质原料具有易燃、易腐的特点,存在原料储存困难的问题。因此,尽管生物质电厂社会效益和环境效益极佳,但对国内大部分生物质发电企业来说,经济效益不容乐观。需要详细考虑合理收购燃料、解决季节性、天气等原因所引起的生物质燃料供应不稳定、设备利用小时数降低、发电量偏低、燃料成本上涨、设备运行维护成本高、发电单位成本偏高等问题。据研究,在生物质气化发电站中,原料收集处理的成本占到发电成本的50%以上,原料的稳定供应和成本控制对于整个发电站的经济运行至关重要。相比而言,分散式的生物质发电模式可能更适合生物质气化发电,其对于原料的收集模式、运输、储存等方面的压力相对降低,但仍需要通过更为准确可靠的技术经济分析来确定更为合理的规模和模式。

3. 产业发展模式方面

我国生物质气化发电产业的发展已初具规模,从农业废弃物、工业废弃物及城市垃圾处理的角度,环保企业、政府部门、投资机构等均对生物质气化发电行业表现出较大的开发兴趣,在建或已兴建了多项气化发电项目,装机容量从几百千瓦到最大的 6 MW。但是,生物质气化发电仍处于产业化初期阶段,气化发电站单位投资强度较大,与电网或周边用户的连接等相关配套设施不完善,而且产业链还需进一步完善,如人才支撑不够、配套的机械制造、原料物流配送等行业还未形成、成熟的发电产品市场尚未建立等。生物质气化发电项目普遍规模较小,发电成本相对较高,相比于常规火力发电,产业竞争力较弱。目前生物质发电项目的立项建设、运营所采用的审批程序及管理要求等都缺乏足够的政策倾斜。

目前,生物质发电产业的技术工艺标准、设备生产标准尚未建立,缺乏统一的施工规范与规程;产业技术及装备水平参差不齐,面临市场不良竞争的挑战,将影响生物质发电产业的健康发展。国家和地方政府虽然对可再生能源发电有一定的政策支持,但这些扶持政策还不够细化、明确,产业市场缺乏监督与引导,地方政府和管理部门实际操作仍有提升空间。单位发电成本较高,受技术、资金、环境及安全等问题的影响,规模效益体现不出来,探索生物质发电的多元化商业模式将是发展的重点及挑战。

第五节 垃圾焚烧发电技术

垃圾焚烧发电是指将垃圾中的有机可燃物在高温条件下发生燃烧反应,产生的热能转化为高温蒸汽,驱动汽轮机发电,同时产生废气并排出灰渣的过程。通过焚烧处理垃圾,处理的剩余物体积相比垃圾可减少 90% 以上,减量效果明显。同时,经过焚烧废渣处理和资源化利用、烟气净化处理等可以消除二次污染问题,实现垃圾处理的减量化、无害化、资源化("3R"原则)。近年来,我国城镇垃圾处理发展迅速,截至 2020 年,全国城镇垃圾焚烧处理厂无害化处理能力达到每天近 41 万吨,垃圾焚烧发电总装机容量超过 550 万千瓦,垃圾焚烧也是目前垃圾处理的一种最为主要的途径[1]。

一、垃圾焚烧发电概况

(一)垃圾焚烧发电工艺

垃圾焚烧发电工艺一般包括垃圾分拣及存储系统、垃圾焚烧发电及热能综合利用系统、烟气净化系统、灰渣利用、自动化控制和在线监测系统等。目前,工艺通常采用热电联供方式,将供热和发电结合在一起,提高热能的利用效率。

典型的垃圾焚烧发电工艺流程如图 2-7 所示。

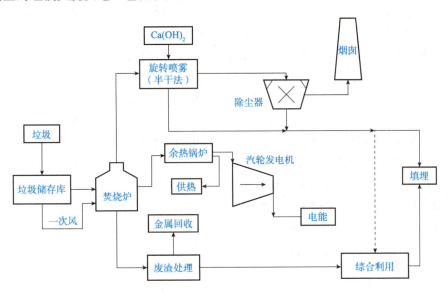

图 2-7 典型的垃圾焚烧发电工艺流程

垃圾焚烧发电厂生产工艺流程与普通燃煤电厂基本相似。垃圾经收集后运送至发电厂,存储于垃圾储存库,并在垃圾储存库中经简单分选,以可燃物为主的成分将送入炉

---

[1] 王勇. 垃圾焚烧发电技术及应用[M]. 北京:中国电力出版社,2020.

膛焚烧。焚烧温度达到800~1 000 ℃，产生的高温烟气进入锅炉换热产生过热蒸汽，高温过热蒸汽进入汽轮发电机组发电，而系统余热可用于供暖。经换热冷却后的烟气将进入烟气净化和污染物脱除装置，经过净化处理后排放。燃烧过程产生的炉渣经过金属回收等工序后进行废渣处理，用于制造建材、肥料等，实现废渣综合利用，或者运往厂外进行填埋处置。

因为来源的多样性，城镇市政垃圾一般成分较为复杂，含有各种有机及无机材料，部分成分具有热值，另有部分成分具有可回收价值，因此，垃圾处理系统中垃圾的分选是非常重要的预处理环节，分选工艺和装备的性能可能会严重影响垃圾处理系统的性能和效益。分选工艺将固体废弃物中各种有用资源或不利于后续处理利用的组分采用人工或机械的方法分门别类地分离出来。根据各种组分在粒度、密度、磁性、电性、光电性、摩擦性及表面湿润性等物质性质的差异，常采用的分选技术包括手工拣选、筛选、风选、浮选、摩擦和弹跳分选、光选、磁选、静电分类等，各种工艺均具有较为成熟的相关设备可供采用。通过分选，将垃圾中有价值的金属、橡胶、塑料、玻璃等进行分离回收，并分离部分不适合燃烧的物质，剩余的部分将送入后续焚烧工艺。

部分垃圾含水分较高，如市政污泥、餐厨垃圾及食品加工、造纸、纺织等行业产生的废弃物等。这些垃圾在总体垃圾原料中所占比例不大的情况下，可以送入垃圾焚烧炉进行干燥焚烧，但如果这些组分为垃圾主要组分或在含湿量过大情况下，则需要对湿垃圾进行预先干燥然后再送去焚烧，以免影响焚烧炉着火和燃烧情况。干燥过程为高能耗过程，一般多以垃圾焚烧工艺所产生的热烟气为热源进行干燥，以降低工艺成本。

与常规燃煤发电不同的是，固体废弃物由于成分和含水率等原因，一般热值较低，远低于燃煤，如果垃圾热值过低甚至可能需要部分燃煤助燃。因此，垃圾焚烧过程的燃烧组织非常重要，既要保证充分燃烧和燃尽，又要控制燃烧过程部分污染物的排放。垃圾焚烧处理一般采用800~1 000 ℃的高温，以实现垃圾中有机成分的充分氧化，回收其中蕴含的热能并加以利用，垃圾中含有的一些有毒有害物质也会在高温下被彻底处理，剩余的无机组分以熔渣形式排出，从而实现废弃物的减容和稳定。

烟气污染物排放控制是垃圾焚烧发电必须重点考虑的问题。因为垃圾成分的复杂性，特别是特定有机成分、卤素和重金属成分等，垃圾焚烧过程将释放出较高含量的烟气污染物，除常规的脱硫、脱硝排放外，颗粒物、二噁英类物质、重金属物质等的排放也需要重点考虑。同时，燃烧特定垃圾成分后产生的灰渣，其中可能仍然含有一定量的有毒、有害物质，在灰渣的后续处理或者利用中也需要考虑。

(二)垃圾焚烧发电应用状况

1864年，世界上第一台垃圾焚烧炉在英国曼彻斯特建立。1905年，美国纽约建成了第一座城市垃圾和煤混烧的发电厂。大规模的垃圾焚烧发电研究和建设开始于20世纪60年代，美国、日本和德国等一些发达国家率先开展了垃圾焚烧发电的研究和工程建设。从20世纪80年代起，美国政府建设了90座垃圾焚烧厂，每年处理垃圾达3 000万吨。2004年，美国建有垃圾焚烧设备1 500余台，最大的垃圾发电厂日处理垃圾4 000 t，发电容量为 65 MW。日本最早的垃圾焚烧发电建于 1965 年，现在已拥有垃圾焚烧炉 3 000 余台，垃圾焚烧发电厂 130 余座，发电容量已逾 2 000 MW；德国已有 50 余个从垃圾中提取能源的装置及 10 多座垃圾发电厂实现热电联产，用于城市供暖或工业用蒸汽；法国建有 300 余台垃圾焚烧炉，可处理 40% 以上的城市垃圾。城市垃圾焚烧发电已成为发达国家最主要的垃圾处理方式。城市生活垃圾用于焚烧发电、供热的利用率，荷兰和丹麦达 70%，日本达到 85%，新加坡高达 90% 以上。

我国垃圾焚烧发电起步较晚，但近年来发展迅速，特别是 2002 年以来，国家加快了市政公用行业的改革开放和市场化进程，垃圾处理行业发展迅速。自 1988 年我国第一座垃圾焚烧厂——深圳清水河垃圾焚烧项目改建成为第一座垃圾焚烧发电厂以来，国家加大了垃圾焚烧处理的政策支持和财政引导，并逐渐增大了焚烧处理的比例以逐渐降低填埋处理的比例。根据国家住房和城乡建设部发布的年度城市建设统计年鉴数据，截至 2017 年，全国已经建成垃圾焚烧发电厂近 300 座，年处理生活垃圾 8 500 万吨，占垃圾清运总量的 40%。

已建成运行的大型垃圾焚烧发电厂的垃圾处理能力均在 1 000 t/d 以上，如上海浦西江桥垃圾焚烧厂、浦东新区垃圾发电厂、深圳南山区垃圾发电厂、广州垃圾发电厂等都是处理量巨大、环境美观的代表性工厂。广州首座日处理 1 000 t 生活垃圾的李坑垃圾焚烧发电厂于 2004 年年底完成建设并点火运行，而李坑生活垃圾焚烧发电二厂项目也已于 2014 年完成建设，建成 3 台机械炉排焚烧炉配套余热锅炉和凝汽式汽轮发电机组，总投资近 10 亿元，规模为日均处理生活垃圾 2 000 t。2004 年，杭州首座垃圾发电厂试点火，一期项目共有 3 台垃圾焚烧炉和 1 台发电机组，其中 1 台焚烧炉 1 天可处理生活垃圾 150 t，3 台焚烧炉和 1 台 7 500 kW 的发电机组正常运营后，日发电能力将达 10 多万千瓦时。2005 年，天津双港垃圾焚烧发电厂的 3 台垃圾焚烧炉、2 台汽轮发电机组经过近半年的成功试运行，正式进入商业运营，开始向天津电网供电，日处理生活垃圾 1 200 t，年上网发电量 1.2 亿千瓦时，相当于每年节约标准煤 4.8 万吨。2010 年，济南市第二生活垃圾综合处理厂焚烧发电项目开工，项目总投资为 8.9 亿元人民币，建设 4 条 500 t/d 的垃圾焚烧处理线，采用从比利时进口的焚烧设备和工艺技术，年可处理生活垃圾 66.67 万吨，可发电 2.7 亿千瓦时，烟气排放指标达到欧盟 Ⅱ 标准，是山东省最大的垃圾焚烧发电项目。

二、垃圾焚烧过程与设备

(一)垃圾焚烧过程

生活垃圾中含有多种有机可燃成分，且含水率高于其他固体燃料。因此，垃圾焚烧过程可以分为干燥、热分解和燃烧三个阶段。在实际焚烧过程中，这三个阶段没有明显的界限，相互重叠，连续进行。

1. 干燥

垃圾的干燥是利用垃圾燃烧过程产生的热量使垃圾中的水分气化，并排出水蒸气的过程。生活垃圾含水率较高，在送入焚烧炉前含水率一般在 30% 以上，干燥过程需消耗较多热能。而且生活垃圾含水率越高，干燥时间越长，会导致焚烧炉内温度降低，影响垃圾的整个焚烧过程。如果垃圾含水率过高，就会导致炉温降低过快，甚至会导致着火燃烧困难，此时需要添加辅助燃料以改善干燥着火条件。

2. 热分解

热分解是垃圾中有机可挥发性物质在高温作用下的分解或聚合反应过程，分解产物含有各种烃类、固定碳及不完全燃烧产生的物质等。热分解过程包括众多反应，产物和反应过程非常复杂，而且受到多种因素影响，包括可燃物性质、温度及传热与传质速度等。热分解产生的小分子物质将进一步发生后续的燃烧反应，大分子物质将进一步分解、燃烧，而部分大分子物质可能来不及分解燃烧而排出焚烧炉形成污染物排放。

3. 燃烧

燃烧是在氧气存在的条件下垃圾中有机可燃物质的快速、高温氧化，热分解过程产生的不同种类的气态、固态可燃物，达到着火条件时就会形成火焰而燃烧，因此，生活垃圾的焚烧是气相燃烧和非均相燃烧的混合过程，比气态燃料或液态燃料的燃烧过程更复杂。

(二)垃圾焚烧影响因素

在焚烧炉中，垃圾中有机可燃物的燃烧，在理论情况下可实现高温条件下的完全燃烧并释放热量，但在实际垃圾焚烧过程中，由于多种因素限制致使燃烧不完全，导致产生大量的黑烟，有机可燃物未完全燃尽而排入大气或是存留在灰渣中。影响垃圾焚烧的因素很多，主要有垃圾自身物性、焚烧炉停留时间、焚烧炉温度、湍流度、过量空气系数等。

1. 垃圾自身物性

垃圾的含水率、来源、成分、尺寸、热值等是影响垃圾焚烧的主要因素。垃圾的含水率将会导致焚烧炉内的温度波动，影响燃烧的稳定性。来源和成分的不同使得垃圾的可燃组分发生变化，影响着火温度和燃烧稳定性。垃圾组成成分的尺寸越小，单位质量或体积垃圾的比表面积越大，与周围氧气的接触面积也就越大，焚烧过程中的传热及传质效果越好，燃烧越完全。因此，垃圾被送入焚烧炉之前，一般要求对其进行破碎预处理，可增加其比表面积，改善焚烧效果。垃圾热值的高低影响其燃烧的稳定性，热值较低的燃料稳定性较差，需要混入部分其他助燃剂保证燃烧的稳定进行，例如，加入煤炭以促进垃圾的燃尽。

2. 焚烧炉停留时间

停留时间一方面是指垃圾燃料在焚烧炉内的停留时间，从原料进炉开始到焚烧结束炉渣从炉中排出所需的时间；另一方面是指焚烧过程可燃挥发物和焚烧烟气在炉中的停留时间。垃圾在炉中的停留时间必须大于理论上干燥、热分解及燃烧所需的总时间，以保证燃烧充分。停留时间过短，垃圾可燃物质得不到充分完全燃烧就被排入大气或是随灰渣排出炉外，燃烧效率降低，未完全燃烧热损失增加。停留时间过长，则会降低焚烧炉的处理量，经济上不合理。因此，需要结合燃料的燃烧特性和焚烧炉的结构特点，合理控制垃圾在焚烧炉内的停留时间，在保证充分燃烧的基础上提高焚烧炉的垃圾处理量。

3. 焚烧炉温度

焚烧炉温度是指垃圾焚烧所能达到的最高温度，理论上焚烧温度越高，焚烧效果越好。由于焚烧炉的体积较大，炉内的温度分布不均匀，一般炉内燃烧火焰区域内的温度最高，可达 800～1 000 ℃。垃圾焚烧炉内的温度受诸多因素影响，除受垃圾的含水率、来源、成分、热值等基本物性影响外，还与焚烧炉内的燃烧组织等因素相关。

4. 湍流度

湍流度是表征可燃燃料和氧化剂混合程度与燃烧扰动程度的重要指标。湍流度越大，垃圾和空气的混合越好，有机可燃物能充分获取燃烧所需氧气，燃烧反应越完全，充分燃烧所需时间越短。湍流度受多种因素影响，与焚烧炉的内部结构、空气的配送方式与配送比例有重要关系。因此，焚烧炉的结构设计与优化对于提高垃圾的处理能力、处理效率和效果至关重要。

5. 过量空气系数

过量空气系数是考量垃圾燃烧状况的重要参数，供给适当的过量空气是有机物完全燃烧的必要条件。增大过量空气系数，不但可以提供足量的氧气，而且可以增加炉内的湍流度，有利于焚烧的进行。但过大的过量空气系数可能会使炉内的温度降低，给焚烧带来副作用，导致一些大气污染物排放的增加，而且还会增加空气输送及预热所需的能量。

6. 其他因素

焚烧还会受到垃圾在炉中的料层厚度与运动方式等多种因素影响，特别是在机械炉排式的焚烧炉中，垃圾料层的厚度必须适当，厚度太大，在同等条件下可能导致不完全燃烧，厚度太小又会减少焚烧炉的处理量。对炉中的垃圾进行适当的翻转、搅拌，增大炉内的空气扰动，可以使可燃物与空气充分混合，改善燃烧条件。

(三)垃圾焚烧发电设备

焚烧炉是垃圾焚烧发电系统的核心设备，其性能和效率关系到整个垃圾发电系统的性能和经济性。垃圾焚烧炉炉型众多，焚烧炉的设计、选型与垃圾原料的物性、燃烧形态等多种因素密切相关，炉型的选择直接影响垃圾焚烧的效果、设备投资、运行费用等。按照燃烧方式不同，垃圾焚烧炉主要有机械炉排焚烧炉、流化床焚烧炉和回转窑焚烧炉3大类。

1. 机械炉排焚烧炉

机械炉排焚烧炉是目前垃圾焚烧炉的主导产品，占全世界垃圾焚烧市场份额的80%以上。机械炉排焚烧炉使用历史长、品种多、技术成熟，运行可靠性高，结构比较紧凑，热效率较高。典型的制造厂家有比利时西格斯公司、德国鲁奇公司、德国马丁公司等，目前国内垃圾焚烧厂也主要选用机械炉排焚烧炉。

机械炉排焚烧炉的燃烧组织可分为3段：第一段为加热段，垃圾水分被干燥、预热、有机挥发物析出气化；第二段为燃烧段，有机挥发物与氧气结合燃烧；第三段为燃尽段，有机可燃物充分燃烧并燃尽，排出焚烧渣。

机械炉排焚烧炉的特点是通过活动炉排的移动，推动垃圾逐层掉落，对垃圾起到切割、翻转和搅拌的作用，实现完全燃烧。炉排一般由特殊合金制成，耐磨、耐高温。

根据炉排运动方式及结构不同，机械炉排的形式有往复炉排、滚动炉排、多段波动炉排、脉冲抛动炉排等，前两种为主要形式。

(1) 往复炉排焚烧炉。往复炉排焚烧炉是垃圾焚烧炉最为广泛应用的炉型，通过固定炉排片与活动炉排片交替安装，往复运动，可在炉排面上有效地翻动、搅拌垃圾，逐层推进，使燃烧空气和垃圾充分接触，实现充分燃烧。炉排往复运动的速度可通过液压装置调节，其大小依据垃圾的性质及燃烧状况确定。燃烧空气从炉排下部送入，可起到炉排冷却作用。根据炉排运动方向与炉内垃圾运动方向相同或相反，往复炉排焚烧炉可分为逆向推动和顺向推动往复炉排焚烧炉两种形式。

(2) 滚动炉排焚烧炉。滚动炉排焚烧炉是由5~7个大直径滚筒组成，滚筒呈一定倾斜角度自上而下排列，相邻滚筒的旋转方向相反。垃圾在滚筒旋转作用下翻转和搅拌，每个滚筒都配有风室，通过滚筒表面的通气孔实现单独配风，经历干燥着火、燃烧和燃尽阶段。滚动炉排利用旋转作用，使圆筒炉排形成半周工作、半周冷却的状态，滚筒转速可依据炉内温度和烟气成分情况分别控制。但是，对于垃圾料层较厚的情况，滚动炉排应用具有一定的局限性，料层较厚使得翻动困难，造成燃烧基本接近层燃方式，引起燃烧不完全。

助燃空气从炉排下部送入，在炉排面上与高温的固体燃料接触并发生燃烧，燃料热分解产生的可燃气体和部分颗粒物质则上升到炉排上部空间，与助燃空气和另外加入的二次风接触并实现充分燃尽。燃烧烟气和炽热的炉排燃烧层通过对流换热与辐射换热方式将热量传递给锅炉受热面，燃烧灰渣则通过炉排的运动而排出焚烧炉，完成燃烧过程。

2. 流化床焚烧炉

流化床燃烧技术是20世纪70年代发展起来的先进燃烧技术，对于低热值燃料的适应性较好。在我国，流化床焚烧炉主要是国内自主研发技术，投资成本较低，中国科学院、清华大学、浙江大学等均对其开展了大量的研究工作。

流化床焚烧炉没有运动的炉体和炉排，炉体通常为竖向布置，炉底设置了多孔分布板，并在炉内投入了大量石英砂作为热载体。流化床焚烧炉需要提前将炉内石英砂通过喷油等辅助燃料实现预热，将床温加热至600 ℃以上，并由炉底鼓入200 ℃以上预热空气，使床料沸腾，再将垃圾送入炉内。垃圾进炉接触到高温的床料而被迅速加热，同砂石一起沸腾，垃圾很快被干燥、着火并开始燃烧。未燃尽的垃圾密度较小，继续沸腾燃烧，而已燃尽的垃圾灰渣因密度增大，逐步下降与砂石一同落下，并最终通过排渣装置排出炉外。利用分选设备将炉渣分级，粗渣、细渣送到厂外，留下少量的中等颗粒的渣和石英砂床料，通过提升机送回炉内作为床料循环使用。

流化床焚烧工艺燃料适应性广，可燃烧高水分、低热值的垃圾，床内混合均匀，而且大量床料的存在使得流化床蓄热量大,燃烧较为稳定,也从另一个方面提高了可利用的垃圾燃料范围。流化床中剧烈的传热、传质环境,使垃圾与空气的接触面积和接触机会增大,反应速度快,燃烧迅速、充分。

流化床焚烧炉的不足之处在于对入炉垃圾粒度有要求,一般要求不大于150 mm,大尺寸垃圾必须破碎后才能入炉焚烧,否则垃圾在炉内无法保证沸腾状态。所以,需要配备大功率的破碎装置,增加了能源消耗。床料的存在造成焚烧炉本体阻力大,空气鼓入压力高,动力消耗比其他焚烧方案高。运行和操作技术难度相对较大,对于调节手段的灵敏度和专业技术人员操作有较高要求。

3. 回转窑焚烧炉

回转窑焚烧炉也是常用的垃圾焚烧设备,其利用以一定的倾斜角度(0.5°~2°)旋转的高温筒体作为传热和燃烧空间,垃圾在回转窑焚烧炉内受热、分解、燃烧,高温烟气和燃烧残渣从回转窑焚烧炉末端排出。回转窑焚烧炉内壁可采用耐火砖砌筑,也可采用管式水冷壁以保护滚筒,筒壁上可设置内构件以调整物料运动方式。回转窑焚烧炉操作温度一般控制为900 ℃~1 050 ℃,当炉内温度不能达到工艺要求时,可通过燃烧器进行喷油燃烧给炉内提供热量以补充垃圾燃烧热量的不足。由于垃圾在筒内翻滚,可与空气充分接触,经过着火、燃烧和燃尽进行较完全的燃烧。可通过调整回转窑焚烧炉转速控制垃圾在窑中的停留时间,并且对垃圾在高温气氛中的运动状态进行控制,实现充分燃烧并防止燃烧异常。回转窑焚烧炉一般还会配备二次燃烧室,即垃圾热分解产生的可燃气体在回转窑焚烧炉内可能不能完全燃尽,需要在二次燃烧室内继续燃尽。

根据燃烧气体流向与固体废物前进方向是否一致,回转窑焚烧炉可分为顺流和逆流两种。焚烧处理高水分固体废物时可选用逆流式,利用燃烧烟气的热量干燥入炉原料,助燃器设置在回转窑焚烧炉出渣口方向。顺流式回转窑焚烧炉更适合处理高挥发分原料,以保证在燃烧不同阶段有充分的可用助燃空气。

回转窑焚烧炉焚烧处理能力强,操作弹性大,原料适用范围广,对于原料性状、水分、热值等的敏感度低,是处理多种垃圾混合原料的良好选择。同时,回转窑焚烧炉机械结构简单,设备费用低,操作维修方便,厂用电耗与其他燃烧方式相比也比较低,能量回收率高。然而,回转窑焚烧炉的炉体转动较为缓慢,垃圾处理量受到限制。因此,该焚烧炉的应用规模受到一定的限制。由于燃烧方式和结构的限制,回转窑焚烧炉燃烧过程控制较为复杂,自动化的燃烧监测与燃烧组织较为困难。同时,由于长期工作于高温、旋转的环境,回转窑焚烧炉本体还会出现转动部件故障率高、耐火衬里磨损严重等问题。

4. 气化熔融焚烧炉

为了更为高效地回收垃圾中的能量,并满足更为严格的排放标准,世界各国都在开发新一代的垃圾焚烧技术,其中气化熔融焚烧技术就是目前发展的第二代垃圾焚烧工艺,日本、德国、美国、西欧等国家和地区,以及我国清华大学、东北大学、浙江大学等都对其进行了深入的研究。该技术可以更高效地回收垃圾中的资源、能源,同时满足更严格的垃圾焚烧污染物排放标准,特别是二噁英、重金属等二次污染物的排放可降至更低水平，并同时提高锅炉效率和发电效率。气化熔融焚烧技术可分为一步法和两步法。

（1）一步法熔融焚烧技术是将垃圾的气化过程和熔融焚烧过程置于一个设备中进行，工艺过程设备简单，工程投资和运行费较低。

（2）两步法熔融焚烧技术，先将垃圾置于500～600 ℃温度的设备中进行热解、然后将热解炭渣分拣出有价值的金属之后再置于温度高于1 300 ℃的设备中进行熔融处理。

垃圾气化熔融技术主要采用回转窑式和流化床式两种炉型。回转窑式气化熔融技术是将垃圾置于内热式回转窑中进行部分燃烧和气化，垃圾在无氧环境下缓慢热分解气化，产生的可燃气进入下游的回转式熔融炉，而在回转窑下部将产生的半焦和不燃物质排出，最后对残留物进行分选、金属回收，含碳可燃物进入熔融炉进行熔融处理，熔融温度可达1 300 ℃，使炉渣以熔融态排出。流化床式气化熔融技术将垃圾置于流化床气化炉中进行气化，不燃物从炉底排出并进行分选，含碳可燃物和低热值可燃气体进入熔融炉进行熔融处理。两种技术的单炉最大处理能力目前大多低于250 t/d，发电效率一般为30%～32%，而且流化床式技术的热回收率要更高一些。两种技术污染物排放均较低，熔渣经过高温处理，对环境无害，熔渣和金属都可回收利用。

采用气化熔融技术将垃圾的低温热解气化与固态剩余物的高温熔融处理结合起来，实现了较为深度的无害化、减量化。城镇垃圾先在还原性气氛下热分解产生可燃气体，同时垃圾中的Cu、Fe等金属也不易形成促进二噁英类物质形成的催化剂，有利于抑制二噁英类物质的生成，也能降低直接燃烧过程的NO_x排放。垃圾中的有价金属没有被氧化，利于金属的回收利用。含碳灰渣在1 300 ℃以上的高温状态下进行熔融燃烧处理，在回收能量的同时，能有效分解有毒有害物质，最大限度地保证熔渣的再循环回收利用。

三、垃圾焚烧发电污染物防控

与燃煤电站燃料组成相对单一不同，垃圾焚烧场一般采用混合垃圾，即多种不同来源的废弃物组成的混合物，组成更为复杂，因此，垃圾焚烧过程产生的气体物质和固体残渣将会包含更为复杂的大气污染物或者对土壤、水体有毒有害的物质。垃圾焚烧发电过程的污染物防控任务比燃煤电站更为艰巨，包括在垃圾焚烧过程中污染物释放的抑制和焚烧后产物污染物排放的控制。

（一）烟气污染物形成与控制

1. 垃圾焚烧烟气中污染物的种类及形成机理

由于垃圾成分的复杂性和不均匀性，焚烧过程中发生了复杂的化学反应，产生的烟气中除包括过量的空气和二氧化碳外，还含有对人体和环境有直接或间接危害的成分。根据污染物性质的不同，可将其分为颗粒物、酸性气体、重金属等类别。

（1）颗粒物。在垃圾焚烧过程中，由于高温热分解、氧化的作用，燃烧物及其产物的体积和粒度减小，其中的不可燃物大部分在炉排上以炉渣的形式排出，一小部分物质在气流携带及热泳力作用下，与焚烧产生的高温气体一起在炉膛内上升，经过热交换后从锅炉出口排出。烟气流中携带的颗粒物，即飞灰，粒度较小，排放到周围环境中，就构成了大气中颗粒物污染的一个重要来源。

(2)酸性气体。酸性气体污染物主要由 SO_x、HCl 和 NO_x 组成,其中 SO_x、HCl 主要是垃圾中所含的 S、Cl 等化合物在燃烧过程中产生的。城市垃圾中含硫的成分有 30%~60% 转化为 SO_2,其余则残留于焚烧底灰或被飞灰所吸收。NO_x 主要源于垃圾中含氮化合物的分解转换和空气中氮气的高温氧化,其主要成分为 NO。与农林生物质原料的燃烧不同,垃圾燃烧中酸性气体污染物的排放要更为严重。

(3)重金属。重金属类污染物源于焚烧过程中垃圾所含重金属及其化合物的蒸发。该部分物质在高温下由固态变为气态,一部分以气相形式存在于烟气中,如 Hg;另有相当一部分重金属分子进入烟气后被氧化,并凝聚成很小的颗粒物;还有一部分蒸发后附着在焚烧烟气中的颗粒物上,以固相的形式存在于焚烧烟气中。

2. 垃圾焚烧烟气净化

(1)颗粒物净化技术。垃圾焚烧厂的颗粒物净化可采用静电分离、过滤、离心沉降及湿法洗涤等形式,静电除尘器和袋式除尘器广泛应用于垃圾焚烧厂烟气净化。静电除尘器可以使颗粒物浓度(标)控制在 45 mg/m^3 以下,而袋式除尘器可使颗粒物的浓度控制在更低水平,同时具有净化其他污染物的能力(如重金属、PCDDs 等)。袋式除尘器虽然易受气体温度和颗粒物黏性的影响,致使滤料(耐高温、耐冲击)的造价增加和清灰不利,但净化效率不受颗粒物比电阻和原始浓度的影响,而过高或过低的比电阻却可使静电除尘器的净化效率降低,故两者各有其优缺点。文丘里湿式洗涤器也可以达到很高的除尘效率,并能够脱除多种污染物,但其能耗高且存在后续的废水处理问题,所以,不作为主要的颗粒物净化设备。

(2)酸性气体净化技术。对垃圾焚烧尾气中 SO_2、HCl 等酸性气体的处理方法,有干式、湿式和半干式净化技术。

①干式净化。干式净化是指用压缩空气将碱性固体粉末直接喷入烟气通道上的反应器,与酸性废气直接接触反应,达到中和酸性气体的目的。

②湿式净化。湿式净化是指将烟气与洗涤碱性液体充分接触,使酸性气体分离出来,但过程中产生废水并且对管道具有腐蚀作用。

③半干式净化。半干式净化介于干式净化和湿式净化之间,是目前应用最为广泛的酸性气体净化方式,多采用喷雾干燥器。

NO_x 的净化是最困难且费用很高的技术,这是由 NO 的惰性(不易发生化学反应)和难溶于水的性质决定的。垃圾焚烧烟气中的 NO_x 以 NO 为主,其含量高达 95% 或更多,降低烟气中 NO_x 的方法主要有通过分级燃烧的方式和选择性催化还原 SCR、选择性非催化还原 SNCR 等方式。

(3)重金属的捕获。焚烧前对垃圾进行归类分拣,将重金属含量较高的废旧电池及电器、杂质等从原生垃圾中分拣出来,可以大幅减少焚烧产物中的 Hg、Pb、Cd 等的含量。焚烧过程中对重金属的捕获,可以采用冷凝、喷入特殊试剂等方法吸附,还可以通过催化转变及尾气洗涤等方法控制重金属。

(4)有机污染物的净化。PCDDs、PCDFs 和其他痕量有机污染物的净化越来越受到重视，我国颁布的《生活垃圾焚烧污染控制标准》(GB 18485—2014)中也对 PCDDs、PCDFs 排放浓度有严格规定。目前，在垃圾焚烧过程二噁英排放抑制方面的技术主要有以下几种：

①改善燃烧条件，维持炉内高温，延长气体在高温区的停留时间，加强炉内湍动，促进空气扩散，从源头抑制这类有害物质的产生。研究发现，燃烧过程中 Cu 或 Fe 的化合物在悬浮微粒的表面催化了二噁英前驱物生成，在 300～500 ℃的温度环境下促成了二噁英类物质的炉外合成，因此，应尽量缩短烟气在冷却和排放过程中处于 300～500 ℃温度域的停留时间。

②对于烟气中的二噁英物质，采用袋式除尘并结合活性炭吸附的方法，也能够有效减排。由于活性炭具有较大的比表面积，吸附能力较强，能有效地吸附二噁英。常用的方法有两种：一种是在袋式除尘器之前的管道内喷入活性炭；另一种是在烟气进入烟囱排放之前附设活性炭吸附塔，一般控制吸附塔处理温度为 130～180 ℃。

(二)灰渣处理与利用

焚烧灰渣是垃圾焚烧过程一种必然的副产物。焚烧灰渣包括焚烧炉的炉排下炉渣和烟气除尘器等中收集的飞灰，主要是不可燃的无机物以及部分未燃尽的有机物。焚烧炉渣与除尘设备收集的焚烧飞灰应分别收集、储存、运输和处置。焚烧炉渣为一般工业固体废物，工程应设置相应的磁选设备，对金属进行分离回收，然后进行综合利用，或按要求进行储存、处置；焚烧飞灰属危险废物，应按危险废物污染相关控制标准进行储存、处置，同时鼓励焚烧飞灰的综合利用，但所用技术应确保二噁英的完全破坏和重金属的有效固定、在产品的生产过程和使用过程中不会造成二次污染。

垃圾发电厂飞灰中 2/3 以上的成分是硅酸盐和钙，其他的化学物质主要是铝、铁和钾，而水冷熔渣中主要的化学物质是硅酸盐和铁，其他化学成分主要是铝和钙。根据垃圾成分的不同，灰渣量一般为垃圾焚烧前总质量的 5%～20%。灰渣特别是飞灰中由于含有一定量的有害物质，尤其是重金属，若未经处理直接排放，将会污染土壤和地下水源，对环境造成危害。由于灰渣中含有一定数量的铁、铜、锌、铬等金属物质，故具有回收和资源再利用价值。

1. 灰渣处理

垃圾焚烧飞灰的处置方法有固化稳定化、酸或其他溶剂洗提法等。固化稳定化包括常温固化和高温固化。一般水泥固化、沥青固化、化学药剂固化等属常温固化，而熔融固化为高温固化，如经过处理后的产物能够满足浸出毒性标准或资源化利用标准，则可进行资源化利用或进入普通填埋场进行填埋处置。

水泥固化法是将飞灰和水泥混凝土混合形成固态，经水化反应后形成坚硬的水泥固化体。通过固化包容，减少飞灰的表面积和降低其可渗透性，从而达到降低飞灰中危险成分浸出的目的。沥青固化法是利用沥青良好的粘结性、化学稳定性和不透水性，通过加热使有害物质均匀地包容在沥青中，将飞灰表面包覆固定，防止有害物质浸出。在飞灰与沥青的混合物中也可添加特定的添加剂，如硫化物，以减少重金属的浸出量。石灰固化法是以石灰为固化剂，以粉煤灰或水泥窑灰为填料，用于固化含有硫酸盐或亚硫酸盐类废渣的一种固化方法。该方法在飞灰有害物质稳定化中也有一定应用。

药剂稳定化是利用化学药剂，通过化学反应使有毒有害物质转变为低溶解性、低迁移性及低毒性物质的过程。根据废弃物中所含重金属的种类，可采用的稳定化药剂有石膏、漂白粉、磷酸盐、硫化物（硫代硫酸钠、硫化钠）和高分子有机稳定剂等。

飞灰熔融处理主要是使飞灰中二噁英等有机物在熔融温度（1 000～1 500 ℃）下热解或燃烧，无机物形成熔渣，低沸点的重金属及盐类将蒸发成气相，由排气集尘系统收集，而 Fe、Ni、Cu 等有价金属还原成金属熔液，可回收再利用，其他重金属则残留于熔渣中。由于飞灰中的 SiO_2 在熔融时会产生网状构造，能将残留于熔渣晶格中的重金属完全包封，使重金属在形成的熔渣中不易溶出。

酸或其他溶剂洗提法是通过酸、碱、生物或生物制剂提取或高温提取等方法，将飞灰中的重金属提取出来，然后进行资源化利用。根据处理物的化学组成或使用的药剂，可分为酸提取氢氧化物处理法、酸提取硫化物处理法、酸提取重金属固定剂处理法。

2. 焚烧灰渣的利用

焚烧产生的底灰具有物质组成复杂多样和毒性小的特点，其重金属浸出量和溶解盐含量小，可认为基本没有毒性。因此，可将底灰送垃圾填埋场进行填埋处置，而且也可资源化再利用，通常利用的方式有石油沥青铺面集料、路基建筑填料、填埋场覆盖材料、回收黑色金属等。

底灰经筛分、磁选等方式去除其中的黑色及有色金属并获得适宜的粒径后，可与其他集料相混合，用作石油沥青铺面的混合物，美国、日本及欧洲一些国家均有使用实例。底灰物质组成复杂多样、稳定性好、密度低，其物理和工程性质与轻质的天然集料相似，并且焚烧灰渣容易进行粒径分配，因此，其是一种适宜的路基、路堤等的建筑填料。

对底灰进行压缩可有效减少其渗透，合适的含水率加以合适的压力，可使其渗透率达到较高水平，处理后作为填埋场的覆盖材料可有效减少污染物的释放。另外，利用磁选和筛分从底灰中提取黑色金属的技术在许多欧美国家的垃圾焚烧厂也得到了应用。

（三）废水处理

1. 废水来源及性质

垃圾焚烧发电厂废水来源复杂，含有多种污染物，如不进行合适的净化和处理，将会对水体和土壤等造成较为严重的污染。垃圾焚烧发电过程产生的废水主要可分为垃圾渗滤液、生产生活污水等。

（1）垃圾渗滤液：主要产生于垃圾储坑，是垃圾在储坑中发酵腐烂后，垃圾内水分排出造成的，产生量主要受进厂垃圾的成分、水分和储存时间的影响，其中餐厨垃圾和果皮类垃圾含量是影响渗滤液组分和数量的主要因素。垃圾渗滤液的特点是臭味强烈、有机污染物浓度高、氨氮含量高。高浓度的垃圾渗滤液主要是在酸性发酵阶段产生的，其 pH 值为 4～8，化学需氧量（COD）能达到 20 000～80 000 mg/L，另外，还含有较多重金属（如 Fe、Mn、Zn 等），而且由于渗滤液中含有较多的难降解有机物，一般即使经过生化处理之后，其COD值仍偏高。

(2) 生产生活污水主要来源为以下几个方面：

①垃圾运输车和倾倒平台冲洗时产生的废水，废水产生量与洗涤次数、平台面积、洗涤方法及垃圾性质有关，主要污染物质是有机物。

②垃圾焚烧灰渣冷却时产生的废水。

③燃烧烟气喷水冷却而产生的废水，与喷射量、喷射方法有关。

④洗烟设备中为去除烟气中有害气体成分而产生的废水，其中还含有 Cd、Zn、Hg、Pb 等较多的重金属。

2. 废水处理技术

污水处理程度的确定，需要综合考虑污水性质和下游排放要求。一般污水经处理后有3种排放途径：一是排入市政下水系统；二是排放进入自然水体；三是中水回用。在建有城市生活污水处理厂的地区，可将渗滤水经预处理后达到《污水排入城市下水道水质标准》(GB/T 31962—2015)，然后排进污水管网。在生产生活污水中，除出灰废水、灰槽废水和洗烟废水有可能需要对超标的重金属离子进行预处理外，其余基本可以直接排进城市污水管网。当处理后的污水需要直接排入自然水体时，水质标准应满足相关的污水排放标准，例如，《污水综合排放标准》(GB 8978—1996)中规定的最高允许排放浓度限值。当污水处理后作为中水应用时，需要在前述污水处理流程后增加处理设施，使回用水达到《城市污水再生利用 城市杂用水水质》(GB/T 18920—2020)。

典型的废水处理技术包括以下几种类型。

(1) 混凝沉淀＋生物处理法：通过混凝沉淀去除废水中对微生物有害的重金属等物质，再与其他污水混合进行生物处理，此流程适合处理灰冷却水和洗烟废水等排放水体。对于灰冷却水和洗烟废水等污水排入下水道前的预处理，可采用分段混凝沉淀法。重金属用碱性混凝沉淀时，不同的重金属离子在不同的pH值条件下才能达到最佳处理效果，需分几段进行混凝处理。

(2) 膜处理＋生物处理法：可应用于排放要求较高的垃圾渗滤水处理，通过膜处理去除悬浮物质和大分子难生物降解的有机物，降低下游生物处理的负荷，使水质达标排放。

(3) 生物处理＋活性炭处理法或生物处理＋混凝沉淀＋过滤处理法：适合必须再利用废水的深度处理，前段生物处理段分解有机物，后段通过活性炭吸附或滤料截留去除残留的污染物。

(4) 活性污泥法＋接触氧化法：可实现深度净化，适合废水排放要求高的地区。

(四) 垃圾焚烧发电工程建设与运营

1. 工程总体规划及建设原则

根据《城市生活垃圾处理及污染防治技术政策》的相关规定，垃圾焚烧发电适用进炉垃圾平均低位热值高于5 000 kJ/kg、卫生填埋场地缺乏和经济发达的地区，选址必须符合所在城市的总体规划、土地利用规划及环境卫生专项规划（或城市生活垃圾集中处置规划等）。焚烧设备应符合国家鼓励发展的环保产业设备关于固体废物焚烧设备的主要指标及技术要求，除采用流化床焚烧炉处理生活垃圾的发电项目，其掺烧常规燃料质量应控制在入炉总量的20%以下外，采用其他焚烧炉的生活垃圾焚烧发电项目不得掺烧煤炭。有工业热负荷及采暖热负荷的城市或地区，生活垃圾焚烧发电项目应优先选用供热机组，以提高环境效益和社会效益。

垃圾焚烧发电厂与常规燃煤发电厂工艺流程基本类似，工程的总体规划可以参照火电厂相关标准和规范，其差别主要在原料储存和预处理单元、烟气净化单元。

场内设置大型的垃圾储存槽和垃圾输运装置，垃圾由垃圾收集车输送至垃圾储存槽存放，由垃圾抓斗、卷起装置、行走装置及配电、计量和控制设备组成的垃圾起重机输送至下料斗，然后进入焚烧炉。在炉内，垃圾经历烘干、燃烧、燃尽等过程。焚烧过程固体残渣由排渣装置排出炉外，经除铁后送至灰渣池，燃烧过程飞灰也送至灰渣池，然后送至场外。燃烧后的高温烟气经过炉膛、对流受热面、省煤器、空气预热器等排出锅炉，然后经历脱酸、脱硫、脱硝及除尘等烟气净化工艺之后，通过烟囱排放。

垃圾焚烧发电厂内垃圾在储坑内的储存期一般都在3 d以上，因有机垃圾的特殊性，在储存过程中会产生大量的可燃性气体，包括甲烷、硫化氢等易燃易爆、有毒、有害气体，应加强通风，防止可燃性气体积聚，并严格防止火种卸入垃圾储坑。同时，应特别重视消防安全，按照国家和行业相关标准设置消防灭火设施与给水系统。另外，因部分有机垃圾容易腐败、发臭等，垃圾储存车间的通风、除臭等也是需要考虑的问题，处理不当会严重影响周边生产生活环境。垃圾卸料、垃圾输送系统及垃圾储存池等采用密闭设计，垃圾储存池和垃圾输送系统采用负压运行方式，垃圾渗滤液处理构筑物必须加盖密封处理。在非正常工况下，必须采取有效的除臭措施。

垃圾焚烧发电厂属市政和电力工程，因此，其选址和规划既要符合市政工程要求又要符合电力行业的要求。垃圾焚烧发电厂的总体规划是指在拟订的厂址区域内，结合用地条件和周围的环境特点，对发电厂的厂区、厂内外交通运输、水源地、供排水管线、储灰场、施工场地、生活区、绿化、综合利用、防排洪等各项工程设施，进行统筹安排和合理的选择与规划。

设计依据包括《工业企业总平面设计规范》(GB 50187—2012)、《厂矿道路设计规范》(GBJ 22—1987)、《总图制图标准》(GB/T 50103—2010)、《防洪标准》(GB 50201—2014)、《生活垃圾焚烧处理工程技术规范》(CJJ 90—2009)、《小型火力发电厂设计规范》(GB 50049—2011)、《火力发电厂与变电站设计防火标准》(GB 50229—2019)、《建筑设计防火规范(2018年版)》(GB 50016—2014)、建设用地地形图、用地红线图及相关的国家与地方定额、标准、规范。

总平面布置原则如下：
(1)满足生产工艺和各设施功能要求。
(2)功能分区要布局合理，节约使用土地。
(3)道路设置顺畅，满足消防、物料输送及人流通行疏散需求。
(4)竖向设计合理，便于场地排水，减少土石方工程量。
(5)合理布置厂区管网，力求管网短捷、顺畅。

(6) 妥善处理好建设与发展的关系，为预留扩建留有余地。

(7) 创造良好的生产环境，搞好绿化，降低各类污染。

(8) 满足国家现行的防火、卫生、安全等技术规程及其他技术规范要求。

根据生产工艺、运输组织和用地条件，厂区布置按照如下功能分区。

(1) 主要生产区由主厂房、烟囱、上料坡道等组成。

(2) 水工区由净化水装置、综合泵房、净水池及冷却塔等组成。

(3) 垃圾渗滤液处理区主要由综合机房和渗滤液综合处理池组成。其中，综合处理池包括调节池、厌氧池、硝化池、返硝化池、污泥浓缩池等。

(4) 辅助生产区包括地磅房、油泵房及地下油罐等。

(5) 行政管理区主要由综合楼、门卫等组成。

厂区管线大体包括生产给水管、生活给水管、消防给水管、生产排水管、生活污水管、循环水管、雨水管、电力电缆、照明电缆、仪控电缆、蒸汽管、渗滤液管等。管线布置原则如下：

(1) 与厂区平面布置、竖向布置及绿化布置统一协调。

(2) 满足生产、安全及检修的要求。

(3) 管线布置顺畅、短捷，减少交叉。

(4) 认真执行相关规范，满足管线之间及管线与相邻构筑物和各种设施的间距要求。

(5) 管线交叉时，满足管线间垂直间距的要求。

(6) 合理管线排序，同类管线相对集中布置，有条件的采用共沟、共架敷设，节约用地，为发展留有余地。

2. 工程运营实例

炉排焚烧炉垃圾焚烧发电。深圳市垃圾焚烧厂是我国首座现代化的垃圾处理厂，首期工程装备 2 台 150 t/d 处理能力的马丁型焚烧炉，焚烧炉由日本三菱重工业股份有限公司（简称"三菱重工"）引进，焚烧炉投产迄今运转正常，主要处理城市生活垃圾。城市垃圾由专用车辆运进场内，经计量称重后卸入垃圾储坑，垃圾储坑顶部装备两台抓斗式起重机，可供垃圾倒垛、拌和及送料之用。起重机操作室与垃圾储坑密闭隔离，采用遥控式操纵，将垃圾通过炉前料斗送入焚烧炉，投入的垃圾量自动计量并记录。垃圾从料斗沿滑槽下落至焚烧炉的送料器，将垃圾原料输送到向上倾斜角度为 26°的炉排，通过炉排往复运动，垃圾依次经历干燥、燃烧和燃尽区。燃烧用空气经过空气预热器 2 次预热到 260 ℃后，作为一次风从炉排下方送入炉内，一部分不经预热的空气从炉膛内炉拱处的两排喷嘴送入炉内作为二次风，一次风和二次风的风量根据炉内燃烧情况和锅炉出力进行调节。经充分燃烧后，垃圾灰渣由炉排端部圆筒下落到推灰器，经过冲水熄火降温后，被推送到振动式输送带，灰渣中的金属物因振动而分离，并通过磁选机可将铁件吸出另做处理。

燃烧产生的高温烟气先经过废热锅炉降温并生产蒸汽，再经过空气预热器等热交换器进一步降温，然后被送入静电除尘器净化，最后被送入烟囱排放。燃烧过程产生的灰分，粒径较大者在分离器中被分离下落到灰斗中，再通过气力输送或机械输送到灰渣池；粒径较小的粉尘颗粒和喷入烟道的石灰粉等随烟气进入静电除尘器设备，被分离后也送入灰渣池。

1998年年底，我国第一个处理能力1 000 t/d的大型生活垃圾焚烧厂在上海浦东新区开工建设。根据浦东新区环卫部门统计，1996年浦东新区的垃圾日均清运量达到1 727.9车吨（1车吨＝0.46 t），利用法国政府贷款并采用法国引进技术建造生活垃圾焚烧厂，以解决浦东新区生活垃圾的出路问题。设计处理规模3.65×10^5 t/a，原料设计热值为6 060 kJ/kg，波动范围在4 600～7 500 kJ/kg。

该厂区的主要建筑包括主车间（包括垃圾卸料区、垃圾储存区、焚烧区、烟气净化区、汽轮发电区、灰渣储存区等）、综合管理楼、磅站、燃料油罐区、上网变电站、污水处理站及配套公用工程，总建筑面积约为22 200 m^2。

主体设备焚烧炉采用倾斜往复阶梯式机械炉排焚烧炉，炉排形式SITY-2000，是从最早应用于垃圾焚烧的马丁型炉排发展改进而来的，由ALSTHOM公司开发。该炉型炉排材料采用耐热防腐铸铁，炉排下进风孔位于炉排条凸起端的后部，并呈锥形断面，可减少堵塞；一次风从水平方向进入，有利于减少飞灰量；适应低热值、高水分垃圾的焚烧，在设计热值及处理规模范围内基本不用添加助燃油，便可保证焚烧炉内温度高于850 ℃，燃烧烟气在高温区停留时间为2 s，以彻底分解去除类似二噁英、呋喃等有机有害物质，使焚烧对大气的影响减少到最小程度。单台焚烧炉处理能力15.2 t/h，每条生产线年最大连续运行时间为8 000 h。

锅炉形式为角管式自然循环锅炉，单台锅炉蒸发量为29.3 t/h，单线烟气量为70 000 m^3/h，单套汽轮发电机组额定功率为8 500 kW。锅炉进水温度提高至130～135 ℃，焚烧炉一次风进炉温度达220 ℃，从而使整个工艺可获得较高的热效率，尽可能多地发电上网，提高运行经济效益，按设计水平每年可向电网供电约1.1亿千瓦时。在烟气净化工艺中，半干法＋布袋除尘器工艺配置并预留脱氮装置接口，可适应更高的环保要求。

垃圾焚烧处理后，可减容90%，产生的灰渣主要是无机物，可作为建材或者铺路用，而烟气净化装置收集的飞灰，因含重金属较多，应进行填埋处置。同时，垃圾储存单元产生的垃圾渗滤液应经过处理达到相关指标后再进入污水站处理。

项目日处理1 100 t垃圾，按运行寿命30年和政府财政无偿投入测算，每吨垃圾处理总成本平均为150元，运营成本（未考虑辅助燃油消耗）为100元。

3. 流化床焚烧炉垃圾发电

2007年，广西来宾垃圾焚烧发电厂建设并投入运行。该发电厂采用了流化床焚烧炉作为主体设备。发电厂采用国产技术，配备2台35 t循环流化床焚烧炉、2台7.5 MW凝汽式汽轮发电机组，发电系统经主变压器升压至35 kV接入当地电力网，日处理垃圾能力达到500 t。

工程选用的循环流化床焚烧炉由无锡太湖锅炉有限公司生产，主要技术参数：额定蒸发量为38 t/h，额定蒸汽参数为450 ℃/3.82 MPa，给水温度为105 ℃，一次风热风温度为204 ℃，二次风热风温度为178 ℃，一、二次风配比为2∶1，排烟温度为160 ℃，设计热效率＞82%。锅炉设计燃料为城市生活垃圾80%、烟煤20%，设计燃料热值为

8 700 kJ/kg，设计燃烧温度 850～950 ℃，烟气净化采用半干法脱酸和布袋除尘工艺。各项排放指标全部达到我国生活垃圾焚烧污染控制标准，二噁英等主要指标达到欧盟污染控制标准。

工程总体布局主要由垃圾储存及输送给料系统、焚烧与热能回收系统、烟气处理系统、灰渣收集与处理系统、给水排水处理系统、发电系统、仪表及控制系统等子项组成。

(1)垃圾储存及输送给料系统由垃圾储坑、抓吊和输送给料设备等组成。垃圾储坑起储存、调节、熟化、均化、脱水的作用，其容积可储存 7～10 d 系统运行所需垃圾。设有两台垃圾抓斗式起重机将垃圾从储坑抓到料斗并对垃圾进行翻动。两台垃圾焚烧炉并列布置，各自配备垃圾输送给料线，并共用 1 条煤助燃输送线。煤助燃输送线采用胶带输送设备，垃圾输送给料由胶带输送机、链板输送机和拨轮给料机等组成。在垃圾卸料间和储坑屋顶设无动力排气扇，保证停炉时臭气外排。

(2)焚烧与热能回收系统由循环流化床焚烧炉和鼓风机、引风机、罗茨风机等燃烧空气系统的辅助设备组成。焚烧炉由流化床、悬浮段、高温旋风分离器、返料器和外置换热器等部分组成。在旋风分离器的烟气出口布置对流管束，尾部烟道依次布置有省煤器和一、二次空气预热器。外置换热器采用空气流化、高温循环物料为热载体，使高低温过热器管束布置在酸性腐蚀气体浓度极低的返料换热器内，降低了过热器管束与垃圾焚烧产生的腐蚀气体直接接触发生高温腐蚀的条件，有效地解决了垃圾焚烧高温腐蚀问题。

(3)烟气处理系统主要由脱酸反应塔、布袋除尘器、给粉系统、增湿器、飞灰回送循环和排灰系统等组成，采用半干脱酸法和布袋除尘工艺。垃圾渗滤液处理系统采用高温热解方法由泵将垃圾储坑收集的渗滤液喷入焚烧炉内燃烧处理。

(4)灰渣收集与处理系统主要作用是处理垃圾焚烧产生的固体废弃物，主要是飞灰和炉渣，飞灰及炉渣分开收集。飞灰采用大型灰罐储存，单独安全处理或综合利用；炉渣则考虑作为建筑或路基材料利用。

(5)给排水处理系统主要任务是处理锅炉补给水和厂区废水。全厂用水由河边泵站和市政管网供给。在厂区设置循环冷却系统供厂区设备使用，其用水由河边泵站供给。锅炉给水采用混床除盐工艺，以保证锅炉给水符合相关技术标准要求。厂区清洗废水、生活污水采用序批式活性污泥法处理后达到《污水综合排放标准》(GB 8978—1996) I 级标准后排放。

第六节 沼气发电技术

沼气是有机物在厌氧条件下经过微生物的分解转化作用而产生的可燃气体，主要成分是甲烷和二氧化碳。利用沼气在燃气机中燃烧并产生动力，带动发电机发电，即沼气发电。由于沼气制备原料的广泛性及废弃物处理的需求，沼气发电已发展成为一种重要的发电方式，技术日益成熟，国际上和国内的沼气发电产业发展迅速。

一、沼气生产技术

(一)发酵原料

沼气生产过程的本质就是有机废弃物原料的厌氧发酵过程,是微生物利用发酵原料不断生长、繁殖并代谢出沼气的过程。发酵原料是沼气生产的物质基础,供给厌氧发酵细菌完成各项生命活动的能量,更是其养料的来源。常见的发酵原料主要有两大来源:一类是为获取生物质能而专门种植的农林作物,称为能源作物;另一类是有机废弃物,包括工业、农业和人们日常生活中的废弃物(城市固体废弃物)等。

1. 能源作物

(1)农作物。农作物资源巨大,分布广泛。2005年,全国主要农作物产量约为5.1亿吨,2010年约为5.7亿吨,2021年约为8.7亿吨,呈现逐年增加的趋势,其中玉米、谷物、牧草和甜菜是最常见的农作物资源。

玉米适宜生长地域较广、亩产高、易降解,因此,成了一些发达国家农业沼气工程中最常见的原料。玉米平均产量可达每公顷45 t,砂质土壤每公顷产35 t,高产地区每公顷甚至超过65 t。被用作沼气工程的玉米一般是青储12周左右的玉米,可以使用全株玉米,也可以使用玉米芯。

谷物对沼气生产过程的微调比较有用,这是因为谷物降解速度快,沼气产量高。因此,在沼气工程中谷物特别适合作为现存底物的补充物料。牧草和玉米一样,种植收割及青储草的使用都可机械化进行。青储的牧草产量变化幅度较大,这是由于草场的集约使用情况和地区环境条件不同。适宜的温度和天气条件,精耕细作的土地可获得每年3～5次收割,生物量巨大。甜菜生长速度快,可作为能源作物,但其干物质含量低且糖分高,所以储存比较困难。把甜菜青储或者和玉米一起青储是适用甜菜沼气生产的储存方式。

(2)林业作物。森林资源在我国生物质能源中占有重要地位,根据第八次全国森林资源清查(2009—2021年)结果显示,全国森林面积3.47亿公顷,活立木总蓄积206.3亿立方米,森林蓄积151.3亿立方米,森林覆盖率为21.6%。据统计,我国每年的林业资源可提供约4亿吨生物质原料。传统的林业作物生长周期较长,而专门用来获取能量的林业作物周期要短得多,一般只需2～4年的生长就可将其树干砍下作为生物质资源,树桩则会继续生长,此循环大约能维持30年,因此,也会产生可观的生物质产量。

2. 有机废弃物

有机废弃物包括农作物秸秆、畜禽粪便、农产品加工废弃物、城市固体废弃物等。

(1)农作物秸秆。农作物秸秆是农作物生产系统中一项重要的生物质资源,近年来农作物秸秆成了农村环境污染的重要源头,提高农作物秸秆的综合开发利用成为一个重要的环境议题。农作物秸秆用途广泛,除可用于肥料、饲料、基料及造纸等工业原料外,还可用于能源。据估计,我国2021年产生约11.2亿吨秸秆,约有50%以上可作为能源使用。秸秆的主要成分为木质纤维素,其经过降解可以成为微生物可分解利用的小分子底物,从而为沼气工程提供了充足而低价的原料来源。

(2)畜禽粪便。牛、猪、鸡、鸭等畜禽的粪便为沼气工程提供了良好的原料，畜禽粪便具有可抽送性、生物易降解的特点，且储存方便，所以，容易在沼气工程中使用。对于畜禽粪便的使用需要对资源总量进行统计，还要考虑资源的可收集性。规模化养殖产生的畜禽粪便的收集较为便利，但是分散养殖的收集则较为困难，收集利用率较低。

(3)农产品加工废弃物。农产品加工废弃物一般指的是加工植物类产品产生的物质或副产品，主要包括以下几种：

①酿酒生产副产物。啤酒生产副产物，其中占最大比例的是啤酒糟，约占75%，其次是酵母和糟底，再次是热污泥、冷污泥、硅藻土，产量最少的是麦芽糖泥。酒糟作为生产酒精的副产品，最通常的用途是干化后作为肥料或牛饲料，因为新鲜酒糟中干物质含量较少，所以，也会被用于制作沼气。

②淀粉生产副产物。马铃薯加工生产淀粉时，会产生马铃薯渣、马铃薯汁及工艺废水。大部分的马铃薯汁被用作农田肥料，小部分被用作动物饲料。因为马铃薯汁被用作农田肥料时会引起地下水的盐碱化，又考虑到这些副产品容易发酵，所以，这些副产品也可用于沼气发酵。

③水果加工剩余物。水果加工生产果汁或红酒时产生的副产品称为果渣，可被用作果胶原料、动物饲料及制酒原料，品质较差的剩余物均可用于沼气发酵。

④制糖工业副产物。糖甜菜制砂糖过程中会有许多副产品产生，如糖浆和湿甜菜浆，去掉水分形成干糖渣即可作为动物饲料。糖浆和甜菜浆的残糖含量较高，也可作为沼气发酵的辅助底物。

⑤粗甘油和菜籽饼。近年来发展较为迅速的生物柴油产业，其以菜籽油作为原料生产生物柴油时，最主要的副产品是粗甘油和菜籽饼，这两种物质常被用作农业沼气工程的辅助底物。但菜籽饼在发酵过程中，因菜籽油较高的硫和蛋白质含量而容易产生高浓度硫化氢。

(4)城市固体废弃物。城市固体废弃物主要为工业生产和居民生活产生的各种垃圾，还有一些源于如学校、医院、公园等公共场所，主要有下水道污泥、食物残渣、建筑用残料等。随着经济发展和人类生活水平的提高，工业和生活垃圾也逐渐增多。城市垃圾中各类垃圾混杂，成分复杂，有机成分中餐厨垃圾较多，而废纸、塑料橡胶类物质等高发热量物质相对较少，无机质含量较高，而有机质较少，发热量较低。垃圾含水率较高，一般都在30%以上。城市垃圾产生量和成分受到诸多因素的影响，如城市经济发展水平、人口密集程度等，其高含水率的有机成分均可成为沼气生产的原料。

(二)原料特性及产气潜力

生物质原料资源丰富，种类繁多，分布广泛。这些原料用于沼气生产，需要评估其生产能力，常用的指标即产甲烷潜力(Biochemical Methane Potential，BMP)，是指单位有机物料在厌氧条件下发酵产生甲烷气体的数量。有机物料的产甲烷潜力分析对于了解沼气发酵效率及其过程稳定性、沼气工程的规模和工艺设计、生产优化策略和沼气工程投资收益评估都具有十分重要的意义。与生物质原料产甲烷潜力密切相关的就是原料的特性，包括以下多项指标。

1. 总固体、挥发性固体和悬浮固体

(1)总固体(Total Solid，TS)。总固体又称干物质，包括可溶性固体和不可溶性固体，是指发酵原料烘干后剩余的物质。原料中的总固体含量一般用百分率来表示，液体样品也可用 mg/L 或 g/L 来表示。测定方法：将原料样品置于 103~105 ℃的干燥箱中烘干，达到恒重时称量物质质量，即样品的总固体量。

(2)挥发性固体(Volatile Solid，VS)。挥发性固体是指原料总固体中除去灰分(不能挥发的残余物)后的物质。测定方法：将所得原料总固体置于 500~550 ℃的马弗炉内灼烧 1 h，挥发性固体为样品减轻的质量，残余物即灰分物质。在沼气发酵过程中，产沼气微生物一般不能利用原料中的灰分，而只可利用挥发性固体。

(3)悬浮固体(Suspended Solid，SS)。悬浮固体是指液态原料中呈悬浮状态的固体。其测定方法通常采用滤纸过滤水样，过滤后截留物置于 105 ℃温度中进行干燥，恒重后称重即可得悬浮固体的质量。

2. 化学需氧量和生化需氧量

(1)化学需氧量(Chemical Oxygen Demand，COD)。化学需氧量指的是一定条件下用强氧化剂处理样品所消耗的氧的量，表示液态物料中有机物质含量的指标，也表示还原性物质的多少，单位为 mg/L。COD 的测定值与需测定液体样品中还原性物质含量和测定方法有关，目前应用广泛的是重铬酸钾氧化法与酸性高锰酸钾氧化法。

(2)生化需氧量(Biochemical Oxygen Demand，BOD)。生化需氧量又称生化耗氧量，是指好氧微生物将有机物分解为无机质所消耗的溶解氧的量，单位为 mg/L。通常使用的是 5 日生化需氧量，用 BOD_5 表示，指在 20 ℃下经过 5 d 培养所消耗的溶解氧的量，是反映液体中有机物多少的一个综合指标。

3. 可生物降解性

生物质原料需要经过厌氧发酵过程才能产生沼气，因此，需要重点关注原料的可生物降解性。可生物降解性是指有机物能够被微生物降解的可能性。可生物降解性较好的原料通常经过简单的预处理即可被厌氧消化，而可生物降解性较差的原料(如含纤维素、木质素含量高的秸秆类)需要经过复杂的预处理，才能被进一步厌氧消化，否则产气效率会大幅降低。常采用 BOD_5/COD 值来表示有机物的可生物降解性，由于结构和组成不同，不同发酵原料的可生物降解性不同，因此，发酵过程的产气速率也存在很大的差异。可生物降解性好的原料更容易在较短时间内完成发酵过程。

4. 原料产气潜力

自然界中的有机物质基本上都能被微生物利用而产生沼气，但是产气量或产气潜力是与有机物质的组成、浓度等相关的。不同发酵原料的产气能力应根据实际测试确定，实测有困难的，一般可参照同类发酵原料的资料进行确定。最常见的方式是根据原料的 COD 估算产气潜力。

原料的产气率与发酵原料的含水率密切相关，如果发酵原料加水过少，发酵料液的

浓度过高，有机酸聚积就会过多，发酵会受阻，产气率就会随之降低；如果加水过多，发酵料液浓度就会过稀，发酵滞留期缩短，容易出现原料发酵未充分就被排出，产气率就会下降，也会造成发酵原料的浪费。具体来说，畜禽粪便原料的含水率与清粪工艺是直接相关的。以养猪场为例，目前较大规模的养猪场采用的主要清粪工艺有干清粪、水泡粪（自流式）和水冲清粪3种。采用干清粪工艺，粪便一旦产生就会发生分流，污水量少；而采用水泡粪和水冲清粪工艺则耗水量较大，排出的污水和粪尿混合在一起，这都会影响产气量和发酵装置的处理能力。

(三)厌氧消化工艺

1. 工艺类型

从不同的角度，厌氧消化工艺有不同的分类方法。

(1)以发酵阶段划分。

①单相发酵工艺：所有的发酵原料在同一个装置中，产酸产甲烷也在同一装置中进行，该工艺应用典型的全混合沼气发酵装置。

②两相发酵工艺：两相发酵工艺又称两步厌氧消化，是把厌氧发酵过程的水解阶段、产乙酸阶段、产甲烷阶段安排在两个反应装置中进行。水解、产酸阶段一般选择未封闭的完全混合式或塞流式发酵装置，产甲烷阶段采用厌氧过滤、污泥床等高效厌氧消化装置。两相发酵工艺将产酸菌和产甲烷菌从空间上分离，使其各自创造适合的生活环境并得到迅速繁殖。与单相工艺发酵相比，两相工艺发酵效率较高，可控性强，但工艺更为复杂。

(2)以发酵温度划分。

①高温发酵工艺：该工艺具有有机物分解快、产气率高、处理负荷高的优点，发酵料液温度控制为50～60 ℃。高温发酵对各种病原菌和寄生虫卵都能有效的灭杀，因此，从卫生角度和杀毒灭菌来说，采用高温发酵工艺进行废弃物处理是一个不错的选择。但是其需要消耗较大能量来维持厌氧发酵反应器的高温运行，因此，高温发酵工艺多用于处理高温工艺流程排放的轻工食品废水、酒精废醪等。

②中温发酵工艺：该工艺产气速度快，能耗较低，常年都能稳定运行，发酵料液温度控制为30～38 ℃。工程上还经常采用近中温发酵工艺，发酵料液温度控制为25～30 ℃，能减少发酵反应器的能量消耗，且产气率也较为均匀。

③常温发酵工艺：该工艺温度受自然条件影响，不需人为控制，发酵料液的温度随着周围环境的变化而变化，如气温、地温。该工艺发酵装置运行不需要消耗热量，对保温和加热的投资较少。但因一年四季温差较大，导致产气率随季节和气温的变化幅度也较大。

(3)按发酵级差划分。

①单级沼气发酵工艺：该工艺产酸发酵及产甲烷发酵都在同一个发酵装置中进行，装置结构简单，便于管理，修建投资费用较低。

②多级沼气发酵工艺：该工艺是将多个发酵装置串联起来进行发酵，应用较多的是

二级发酵，也有部分工艺采用了三级甚至更多。第一级发酵装置主要功能是快速发酵产生沼气，然后没有被消化完全的物料进入第二级发酵装置进行有机物的分解。大多数的两级沼气发酵装置，第一级发酵装置设置搅拌和加热设备，而第二级发酵装置一般不需设置搅拌和加热设备。多级发酵工艺装置占地面积大，成本较高，但能够使废物中的BOD处理彻底，提高物料停留时间和产气率。

(4) 以投料方式划分。

①连续发酵：发酵启动后，每天加入一定量或连续性加入发酵原料，使其达到预定处理量，并排走相同量的料液，如此能将发酵持续进行。稳定是该工艺最大的特点，稳定的发酵条件、稳定的发酵原料消化速率导致稳定的沼气产出。但连续式发酵系统及装置较为复杂，以致造价较高，适合大型的沼气发酵系统，如城市污水、大型畜牧废水的处理。同时，为了有效地发挥发酵装置的负荷能力，还需要保证充足、稳定的发酵原料供给。

②半连续发酵：该工艺在工艺启动时需要投入较多物料，一般占到整个发酵周期物料量的 1/4~1/2，发酵一段时间后开始产气，产气达到高峰后产气量出现下降时，再定量加入物料以维持持续产气。半连续发酵工艺应用最广的方式即农村普遍采用的沼气池。

③批式发酵：该工艺是成批量地进行发酵，发酵原料成批量地投入发酵装置，待发酵后完全取出，再加入批量的新原料进行下一周期发酵。该发酵工艺虽然产气分布不均匀，沼气品质相对较差，但发酵装置启动物料投加完成后即无须再进行额外操作，管理方便，所以，较为适合原料供应不稳定的情况。物料浓度较高的干式发酵装置，也采用了批式处理的方式。

(5) 以料液流动方式划分。

①无搅拌且料液分层的发酵工艺：发酵装置未设置搅拌装置时，如固体物含量比较高，料液在发酵过程中将会出现分层。下层为沉渣层，中下层为活性层，中层为清液层，上层为浮渣层。在该工艺中，上层原料因为不能与产沼气微生物充分接触而降解缓慢，而下层沉淀占有的有效容积会越来越多，所以，需要采取大换料的方法清除沉淀和浮渣来解决容积产气率和原料产气率的问题。

②全混合式发酵工艺：该工艺发酵装置内设置机械搅拌或料液回流搅拌，使料液处于完全均匀或者基本均匀的状态，优点是消化速度快、容积产气率和容积负荷率比较高、微生物和原料接触性好。大型沼气工程和畜禽粪便处理中主要应用了全混合式发酵工艺。

③塞流式发酵工艺：该工艺也称推流式工艺，发酵原料从一端进入，从另一端排出。发酵装置内无纵向混合、发酵后的料液随着新鲜料液推动而排走，原料在发酵装置的停留时间能够得到保证。因不需要搅拌，发酵装置结构简单，能耗低，稳定性高，比较适合高悬浮固体废水的处理。但是，固体物易沉淀于底部，影响反应器的有效容积，使停留时间缩短，降低发酵效率，而且一般需要固体和微生物的回流作为接种物。

(6) 按发酵浓度划分。

①液体发酵工艺：发酵料液的干物质浓度一般需要在 10% 以下，发酵液处理量大，可以实现连续输送生产。液体发酵工艺是目前发酵工艺的主流，技术成熟，易于控制，发酵速率高而且稳定，但是对于水的用量和发酵废水处理的需求大，在水源不足的干旱

地区液体发酵工艺可能受到限制。

②干发酵工艺：发酵原料的固体浓度一般要求在20%以上，原料层处于一种干式的状态，通过发酵液体的回流等方式实现发酵底物与微生物的接触。干式发酵在容积产气率和装置处理能力上要优于液体发酵工艺，而且产生的发酵液体量相对较小，因此，废水处理量小，发酵后固体剩余物的处理和利用具有一定优势，适合肥料生产。但由于原料进出料均为固态，因此，对于物料输送和进出料的设备要求较高，特别是连续生产工艺。

2. 工艺流程

沼气发酵工艺流程一般可分为4个环节，即原料预处理、厌氧消化、后处理、综合利用，如图2-8所示。

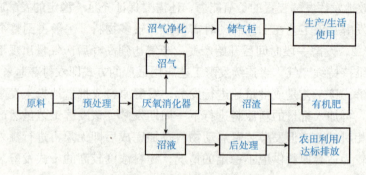

图2-8　沼气发酵工艺流程

生物质资源的多样性、性质复杂性及外形差异性决定了其工业化应用过程必须经过预处理环节。对于不同的原料，所需要的预处理也有不同的要求，主要目的是除掉其中的杂质和抑制性成分，为后续的沼气发酵过程中的菌群创造适宜的生存条件。对于畜禽粪便和工业废水而言，主要是处理原料中的砂子、毒性组分，调整碳氮比和浓度等，使其能够达到最佳发酵效果；而秸秆类等难降解原料，除处理水分外，还应进行切碎或粉碎以降低粒度，并进行部分降解以加强其后续发酵强度。

物料进入厌氧消化器，通过厌氧微生物的吸附、吸收和生物降解作用，使有机物转化为以甲烷和二氧化碳为主的沼气。厌氧发酵系统包括进料单元、厌氧发酵单元、保温增温单元及输运管网等。厌氧消化器内设置搅拌设备使物料与活性菌群充分混合，外部设增温管网系统及保温层以保证发酵温度。

厌氧消化器内产生的沼气，经收集后通过输送管路送入后续沼气净化处理单元，经过脱硫、脱水、脱氨及过滤等过程后，送入沼气储存装置。

厌氧消化器可能需要定期排渣，排出部分过程物质，以保持反应器内微生物的活性。排渣需根据厌氧消化器类型、发酵原料及发酵过程等实际情况确定，每天一次或数天一次。

沼气工程厌氧消化后产生的液体和固体剩余物，即沼液、沼渣，需固液分离。脱水干化后的沼渣，如品质满足相关要求，可进行固态有机肥料的生产。分离出的沼液进入储液池存放和后续进一步加工处理,根据成分组成可以作为液体有机肥料的原料,以环保为主要目的的沼气工程则要求采用进一步的生物处理以降低有机物或有害物质含量,使出水达标排放。常用的好氧生物处理工艺包括稳定塘、好氧处理系统、稳定塘+好氧处理系统及人工湿地等。

沼气工程综合利用主要包括沼肥利用和沼气利用。沼肥利用系统涉及沼液和沼渣,包括沼肥加工设备、储液池及输送设备等,可利用附近的农田消纳沼渣、沼液;沼气利用系统是沼气从储气柜进入应用设备的过程。沼气有如下利用途径:

(1)经配气系统配送至家庭用户作为民用燃料和照明;
(2)沼气经过预处理及分离提纯得到高品质生物燃气而用作车用燃料或民用燃料;
(3)沼气经进一步处理后用作化工原料;
(4)沼气用于燃气机发电或热电联产等过程。

沼气发电机组的余热还可用于沼气生产和制冷、采暖等,其综合热效率可达80%以上。

二、沼气净化与储存

(一)沼气组成与净化要求

沼气中主要杂质组分的形成原因和特性介绍如下。

1. 二氧化碳

二氧化碳形成于有机物的降解过程,其存在会降低沼气的单位体积热值。如果沼气被用于车辆燃料或进入城市燃气管网,需要更高的热值和能量密度,就需要把二氧化碳去除。对于发电或者产热等应用,一般不需要对二氧化碳进行脱除处理。

2. 水

厌氧消化过程离不开水,部分过程水会挥发进入沼气。沼气中的水常常处于饱和状态,水分含量取决于发酵罐的温度和压力。沼气中的水会与二氧化碳形成碳酸,导致管线的腐蚀。水的存在还会降低沼气热值,从而影响沼气的应用。

3. 硫化氢

硫化氢(H_2S)是沼气中常见的杂质,也可能还会有其他含硫杂质。H_2S可能源于发酵罐中的硫酸盐被硫还原菌还原,还可能源于半胱氨酸和蛋氨酸等含硫蛋白质,尤其是富含硫的原料发酵产生更多的H_2S,如酒糟、大型藻类和造纸工业废水等。H_2S可能会造成沼气利用设备的腐蚀,含有H_2S的沼气燃烧会产生硫酸排放,而且H_2S本身就具有高毒性,会产生严重的健康风险,因此,沼气脱硫是非常必要的。

4. 氧气和氮气

沼气生产在厌氧条件下进行,氮气和氧气都不应该存在。如果采用生物脱硫工艺进行沼气脱硫,为了除去H_2S会引入少量的空气,从而导致沼气中存有少量的氧气和氮气。垃圾填埋气中存在的氮气是因为低压抽气导致空气进入填埋空间,氧气大部分被填埋空间的微生物消耗掉，而氮气存留在填埋气中。必须严格限制氧气含量，以避免形成可燃混合气体。

5. 氨

氨也是沼气中的常见杂质，其形成于屠宰场废弃物等富含蛋白原料的水解。过高的氨会抑制厌氧反应过程，而且氨在沼气利用中也会产生腐蚀等问题。

6. 挥发性有机化合物（VOCs）

VOCs 大多是跟随原料进入反应器的，包括烷烃、硅氧烷、卤代烃等。化合物的种类取决于沼气生产的原料，含量则取决于化合物的挥发性和发酵罐温度。

沼气的净化处理要求取决于沼气的利用途径。沼气可用于产热，也可用于热电联产，还可以用于车辆燃料。沼气的不同利用方式对其有不同的质量要求。一般来说，气体处理得越干净，利用设备的维护费用就越低。因此，气体净化方案可以看作在净化深度和维护成本之间寻找平衡点。同时，评估沼气利用所需要的净化深度，也不应仅考虑其中的某一个组分，因为各种组分之间会相互影响，如 CO_2 和 H_2S 相互作用而更容易溶于水而形成酸。

(二) 沼气脱水

为保护沼气利用设备不受严重磨损和损坏，并达到下游净化设备的要求，必须去除沼气中的水蒸气。沼气中包含的水或蒸汽量取决于其温度，若相对湿度达到100%即意味着沼气中的水蒸气达到饱和。沼气工程中可应用的脱水方法主要有重力法、冷凝干燥、吸附干燥（硅胶、活性炭）、吸收干燥（乙二醇脱水）等。

(1) 重力法。重力法主要采用重力式和循环式分离器，靠重力的不同实现气体与液体的分离。其缺点是分离效率低，分离不彻底，设备体积和质量较大。

(2) 冷凝干燥法。冷凝干燥法的原理是通过提高压力或降低温度来改变水在沼气中的饱和度，从而对水蒸气进行冷凝分离。冷却可以通过地埋管方式实现，管道需要具有足够的长度并以适当的倾斜度安装，且需配备排水和冷凝井。除水蒸气外，其他杂质（如部分颗粒和硅氧烷等）也会在冷凝中被移除。需定期对冷凝水分离器进行排水，且冷凝水分离器需安装于防冻区域。在对气体进行冷却之前，压缩沼气可进一步改善冷凝效果。

(3) 吸附干燥（硅胶、活性炭等）法。吸附干燥法是使用沸石、硅胶及氧化铝等吸附材料处理沼气，将水分吸附于干燥材料上而除去，吸附干燥能达到明显更好的干燥效果。吸附装置安装在固定床上，可在正常压力或 600～1 000 kPa 的压力下运行，适用中小沼气量的干燥。使用之后的吸附材料可以通过热力或非热力的方式进行再生，并循环使用。

(4) 吸收干燥（乙二醇脱水等）法。吸收干燥法是通过在吸收塔中利用乙二醇、三乙二醇溶液或吸水性盐与沼气的逆流接触而实现水分吸收，可将水蒸气和烃类化合物从沼气中移除。在乙二醇作为吸收液时，可通过将溶剂加热到 200 ℃，使其中杂质挥发来实现吸收液的再生。从经济性看，该方法适用较高流量（如 500 m³/h 以上）的应用，可以考虑作为沼气提纯并网利用的预处理方法。

(三)沼气储存

由于沼气生产和使用速率之间的不平衡，必须设置储气柜进行调节。储气柜可以分为低压气柜和高压气柜两大类。低压储气柜按密封方式分为湿式和干式两种。湿式又分为直立式和螺旋式；干式气柜是利用弹性垫片及油封填充方法保持密封，目前使用较少。高压气柜通常称为高压储气罐，有圆筒形(立式或卧式)和球形，常用于生物甲烷、天然气等高品质燃气的小规模储气。

(1)低压湿式气柜。低压湿式气柜是最简单、常见的一种气柜，其由水槽、钟罩和升降导向装置3部分组成，如图2-9所示。

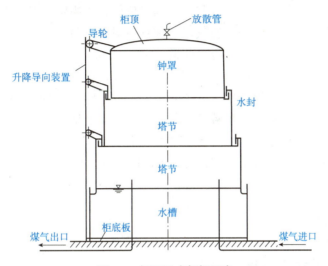

图 2-9 低压湿式气柜示意

钟罩是无底、可以上下活动的圆筒形容器，通过钟罩在水中的升降达到气体储存的目的。储气压力主要是由钟罩的自重造成的，也可通过增加配重以达到提高储气压力的目的。如果储气量大，钟罩可以由单层改成多层套筒式，各节之间以水封环形槽密封。寒冷地区为防低温时水封槽结冰，需用蒸汽加热槽中的水。

湿式气柜按照导轨形式可分为导轨为螺旋形的螺旋气柜、导轨为带外导架的直导轨的外导架直升式气柜、导轨焊接于活动节塔壁上的无外导架直升式气柜等。湿式气柜构造简单，易于施工，安全可靠，压力稳定；但是其土建基础费用高，易腐蚀，冬季耗能大，检修时会产生大量的污水，设计寿命一般为10年。

(2)低压干式气柜。低压干式气柜是内部设有活塞的圆筒形或多边形立式气柜，主要由外筒、沿外筒上下运动的活塞、底板及顶板组成。活塞直径约等于外筒内径，其间隙靠稀油或干油气密填封，随储气量增减，活塞上下移动。燃气储存在活塞以下部分，随活塞上下移动而增减其储气量。

低压干式气柜不设置水槽，故可以大大减少罐基础荷载，这对于大容积储气柜的建造是非常有利的。低压干式储气柜的最大问题是密封问题，也就是如何防止在固定的外筒与上下活动的活塞之间产生漏气。根据密封方法不同，目前有阿曼阿恩（MAN）型（简称曼型）干式低压储气柜采用稀油密封、可隆（KLONNE）型干式低压储气柜采用润滑脂密封和威金斯（WIGGNS）型干式低压储气柜采用橡胶夹布密封3种形式。

（3）双膜干式储气柜。双膜干式储气柜是近年来发展的先进的储气柜结构，其主体由外层膜、内层膜和底膜组成，另外配有恒压控制、安全保护及一些控制设备和辅助材料。

外层膜构成储气柜外部球体形状，内层膜与底膜围成内腔，为沼气存储提供空间。储气柜配备防爆鼓风机，鼓风机自动按要求调节气体的进出量，以保持储气柜内气压的稳定，同时，在恶劣天气条件下保护外层膜。外层膜设有一道上下走向的软管，由鼓风机把空气经此软管送进外层膜与内层膜之间的空间，使外层膜保持球体形状并同时把沼气压送出去。沼气的存储体积由进入与排出的气体体积所决定。当储存气体增加时内膜扩张，控制设备将排出外膜的调压空气以增加存储空间，而当储气减少时则控制设备向调压层注入空气以平衡柜内压力并稳定外膜。

双膜干式储气柜的主体由特殊加工聚酯材质制成，质量较轻，安装方便，可以由钢轨固定于水泥基座上，还可以直接布置在沼气发酵罐的顶部，组成一体化的厌氧消化器，既节省了占地空间，又节省了发酵罐顶盖的造价。该储气柜没有水封、油封、弹簧等部件，安全系数高，可抵抗强风的吹刮及积雪的重压，保证设备安全运行，且外形美观，因此，近年来其在大中型沼气工程方面得到了快速应用。

（4）储气方式的选择。在工程应用中，需要根据实际情况，在对技术经济条件加以比较后确定。需要考虑的因素主要有供气区域范围、管道敷设地的环境状况、使用成本控制、供气量的大小等。

三、沼气发电及联产系统

沼气发电技术应用始于20世纪70年代，其后在世界范围内得到了快速推广，由于沼气发电技术成熟度高、规模化效益及环境效益显著，已逐步发展成为生物质发电技术中应用规模最大的利用方式。生物质沼气发电并网在德国、丹麦、奥地利、芬兰、法国、瑞典等国家的能源体系中占据较大比例。在沼气发电工艺设备方面，德国、丹麦、奥地利、美国等国家的沼气发电机组技术较为先进，气耗率可以达到低于 $0.5\ m^3/(kW \cdot h)$ 的水平。我国沼气发电的产业应用也已经有20多年的历史，目前国内5 MW以下各级容量的沼气发电机组均已定型生产，主要包括单纯使用沼气的发动机和部分使用沼气的双燃料发动机。受农业生产方式影响，我国沼气工程普遍规模较小，更加适用几十到几百千瓦级的发电机组，形成分布式的发电应用，而兆瓦级的机组适用大规模、集中的沼气工程，如大型畜禽养殖场、生态农场及大型的污水、工业废水处理厂等。

以沼气为原料在燃气机中燃烧并带动发电机组发电，同时，将发电机组产生的以烟气、蒸汽、热水等形式存在的余热回收，用于沼气工程加温、输出热力，或者在夏季不需要加温时用于制冷需求，实现热冷电联产，提升沼气发电系统的能源效率和经济性。由于沼气工程的规模普遍较小，以及对热源的较稳定需求，大部分沼气发电工程采用了热电联产系统。内燃发电机组发电效率最高能达到40%，$1\ m^3$ 沼气可以产出 $2.4\ kW \cdot h$

电力。通过采用热电联产发电机组，热电总效率一般可以达到80%～90%，即只有10%～15%的沼气能源未被利用。以典型的内燃机热电联产机组为例，其各部分的能量利用比例大致分布如下：电能占38%，尾气回收热量占19%，套管水中回收热量占13%，润滑油及空气冷却回收热量占10%，总的能量利用效率为80%。虽然不同型号的发电机组各部分能量比例有所不同，但通过热回收系统尽可能将余热能源回收，沼气内燃机热电联供系统的综合效率一般都可以达到80%以上。

沼气发电工程普遍采用内燃发动机，将燃料与空气注入气缸混合压缩，点火引发其燃烧做功，通过气缸连杆和曲轴驱动发电机发电。内燃机的余热一般有排烟和冷却水（冷却器缸套、润滑油等）两种形式，不同形式余热的温度不同，应针对不同品位的余热组织合理有效的利用方式，以实现能量的梯级利用。除发电供热外，沼气发电机组余热还可用于制冷，特别是在热需求较小的夏季，热电冷联产的效益更好。

在联产系统中，除内燃发动机和匹配的发电机外，系统还包括空气进气系统，发动机、发电机和管路散热与热回收系统，废气处理和余热利用系统，润滑油回路和隔声罩等。为了增加系统供电、供热、供冷的稳定性和可靠性，还可以配备电动制冷机、燃气锅炉、蓄能装置等。通过余热回收而提取的热量，通过热分配器被分配到各个热循环，春、秋、冬季节主要用于为沼气厌氧发酵系统提供增温热源或对外提供热力，在夏季不需要热源时可以通过热水型吸收式制冷机组满足制冷需求。除满足沼气工程现场的热能需求，向沼气工程以外单位供热、供冷还可带来额外的经济效益。

(一) 沼气发动机

发电机组根据所采用的原动机种类不同可分为内燃机发电机组、燃气轮机发电机组、斯特林发电机组和燃料电池发电机组等。目前，沼气工程中普遍使用的是内燃发动机与发电机联合制动的小型热电联产机组，使用微型燃气涡轮驱动发电机、外燃式斯特林发动机或燃料电池等新型技术用于沼气发电，目前，在经济性及技术方面还存在一定的问题。

沼气由于甲烷含量高，所以，辛烷值高，抗爆性能好，用作内燃机燃料时可以采用较高的压缩比。当采用汽油机改装的内燃机时，可对内燃机进行适当调节，增加压缩比。沼气是一种低能量密度气体燃料，沼气中含有大量的二氧化碳会对甲烷燃烧过程形成阻碍，在内燃机中沼气与空气混合燃烧时，会出现着火温度高、燃烧速度慢、后燃严重等问题，也会导致内燃机的功率和动力性能有一定程度的下降。因此，用于常规内燃机时沼气与助燃空气混合气难以自行着火，必须使用引燃方式或增加点火系统。相应的，沼气内燃发动机根据燃料性质和点火方式可分为气体火花点火发动机和引燃气体发动机两类，即分别为单燃料发动机和沼气/柴油双燃料发动机。

1. 气体火花点火发动机

气体火花点火发动机是基于奥托循环而设计的用于气体燃烧的发动机。为最大限度地减少氮氧化物的排放量，发动机运行时使用的空气量高于理论需要量，即稀薄燃烧模式。在稀薄燃烧模式下，发动机内的燃料转换率较低，导致功率降低，而这可以通过涡轮增压来弥补。气体火花点火发动机允许沼气中最小甲烷浓度约为45%，低于该值发动机将停止运行。如果沼气供应不足，气体火花点火发动机也可以使用天然气等其他燃气运行。

以沼气为原料的气体火花点火发动机基本适合各类沼气工程，规模大的沼气工程使用经济效益更好。其优点包括为使用气体专门设计、满足各种污染物排放标准、维护次数少、整体效率高于引燃气体发动机等。由于沼气燃烧速度慢，一般采用高能点火系统，增大点火系统的初级电流和电压能明显改善点火式沼气发动机的性能。其不足之处主要是与引燃气体发动机相比，初始投资略高，而且在较低的输出功率范围内能量效率较低。气体火花点火发动机一般安装紧急冷却器，以防止热需求低时产生过热现象。

2. 引燃气体发动机

引燃气体发动机是基于柴油发动机的原理，经过改装而用于燃气的发动机，可以采用沼气、柴油双燃料。沼气通过混合器与空气混合，随后由引燃油点燃，再通过注射系统进入燃烧室。引燃气体发动机运行时，引燃油的添加负荷由引燃油和沼气质量决定，通常引燃油的能值占所供应燃料总能量的2%～5%。由于引燃油的注入量相对较小和喷嘴冷却方式的缺乏，使得发动机更容易面临焦化和更快损耗的风险。如果出现沼气供应短缺问题，引燃气体发动机可以方便地转换为利用引燃油或柴油替代燃料运行，尤其是在沼气工程的启动阶段，可以为沼气工程顺利启动提供所需的热量，因此，使用比较灵活。

引燃气体发动机适用各种类型的沼气工程，但小型的沼气工程使用经济效益更好。引燃气体发动机在电输出较低时，与气体火花点火发动机相比具有较高的发电效率。采用引燃方式，可使沼气的着火滞后期乃至整个燃烧期缩短，从而解决沼气发动机后燃严重、排气温度高与热负荷大等问题。但是，引燃气体发动机的运行需要添加额外燃料（引燃油），整体效率较低，使用寿命较短。因喷嘴焦化问题而可能产生更高的废气（NO_x）排放，并需要更频繁的维护。

目前，国内的沼气发动机一般是由柴油机或汽油机改装而成的，专为沼气而设计开发的专用机还比较少。沼气内燃机的润滑性能较差，对喷气系统等关键部件应采取相应措施以保证内燃机的可靠工作。通过优化沼气与空气的均匀混合，可以使沼气燃烧完全，并降低内燃机有害物质的排放。

(二) 发电机组

发电机组既有同步也有异步（感应）发电机。由于高电流的消耗，基本只在功率低于100 kW的机组使用异步发电机，沼气工程普遍采用同步发电机。同步发电机可分为旋转电枢式和旋转磁极式两种类型。

1. 旋转电枢式发电机

旋转电枢式发电机的磁场是固定的，而电枢由原动机拖动旋转，三相交流电流通过滑环和电刷的引接输送到负载。这类发电机的优点是铁芯硅钢片的利用率高，而且定子是机座可作磁轭，节约钢材；其缺点是输出容量受到限制，电压也不能太高。另外，这类发电机结构较复杂，造价也较高。基于上述原因，这类发电机供电现已很少采用，通常用无刷发电机作交流励磁机。

2. 旋转磁极式发电机

旋转磁极式发电机的电枢是固定的，而磁极是旋转的，电枢绕组均匀分布在整个铁芯内。按其磁极的形状，旋转磁极式同步发电机又可分为凸极式和隐极式两种。凸极式发电机有明显的磁极，在磁极铁芯上套有集中磁极绕组。其气隙是不均匀的，极弧下气隙较小，而极间部分气隙较大。隐极式发电机没有明显的磁极，磁极绕组分散地嵌在转子铁芯槽内。由于其转子为圆柱形，因此，其气隙是均匀的。旋转磁极式发电机有较多的空间位置来嵌放电枢绕组和绝缘材料，电枢绕组的输出电流可直接送往负载，其机械强度和绝缘条件均较好，可靠性也比较高。

沼气发电的供电方式一般采用独立回路方式，即生产的电力通过独立的回路进行供电而与市电回路分开，一般作为不间断电源来供应特定的负荷设备。如果其电力有余，也可以通过切换开关，作为高峰负荷供电或作为市电停电时的备用电源。

（三）余热回收与利用

1. 余热回收换热器

沼气发动机运行于高温下，因此，有大量的余热可供利用，主要是发动机冷却水和高温排气热量回收。

沼气热电冷联供系统中所采用的余热回收换热器有回收发动机冷却水余热的水-水换热器和回收排烟余热的烟气-热水（或蒸汽）换热器。换热器的结构可采用管翅式、管壳式、板式、螺旋板式等多种形式。大多数情况下，板式换热器用于提取冷却水系统中的热能。在回收烟气冷凝热时，除常规的间壁式换热器外，还可以采用直接接触方式，即水直接通过喷嘴以逆流方式与热烟气气流接触，将烟气冷却到低于进口烟气的露点温度，并最终以低温饱和状态离开系统，而水被加热后离开系统。水和烟气的直接接触可在喷雾室内、挡板盘塔或填充塔内完成。由于水与烟气接触之后会具有一定酸度，因此，一般利用二级换热器将回收的热量通过中间工艺流体向外传出。

回收的余热一部分送往发酵罐，为厌氧发酵过程加温，以维持最佳的产气温度，可以在发酵罐外层敷设余热利用管路；另一部分余热的综合利用要根据实际情况确定，沼气发电厂如果靠近居民生活区或工矿企业，可以通过水-水换热器产生热水为建筑供暖，可通过余热锅炉为工业或生活提供热水或蒸汽。在夏季用户热需求较少时，可以考虑制冷和空调利用。

2. 溴化锂吸收式制冷机

溴化锂吸收式制冷机是一种以热能为动力、以水为制冷剂、以溴化锂溶液为吸收剂，用来制取冷量的制冷设备。沼气热电冷联产机组适用热水型单效溴化锂吸收式制冷机。沼气发动机的气缸套、过冷器等可产生 85~95 ℃的热水。另外，也可以回收排烟废热产生的热水，用作热水型吸收式制冷机的热源。

单效溴化锂吸收式制冷机由发生器、冷凝器、蒸发器、吸收器、节流装置等组成。为了提高机组的热力系数,还设有溶液热交换器。为了装置能连续工作,使工质在各设备中进行循环,制冷机系统还装备有屏蔽泵(溶液泵、冷剂泵)及相应的连接管道、阀门等。

在发生器中,浓度较低的溴化锂溶液被加热介质加热,温度升高,并在一定的压力下沸腾,使水分离出来,成为冷剂蒸汽,溶液则被浓缩,这一过程称为发生过程。发生器中产生的冷剂蒸汽进入冷凝器,被冷凝器中的冷却水冷却而凝结成冷剂水,这一过程称为冷凝过程。冷剂水经节流装置进入蒸发器,由于蒸发器的压力很低,冷剂水在吸取了蒸发器管内冷煤水的热量后立即蒸发,形成冷剂蒸汽,使冷媒水的温度降低(制冷)。为了使蒸发过程得以加强,冷剂水利用冷剂泵送往蒸发器的喷淋装置,均匀地喷淋在蒸发器的管簇上。为使蒸发器中冷剂水的蒸发过程不断地进行,必须将产生的冷剂蒸汽带走。由发生器出来的浓度较高的浓溶液,在压差和位差的作用下,经溶液热交换器向来自吸收器的稀溶液放热后,再进入吸收器,在吸收器中吸收来自蒸发器的冷剂蒸汽,稀释成稀溶液,同时向冷却水放出溶液的吸收热,这就是吸收过程。从吸收器流出的稀溶液,经溶液泵升压,流经溶液热交换器,被来自发生器的浓溶液加热,然后进入发生器,这样便完成了一个制冷循环。在实际工作过程中,循环过程连续进行,蒸发器中也就连续地产生制冷效应,达到制冷的目的。

(四)沼气发电工程实例

沼气发电技术已经较为成熟,产业化应用广泛,在德国、奥地利、丹麦等欧洲国家,大部分的沼气工程采用了发电或热电联产的方式,采用的原料包括各种青储秸秆、农产品加工废弃物、畜禽养殖废弃物、工业生产废水等。在我国,沼气发电受到国家促进可再生能源发展的相关政策和财税措施的支持,因此,近年来发展非常迅速,我国较为典型的沼气发电工程项目包括民和牧业 3 MW 畜禽养殖场沼气发电工程、德青源 2 MW 畜禽养殖场沼气发电工程等。

1. 畜禽粪便沼气发电工程

山东民和牧业 3 MW 集中式热电肥联产工程项目,利用大型畜禽养殖场的鸡粪和污水为原料进行厌氧发酵生产沼气,养殖场存栏 130 万羽种鸡和 370 万羽肉鸡,日产鸡粪 500 t。项目主要建设内容包括 6 000 m^3 集水池 1 座,2 000 m^3 水解除砂池 2 座,发酵系统采用 8 座 3 300 m^3 厌氧发酵罐和 1 座 2 000 m^3 后发酵罐;沼气净化储存单元包括生物脱硫塔和 2 150 m^3 双膜干式储气柜;发电机组采用 3 台 1 MW 沼气发电机组,并配备 3 台 0.7 t/h 余热蒸汽锅炉。

厌氧发酵单元原料进料 TS 浓度基于能量平衡和氨氮浓度进行综合考虑选择。从能量平衡的角度,高 TS 浓度有利于减少物料总量,从而减少增温热量,而从氨氮浓度考虑,物料 TS 不宜过高以避免氨抑制现象的发生并保证发酵过程稳定。一般情况下,发酵浓度大于 8% 时,发电机组提供的余热可以满足发酵系统寒冷季节自身增温的需要。鸡粪原料中含有大量的氨氮,厌氧发酵所能承受的最大游离氨浓度为 0.5 kg/m^3,因此,工艺中控制最大进料 TS 浓度在 10%，以保证厌氧过程不会发生氨抑制。

鸡粪便原料在进行厌氧处理之前，首先要经过水解除砂工艺将鸡粪中混杂的砂砾除去以保证发酵效果。发酵工艺采用 38 ℃中温厌氧工艺，日产沼气 30 000 m³。发酵罐采用全混式 CSTR 工艺，两级发酵，一级罐停留时间 18 d，二级罐停留时间 6 d，两级发酵合计停留 24 d，后发酵停留时间 2 d。厌氧罐内采用低转速（转速为 16 r/min）低能耗中心搅拌机，搅拌机采用上下两层桨叶，上层用于破壳，下层用于物料充分混合。除搅拌机外，在一、二级发酵罐之间还设置回流泵，将二级厌氧罐的污泥部分回流到一级发酵罐，增强发酵效果，加强罐内传质并减少了污泥损失。在厌氧罐内设置增温盘管，罐外选用聚乙烯保温材料，利用发电机组余热对罐体进行保温增温。

沼气净化采用高效生物脱硫工艺，由于鸡粪原料中含硫量较高，能够满足发电机组的运行需求。生物脱硫利用无色硫细菌，如氧化硫硫杆菌、氧化亚铁硫杆菌等，在微氧条件下将硫化氢氧化成单质硫而实现脱除。工程采用两级生物脱硫，具备良好的抗冲击性能，当厌氧系统负荷变化导致沼气产量出现升高或者降低的时候，仍能够确保脱硫效果的稳定。

经净化后的沼气送入双膜干式储气柜进行储存，气柜一般维持 1.2～1.5 kPa 的压力，能够承载设计范围内的风、雨、雪等荷载，同时，将内膜内的沼气送入输气管道用于热电联产机组，日发电量 60 000 kW·h。

发电机组采用 GE Jenbacher 公司生产的 1 MW 发电机组 3 台，发电效率为 38%，热效率为 42%，总体能量效率为 80%，发电机组烟道气通过余热锅炉换热，以蒸汽的形式回收，提供给发酵系统自身增温，以保证寒冷天气下发酵设备的正常运行，多余热量进入养殖场蒸汽管网，用于养殖场保温供暖。发电机组缸套水余热以热水形式在热水罐内储存，通过管道泵和厌氧罐盘管对厌氧罐进行保温增温。包括中冷器、润滑油、缸套水、烟道气热能等在内，每台发电机组可回收余热 1 104 kW。

发酵后产生的沼液沼渣含有丰富的氮、磷、钾等营养物质，可作为有机肥施用，用于周边蔬菜水果和粮食产地的有机肥料。同时，该项目实现了温室气体减排，每年有 85 000 t 二氧化碳当量的减排量，并在 CDM 机制下进行了减排量注册。

2. 有机废水沼气热电冷联产工程

广州珠江啤酒股份有限公司沼气热电冷联产工程项目，利用啤酒厂的生产废水进行厌氧发酵沼气生产，沼气经处理后进行热电冷联产，取得了良好的经济效益和环境效益。沼气工程原料源于啤酒生产过程中麦芽车间、酿造车间、包装车间等的生产废水，废水中含有大量高强度有机污染物，COD 一般为 2 200～2 800 mg/L，废水量每日为 $(1.2\sim1.5)\times10^4$ m³。

沼气生产采用了内循环厌氧处理技术，该技术是在上流式厌氧污泥床 UASB 工艺基础上发展起来的高效反应器技术，其依靠沼气在升流管和回流管间产生的密度差在反应器内部形成流体循环，加强有机物和颗粒污泥之间的传质，具有有机负荷高、传质效果好、有机物去除能力强等优势。

每天产生沼气 $(1\sim1.2)\times10^4$ m³，其中甲烷含量为 75%～80%，属于高品质的燃气。

沼气通过生物脱硫、冷凝过滤等除水、除颗粒物等净化工艺之后，送入沼气储柜稳压，再进入沼气发电机组。工程配备 2 台内燃发电机组，发电能力为 1 421 kW。气量大时开 2 台机组全负荷运行，气量小时则开 1 台机组。因甲烷含量高，每立方米沼气发电量可达 2~2.2 kW·h。内燃机排出的烟气高温余热、缸套冷却水余热等经换热器回收，在吸收式制冷装置中制取 7~10 ℃的冷水，用于麦芽车间等生产车间的制冷。制冷部分配备 1 台 1 700 kW 溴化锂吸收式制冷机，该制冷机具有烟气、热水及沼气补燃的功能，能够满足各种工况条件下的制冷需求。

整个沼气发酵、余热回收、热电冷联产系统，多种工艺集成，实现了高浓度有机废水的有效处理，并获得了较高的能量回收利用效率，减排污染物和二氧化碳效果明显。系统配备了较为完善的过程监测控制系统、防火防爆安全系统等，保证工程的稳定连续运行。经测算，工厂年产 1.5×10^6 t 啤酒，每年沼气产量在 3×10^6 m³ 左右，年发电量可达到 6×10^6 kW·h，发电通过输配电网供应厂内用电，发电余热用于制冷，制冷量可达每年 2.9×10^7 MJ。工程投资回报期为 2 年，年节能量 2 700 t 油当量，年减排二氧化碳 8 100 t，产生了较为显著的经济效益和社会效益。

3. 农场混合原料沼气发电工程

德国、丹麦、荷兰等国家的很多农场都普遍建设有沼气发电或热电联产工程，以农场自身的生产加工废弃物等为原料进行自用能源生产并上网。德国柏林 FarmWiesenau 沼气发电工程利用农场生产的玉米青储、谷物、草、牛粪等作为发酵原料进行沼气发电，已经成功运转多年。项目一期工程于 2006 年建成，发电装机容量为 500 kW；二期工程于 2007 年建成，发电装机容量为 1 MW。两期工程均采用一步发酵工艺，固体原料经进料机搅拌均匀后直接进入 CSTR 反应器，液体部分经储液池被泵入 CSTR 反应器，同时向储液池中添加化学脱硫剂进行原位脱硫；反应器中料液不断被泵入外部热交换器中进行热交换，使得反应器中的料液温度维持在 40 ℃进行发酵。料液在 CSTR 反应器中厌氧发酵停留时间 21 d，发酵后料液进入一体化二次发酵反应器进行 30~40 d 的二次发酵，产生的沼气与 CSTR 反应器中产生的沼气在反应器顶部经生物脱硫后在膜式储气柜中暂存并用于发电上网，产生的沼渣、沼液进入沼液池储存，作为肥料施用于附近农田。

Friedersdorf 沼气发电工程则采用干发酵工艺，发酵原料为玉米青储、苜蓿、牛粪等，发电总装机容量 500 kW 并实现了热电联产。玉米青储与苜蓿堆放 9 d 后与牛粪按比例混合，并调节 TS 至 33%，之后用铲车将混合后的原料运送至干发酵仓进行厌氧发酵，发酵周期为 24 d，共有 8 个干发酵仓进行交替式发酵，每隔 3 d 对其中 1 个干发酵仓进行进出料。发酵产生的渗滤液由发酵仓底流入地下水罐，水罐中设置加热系统使罐中液体保持 43 ℃。水罐中的液体由干发酵仓顶部的喷头喷入仓内，保持发酵原料适宜的湿度，同时，也可以维持发酵仓内 40 ℃左右的温度。发酵产生的沼气进入膜式储气柜中储存，加压后用于发电上网，而发电余热除用于水罐中液体加热外，还用于附近学校等公共设施的取暖；发酵残渣可进行堆肥，腐熟后的肥料施用于附近农田。

第七节 农林生物质直燃发电技术

农林生物质直燃发电是目前总体技术最成熟、发展规模最大的现代化生物质发电利用技术。《可再生能源中长期发展规划》和国家能源局《生物质能发展"十三五"规划》中明确提出，从传统的炉灶燃烧到省柴节煤灶、燃池，再到现代化的工业锅炉燃烧，发展了多种形式的生物质直燃技术，规模和效率有了很大提升。

一、生物质燃烧特性

(一)农林生物质燃料

对于生物质直接燃烧发电来说，目前最为常见的原料为农作物秸秆、木材加工剩余物等农林业废弃物。由于品种、来源、形成途径的差异，生物质原料在物理、化学特性方面差异极大，突出体现在外观形貌、质地结构及水分、杂质含量等方面。从燃料角度看，生物质的上述特性差异会对燃料的收集、运输、干燥、预处理一直到燃烧组织的全过程产生深刻影响。因而，掌握燃料的相关特性对于燃烧工艺的设计至关重要。对于固体燃料而言，工业分析和元素分析是描述其燃烧特性的重要指标。

农林生物质作为燃料，其主要特性如下：

(1)密度小，发热量低。生物质质地疏松，富含空隙，干基热值仅为 $14\sim21$ MJ/kg，密度和热值均显著低于煤炭，导致其单位容积能量密度指标大幅低于煤炭。该因素在生物质燃烧利用过程中会显著影响运输成本、燃料存储、料仓及给料等各环节的设计。

(2)含碳量低，含氧量高。生物质的木质纤维素成分性质决定了其燃料元素构成的最显著特征是含氧量高。含碳量低导致其发热量低于煤炭。

(3)硫和灰分含量低。生物质的硫含量比煤炭低一个数量级以上，燃烧过程自脱硫程度一般高于煤炭，因而，燃烧时硫氧化物排放浓度远低于煤炭。生物质灰分含量较低，有利于燃烧过程半焦燃尽及粉尘排放控制。

(4)挥发分含量高，易着火，燃烧活性强。生物质干基挥发分含量通常大于 65%，远高于煤炭，有利于燃料着火；半焦空隙发达，反应活性高，着火后燃烧迅速，燃尽温度低。

(5)灰分中碱金属含量高。大部分生物质中或多或少含有钾、氯等无机杂质，这部分碱金属、碱土金属及相关物质在燃烧高温条件下容易引发结渣、沉积腐蚀等一系列问题，需慎重对待。

生物质燃料的上述特性决定了其燃烧过程的特殊性，在燃料收集组织、预处理、输送、燃烧参数选择、燃烧设备设计、污染物排放控制、灰渣特性及处置等环节都有自身的特点，需要有针对性地考虑。

(二)生物质燃烧过程

燃烧过程是可燃物与氧化剂(一般为氧气)发生快速氧化反应而释放出热量的过程。在燃烧过程中，燃料、氧气和燃烧产物之间进行着复杂的物质与能量传递，一般都伴随着火焰(可见或不可见)、温度升高和热量释放，同时排放出气体产物，燃烧后剩下固体灰渣。

由于生物质燃料的挥发分含量相对较高，燃料受热后挥发分集中快速释放，因此，生物质燃烧通常包含较大比例的气相燃烧过程，燃烧过程火焰更长，持续燃烧时间更短，这是与煤炭燃烧区别较大的地方。

一般来说，生物质中挥发分占据较大的比例，相比焦炭燃烧，挥发的分析出与燃烧要快得多，在燃烧工艺设计中需要注意适当提高挥发分燃烧区的供风比例。对于小颗粒的燃烧，随着时间的延长将会出现挥发分燃烧相和焦炭燃烧相的分离，而对于大颗粒各个反应阶段一定程度上互相重叠。在连续运行的工业燃烧系统中，连续的反应就会在燃烧炉内不同位置同时发生，如在炉排上部不同的区段。因此，可以通过炉膛设计来优化燃烧中不同过程步骤区域，并且还可以借此实现对污染物排放的控制。

生物质燃料的燃烧主要包括干燥、挥发分析出、焦炭燃烧、气化和气相燃烧过程等，每个反应所用的时间取决于燃料尺寸和属性、温度、燃烧条件等。

对于生物质焦炭的燃烧，其规律与燃煤非常接近，而挥发分的燃烧需要重点关注。挥发分的组成取决于温度、加热强度等操作条件和原料组成，国内外学者进行了很多这方面的研究。随反应温度升高，挥发分主要组分中 CO_2 含量下降而 CO 和 H_2 快速增加，同时，温度的升高还会促进焦油转化为轻质可燃气体。因此，挥发分的燃烧是其各个组分燃烧过程的集合，符合气体燃料的燃烧规律。

就燃烧组织而言，生物质发热量低，炉内温度偏低，影响炉内燃烧组织，同时产生的烟气体积也比较大，排烟热损失高。生物质燃料的高挥发分含量使得燃料着火温度较低，一般在 250~350 ℃ 挥发分就会大量析出并开始剧烈燃烧，这就要求在设计燃烧设备时需要提供足够的扩散型空气供给，否则将会增大燃料的化学不完全燃烧热损失。焦炭颗粒的燃烧较慢，燃尽时间长，同时其形式较为松散。需要注意的是控制送风强度，以避免烟气中大量带灰。这些特点对于燃烧系统的设计和运行非常重要，特别是在燃料给料系统设计、炉膛布置及燃烧空气分配方面需要考虑。

二、生物质燃烧方式和装置

(一)燃烧装置的类型

生物质燃烧具有悠久的历史，现代化的技术开发也已经成熟并进入产业应用。在欧美国家，生物质燃烧已经广泛应用于中小规模的热电生产，如木材炉具、原木锅炉、颗粒燃烧器、自动木屑炉和秸秆燃烧炉等产品早已经商业化。中大容量的燃烧装置一般采用林业加工剩余物、农作物秸秆作为主要燃料，用于区域供热、发电，或者用于与化石燃料的混合燃烧。区域供热系统热负荷一般为 0.5～5 MW，有时甚至达到 50 MW，生物质燃烧发电或热电联产，典型的电力输出为 0.5～10 MW。在大规模化石燃料燃烧电站中进行生物质的混合燃烧也已经进入产业化阶段，在绿色电力和节能减排方面发展潜力巨大。

对于适合工业化规模应用的生物质燃烧装置，根据燃烧方式可分为固定床、流化床和悬浮燃烧技术。规模化电厂应用中主要使用了流化床和炉排燃烧方式。

炉排燃烧是最先应用于固体燃料的燃烧方式，也是农林废弃物燃烧中最常采用的方式。给料机构将燃料均匀地分散到炉排上，生物质燃料运动经过燃烧室固定的倾斜炉排、移动炉排、振动或运动炉排，依次经历燃料预热、干燥、热解和脱挥发分、气化和气体产物燃烧、固体焦炭燃尽等过程。炉排燃烧系统能够处理大颗粒尺寸和高含水率（达 60%）的不均一生物质燃料，对于中小规模（如 10 MW 热负荷以下）的应用，投资成本和运行成本相对较低。相对稳定的燃烧条件，使得燃烧装置在低负荷下仍可获得良好的运行条件，并有利于飞灰颗粒的燃尽和较低的灰携带，对于结渣不太敏感。其缺点是燃烧条件不如流化床燃烧均一，燃烧强度相对较低，相对较高的过量空气系数可能降低能量效率。

流化床燃烧在劣质燃料的燃烧方面得到了越来越广泛的应用，其燃烧装置布置相对简单，运动部件少，适合大容量应用。在流化床燃烧装置中，强烈的气固混合形成较为均一的温度分布，较小的固体颗粒尺寸导致较大的固体-气体交换表面、床层与热交换表面之间较高的传热系数，这些因素使流化床可以获得较高的燃烧强度。根据 Natarajan 等的研究，流化床中稻壳燃烧强度达到了 530 kg/(h·m^2)，是炉排炉单位炉排面积最大可能燃烧强度 70 kg/(h·m^2) 的 7.5 倍。流化床具有高的热容量，这使较低温度下的稳定燃烧成为可能，同时，也有利于燃烧污染物的抑制和对结渣、腐蚀问题的控制。流化床燃烧装置的缺点表现在高速流化气体中携带固体颗粒，烟气含尘量较高，对固体分离和气体净化设备的要求较高，而且高固体速度将导致内部磨损和床料损失。另外，因床料聚团所导致的流化失败的风险、低负荷运行时的调整与控制等问题也是流化床燃烧装置的弱点。据研究，10 MW 以上热容量的鼓泡流化床燃烧器的投资成本相对较低，而运行成本要高于炉排燃烧装置，因为其风机需要较高的电力消耗，而对于热容量超过 30 MW 的循环流化床，其投资和运行成本都较高。

悬浮燃烧器中燃料处于悬浮状态下燃烧，燃烧强度高，通常用于磨碎的生物质颗粒或原始生物质与煤粉或天然气的混燃。在悬浮燃烧器中燃烧农业废弃物需要燃料较为干燥且颗粒尺寸较小，因此，需要更为复杂的燃料预处理过程。悬浮燃烧器对于燃料质量的变化非常敏感，燃烧与设计燃料差别较大的生物质可能严重影响锅炉运行。同时，燃烧稻壳等农业废弃物时可能会出现结渣及高温腐蚀等问题。

(二)生物质燃烧设备的基本要求

燃烧设备的目的是提供良好的燃烧环境，实现燃料燃尽，释放出热量并将热量传递给需要的工质，同时尽量降低污染物排放。对于生物质燃烧设备的要求，则是掌握生物质燃料高挥发分含量、低固定碳含量的特点，通过燃烧组织和调整，实现生物质燃料的及时着火、稳定高效燃烧和气相燃烧与固相燃烧的优化匹配。

生物质燃料种类繁多，但每种燃料的供应普遍具有季节性、周期性。因此，对于生物质燃烧发电厂来说，生物质燃料的多样化供应对于发电厂的连续运行具有积极意义。不同生物质燃料之间质量差异较大，因此，燃烧装置设计时应考虑较宽的燃料适用范围，运行中燃料种类的变化，尤其是在燃用高水分、灰分、低热值等劣质生物质燃料时仍能顺利着火并稳定燃烧。

燃烧装置应具有高的热负荷，即在单位容积炉膛内或单位面积炉排上能稳定、经济地燃烧掉更多的燃料，以降低金属消耗量，缩小锅炉的几何尺寸及占地。同时，针对部分生物质燃料碱金属、氯含量偏高、灰熔点较低等特点，通过燃烧组织和采用特殊材质等方式来应对受热面积灰、腐蚀及结渣等问题，以保证运行安全并延长设备寿命。

作为燃烧放热装置与吸热做功装置的统一体，生物质锅炉也应注意燃烧装置内受热面的布置和传热情况的改善。如果燃料在炉内以较高的强度燃烧放热而辐射受热面布置较少，将使炉温过高而严重结焦并影响正常燃烧，但如果在炉膛中布置过多的受热面大量吸热，又会使炉温或燃料层温度偏低，影响燃烧的稳定性和经济性。因此，燃烧质量的好坏不仅取决于燃烧设备的结构形式和运行操作，也与炉内受热面布置和传热情况有关，设计燃烧装置时应全面考虑。

生物质锅炉还需要具备良好的负荷适应性和调节特性，即当锅炉用户负荷较频繁或较大幅度地变动时，有充分的手段来保证燃烧设备的燃烧出力能及时快速地响应，低负荷下不至于中断燃烧，而高负荷下不会出现结焦，压火或重新起火时不发生困难等。另外，燃烧装置应具有较为理想的环保性能，消除黑烟和降低排烟含尘量，硫氧化物、氮氧化物等排放达标。这方面的要求除在燃烧装置中采用合理措施外，采用除尘器、脱硫脱硝装置等污染物控制措施也是必要的。

(三) 炉排炉燃烧

1. 炉排炉的工作特性

炉排炉燃烧是生物质直接燃烧最为常用的方式。空气从炉排下部送入，流经一定厚度的燃料层并与之发生反应，燃料层的移动与气流方向基本上无关。燃料的一部分（主要是挥发分释放之后的焦炭）在炉排上发生燃烧，而大部分（主要是可燃气体和燃料碎屑）在炉膛内悬浮燃烧。炉排炉按照炉排形式和操作方式的不同，可分为固定炉排炉、往复炉排炉、旋转炉排炉、抛煤机炉、振动炉排炉和链条炉排炉等，每一种都有其特点且适合不同的燃料。炉排炉可用于高含水率、颗粒尺寸变化、高灰分含量的生物质燃料，因为在层燃方式下炉膛内储存大量的燃料，因此，有充分的蓄热条件来保证炉排炉所特有的燃烧稳定性。同时，采用炉排燃烧方式，对燃料尺寸没有特殊要求，也不需要特别的破碎加工，炉内着火条件优越，而且锅炉房布置简单，运行耗电少。但是，炉排燃烧方式下燃料与空气的混合较差，燃烧速度相对较低，影响炉排炉的出力和效率。

在炉排燃烧方式下，燃料燃烧沿着炉排前进方向可分为四个阶段，如图 2-10 所示。

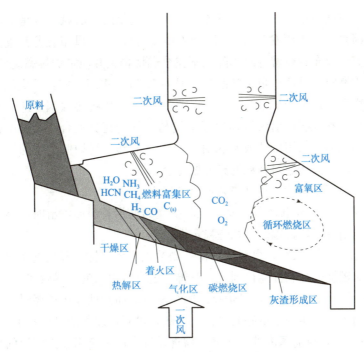

图 2-10　燃烧生物质炉排炉的燃烧分区

首先是水分蒸发阶段，入炉的生物质燃料受炉膛内高温烟气的对流、辐射放热及与炽热焦炭、灰渣的接触导热而升温，燃料中水分蒸发直至完全烘干。其次是挥发分析出及焦炭形成阶段，烘干后的燃料在炉内受热升温，当达到特定温度时便大量析出挥发分，同时形成多孔的焦炭。再次是挥发分和焦炭的着火燃烧阶段，随着温度进一步升高，达到一定浓度的气态挥发分在遇到氧气时便率先着火燃烧，放出热量并使焦炭颗粒继续加热升温直至着火燃烧。700 ℃之后焦炭进入快速燃烧阶段，挥发分析出之后的焦炭孔隙率较高，相对加快了燃烧速率并提高燃尽程度。最后是焦炭燃尽及灰渣形成阶段。焦炭燃烧属于异相扩散燃烧，燃烧速率要低于气相燃烧，因此，所需时间也要长一些。焦炭颗粒的燃烧总是由表及里进行的，燃烧一定时间后，焦炭外面包覆的灰壳越来越厚，阻止焦炭核心与空气的进一步接触，使燃烧进行得异常缓慢。当未燃尽的焦炭落入灰坑时便形成不完全燃烧损失，灰渣最终形成。

燃料燃烧过程中各阶段依次串联进行，而对于燃烧设备内的连续燃烧过程来说，则各个部分又是相互交叠的。各个阶段持续时间的长短和重叠情况因燃料质量、燃烧条件而不同，为了组织好整个燃烧过程，必须保证炉膛温度为燃料及时稳定地着火提供热源，保证合理配风为燃烧输送速度流量合适的空气，保证足够的燃烧区停留时间以减少不完全燃烧损失。

性能良好的炉排炉能够实现燃料和焦炭床层在整个炉排表面的均匀分布，并确保不同炉排区域上有适当的风量供应。不均匀的送风可能导致结渣、高飞灰量，并可能增加完全燃烧所需要的过量空气。不同燃烧阶段所需要的风量也是不同的，因此，通常采用一次风的分段供应，能够调整干燥、气化、焦炭燃烧等不同区域所需要的空气量，而且也有利于炉排炉低负荷时的平稳运行和污染物控制。

燃烧炉上部空间可布置二次风，甚至三次风，优化的二次风供应是上部空间气相燃烧最为重要的因素。对于挥发分含量高的生物质燃料，二次风布置尤其重要，二次风量比例、风速、流向及布置位置等对于降低不完全燃烧损失并稳定炉排燃烧层有较大影响。炉排燃烧生物质燃料的总体过量空气系数一般为1.25或更高一些，一次风同二次风的比例在大部分生物质燃烧炉排炉中为40/60～50/50，这与传统燃煤锅炉差异很大。炉膛上部燃烧空间的尺寸和二次风射流必须保证烟气与空气的充分混合，可采用相对较小的风道以获得较高的风速、采用旋转或漩涡射流及炉膛上部空间炉壁构型的特殊设计等方式来实现挥发分和携带固体燃料颗粒的充分燃尽。

炉排形式可根据燃料性质和燃烧装置容量确定。

(1)固定倾斜炉排：炉排不能移动，燃料受重力而沿着斜面下滑时燃烧，其缺点主要是燃烧过程控制困难、燃料塌落、燃烧稳定性差等。

(2)移动炉排：即链条炉，燃料在炉排一侧给入，随炉排向着灰渣池方向输运过程中发生燃烧，其对燃烧的控制性能得到较大改善，也具有更高的燃尽效率。

(3)往复炉排：燃烧过程中通过炉排片的往复运动而翻动并运送燃料，直至最后灰渣输送到炉排末端灰池，实现了更好的混合，因此，可获得改善的燃尽效果。

(4)振动炉排：是目前国内外农林废弃物直燃发电厂中应用较为广泛的炉排形式，炉排形成一种抖动运动，能够平衡地将燃料扩散并促进燃烧扰动，相对于其他运动炉排，其运动部件少，可靠性更高，并且碳燃尽效率也得到进一步提高，但可能引起飞灰量的增加，且振动可能引起锅炉密封、设备安全方面的问题。

炉排系统长期工作于高温环境下，可采用风冷或者水冷方式进行冷却，特别是对于农作物秸秆等灰熔点较低的生物质燃料，更是需要炉排冷却以避免结渣和延长炉排材料的寿命。

2. 链条炉

链条炉的机械化程度较高，同时对于燃料尺寸的要求相对较低，因而使用相当普遍。生物质燃料从位于锅炉前部的给料斗落至炉排上进入炉膛，并通过闸门调整燃料层厚度和给料量。炉排自前往后缓慢移动过程中发生燃料的干燥、着火、挥发分和焦炭燃烧燃尽，最后燃烧灰渣在炉排末端被排入灰渣坑。根据燃料种类和特性调整炉排速度，燃烧所需的一次空气由炉排下方鼓入，而风室沿炉排长度方向被分成若干小段，每段风量可据燃烧需要单独调节。

链条炉排系统的优势在于均匀的燃烧条件和较低的粉尘排放，运行可靠，燃料适应性广，炉排维护和更换容易，对于中小规模的应用其投资成本和运行成本较低。但是，链条炉燃烧过程扰动较弱，燃烧条件没有流化床均匀，燃料床几乎没有拨火效果，导致燃尽时间较长。由于缺乏混合，均匀性较差的生物质燃料可能会存在架桥和炉排表面上分布不均匀的状况。

链条炉的炉排形式主要有链带式、横梁式及鳞片式等，结构差别较大，可根据燃料状况和燃烧强度、金属耗量等进行选择。炉排尾部需要布置挡渣设备。炉排两侧装有防焦箱，保护炉墙不受高温火床的磨损及侵蚀，还可避免紧贴火床的侧墙部位黏结渣瘤，使燃料均匀地布满火床面,防止炉排两侧出现严重漏风。

链条炉燃烧时,燃料着火条件较差。着火所需热量主要来自上部炉膛空间的辐射,燃料层表面着火时,下面部分尚处于加热状态。燃料层较厚或炉排移动速度快时,底层燃料的着火延迟将更为明显,造成燃尽时间不足而引起固体不完全燃烧损失增大。其次,链条炉的燃烧具有区段性。在炉排前部的准备区域,燃料处于加热升温、析出水分和挥发分的阶段,基本上不需要氧气。炉排后部燃尽区域,燃料层(灰渣)可燃成分所剩不多,又多被灰渣所裹挟,因此,氧需求也有所下降。但在燃烧的中间区段,燃烧反应剧烈,大量需氧。于是出现了炉排首、尾两端空气过剩而中部主燃烧区空气不足的现象。链条炉燃烧的区段性,需要通过优化布风进行调整。另外,燃料与炉排之间没有相对运动,虽然可以减少固体颗粒物的携带和飞灰热损失,但是缺乏扰动也会降低燃烧强度。从链条炉的燃烧特点出发,改善燃烧的措施包括一次风合理配风、二次风及炉拱的合理布置等。

3. 流化床燃烧

(1)流化床的燃烧方式与特点。流化床燃烧最主要的特征为燃料在流化状态下进行燃烧,具有良好的气-固和固-固混合、燃料适应性强、燃烧可控性好等特点。燃料颗粒在流化床运动中受到加热,气流与颗粒、颗粒与颗粒及颗粒与壁面的相互碰撞,湍流脉动力等作用的影响,既有热量又有质量的传递,同时伴随着各种化学反应的发生。流化床中燃料的燃烧过程,加热干燥、挥发分的析出与燃烧、燃料颗粒的磨损与破裂、焦炭的燃烧等过程是相伴进行的,各阶段并没有清晰的界限划分。挥发分的析出燃烧和焦炭的燃烧过程有一定的重叠,而且受到流化床中流体动力特性影响。在燃烧过程中,燃料积聚形成颗粒团,颗粒团积聚到一定程度又会发生破碎,同时,颗粒之间及颗粒与壁面之间不断地发生碰撞破裂和磨损等,均会对燃烧过程产生影响。

大量高温床料的存在是流化床的特点,床料通常由石灰石、砂子及燃料灰等构成。燃料进入流化床后立即被大量的高温床料包围而快速受热分解,固体燃料与惰性床料通过流化空气而呈现上下翻滚的流态化状态,迅速被加热干燥并析出挥发分。挥发分进入上部空间,与上部空间供入的燃烧空气接触而强化燃烧,上部空间二次风的送入流量和强度将会影响混合效果和燃烧的完全程度。燃料挥发分析出后剩余的焦炭仍然在密相区高温环境下燃烧直至燃尽。因为焦炭燃烧反应速率与氧气扩散速率和化学反应速率有关,一般焦炭的燃烧时间要明显长于挥发分燃尽时间,所以,固体焦炭在高温床料层内的停留时间要足够长。

流化床锅炉中具有大量的高温床料,床层蓄热量大,加入炉内的燃料只占总体床料很小比例(床料量通常占燃料混合物的90%～98%),能够为高水分、低热值的生物质提供优越的着火条件。同时,这也使得燃烧过程较为稳定,对于入炉燃料质量、流量、负荷发生变化等外部扰动的耐受性较强,易于操作控制。流化床锅炉可以采用比层燃炉低的过量空气系数,鼓泡流化床锅炉为1.3～1.4,循环流化床锅炉甚至可以达到1.1～1.2,这将减少烟气流量和提高燃烧效率,而且流化床锅炉中较低的燃烧温度也有利于污染物控制。通过炉内脱硫剂和控制燃烧温度等方式,可使排放烟气中的硫氧化物和氮氧化物浓度大幅度降低。流化床锅炉燃烧室内没有运动部件，结构较为简单，运行维护成本较低，而且其三维容积燃烧方式在锅炉容量放大中具有明显优势。流化床锅炉由于其高度的集成化而更适用大型化应用。

流化床燃烧可以分为鼓泡流化床燃烧和循环流化床燃烧两种方式，主要差异在流化速度的不同。鼓泡流化床燃烧采用了较低的流化速度，床料和燃料处于鼓泡燃烧的状态，燃烧炉内存在较为明显的密相区和稀相区。大部分燃料在密相区床层内进行燃烧反应，而进入上部稀相区空间的固体颗粒比例较小。由于仍然有部分小尺寸的燃料颗粒在上部炉膛内未经燃尽即被带出，因此，鼓泡流化床在燃烧宽筛分燃料时会出现燃烧效率下降的问题。鼓泡燃烧的方式也使得床内颗粒的水平方向湍动相对较慢，对入炉燃料的播散不利，影响床内燃料的均匀分布和燃烧效果，这也迫使大功率的鼓泡流化床锅炉布置较多的燃料送入点。同时，鼓泡流化床还存在床内埋管受热面磨损速度过快、影响设备使用寿命等问题。

循环流化床与鼓泡流化床相比，结构上最明显的区别在于炉膛上部的出口安装了物料分离器和循环回送装置，将高温细小固体颗粒从烟气中分离出来并收集送回炉膛，使未燃尽而飞出炉膛的颗粒可以再次循环燃烧，从而大大提高了燃尽率。循环流化床内部采用高流化速度，床内颗粒沸腾态流化燃烧，气固相流动、混合剧烈，传热传质效果好，因此，可以实现高强度的湍流燃烧。燃烧床内具有非常均一的温度分布和燃烧条件，所以，燃烧热强度大，容积热负荷高。由于采用物料循环燃烧，循环流化床可以获得充分的碳燃尽和更高的锅炉燃烧效率，可达 $95\% \sim 99\%$。锅炉燃烧负荷调整范围较宽，一般为 $30\% \sim 110\%$。

循环流化床锅炉具有良好的燃料适应性，这是由于物料再循环量的大小可改变床内的吸热份额，只要燃料的热值大于把燃料本身和燃烧所需的空气加热到稳定燃烧温度所需的热量，这种燃料就能在循环流化床锅炉内稳定燃烧，而不需要使用辅助燃料助燃，这也是与固定床炉排炉不同的地方。循环流化床锅炉可燃烧绝大多数固体燃料，如各种类型的煤、垃圾及生物质秸秆等，对于低质燃料的利用是循环流化床的一个优势。

循环流化床锅炉也存在一些缺点。相比于鼓泡流化床，循环流化床燃烧对于燃料颗粒尺寸的要求更高。一般情况下，生物质鼓泡流化床锅炉要求颗粒尺寸低于 80 mm，而循环流化床锅炉要求低于 40 mm，以保证高的流化速度和良好的流化状态，这将增加燃料处理的成本。循环流化床锅炉的风烟系统和灰渣系统比较复杂，由于布风板和回料再循环系统的存在，烟风系统阻力较大，风机电耗大。由于循环流化床锅炉内的高颗粒浓度和高风速，使得锅炉受热面部件的磨损比较严重，同时还存在着一定的床料损失，需要定期补充。同时，流化床燃烧对于床料聚团非常敏感，特别是在燃烧秸秆等农业废弃物燃料时，床料与燃料灰渣相互作用，导致快速的床料聚团甚至烧结，造成流化失败和被迫停机。虽然该问题可以通过特殊的添加剂或床料来减轻，但势必增加运行成本和系统复杂性。

(2)气固分离和回料装置。气固分离和回料装置是循环流化床锅炉正常运转的关键部件，其主要作用是将夹带在气流中的高温固体物料与气流分离，送回燃烧室，保证燃烧室的蓄热能力，使未燃尽燃料、循环物料和添加剂等多次反复循环、燃烧与反应。气固分离和回料装置的性能将直接影响整个循环流化床锅炉的设计、系统布置及运行性能。

循环流化床锅炉的气固分离装置必须能够在高温情况下正常工作，并能够满足较高颗粒浓度情况下的气固分离，具有较低的阻力和较高的分离效率。由于气固分离器对于循环流化床的重要性，研究机构及锅炉生产厂家开发出了多种形式的分离器：按分离原理可以分为离心式旋风分离器和惯性分离器；按分离器的运行温度又可分为高温分离器（800～900 ℃）、中温分离器（400～500 ℃）和低温分离器（300 ℃以下）；按冷却方式可分为绝热分离器（钢板耐火材料）和水（汽）冷却式分离器；按布置位置可分为炉膛外布置和炉膛内布置的分离器，即所谓的外循环分离器和内循环分离器等。当前使用较为普遍的是外置高温旋风分离器和内置惯性分离器。

旋风分离器布置在炉膛外部，属外循环分离器。烟气携带物料以一定的速度沿切线方向进入分离器，在内部做旋转运动，固体颗粒在离心力和重力的作用下被分离下来，落入料仓或立管，经物料回送装置返回炉膛，分离颗粒后的烟气由分离器上部进入尾部烟道。旋风分离器的优点是分离效率高，特别是对细小颗粒的分离效率远高于惯性分离器；其缺点是体积比较大，占地面积大，大容量的锅炉因受分离器直径和占地面积的限制而需要布置多台分离器。

惯性分离器通常布置在炉膛内部，属于内循环分离器，其一般是利用某种特殊的通道使介质流动的路线突然发生改变，固体颗粒依靠自身惯性脱离气流轨迹从而实现气固分离。这种特殊通道可以通过布设撞击元件来实现，如 U 形槽分离器、百叶窗式分离器，也可以专门设计成型，如 S 形分离器。相比旋风分离器，惯性分离器结构简单，易于布置，但分离效率较低。

回料装置的基本任务就是将分离器分离的高温固体颗粒稳定地送回压力较高的燃烧室内，并有效抑制气体反窜进入分离器。循环流化床锅炉的一大特点就是大量的固体颗粒在燃烧室、气固分离装置和回料装置所组成的固体颗粒循环回路中循环。一般循环流化床锅炉的循环倍率为 5～20，即有 5～20 倍燃料加入量的返料需要经过气固分离装置和回料装置返回炉膛再燃烧，因此，回料装置的工作负荷是非常大的，这也对回料装置的运行提出了很高的要求。

由于循环的固体物料温度高，回料装置中又有空气，在设计时应保证物料在回料装置中流动通畅，不结焦。由于气固分离装置中固体颗粒出口处的压力低于炉膛内固体颗粒入口处压力，所以，回料装置在将返料从低压区送至高压区时必须有足够的压力来克服压力差，既能封住气体而又能将固体颗粒送回床层。同时，循环流化床锅炉的负荷调节很大程度上依赖于循环物料量的变化，返料量的大小直接影响燃烧效率、床温及锅炉负荷，这就要求回料装置能够稳定的开启或关闭固体颗粒的循环，能够自动平衡物料流量从而适应运行工况变化的要求。

回料装置一般由立管和回料器两部分组成。立管为分离器与回料器之间的连接管道，其主要作用是输送物料，与回料器配合连续不断地将物料由低压区向高压区输送，同时产生一定的压头防止回料风或炉膛烟气从分离器下部反窜，在循环系统中起压力平衡的作用；回料器可分为机械式和非机械式两类，由于循环流化床锅炉中分离的物料温度较高，加之输送介质是固体颗粒，机械式回料器很少采用。非机械式回料器包括阀型（可控式回料器）和自动调节型两大类，采用气体推动固体颗粒运动，无须任何机械转动部件，所以，其结构简单、操作灵活、运行可靠，在循环流化床锅炉中获得广泛应用。

（3）生物质流化床燃烧设计的特点。燃煤循环流化床的设计、制造和运行已经具有了丰富的经验，生物质循环流化床燃烧的设计可以参照燃煤循环流化床，同时必须注意到生物质燃料高挥发分、低密度、低灰熔点及腐蚀、聚团倾向等特点。

首先，应该控制生物质循环流化床的燃烧温度，目前一般控制为800～900℃，比燃煤循环流化床低100～200℃。利用生物质循环流化床的低温燃烧特性遏制生物质燃烧中碱金属等引起的结渣、积灰、腐蚀等问题，而且低温燃烧在耐火材料的选择、分离器的安排以及保温设计上也会具有一定的成本优势。同时，低温燃烧模式还可以避免热力型氮氧化物的生成。燃烧温度的控制，可以通过床料循环和炉膛内受热面布置来实现，抑制局部区域的集中燃烧和热量集中释放。但是，低温燃烧导致炉膛出口烟气温度降低，因此，需要考虑锅炉过热器布置位置和受热面积的相应增加。

其次，由于生物质燃料密度小且结构松散，在流化床内较高的气流速度下容易被吹起，甚至可能未经燃尽即快速离开炉膛，因此，应该注意原料的给料方式和给料位置，以保证燃料在密相区域的停留时间和与炽热床料的接触，保证受热和着火。同时，还应注意生物质给料点处需要有一定的负压，以保证给料顺利和防止回火烧坏给料装置。

最后，应该特别重视二次风在生物质流化床燃烧中的作用。生物质燃料挥发分含量高，同时生物质密度小，极易被吹至炉膛上部燃烧，上部空间的二次风对于燃料燃尽效果显著。采用平层布置二次风容易造成因供氧不足而导致的燃烧不充分，改用分层布置使氧气在不同高度供给，保证燃料的充分燃烧，且分层错位布置也可加强炉膛内的扰动，促进混合和换热效果。良好的二次风布置应能够保证挥发分和悬浮颗粒在炉膛内充分燃烧，尽量避免在气固分离器内发生再燃，这可以有效防止分离器内的结焦现象，在特定条件下还可结合适宜的分离器冷却来避免结焦。

4. 流化床锅炉的运行调整

流化床锅炉中存在大量的惰性床料，蓄热量大，因此，需要外部热源辅助点火启动，将锅炉带入热态运行状态。当床层物料温度提高并保持在投燃料运行所需水平以上之后，即可投入燃料并逐渐正常稳定运行。对于大型流化床来说，由于床面较大，在启动时直接加热整个床层较为困难，可采用分床启动。床面被设计成由几个相互间可以有物料交换的分床组成，选择某一个分床作为启动点火床，在实际点火中，先去点燃此床，其他床层采用床移动技术、翻滚技术和热床传递技术等方式进行加热至投料着火温度。

流化床锅炉的运行调节必须充分掌握锅炉的流体动力，燃烧、传热的特性及回料系统的特点，掌握其调节规律，才能保证正常运行。循环流化床锅炉的调节主要通过对给料量、一次风量、一次和二次风分配、风室静压、沸腾料层温度、物料回送量等进行控制和调整。

床温稳定是流化床锅炉安全运行的关键，在实际运行中，温度过高超过燃料的结焦温度将会出现高温结焦，特别是布风板上和回料阀处的结焦将会导致循环流化床的不正常运行，必须停炉进行清除；温度过低则不利于燃料着火和燃烧，造成负荷下降。导致温度变化的原因主要是运行中风量、燃料加入量、燃料质量和循环量变化等。运行中燃烧温度调节一般有3种方式，即前期调节法、冲量调节法和减量调节法。前期调节法是指在炉温、气压稍有变化时，根据负荷变化及时微调燃料加入量；冲量调节法是指在炉温下降时，及时加大燃料加入量提高炉温，待炉温恢复后再恢复原来的燃料加入量；减量调节法是指在炉温上升时，减少燃料加入量而不是停止加料，待炉温不再上升时将加入燃料量恢复到原来的水平。对于循环流化床锅炉，还可通过调节物料循环量来控制炉温，当炉温升高时，可适当增大循环物料进入炉床，可迅速抑制床温的上升。

风室静压力是布风板阻力和料层阻力之和，在循环流化床运行中布风板阻力相对较小，风室静压力大致相当于料层的阻力，因此，风室静压力的变化可以反映料层的状况和锅炉运行状态。当物料流化状态比较好时，风室静压力应摆动幅度较小且频率高；如果压力大幅度波动则说明运行异常。

给料量与负荷相对应，给料量增加，负荷增加，而改变给料量应该与改变风量同时进行，以保证燃烧充分。对于循环流化床锅炉，风量调整包括一次风量调整、二次风量及回料风的调整和分配。一次风的作用是保证物料处于良好的流化状态，同时为燃烧提供部分氧气，一次风量不能低于运行时所需的最低风量，同时要监视一次风量的变化，防止料层增厚或变薄所导致的风量自行变化。在密相区要控制一次风量，在保证流化状态的条件下形成低氧燃烧，降低氮氧化物的形成，控制密相区的燃烧份额和温度。二次风在密相区上方切向送入，补充燃烧所需氧气的同时加强气固两相的扰动混合，改变炉内物料的浓度分布。在运行中，当负荷在稳定运行变化范围内下降时，一次风应按比例调整；当降至最低负荷时，一次风量基本保持不变，可以继续降低二次风量。

循环流化床锅炉因炉型、燃料种类、性质的不同，负荷变化范围和负荷调节速度也有所差别。一般循环流化床锅炉负荷可在30%～110%调节，当负荷加大时，一般每分钟负荷增长速度为5%～7%，而在降低负荷时的速度为每分钟10%～15%，这些均从燃煤流化床锅炉的运行经验中所得。

三、生物质混燃发电技术与应用

(一)生物质混燃及优势

生物质直燃发电厂具有明显的环境效益，但新建生物质发电厂通常需要较高的投资费用，而且相较传统燃煤电厂，生物质发电厂建设规模偏小，单位容量造价高，限制了电力行业投资生物质发电厂的积极性。同时，受制于原料的季节性，生物质原料不能持续稳定供应，这也是一个困扰生物质发电产业发展的重要问题。将生物质发电与传统的燃煤发电厂进行结合，将生物质作为燃煤或者其他化石燃料的补充燃料，则可利用已有的燃煤发电基础设施，降低投资和发电成本，并同时在发电厂环保方面有所改进，这将对生物质发电的投资、成本和安全生产等产生积极效果。

生物质混燃发电即利用生物质与燃煤等化石燃料进行混合燃烧,共同用于发电过程。生物质混燃主要是指生物质与煤粉的混合燃烧,在传统的燃煤锅炉燃烧中加入一定量的生物质使之与煤共同燃烧产生热量,以取代部分燃煤。生物质与煤混合燃烧可以利用现有燃煤发电厂的设备和基础设施,工艺比较简单,不需要太多的改造工作,同时,也避免了新建生物质直燃发电厂的高额投资和诸多难题。从环保的角度,生物质资源丰富,生物质的混合燃烧也有利于减少燃煤电站对传统化石能源的依赖,同时,还可以降低部分污染物的排放,因此,生物质混燃为现有电厂提供了一种快速而低成本的绿色低碳改造技术。另外,生物质原料能量密度低、资源分散,生物质发电经济性受到限制,通过与燃煤混合燃烧,将充分利用燃煤发电的规模效益,并降低生物质原料质量变化和供应不稳定所造成的影响。因此,近年来生物质混燃在全球范围内得到了更大的关注和产业推广,实施了多项利用农林剩余物、城镇生活垃圾及污泥等与燃煤进行混燃发电的工程项目。

生物质混燃发电也有一定的限制。首先是生物质的混燃比例不宜过高,目前大部分生物质燃煤混燃发电项目中生物质的能量输入比例一般低于10%。生物质原料一般含水率高、热值低、燃烧产生的烟气量大,会对原有燃煤锅炉的受热面和换热系统产生一定的影响;同时,由于生物质特殊成分的影响,混燃生物质可能对锅炉的积灰和结渣等问题产生不利影响,还会影响锅炉灰渣的利用。为了对这些影响进行限制,降低对原有燃烧锅炉系统的改造需求,因此,通常对生物质的混燃比例进行限制。大多数燃煤发电厂均针对煤粉原料设计,在混燃时生物质原料需要进行相应的处理,以适应原有的燃料处理、输送和燃烧器系统。从产业政策支持的角度,目前各国均对生物质发电等可再生能源发展提供政策和财税方面的支持。生物质混燃发电虽然利用生物质部分替代了化石能源,但在具体的替代比例和过程污染物排放等方面还缺乏有效的计量和监管措施。因此,对于生物质混燃发电的政策支持方面还存在争议,混燃生物质发电难以享受到针对生物质单独利用时的优惠财税支持,这也会对生物质混燃发电的产业化发展产生影响。

(二)生物质混燃发电方式

根据混燃方式,生物质与煤的混合燃烧技术可分为直接混燃、间接混燃和并联混燃3大类。

1. 直接混燃

直接混燃是一种较为常见的混燃方式,指将煤和生物质进行简单处理后共同送入炉膛中进行燃烧,其特点是操作简单、成本低。直接混燃根据燃煤与煤粉混合位置的不同,可以采用以下几种方式:

(1)煤粉与生物质在通过给煤机之前预先混合,随后送入磨煤机,破碎至一定粒径后分配到所有的煤粉燃烧器。该方案改造投资成本最低,但同时也存在着不同生物质原料影响燃煤燃烧、降低燃煤锅炉出力的风险,因此,只用于有限类型的生物质和较低的混合燃烧比例。

(2)将煤粉与生物质燃料的制粉过程分开，生物质经破碎后单独通过管路输送，使两种燃料在燃烧器中相互混合并燃烧。该方案需加装生物质制粉和输送系统，投资会增加，但不会影响煤粉的输送。

(3)为生物质燃料配置专门的制粉系统和专门的燃烧器，生物质燃烧器与煤粉燃烧器在锅炉中并行运行，虽然投资成本最高，但是能够混烧较大比例的生物质，且对锅炉的改造和运行影响较小。同时，将生物质燃料作为一种再燃燃料，通过位于燃烧室上部特别设计的燃烧器进行燃烧，也是一种可行的降低燃煤锅炉 NO_x 排放的有效方法。

2. 间接混燃

依照混合燃烧原料的不同，间接混燃可分为两种形式，即生物质燃气与煤的混合燃烧和生物质焦炭与煤的混合燃烧。

(1)生物质燃气与煤的混合燃烧是指将生物质气化后产生的燃气输送至燃煤锅炉系统，在燃气燃烧器中燃烧。

(2)生物质焦炭与煤的混合燃烧是指先将生物质在低温下(300～400 ℃)热解，产生60%～80%的生物质焦炭，然后生物质焦炭与燃煤进行混合并送入炉膛燃烧。由于生物质焦炭在燃料性质上与燃煤更为接近，所以，其混合和燃烧效果都比生物质直接混燃效果要好。

间接燃烧方式相当于利用热解或气化装置对生物质原料进行预处理，获得的产品再同燃煤混燃，因此，其对于生物质燃料的适应性较好，对于原有燃煤锅炉系统的影响也比较小，相对较为温和的生物质气化条件也有利于抑制生物质中部分有害成分(如碱金属、卤素及低熔点灰分等)对于后续燃烧过程和设备的影响。但是，间接混燃方式需要增加生物质原料处理设施，并设置专门的生物质热解或气化系统，而且热解气化中间环节的增加也会降低生物质直接利用的效率，系统投资和运行成本相对较高。

3. 并联混燃

并联混燃是指专门配置一套完全独立的生物质锅炉，将生物质锅炉产生的蒸汽和燃煤锅炉产生的蒸汽进行混合后通入蒸汽轮机做功，也有的系统是将生物质锅炉产生的蒸汽送入燃煤锅炉进行再热，之后再送入蒸汽轮机利用。并联混燃由于采用了独立的专门的生物质锅炉，因此，其与间接混燃一样，能够利用多种生物质燃料，包括一些高碱金属和氯化物的生物质，而且燃烧后产生的生物质灰和煤灰也是相互分离的，有利于后续的处理利用。并联混燃相当于为现有的燃煤发电系统增加了一套新的蒸汽源，因此，需要考虑现有汽轮机的扩展容量，或者需要考虑降低燃煤蒸汽发生系统的负荷。

(三)生物质混燃技术应用

据研究，生物质混燃发电是目前可再生电力生产中风险最低、价格最低、高效且近期内最容易产业化的方式。目前，全世界范围内有超过200个生物质混合燃烧项目成功投入商业运行，机组容量从50 MW到700 MW不等，其中也包括了许多的小容量机组。欧洲地区的生物质混燃项目是最多的，有100多个项目在运行，超过40个项目在北美地区，剩下的相当一部分项目分布在澳大利亚。我国在生物质混燃方面的发展还比较缓慢，开展的生物质混燃项目也比较少,较为早期的包括华电国际十里泉电厂秸秆混燃改造示范项目,其使用独立喷燃系统对小麦秸秆进行混合燃烧,设计可燃烧生物质量相当于 60 MW,燃煤锅炉原有系统和参数基本不变,改造后新增热负荷达到锅炉额定负荷的 20%。国电长源电力股份有限公司 10.8 MW 生物质混燃发电项目则采用了将生物质原料先行气化后进行间接混燃的方式,对原有 640 MW 超临界燃煤机组系统进行部分改造,直接燃烧生物质气化产生的粗燃气,生物质处理量(按秸秆计)为 8 t/h,项目从 2012 年试运行,已经进行了多年长时间运行,既避免了秸秆与煤直接混燃发电存在的结渣、腐蚀等问题,又可充分发挥燃煤电厂高效发电机组的优点。由于在燃煤的绿色替代和过程碳减排方面的效果,近年来混燃发电获得了更多的关注和重视,业界也加大了对于燃煤与生物质耦合发电技术的开发,有望获得较大的发展。国能生物技术咨询有限公司成立于 2007 年 8 月 13 日,主要经营范围包括可再生能源综合利用技术咨询、项目评估、工程设计;可再生能源利用技术推广与服务、投资咨询;生物质发电项目设计、工程管理;节能技术设计、改造与评估;工程和技术研究。它是一家后起的企业,但实力不容小觑。

1. 阐述生物质发电技术的原理。
2. 生物质发电技术有哪些?
3. 对比几种生物质发电技术的优点和缺点。

第三章　化学电源

章前导读

现代文明和电的关系密不可分。为了获得电能，人们将化石燃料、水力、风能、太阳能、化学物质及核燃料等各种形式的能源释放的能量转换成电能。将化学反应产生的能量直接转换为电能的装置称为化学电源（简称为电池），例如，常见的锌锰电池、铅酸电池、锂离子电池等都属于化学电源。研究化学电源工作原理和制造技术的课程称为化学电源工艺学。

学习目标

1. 了解化学电源的发展历程、常见化学电池。
2. 掌握化学电源的分类、工作原理。

案例导入

多年来，根据相关要求，特种化学电源国家重点实验室持续了解国际先进化学电源技术发展趋势，积极参与国家装备用电能源技术发展规划制定，引领把握着我国前沿电源技术发展方向。目前，贵州梅岭电源有限公司相关负责人告诉记者：贵州梅岭电源有限公司（以下简称梅岭电源）是我国航天和特种装备用化学电源的重点研制生产单位，拥有国内规模最大的特种化学电源科研生产能力，建有特种化学电源国家重点实验室，承担我国火箭、卫星、飞船、无人机等航天航空和特种装备配套电源的研制和生产任务。梅岭电源为数百个航天航空和特种装备配套了上千种特种化学电源及电子设备，产品包括锌银蓄电池、锌银贮备电池、热电池等，实现了"海、陆、空、天、电"全涵盖。2018年，梅岭电源被工信部批准为"国家技术创新示范企业"，2021年被工信部批准为国家级专精特新"小巨人"企业。梅岭电源先后荣获全国科学大会奖、国家科技发明奖、国家科技进步特等奖、探月工程嫦娥二号任务突出贡献单位等国家级奖项30余项，以及省部级奖项100余项。

在特种化学电源国家重点实验室，研究人员面向国家需求，通过开展一系列特种化学电源共性关键技术、基础前沿技术和新技术创新攻关，解决了多项航天航空等装备用高性能特种化学电源技术难题（图3-1）。

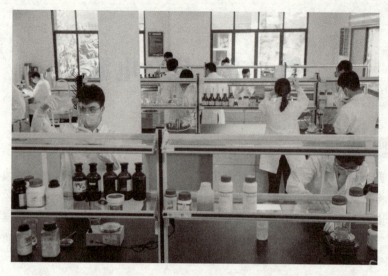

图 3-1　贵州梅岭电源有限公司的特种化学电源国家重点实验室

——引自《学习强国》

第一节　化学电源的发展与分类

一、化学电源的发展

化学电源的发展史可以追溯到 2 000 多年前的"巴格达电池"。1936 年 9 月，德国考古学家瓦利哈拉姆·卡维尼格（Wilhelm König）在巴格达附近发掘出一些 2 000 多年前随葬的陶制粗口瓶。这些粗口瓶瓶颈覆盖一层沥青，有一根小铁棒插在铜制圆筒里；圆柱体铜管高约 10 cm，底部固定一个以沥青绝缘的铜盘，顶部有一个涂沥青的瓶塞。据专家考证，这些是古代电池，只要向陶瓶内倒入一些酸或碱水，便可以发出电来。在这种电池中，铁棒为负极，铜管为正极。在巴格达近郊还发现一些古代电镀物品，因而推测这些电池是用来在雕像或装饰品上电镀金的。但是巴格达电池未被世界承认，仍然属于科学之谜[①]。

化学电源再度出现在科技史上却是在很多年以后。1791 年，意大利生物学家伽尔瓦尼（Galvani）在解剖青蛙时首先发现了青蛙腿肌肉的收缩现象，他称其为生物电。1800 年，意大利科学家伏特（Volta）根据伽尔瓦尼的实验，提出蛙腿的抽动是由于两种金属接触时产生的电流造成的，并根据这个假设，用锌片和银片交替叠放，中间隔以吸有盐水的皮革或呢子，制成了世界上第一个真正的化学电源，又称为伏打电堆。1836 年，英国人丹尼尔（Daniel）对伏打电堆进行了改进，设计出了具有实用性的丹尼尔电池。

1859 年，普兰特（Planté）发明了铅酸蓄电池，1868 年，勒克朗谢（Leclanché）发明了锌

---

① 黄建钟，钟宇星，刘明浩. 大数据背景下的电力信息技术[J]. 电力设备管理，2021（5）：194-196.

二氧化锰电池，1899年，雍格纳(Jungner)发明了镉镍蓄电池，1901年，爱迪生(Edison)发明了铁镍蓄电池。这4种电池的发明对电池发展具有深远意义，它们已有100多年的历史，由于不断地改进和创新，至今在化学电源的生产与应用中仍然占有很大的份额。

1941年，法国科学家亨利·安德烈(Henri André)将锌银电池技术实用化，开创了高比能量电池的先例。1969年，飞利浦实验室发现了储氢性能很好的新型合金，1985年，该公司研制成功金属氢化物镍蓄电池，1990年，日本和欧洲实现了这种电池的产业化。1970年，出现金属锂电池。20世纪80年代，人们开始研究锂离子蓄电池，1991年，索尼公司率先研制成功锂离子电池，目前已经广泛应用于各个领域。

燃料电池的开发历史悠久。1839年，格罗夫(Grove)通过将水的电解过程逆转发现了燃料电池的工作原理；20世纪60年代，基于培根型燃料电池的专利研制了第一个实用性的1.5 kW碱性燃料电池，可以为美国航天局的阿波罗登月飞船提供电力和饮用水；20世纪90年代开始，新型的质子交换膜燃料电池技术取得了一系列突破性进展。

化学电源与其他电源相比，具有能量转换效率高、使用方便、安全、容易小型化与环境友好等优点，各类化学电源在日常生活和生产中发挥着不可替代的作用。化学电源的发展是和社会的进步、科学技术的发展分不开的，同时，化学电源的发展反过来又推动了科学技术和生产的发展。由于电子设备、电动汽车等方面强劲需求，将来化学电源仍会快速发展。

二、化学电源的分类

化学电源的品种繁多，其分类方法也有多种。可以按使用电解液的类型分类：电解液为酸性水溶液的电池称为酸性电池，电解液为碱性水溶液的电池称为碱性电池，电解液为中性水溶液的电池称为中性电池，电解液为有机电解质溶液的电池称为有机电解质溶液电池，采用固体电解质的电池称为固体电解质电池，采用熔融盐电解质的电池称为熔融盐电解质电池。

更常用的则是按化学电源的工作性质及储存方式分类，一般可分为以下4类。

(一)一次电池

一次电池也称为原电池，是指放电后不能用充电方法使它恢复到放电前状态的电池。也就是说，一次电池只能使用一次。导致一次电池不能再充电的原因，或是电池反应本身不可逆，或是条件限制使可逆反应很难进行。常见的一次电池有锌锰电池、锌银电池、锂二氧化锰电池等。

(二)二次电池

二次电池也称为蓄电池，电池放电后可用充电方法使活性物质恢复到放电以前状态，从而能够再次放电，充放电过程能反复进行。二次电池实际上是一个电化学能量储存装置，充电时电能以化学能的形式储存在电池中，放电时化学能又转换为电能。常见的二次电池有镉镍电池、铅酸电池、金属氢化物镍电池、锂离子电池等。

(三)储备电池

储备电池也称为激活电池,在储存期间,电解质和电极活性物质分离或电解质处于惰性状态,使用前注入电解质或通过其他方式使电池激活,电池立即开始工作。这类电池的正、负极活性物质在储存期间不会发生自放电反应,因而,电池适合长时间储存。常见的储备电池有锌银电池、热电池、镁氯化铜电池等。

(四)燃料电池

燃料电池也称为连续电池,电池中的电极材料是惰性的,是活性物质进行电化学反应的场所,而正、负极活性物质分别储存在电池体外,当活性物质连续不断地注入电池时,电池就能不断地输出电能。常见的燃料电池有质子交换膜燃料电池、碱性燃料电池等。

上述分类方法并不意味着一个电池体系只能属于其中一类电池,恰恰相反,电池体系可以根据需要设计成不同类型,如锌银电池可以设计为一次电池,也可设计为二次电池,还可以作为储备电池。

第二节 化学电源的工作原理及组成

一、化学电源的工作原理

化学电源是一个能量储存与转换的装置。放电时,电池将化学能直接转变为电能;充电时则将电能直接转化成化学能储存起来。电池中的正负极由不同的材料制成,插入同一电解液的正负极均将建立自己的电极电势。此时,电池中的电势分布如图3-2中折线 A、B、C、D 所示(点画线和电极之间的空间表示双电层)。由正负极平衡电极电势之差构成了电池的电动势 E。当正、负极与负载接通时,正极物质得到电子发生还原反应,产生阴极极化使正极电势下降;负极物质失去电子发生氧化反应,产生阳极极化使负极电势上升。外线路有电子流动,电流方向由正极流向负极。电解液中靠离子的移动传递电荷,电流方向由负极流向正极。电池工作时,电势的分布如图3-2中 $A'B'C'D'$ 折线所示。

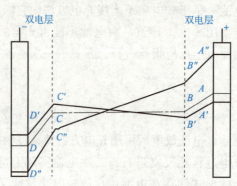

图3-2 化学电源的工作原理

上述的一系列过程构成了一个闭合通路,两个电极上的氧化、还原反应不断进行,闭合通路中的电流就能不断地流过。电池工作时,电极上进行的产生电能的电化学反应称为成流反应;参加电化学反应的物质称为活性物质。

电池充电时,情况与放电时相反,正极上进行氧化反应,负极上进行还原反应,溶液中离子的迁移方向与放电时相反,充电电压高于电动势。

化学电源在实现将化学能直接转换成电能的过程中,必须具备以下两个必要的条件。

(1)化学反应中失去电子的过程(氧化过程)和得到电子的过程(还原过程)必须分隔在两个区域中进行。这说明电池中进行的氧化还原反应与一般的化学的氧化还原反应不同。

(2)物质在进行转变的过程中电子必须通过外电路。这说明化学电源与电化学腐蚀过程的微电池不同。

放电时,电池的负极上总是发生氧化反应,此时是阳极,电池的正极总是发生还原反应,此时是阴极;充电时,进行的反应正好与此相反,负极进行还原反应,正极进行氧化反应。

二、化学电源的组成

任何一个电池都应包括 4 个基本组成部分,即电极、电解质、隔离物和外壳。

(一)电极

电极(包括正极和负极)是电池的核心部件,是由活性物质和导电骨架组成的。

活性物质是指电池放电时,通过化学反应能产生电能的电极材料,活性物质决定了电池的基本特性。活性物质多为固体,但是也有液体和气体。对活性物质的基本要求如下:一是正极活性物质的电极电势尽可能正,负极活性物质的电极电势尽可能负,组成电池的电动势就高;二是电化学活性高,即自发进行反应的能力强,电化学活性与活性物质的结构、组成有很大关系;三是质量比容量和体积比容量大;四是在电解液中的化学稳定性好;其自溶速度应尽可能小;五是具有高的电子导电性;六是资源丰富,价格低;七是环境友好。要完全满足以上要求是很难做到的,必须综合考虑。目前,广泛使用的正极活性物质大多是金属的氧化物,如二氧化铅、二氧化锰、氧化镍等,还可以使用空气中的氧气。而负极活性物质多数是一些较活泼的金属,如锌、铅、镉、铁、锂、钠等。

导电骨架的作用是能把活性物质与外线路接通并使电流分布均匀,另外,还起到支撑活性物质的作用。导电骨架要求机械强度好、化学稳定性好、电阻率低、易于加工。

(二)电解质

电解质保证正负极间的离子导电作用,有的电解质还参与成流反应。电池中的电解质应该满足:第一,化学稳定性好,使储存期间电解质与活性物质界面不发生速度可观的电化学反应,从而减少电池的自放电;第二,电导率高,则电池工作时溶液的欧姆电压降较小。不同的电池采用的电解质是不同的,一般选用导电能力强的酸、碱、盐的水溶液，在新型电源和特种电源中，还采用有机溶剂电解质、熔融盐电解质、固体电解质等。

(三)隔离物

隔离物又称隔膜、隔板，置于电池两极之间，主要作用是防止电池正极与负极接触而导致短路。对隔离物的具体要求如下：第一，应是电子的良好绝缘体，以防止电池内部短路；第二，隔膜对电解质离子迁移的阻力小，则电池内阻就相应减小，电池在大电流放电时的能量损耗就减小；第三，应具有良好的化学稳定性，能够耐受电解液的腐蚀和电极活性物质的氧化与还原作用；第四，具有一定的机械强度及抗弯曲能力，并能阻挡枝晶的生长和防止活性物质微粒的穿透；第五，材料来源丰富，价格低。常用的隔离物有棉纸、浆层纸、微孔塑料、微孔橡胶、水化纤维素、尼龙布、玻璃纤维等。

(四)外壳

外壳也就是电池容器，在现有的化学电源中，只有锌锰干电池是锌电极兼作外壳，其他各类化学电源均不用活性物质兼作容器，而是根据情况选择合适的材料作外壳。电池的外壳应该具有良好的机械强度，耐震动和耐冲击，并能耐受高低温环境的变化和电解液的腐蚀。常见的外壳材料有金属、塑料和硬橡胶等。

第三节 化学电源的电性能

一、电池的开路电压

电池的开路电压是两极间所连接的外线路处于断路时两极间的电势差。正、负极在电解液中不一定处于热力学平衡状态，因此，电池的开路电压总是小于电动势。

电池的电动势是从热力学函数计算得出，而开路电压是实际测量出来的，两者数值接近。测量开路电压时，测量仪表内不应有电流通过。一般使用高阻电压表[①]。

标称电压是表示或识别一种电池的适当的电压近似值，也称为额定电压，可用来鉴别电池类型。例如，铅酸蓄电池开路电压接近 2.1 V，标称电压定为 2.0 V；锌锰电池标称电压为 1.5 V，镉镍电池、镍氢电池标称电压为 1.2 V。

二、电池的内阻

电池的内阻 $R_内$ 是指电流流过电池时所受到的阻力，它包括欧姆内阻和电化学反应中电极极化所相当的极化内阻。

欧姆内阻 R_Ω 的大小与电解液、电极材料、隔膜的性质有关。电解液的欧姆内阻与电

---

① 方建国，林凡力. 绿色金融与经济可持续发展的关系研究——基于中国 30 个省际面板数据的实证分析[J]. 中国石油大学学报(社会科学版)，2019，35(1)：14-20.

解液的组成、浓度、温度有关。一般来说，电池用的电解液浓度值大多选在电导率最大的区间，另外，还必须考虑电解液浓度对电池其他性能的影响，如对极化电阻、自放电、电池容量和使用寿命的影响。隔膜微孔对电解液离子迁移所造成的阻力也称为隔膜电阻，即电流通过隔膜时微孔中电解液的电阻。隔膜的欧姆电阻与电解质种类、隔膜的材料、孔率和孔的曲折程度等因素有关。电极上的固相电阻包括活性物质粉粒本身的电阻、粉粒之间的接触电阻、活性物质与导电骨架间的接触电阻及骨架、导电排、端子的电阻总和。放电时，活性物质的成分及形态均可能变化，从而造成电阻阻值发生较大的变化。为了降低固相电阻，常常在活性物质中添加导电组分，如乙炔黑、石墨等，以增加活性物质粉粒间的导电能力。

电池的欧姆电阻还与电池的尺寸、装配、结构等因素有关。装配越紧凑，电极间距就越小，欧姆内阻就越小。一个中等容量启动型铅酸蓄电池的欧姆内阻只有 $10^{-4} \sim 10^{-2}\ \Omega$，而一个 R20 型糊式锌锰干电池的欧姆内阻可达到 $0.2 \sim 0.3\ \Omega$。

三、电池的工作电压

电池的工作电压又称负载电压、放电电压，是指有电流流过外电路时电池两极之间的电势差。当电池内部有电流流过时，由于必须克服极化内阻和欧姆内阻所造成的阻力，工作电压总是小于开路电压。

当 $E = U_{开}$ 时，有

$$U = E - IR_{内} = E - I(R_\Omega + R_f) \tag{3-1}$$

式中　U——放电电压；

　　　E——电动势；

　　　I——放电电流；

　　　R_Ω——欧姆内阻；

　　　R_f——极化内阻。

由式(3-1)可以看出，电池的内阻越大，电池的工作电压就越低，实际对外输出的能量就越小，显然内阻越小越好。损失的能量均以热量的形式留在电池内部，如果电池升温剧烈，可能使电池无法继续工作。

在研究电池的放电性能时，经常需要测量电池的放电曲线，即放电电压随时间变化的曲线。电池放电制度不同，其放电曲线也会发生变化。放电制度通常包括放电方式、放电电流、终止电压、放电的环境温度等。

电池放电时基本上有两种方式：一种是恒电流放电；另一种是恒电阻放电。恒电阻放电时，电池的工作电压和放电电流均随着放电时间的延长而下降；恒电流放电时，其工作电压也随着放电时间的延长而下降。电池的工作电压随着放电时间的延长而逐渐下降，主要是由于两个电极的极化造成的。在放电过程中由于传质条件变差，浓差极化逐渐加大；另外，随着活性物质的转化，电极反应的真实表面面积越来越小，造成电化学极化的增加。特别是在放电后期，电化学极化的影响更为突出。电池的欧姆内阻也是工作电压逐渐下降的原因之一。在电池放电时，通常欧姆内阻是不断增加的。

随着现在电动工具、电动车辆等电池功率驱动应用的增加,电池恒功率放电的应用也越来越多。随着放电进行,电池电压不断下降,根据 $P=IU$,则电池的放电电流会不断增大。

恒电阻、恒电流、恒功率 3 种放电方式时的电流、电压、功率随时间变化曲线如图 3-3 所示。

放电电流就是电池工作时的输出电流。在大电流放电时,电池正负极上的电化学极化和浓差极化都会增大,电池内的欧姆压降也增大,这是某些电池的工作电压迅速下降的主要原因之一。放电电流通常也称为放电率,经常用时率(又称小时率)和倍率表示。

(1)时率是以放电时间表示的放电速率,或者说是以一定的放电电流放完全部容量所需的时间(h)。例如,额定容量为 10 A·h 的电池,以 2 A 的电流放电时,时率为 10 A·h/(2 A)=5 h,即电池是以 5 小时率放电。

(2)倍率是电池在规定时间内放完全部容量时,用电池容量数值的倍数表示的电流值。通常,将电池放电刚开始的电压称为初始工作电压,电压下降到不宜再继续放电的最低工作电压称为终止电压。根据不同放电条件和对容量、寿命的要求,规定的终止电压数值略有不同。在低温或大电流放电的情

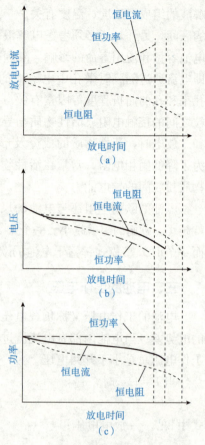

图 3-3　不同放电方式时的放电曲线
(a)放电电流;(b)放电电压;(c)功率

况下,规定的终止电压可低些,小电流放电则规定值较高。如镉镍蓄电池,1 小时率放电终止电压为 1.0 V,10 小时率放电终止电压为 1.1 V。因为当 1 小时率放电时,放电电流较大,电压下降也较快,活性物质的利用不充分,所以,把放电终止电压适当规定得低一些,有利于输出较多的能量。而 10 小时率或更小的电流放电时,活性物质的利用比较充分,放电终止电压可适当提高一些,这样可以减轻深度放电引起的电池寿命下降。

由图 3-4 所示的放电曲线可以清楚地看出,电池的工作电压特性和容量情况,一般总是希望放电曲线越平坦越好。有时为了分析和研究电池电压下降的原因,还需要测量单个电极的放电曲线,借以判断电池容量、寿命下降发生在哪一个电极上。

放电温度对放电曲线的影响,如图 3-5 所示。放电温度较高时放电曲线变化比较平缓,放电温度越低,曲线变化越大。这是因为温度越低,离子运动速度减慢,欧姆电阻增大,温度过低时,电解液甚至会结冰而放不出电来。同时,温度降低电化学极化和浓差极化也将增大,所以,放电曲线下降变化较快。

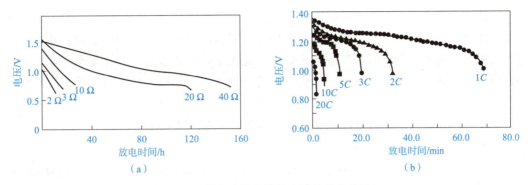

图 3-4 锌锰电池与镉镍电池的放电曲线
(a)锌锰干电池恒阻放电曲线；(b)镉镍蓄电池恒流放电曲线

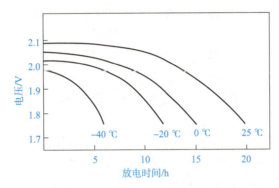

图 3-5 铅酸蓄电池不同温度下的放电曲线

四、电池的容量与比容量

电池的容量是指在一定的放电条件下可以从电池获得的电量，单位常用安培小时（A·h）表示，它又可分为理论容量、实际容量和额定容量。

提高正负极活性物质的利用率是提高电池容量、降低电池成本的重要途径。利用率是与电池的放电制度、电池的结构及制造工艺密切相关的。相同结构和类型的电池，如果放电制度不同，它们给出的容量就不同，活性物质的利用率也就不同。显然，在相同的放电制度下，活性物质的利用率越高就说明电池结构设计得越合理。影响容量的因素都将影响活性物质的利用率。当电池的结构、活性物质的数量及质量和制造工艺被确定下来之后，电池的容量就与放电制度有关，其中放电电流的大小对电池容量的影响较大，因此在谈到电池容量时，必须指明其放电电流强度。

电池的容量由电极的容量决定，当正极和负极的容量不相等时，电池的容量取决于容量小的那个电极，而不是正、负极容量之和。因为电池充放电时通过正、负极的电量总是一样的，即正极放出的容量等于负极放出的容量等于电池的容量。考虑到经济、安全、密封等问题，电池往往特意设计成一个电极容量稍大，通常是正极容量控制整个电池的容量，而负极容量过量。正、负极活性物质均有各自的利用率和比容量，可以分别测定和计算。实际电池的比容量是用电池的容量除以电池的质量或体积计算出来的。

电池容量是电池电性能的重要指标，影响它的因素很多，归纳起来主要是两大方面：一是活性物质的数量；二是活性物质的利用率。通常，电池中活性物质的数量越多，电池放出的容量越大，但它们并不是严格地成正比关系。电池中的活性物质数量越大，电池的总质量和体积也就越大，所以，就同一类电池而言，大电池放出的容量要比小电池多。在一种电池被设计制造出来以后，电池中活性物质的质量确定，理论容量也就确定了，而实际上能放出多少容量，主要取决于活性物质的利用率。

影响活性物质利用率的因素主要有以下几个方面：

(1)活性物质的活性。活性物质的活性是指它参加电化学反应的能力。活性物质的活性大小与晶型结构、制造方法、杂质含量及表面状态有密切关系，活性高的利用率也高，放出的容量也大。

(2)电极和电池的结构对活性物质的利用率有明显的影响，也直接影响电池的容量。电极的结构包括电极的成型方法，极板的孔径、孔率、厚度和真实表面积等。

在大多数电池中，电极是由粉状活性物质制成的，电极中存在很多微孔，电解液在微孔中扩散和迁移都要受到阻力，容易产生浓差极化，影响活性物质的利用率。有时电池的反应产物在电极表面生成并覆盖电极表面的微孔，很难使内部的活性物质充分反应，影响活性物质的利用率，从而影响电池的容量。

在活性物质相同的情况下，极板越薄，活性物质的利用率就越高。电极的孔径、孔率大小都影响电池的容量。电极的孔径大、孔率高，有利于电解液的扩散。同时，电极的真实表面积增大，对于同样的放电电流，则它的电流密度大大减小，可以减轻电化学极化，有利于活性物质利用率的提高。但孔径过大、孔率过高，极板的强度就会降低，同时电子导电的电阻增大，对活性物质利用率的提高不利，因此，极板的孔径和孔率要适当，才能有较高的利用率。正、负极之间在不会引起短路的条件下，极板间距要小，离子运动的路程短，有利于电解液的扩散。

电池的结构不同，如圆筒形、方形、纽扣形，其活性物质的利用率也不同。

(3)电解液的数量、浓度和纯度对容量也有明显的影响，这种影响是通过活性物质的利用率来体现的。如果电解质参与电池反应，则可视其为活性物质。若电解质数量不足，正、负极活性物质就不可能充分利用。对于不参加反应的电解质溶液，只要它的数量能保证离子导电就行了。任何一种电解质溶液，都存在一个最佳浓度，在此浓度下导电能力最高。同时，还要考虑电极在此浓度下的腐蚀和钝化，若腐蚀严重，则造成活性物质浪费，利用率下降；另外，电解液中的杂质，特别是有害杂质，也会使活性物质利用率降低，影响电池的容量。

(4)电池的制造工艺对电池的容量有很大影响。活性物质种类与组成、添加剂的应用都会影响活性物质利用率，生产过程中的工艺参数变化也会影响电池性能。

(5)当电池制造出来以后，放电制度不同也会影响活性物质利用率。

放电电流密度 $i_{放}$ 对电池的容量影响很大。$i_{放}$ 越大，电池放出的容量越小，因为 $i_{放}$ 大表示电极反应速率快，则电化学极化和浓差极化也就越严重，阻碍了反应的深度，使活性物质不能充分被利用。同时 $i_{放}$ 大，欧姆电压降也增大，特别是放电的反应产物是固态时，可能将电极表面覆盖，阻碍了离子的扩散，影响电极内部活性物质的反应，使利用率下降，容量降低。

放电温度对容量的影响也很大。当放电温度升高时，一方面电极的反应速率加快；另一方面溶液的黏度降低，离子运动的速度加快，使电解质溶液的导电能力提高，有利于活性物质的反应。放电温度升高，放电产物的过饱和度降低，可以防止生成致密的放电产物层，这就减轻了颗粒内部活性物质的覆盖，有利于活性物质的充分反应，提高了活性物质利用率。放电温度升高还可能防止或推迟某些电极的钝化（特别是片状负极），这些都对电池的放电容量有利。所以，放电温度升高，电池放出的容量增大；反之，放电温度降低，电池放出的容量减小。

放电终止电压对容量的影响，一般是终止电压越高，放出的容量越小；选择终止电压越低，放出的容量越大。

为了对同一系列的不同种电池进行比较，常使用比容量这个概念。单位质量或单位体积电池所给出的容量称为质量比容量（A·h/kg）或体积比容量（A·h/L）。

对于电池来说，除作为核心的电极与电解液外，还包括外壳、隔膜及导电部件。其中对于储备电池和连续电池，除电池本身外，还包括为使电池放电所需的全部附件的质量和体积，如储备电池的储液罐、激活装置等及连续电池的活性物质储存和供给系统、控制系统、加热系统等的质量与体积。

有了比容量的概念，就可以对不同类型、不同大小的电池进行比较，以区别电池性能的优劣。电池的容量有理论容量和实际容量之分，所以，对应也有理论比容量和实际比容量的区别。

五、电池的储存性能与自放电

电池储存性能是指电池开路时，在一定的条件下（如温度、湿度等）储存一段时间后，容量自行降低的性能，也称自放电。容量降低率小就说明储存性能好。

电池开路时，没有对外输出电能，但是电池总是会发生自放电现象。自放电的产生主要是由于电极在电解液中处于热力学的不稳定状态，电池的两个电极自行发生了氧化还原反应的结果。即使电池干储存，也会由于密封不严，进入空气、水分等，使得电池发生自放电。

自放电的大小也可用电池搁置至容量降低到规定值时的天数表示，称为搁置寿命。搁置寿命有干搁置寿命和湿搁置寿命之分。例如储备电池，在使用前不加入电解液，电池可以储存很长时间，这种电池的干搁置寿命可以很长。电池带电解液储存时称湿储存，湿储存时自放电较大，湿搁置寿命相对较短。例如，锌银电池的干搁置寿命可达 5~8 年，而湿搁置寿命通常只有几个月。

在化学电源中，通常负极的自放电比正极严重，因为负极活性物质大多为活泼金属，在水溶液中它们的标准电极电势比氢电极还低，从热力学的观点来看就是不稳定的，特别是当有正电性的金属杂质存在时，这些杂质和负极活性物质形成腐蚀微电池，发生负极金属的溶解和氢气的析出。如果电解液中含有杂质，这些杂质又能够被负极金属置换出来沉积在负极表面上，而且氢气在这些杂质上的过电势又较低，会加速负极的腐蚀。在正极上，主要是可能会有各种副反应发生(如逆歧化反应、杂质的氧化、正极活性物质的溶解等)，消耗了正极活性物质，而使电池的容量下降。

影响自放电的因素有储存温度、环境的相对湿度及活性物质、电解液、隔板和外壳等带入的有害杂质。

防止电池自放电的措施，一般是采用纯度较高的原材料或将原材料预先处理，除去有害杂质，或者在负极材料中加入氢过电势较高的金属，如镉、汞、铅等。也有在电极或电解液中加入缓蚀剂，抑制氢的析出，减少自放电反应的发生。汞、镉对环境有较大的污染，目前电池中已加的汞、镉、铅已逐步被其他缓蚀剂所代替。

储存期除要求自放电小外，还不能出现漏液或爬液现象，对干电池还不能有气胀等现象。

六、循环寿命

对蓄电池而言，循环寿命或使用周期也是衡量电池性能的一个重要参数。蓄电池经历一次充电和放电，称为一次循环，或称一个周期。

在一定的充放电制度下，电池容量降至某一规定值之前，电池所能耐受的循环次数称为蓄电池的循环寿命，或称为使用周期。循环寿命越长，则电池性能越好。各种蓄电池的使用周期都有差异，镉镍蓄电池循环寿命长达上千次，而锌银蓄电池的循环寿命较短，有的不到 100 次。即使同一种电池，如果其结构不同，循环寿命也不同。

影响蓄电池循环寿命的因素很多，除正确使用和维护外，主要有以下几点：

(1) 活性表面积在充放电循环过程中不断减小，使工作电流密度上升，极化增大；
(2) 电极上活性物质脱落或转移；
(3) 在电池工作过程中，某些电极材料发生腐蚀；
(4) 在循环过程中电极上产生枝晶，造成电池内部短路；
(5) 隔离物的损坏；
(6) 活性物质晶形在充放电过程中发生改变，因而使活性降低。

对于启动型铅酸蓄电池则采用过充电耐久能力和循环耐久能力的单元数来表示其寿命。过充电耐久能力是指将充足电的蓄电池放在温度为 40 ℃±2 ℃ 的恒温水浴槽中，用 0.1 C(C 为额定容量)的定电流充电 100 h，然后开路放置 48 h，并在 40 ℃±2 ℃ 的条件下用启动电流快速放电到平均每单格电池的 $U_{终}=1.33$ V，放电的持续时间应等于或大于 240 s。快速放电结束后，蓄电池就完成一个过充电单元。按我国国家标准，启动蓄电池的过充电单元数应至少为 3。

循环耐久能力是指将充足电的蓄电池放在温度为 40 ℃±2 ℃ 的恒温水浴槽中，用 0.1 C 电流放电 1 h，然后立即用 0.1 C 电流充电 5 h。如果连续反复充电 36 次，之后开路放置 96 h 后，立即用启动电流快速放电到平均每单格电池电压降到 1.33 V，然后进行完全充电。以上整个过程组成一个循环耐久能力单元，按我国国家标准，需达到 3 个单元。从第 3 个单元开始，在 36 次循环之后，开路搁置 96 h，在 −18 ℃±1 ℃ 条件下以启动电流放电，放电时间应等于或大于 60 s。

第四节 常见化学电池简介

一、锌锰电池

锌锰电池是以锌为负极、二氧化锰为正极的电池系列。由于锌锰电池原材料丰富、结构简单、成本低、携带方便,因此,自从其诞生至今100多年来一直是人们日常生活中经常使用的小型电源。与其他电池系列相比,锌锰电池在民用方面具有很强的竞争力,被广泛地应用于信号装置、仪器仪表、通信、计算器、照相机闪光灯、收音机、电动玩具及钟表、照明等各种电器用具的直流电源。锌锰电池通常不适合大电流连续放电,因为在大电流连续放电时电压下降较快,一般情况下更侧重于小电流或间歇方式供电。

锌锰电池发展至今经历了漫长的演变过程。早在1868年,法国工程师乔治·勒克朗谢采用二氧化锰和炭粉做正极、锌棒做负极、20%的氯化铵做电解液、玻璃瓶做容器制成了世界上的第一只锌锰电池。因此,中性锌锰电池也被称为勒克朗谢电池。此后,电解液被制成糊状物,称为糊式电池,俗称干电池。在20世纪50年代出现了碱性锌锰电池,由于采用了导电性好的氢氧化钾溶液,同时使用电解二氧化锰,使得锌锰电池的容量成倍地提高,而且适合较大电流连续放电。20世纪60年代采用浆层纸代替了传统锌锰电池中的糨糊层,不仅使隔离层的厚度降为原来的1/10左右,有利于降低欧姆电阻,而且使正极粉料的填充量增加,使锌锰电池的性能明显提高,形成了纸板式锌锰电池。20世纪70年代高氯化锌电池问世,使锌锰电池的连续放电性能得到明显的改善。20世纪80年代后期,节约资源、保护环境的意识不断深入人心,这就引发了锌锰电池的两个发展方向,即可充碱性锌锰电池和负极的低汞、无汞化。20世纪90年代通过改性正极材料、使用耐枝晶隔膜、采用恒压充电模式等措施,使可充碱锰电池达到深度放充电50次循环以上,曾经一度实现了商业化生产。同时,在各国政府的逐步政策引导下,碱锰电池的负极汞含量不断降低,直至21世纪初实现了完全无汞化。20世纪末以来,无汞碱锰电池的性能再度获得了大幅度的提高,LR6型碱锰电池的容量达到了 2.3 A·h,比之前提高了20%~30%;另外,无汞碱锰电池在重负荷(较大电流)连续放电方面进步明显,重负荷工作时电池放电容量显著增加,放电电压显著提高。

二、铅酸蓄电池

铅酸蓄电池已有150多年的历史了。1860年,普朗特(Plante)首先报道了从浸在硫酸溶液中并充电的一对铅板可以得到有效的放电电流,后来富尔(Faure)提出了涂膏极板的概念。此后150多年来,电池的主要组件没有发生根本变化。但随着各国科学家和工程技术人员的不断努力,这种蓄电池仍发生了一系列技术进步,如管状电极、胶体电解液、超细玻璃纤维隔板(AGM)、阀控密封铅酸蓄电池(VRLA)技术、卷绕 VRLA 技术等。

铅酸蓄电池的正极活性物质是二氧化铅,负极活性物质是海绵状金属铅,电解液是稀硫酸水溶液。该电池放电时,把储存的化学能直接转换为电能。正极二氧化铅和负极金属铅分别被还原和氧化为硫酸铅。铅酸蓄电池的标称电压是 2 V，理论上放出 1 A·h 的电量需要正极活性物质 PbO_2 4.45 g、负极活性物质金属铅 3.87 g、纯硫酸 3.66 g。如此计算铅酸电池的理论比能量是 166.9 W·h/kg，实际比能量为 35~45 W·h/kg。

构成铅酸蓄电池的主要部件是正负极和电解液，另外，还包括隔板、电池槽和一些必要的零部件。正、负极活性物质是分别固定在各自的板栅上，活性物质加板栅组成正极或负极。

20 世纪下半叶铅酸电池在结构上发生了重大变化。此前，铅酸电池的极板是浸在可流动的硫酸中使用，在电池过充时，氢气和氧气可无障碍地释放出来，这样就带来电解液失水，电池需定期维护。

长期以来，科学家一直试图研制"密封式"铅酸电池，这样阀控密封铅酸电池（Valve-regulated Lead-acid，VRLA）应运而生。首批商业化的 VRLA 电池是 20 世纪 60 年代德国的阳光公司和 20 世纪 70 年代的盖茨能源产品公司设计的。两家公司采用的工艺分别是"胶体"和"超细玻璃纤维隔板（AGM）"工艺。

三、镉镍电池

镉镍电池正极采用镍的氧化物，负极采用金属镉，电解质采用氢氧化钾溶液。

1899 年，瑞典人雍格纳（Waldemar Jungner）首先发明了镉镍电池，由于它具有很多独特的优点，因此发展迅速，其 100 多年的发展历史大致可以概括为 4 个阶段。

在 20 世纪 30 年代以前，主要是有极板盒式电池，也称为袋式电池，主要用于牵引、启动、照明。这种电池使用寿命长，但由于活性物质是装在极板盒里，因此内阻较大，不适合大电流放电。

1934 年，人们研制出了烧结式电池，其具有机械强度高、内阻小、可大电流放电的优点，主要用于坦克、飞机、火箭等各种引擎的启动。

1947 年，人们研制出了密封镉镍电池，它是最早研制成功的密封蓄电池，可以在任意位置工作，不需维护，因此，大大扩大了其应用范围。烧结式密封镉镍电池同时具有可以大电流放电的优点，可以用于导弹、火箭和人造卫星的电源。

20 世纪 80 年代，人们研制成功了新型的纤维式、发泡式镉镍电池，生产工艺简单，生产效率高，活性物质填充量大，电池容量提高 40% 以上。粘结式镉镍电池也得到了快速发展。

镉镍电池最突出的特点是使用寿命长，循环次数可达几千甚至上万次，人造卫星用镉镍电池在浅充放条件下可循环 10 万次以上，密封镉镍电池的循环寿命也可达 500 次以上；使用温度范围宽，可在 -40~40 ℃ 范围内正常使用；镉镍电池还具有自放电小、耐过充过放、放电电压平稳、力学性能好等优点；缺点是活性物质成本较高、存在镉污染、电池长期浅充放循环时有记忆效应。

镉镍电池的分类方式有很多种。根据结构及制造工艺的不同可分为有极板盒式和无极板盒式电池两大类。无极板盒式电池可以使用压成式、涂膏式、烧结式电极等，从密封方式可分为开口型、密封型、全密封型。有极板盒式电池是开口的，无极板盒式电池可以是开口电池，也可以是密封电池。按照输出功率，镉镍电池可以分为低倍率型、中倍率型、高倍率型、超高倍率型。

镉镍电池可用作铁路列车、飞机、船舶等的启动、照明电源，矿山机械与矿灯电源，电力、电信等系统的储备及应急电源，广泛应用于现代军事武器及航天事业。密封镉镍电池在便携式电子设备上应用广泛。

四、金属氢化物镍电池

(一)发展历史

金属氢化物镍电池(MH-Ni 电池)是在航天用高压氢镍电池的基础上发展起来的。由于高压氢镍电池需要高压氢气及储氢罐，以及贵金属催化剂，不适合作为民用电池。为了降低氢镍电池的压力，自 20 世纪 70 年代起，开始研究低压氢镍电池。

荷兰飞利浦实验室发现 LaNi5 合金具有可逆的吸放氢的性能，根据它的电化学特性，从 1973 年开始人们就试图用其作为二次电池的负极材料。但是由于吸放氢过程中合金晶格膨胀和收缩导致合金粉化，容量迅速衰减。直到 1984 年，飞利浦公司才基本解决了 LaNi5 合金循环过程中的容量衰减问题，成功制造出了以 LaNi5 合金为负极材料的 MH-Ni 电池，1988 年美国 Ovonic 公司及 1989 年日本松下、东芝、三洋等电池公司先后开发成功 MH-Ni 电池，并开始大规模商业化生产。

我国是稀土大国，研究和生产 MH-Ni 电池具有资源优势。在国家 863 计划的推动下，我国在储氢材料和 MH-Ni 电池的研究和开发方面取得了长足的进步，于 20 世纪 80 年代末研制成功电池用储氢合金，于 1990 年研制成 AA 型 MH-Ni 电池，容量在 $900\sim 1\,000\,mA\cdot h$。我国现在已有数十个厂家大批量生产 MH-Ni 电池，电池的综合性能有了很大提高，生产能力也已超过几亿只，成为 MH-Ni 电池产销量的第一大国。

MH-Ni 电池的性能仍在不断提高，目前 AA 型电池的容量可达 $2\,000\sim 2\,500\,mA\cdot h$，三洋公司生产的 AA 型电池的额定容量高达 $2\,700\,mA\cdot h$。随着电子、通信事业的迅速发展，MH-Ni 电池的市场迅速扩大，电动车用大容量方形 MH-Ni 电池的开发，将是一个更为巨大的市场。高容量、环境友好、寿命长的绿色 MH-Ni 电池将是 21 世纪应用最广泛的高能电池之一。

(二)金属氢化物镍电池的特点

MH-Ni 电池使用了氧化镍电极作为正极，储氢合金电极作为负极，电池具有许多独特的优点。

(1)能量密度高，是镉镍(Cd-Ni)电池的 1.5～2 倍。

(2)电池电压为 1.2～1.3 V，与 Cd-Ni 电池相当，充放电曲线也相似，与镉镍电池具有互换性。

(3)可大电流快速充放电。

(4)低温性能好。

(5)可做成密封电池,耐过充、过放电能力强。
(6)环境相容性好,无毒、无环境污染,是绿色环保电池。
(7)无记忆效应。

MH-Ni 电池自放电较大,寿命也比镉镍电池稍差,但是也能达到 500 次循环以上。

五、锌氧化银电池

(一)锌氧化银电池的发展背景

锌氧化银电池是 20 世纪 40 年代开始广泛应用的一种高比能量、高比功率的化学电源体系,它既可制成原电池和储备电池,也可以设计成二次电池。早在 1800 年,意大利科学家伏特(Volta)的锌银电堆研究就奠定了锌银电池的雏形。1883 年,出现了第一个完整的碱性锌银原电池的专利。1899 年,瑞典科学家雍格纳制成了烧结式银电极,并推出了有实用价值的锌银电池。由于锌银电池具有比能量高等诸多优点,使人们对其的研究和开发一直抱有较浓厚的兴趣。但是在其后的几十年间,科学家们虽然做了大量的工作,但没有明显的突破,其主要原因是氧化银微溶于碱,并由正极向负极迁移;而且整体锌电极易发生钝化,不能大电流放电。直到 1941 年,法国科学家亨利·安德烈采用赛璐玢半透膜作为锌银电池的隔膜,延缓了氧化银的迁移,同时也防止锌枝晶的形成,还采用了多孔锌电极,防止了锌的钝化,使锌银电池具备了大电流放电性能,并促使了锌银电池的迅速发展。

锌氧化银电池以金属锌(Zn)为负极,银的氧化物(AgO 或 Ag_2O)为正极,电解质溶液为 KOH 或 NaOH 的水溶液,其电化学表达式为

$$负极:Zn+2OH^--2e^-\longrightarrow ZnO+H_2O$$
$$正极:Ag_2O+H_2O+2e^-\longrightarrow 2Ag+2OH^-$$
$$总反应:Zn+Ag_2O\longrightarrow 2Ag+ZnO$$

(二)锌银电池的特点与分类

(1)具有较高的质量比能量和体积比能量,质量比能量可达 100~300 W·h/kg,体积比能量可达 180~220 W·h/L,为铅酸蓄电池的 2~4 倍;
(2)具有很高的比功率和较好的高速率放电性能;
(3)具有非常平稳的放电电压;
(4)自放电小,具有良好的机械强度。

锌银电池的缺点是使用昂贵的银作为电极材料导致其成本高,作为二次电池其充放电次数少、寿命短,另外其高低温性能也不太理想。

锌银电池按工作方式可分为一次电池和二次电池;按结构可分为密封式电池和开口式电池;按储存状态可分为干式荷电态电池和干式放电态电池;按外形可分为矩形电池和纽扣式电池;按激活方式可分为人工激活电池和自动激活电池;按放电倍率可分为高倍率电池、中倍率电池和低倍率电池。其中几种分类方法可以概括如下:

锌银电池可以制成各种形式的电池以满足不同用途的需求。一次锌银电池主要制作成 5~250 mA·h 的纽扣式电池，广泛应用在助听器、石英手表、计算器等小型或微型电子装置中。虽然银的价格较高，但是由于锌银电源比容量高而仍得到广泛应用。二次锌银电池以其高比能量和高比功率著称，同样由于价格问题，主要应用在对电池性能有特殊要求又不计较成本的场合，例如，在军事和航空航天等领域作为特殊用途的电源。锌银电池可应用于水下鱼雷发射及水雷、特殊试验艇、深潜救护艇等军事武器和装备。在宇航技术中，可将锌银电池应用于火箭、导弹、人造卫星、宇宙飞船等装置上作为电源。在直升机、喷气飞机上使用锌银电池做启动和应急电源。我国的锌银电池也是在 20 世纪 50 年代末随着导弹和宇航事业的发展而开始研制的，自 20 世纪 60 年代中期已在我国自行设计的导弹中获得应用。二次锌银电池的不足之处是循环寿命低，深充放循环只有 10~200 次。

六、锂电池

锂电池的发展与特点如下：

锂电池可分为锂一次电池（又称锂原电池）与锂二次电池（又称锂可充电电池）。锂的电负性极小（鲍林标度为 0.98），并且是摩尔质量最小（6.94 g/mol，密度为 0.53 g/cm³）的金属，因此，选择锂作为电池材料可以获得较高的电动势和能量密度。这种以锂作为负极的化学电源体系称为锂电池。金属锂二次电池在 20 世纪 80 年代被推入市场。但由于安全性等问题，除以色列 Tadiran 电池公司和加拿大的 Hydro Quebec 公司仍在研发外，金属锂二次电池的发展基本处于停顿状态。锂原电池的研究起始于 20 世纪 60 年代。1962 年，在美国波士顿召开的电化学学会秋季会议上，来自美国的科学家 Chilton 和 Cook 提出了"锂非水电解质体系"的设想。这个想法第一次把活泼金属锂引入电池设计，锂电池的雏形由此诞生。但由于锂和水会发生剧烈的反应，故当时大多选用非水电解液，而正极多选用 CuF_2 等材料。这些正极材料在电解液中很容易溶解，且初期电池的结构材料的耐电解液腐蚀性能也不高，当时并未形成真正的商品化锂电池。"锂非水电解质体系"得到大多数电池设计者的认可，但电化学性能迟迟未有突破。于是，欧美和日本的研究者沿着两条路径摸索新型的正极材料。一是转向具有层状结构、后来被称作"嵌入化合物"的电极材料，这也使"嵌入化合物"进入锂电池设计者的视野，为锂二次电池研发奠定了坚实的理论基础；二是转向以二氧化锰为代表的过渡金属氧化物的研究和开发。1970 年后，日本松下电器公司成功研制了 $Li-(CF_x)n$ 电池；法国 SAFT 公司在 20 世纪 60 年代开展了锂电池的研究，并于 1970 年获得 $Li-SOCl_2$ 电池的专利权。在美国，1970 年成立专门从事 $Li-SO_2$ 电池研究的动力转换公司（Power Conversion Inc.），主要从事军事用途的锂电池研究和生产。1976 年，日本三洋公司推出了在计算器领域广泛应用的 $Li-MnO_2$ 电池，使得三洋公司取得锂原电池商业制造的巨大成功，锂电池终于从概念变成了商品。锂电池由于具有能量密度大、放电电压平稳、工作温度范围宽（-40~50 ℃）、低温性能好、储存寿命长等优点，已广泛应用于心脏起搏器、电子表、录音机、计算器、导弹点火系统、鱼雷、潜艇、飞机等民用和军事领域。

锂电池的安全性问题应该引起足够的重视。锂电池在短路或重负荷条件下，某些有机电解质锂电池及非水无机电解质锂电池都有可能发生爆炸。通常认为爆炸是由于反应产生的热使电池温度升高，而温度升高又加速了电池中某些反应的进程。温度在电池内部某些位置超过锂的熔点(180 ℃)，挥发的溶剂组分与反应产生气体导致电池腔体内压力升高，这些原因导致局部锂熔化造成热失控。另外，某些无机盐本身也有爆炸性，隔膜分解也是电池具有爆炸性的因素。防止锂电池爆炸的措施是在电池结构上进行改进，如安装透气片。当电池内达到一定温度(如 100 ℃)或一定压力(如 3.5 MPa)时，透气片破裂，气体逸出，电池不致爆炸。但这种方法会使有毒气体或腐蚀性气体外逸，造成周围环境和设备的污染。也在单体电池内安装保险丝，或是在隔膜上镀一层石蜡状材料，当温度超过一定值时，蜡状物质熔融堵塞隔膜孔道，造成放电终止以防止电池爆炸。另外，短路、强迫过放电、过充电等都可能引起爆炸。

七、锂离子电池

（一）锂离子电池的发展史

锂离子电池是 20 世纪 90 年代开发成功的新型高能电池，是在锂二次电池基础上发展起来的一种锂离子嵌入式电池。早在 20 世纪 70 年代初，开始有金属锂与插层化合物或硫化物组成锂电池的报道，但由于金属锂在电池充放电过程中会以锂枝晶形式沉积，随着锂枝晶在充放电过程中的不断生长，有可能刺破隔膜，导致电池内部短路，引发爆炸等事故。因此，当时以金属锂作负极的锂二次电池并没有实现商业化。

1980 年，M. Armand 等提出利用嵌锂化合物代替金属锂二次电池中的金属锂负极，并提出"摇椅式电池"的概念，采用低嵌锂电势的 $Li_ym_nY_m$ 层间化合物代替金属负极，配以高嵌锂电势的化合物 A_zB_w 做正极，组成了没有金属锂的锂二次电池。1987 年，Auburn 等提出了 MO_2 | $LiPF_6$ 和 PC | $LiCoO_2$ 类锂离子电池的设计。

锂离子电池一般可分为液态锂离子电池和固态锂离子电池。其输出电压达 3.6 V 左右，是镍氢电池的 3 倍。它与金属锂电池的不同在于，采用能使锂离子嵌入和脱嵌的碳材料替代金属锂做负极。由于锂离子在正负电极中的嵌入和脱嵌反应取代了锂电极上的沉积和溶解反应，避免了在负极上形成锂枝晶和钝化问题，大大提高了电池的寿命，同时也提高了安全性。

锂离子电池的快速发展，依赖于新材料的开发利用，近十几年来，锂离子电池技术取得了巨大的突破，已成为通信类电子新产品的主要能源之一。我国的锂离子电池从 1998 年开始起步，在短短的几年内获得了迅猛的发展，已成为世界上最大的锂离子电池制造国之一。

（二）锂离子电池的特点和应用

锂离子电池具有工作电压高、能量密度大、循环寿命长、自放电率小、低污染、无记忆效应等优异性能，具体表现为以下几点：

(1)单电池电压为 3.6 V，是镉镍电池、氢镍电池的 3 倍。

(2)锂离子电池的能量密度要比镉镍电池、氢镍电池大得多，如图 3-6 所示，而且锂离子电池还有进一步提高的潜力。

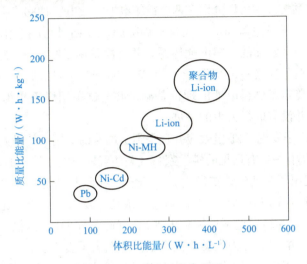

图 3-6　各种电池的比能量

(3)由于采用非水有机溶剂，所以锂离子电池的自放电小。

(4)不含铅、镉等有害物质，对环境友好。

(5)无记忆效应。

(6)循环寿命长。

由于锂离子电池与铅酸蓄电池、镉镍电池、氢镍电池等二次电池相比，具有以上优点，自 20 世纪 90 年代初商品化以来，就获得迅猛的发展，在各种领域不断取代镉镍电池和氢镍电池，成为化学电源应用领域中最具竞争力的电池。目前，锂离子电池已被广泛应用于移动电话、笔记本电脑、个人数据处理机、手提终端机、无线装置、数字相机等便携式电子设备中。在军事装备中使用的电池，如鱼雷、声呐干扰器等水中兵器电源，微型无人驾驶侦察机动力电源、特种兵保障系统电源等，均可采用锂离子电池。锂离子电池还在空间技术、医疗等众多领域有着广阔的应用前景。

随着人们环保意识不断地提高和石油价格的日益高涨，电动自行车、电动汽车成为最具发展活力的行业，锂离子电池在电动汽车上的应用非常乐观。随着锂离子电池新材料不断发展，电池的安全性和循环寿命不断提高，成本越来越低，锂离子电池成为电动汽车的首选高能动力电池之一。

八、燃料电池

(一)燃料电池的发展历史

燃料电池(Fuel Cell)是等温地将燃料和氧化剂中的化学能直接转化为电能的一种电

化学的发电装置。它能量转换效率高,环境友好,被认为是 21 世纪新一代的发电技术。但是燃料电池并不是一项全新的技术,它的发展最早可以追溯到 180 多年前。1839 年,英国的威廉·格罗夫(W. Grove)发表了世界上第一篇有关燃料电池的报告,他发现电解产生的 H_2 和 O_2 在硫酸溶液中可以分别在两个镀铂电极上放电。1889 年,蒙德(L. Mond)和莱格(C. Langer)采用浸有电解质的多孔材料为隔膜、以铂黑为电催化剂、以铂或金片为集流体,组装成了一个实际的燃料电池体系,并首次采用了"燃料电池"这一称谓。此后,作为现代物理化学奠基人之一的奥斯瓦尔德(W. Ostwald)对燃料电池各部分的作用原理进行了详细阐述,奠定了燃料电池的理论基础,并尝试采用煤等作为燃料利用燃料电池原理来发电,但是并没有取得太大的进展。

几乎同时,西门子发现了机-电效应并且得到了迅速的应用,使得人们对燃料电池的研究兴趣下降。但是仍有一些有远见的科学家一直关注着燃料电池技术的发展。1923 年,施密特(A. Schmid)提出了多孔气体扩散电极的概念。在此基础上,20 世纪 50 年代,英国人培根(F. Bacon)提出了双孔结构电极的概念,成功开发出第一个千瓦级的中温(200 ℃)碱性燃料电池系统(称为培根型碱性燃料电池)。据此开发的碱性燃料电池作为美国宇航局"阿波罗"登月飞船的主电源为人类首次登上月球做出了贡献。

进入 20 世纪 70 年代,由于燃料电池在航天飞行中的成功应用和中东战争后石油危机的影响,人们对燃料电池技术的关注达到一个高潮。美国和日本等国都制定了燃料电池的长期发展规划,而且,人们对燃料电池研究的重点也由空间应用向地面应用转变。在这一时期,各国研究和发展的重点是以磷酸为电解质的磷酸燃料电池。随后由于在电能和热能方面的高效率,20 世纪 80 年代的熔融碳酸盐燃料电池和 90 年代的固体氧化物燃料电池都受到了广泛关注,并得到了快速发展。尤其进入 20 世纪 90 年代以来,随着高性能催化剂和聚合物膜的发展及电极结构改进,质子交换膜燃料电池的发展出现重大突破,已在电动交通工具、便携式电源等方面表现出巨大的潜力。

(二)燃料电池的工作特点

燃料电池与其他能量转换装置相比,具有非常突出的优越性。

1. 高效

燃料电池按电化学原理等温地将燃料和氧化剂中的化学能直接转化为电能,不受卡诺循环限制。理论上,燃料电池的能量转换效率可达 85%～90%。但实际上,燃料电池在工作时由于各种极化的存在,其能量转换效率为 40%～60%,若采用热电联供的方式,燃料电池的能量转换效率则可达 80%以上。因此,燃料电池是一种高效的能量转换装置。而且,燃料电池的高效率适用各种负载条件。常规的汽油或柴油等发电机在低于额定负载条件下发电时,由于机械损失和热损失的增加,发电机的效率就会下降,但是燃料电池在低于额定负载条件下工作时,则会由于各种极化的减小而获得更高的能量转换效率。

2. 污染小

燃料电池具有极为突出的环境效益。若采用氢气和氧气作为燃料,燃料电池的反应产物是水，因此非常清洁。当然考虑到来源和成本等问题，一般燃料电池都以化石燃料重整后获得的富氢气体作为燃料，在制备富氢气体过程中也会排放 CO_2，但是这一过程所排放的 CO_2 要比热机发电过程的排放量减少 30% 以上。燃料电池的燃料气在进入燃料电池前都要进行净化以去除杂质，而且燃料电池是按电化学原理发电的，没有燃烧过程，所以，排放的氮氧化物和硫氧化物非常少。

3. 噪声低

燃料电池按电化学原理工作，很少有常规发电机中的运动部件。因此，它工作时安静，噪声很低。

4. 负载响应快速

燃料电池具有很快的负载响应速度，小型燃料电池在微秒范围内其功率就可以达到所要求的输出功率，而兆瓦级的电站，也可以在数秒内完成对负载变化的响应，这对常规的发电机是不容易实现的。

5. 良好的建设和维护特性

燃料电池工作时不需要庞大的配套设备，占地面积小，而且安静、清洁，适合安装在城区、居民区或风景区等作为现场电源，而且电池部件模块化，可以方便地扩大或缩小安装规模，建造极其灵活。另外，燃料电池没有较大的机械运动部件，系统运行的可靠性较高，具有良好的维护性。

九、金属空气电池

金属空气电池由较活泼的金属作为负极活性物质，电极采用和燃料电池一样的空气电极，这种电池既可以做成一次电池，也可以做成二次电池。金属空气电池的原材料来源丰富、性价比高、无污染，被称为"面向 21 世纪的绿色能源"。金属空气电池的主要特点如下：

（1）比能量高。由于空气电极所用活性物质是空气中的氧，理论上正极的容量是无限的，而且正极活性物质在电池之外，使空气电池的理论比能量比一般金属氧化物电极大得多，金属空气电池的理论比能量一般都在 1 000 W·h/kg 以上，实际比能量在 100 W·h/kg 以上，属于高能化学电源。

（2）价格低。金属空气电池的电池材料均为常见的材料。

（3）性能稳定。特别是锌空气电池采用粉状多孔锌电极和碱性电解液后，可以在很高的电流密度下工作，如果采用纯氧代替空气，放电性能还可以大幅度提高。根据理论计算，可使电流密度提高约 20 倍。

金属空气电池可以设计成一次电池、贮备电池、电化学可充电池和机械充电电池。在机械充电设计中，空气电极只在放电模式下运行，电化学充电金属空气电池则需要第三电极或"双功能"电极（既能用于氧还原，也能用于氧析出）。

在金属空气电池中，锌空气电池最早受到关注，金属锌在水溶液电解液中相对稳定，在使用缓蚀剂的情况下，并不会发生显著腐蚀。一次锌空气电池已经商品化，但是电化学充电式锌空气电池中，锌电极上锌枝晶形成、锌电极变形及空气电极性能限制，阻碍了可充电锌空气电池的商业化发展。由于锌空气电池的巨大潜力,人们仍在对其进行研究提高。

其他一些金属也被研究作为金属空气电池的负极材料,例如,Ca、Mg、Li 和 Al 等都具有高的能量密度,但成本和负极极化、腐蚀、不均匀溶解、安全等问题阻碍了其发展。铝的地质储量高、成本低,但是铝空气电池的充电电位太高,充电时水会优先电解,因此,只能设计成一次电池或机械充电电池。而铁空气电池的电压和比能量相对较低,与其他金属空气电池相比,其成本也较高。

(一)锌空气电池

最早的锌空气电池于 1879 年由麦歇研制成功,以锌片作为负极,以碳和铂粉作为正极(空气为活性物质),电解质采用氯化铵水溶液。但这种电池的放电电流密度很小,仅有 $0.3\ mA/cm^2$。1932 年,Heise 和 Schumacher 研制成功碱性锌空气电池,它以汞齐化锌作为负极,经石蜡防水处理的多孔碳作为正极,20% 的氢氧化钠水溶液作为电解质,电流密度可达到 $7\sim10\ mA/cm^2$。这种锌空气电池具有较高的能量密度,主要用于铁路信号灯和航标灯的电源。

以后,随着技术和工艺的不断改进,电池性能不断提高,特别是 20 世纪 60 年代以后,各国大力开展燃料电池的研究,随着气体扩散电极理论的完善和催化剂制备及气体电极制造工艺的发展,气体电极的性能得到进一步提高,工作电流密度达到 $100\ mA/cm^2$,从而使高功率锌空气电池得以实现,锌空气电池体系逐渐走向商品化。移动通信、电动汽车的快速发展和可持续发展的环保要求,使锌空气电池再次成为人们研究的热点,长寿命可充锌空气电池的性能也获得较大的突破。

锌空气电池具有以下主要特点:

(1)高容量。由于作为正极活性物质的氧气源于空气,不受电池体积大小的影响,只要空气电极正常工作,正极的容量就是无限的,电池容量只决定于锌电极的容量。

(2)体积比能量和质量比能量高。由于采用空气电极,其理论比能量比一般金属氧化物正极高很多。锌空气电池的理论比能量为 $1\ 350\ W\cdot h/kg$,实际比能量可达 $220\sim340\ W\cdot h/kg$,是铅酸蓄电池的 $5\sim8$ 倍,金属氢化物镍电池的 3 倍,也高于锂离子电池。

(3)工作电压平稳。因放电时阴极催化剂本身不起变化,锌电极的放电电压也很稳定,因此,放电时电池电压变化很小,电池性能稳定。

(4)内阻较小。大电流放电和脉冲放电性能好。

(5)安全性好。锌空气电池与燃料电池相比,由于以金属锌替代了燃料电池的氢燃料,因此,它无燃烧、爆炸的危险,比燃料电池更安全可靠。

(6)价格低。由于锌空气电池正极活性物质是空气中的氧气,而负极锌的资源丰富,用过的锌可以再回收利用,因此,锌空气电池成本低,这也是其他电池体系所无法比拟的。

(7)不含有毒物质,对环境无污染。锌空气电池原料和制造过程对环境无污染,锌电极放电的产物氧化锌可以通过电解的方式再生得到金属锌,整个过程形成一个绿色的封闭循环,既节约资源,又有利于环境保护。

由于锌空气电池具备如此多的优点,其应用领域相当广泛,包括手表、助听器、计算器、笔记本电脑、移动电话、江河航标灯、铁路信号灯、军用无线电发报机等。

由于其容量大、比能量高、大电流放电性能好、价格低等特点,也特别适合用作电动汽车、摩托车、自行车等的动力电源,以及鱼雷、导弹等的电源。

1995年,以色列Electric Fuel公司首次将锌空气电池用于电动汽车上,采用机械更换锌电极的方式对电池充电,比能量可达175 W·h/kg,并成功地应用于德国邮电系统的MB410型邮电车(奔驰公司生产)上,最高车速达到120 km/h。这种电池每更换一次锌电极,可运行达到400 km以上,更换锌电极和锌电极的再生工作由专门的充电站来完成。美国DEMI公司及德国、法国、瑞典、荷兰、芬兰、西班牙和南非等多个国家也都在电动汽车上积极地推广应用锌空气电池。

(二)铝空气电池

铝空气电池具有非常高的能量密度,铝空气电池由空气阴极、电解质和金属铝阳极组成,其理论比能量达8 000 W·h/kg,铝对人体不会造成伤害,可以回收循环使用,不污染环境,原材料丰富,而且可以采用更换铝电极的方法,来解决铝空气电池充电较慢的问题。因此,铝空气电池也得到很大关注。小功率的铝空气电池已经应用于矿照灯、广播电台、海洋灯塔。以美国、英国为首的发达国家对铝空气电池进行了大量研发,20世纪80年代,美国Aluminum Power公司研究铝空气电池在深海航行器、无人探索器、AIP潜艇电源中的应用,使用合金铝电极和高效空气电极,铝空气电池比能量达400 W·h/kg,功率达20 W/kg以上,其能量密度和体积能量密度相对于Cd-Ni电池有了数倍的提升。美国能源部与美国加利福尼亚州劳伦斯·利佛莫实验室合作,研发应用于电动汽车的金属空气电池,后来劳伦斯·利佛莫实验室与其他公司联合成立Voltek公司,首次将铝空气电池应用于电动汽车,并且铝空气电池组的效率达90%以上。2015年,美国铝业公司与以色列Phinergy公司展示了100 kg重铝空气电池可驱动赛车行驶1 600 km。

铝电极可以使用中性(含盐)溶液,也可以使用碱性溶液。铝电极和空气电极的实际电极电势相对于理论电极电势偏离较大,而且反应过程中消耗水,但是铝空气电池的实际能量密度仍然超过大多数电池体系。在水溶液电解质中,铝阳极容易自放电析出氢气,因此,铝空气电池通常在使用前才添加电解液,或者设计成每次放电后更换铝阳极的机械允电电池。铝空气电池放电时会放出大量热量,电池发热严重,需要热管理系统。

(三)锂空气电池

锂空气电池的特点及工作原理:锂空气电池是利用锂金属和空气中的氧气实现化学能到电能转化的二次化学电源体系,其理论比能量为11 140 W·h/kg(基于锂金属质量),将反应产物Li_2O_2计算在内,其理论比能量为3 505 W·h/kg,是目前最有前景的二次电池体系,其实际比能量预计可达600 W·h/kg。随着电动汽车产业的发展,动力电池受到越来越多的重视,作为一种新型的化学电源体系,锂空气电池由于其突出的能量密度优势,相对其他化学电源体系更易满足电动汽车的续航里程需求。然而,当前锂空气电池仍然存在诸多问题,如较高的充放电过电势、较差的循环及倍率性能、锂枝晶及腐蚀、电解液及电极的分解等,仍需要进行深入的研究探索。

锂空气电池主要包含水系、有机体系、固体电解质体系及混合体系等电池类型。水系锂空气电池采用保护型锂金属复合负极和水系电解液,可在空气环境下工作,其放电产物通常为 LiOH 或 LiOAc 等。固态锂空气电池中是采用固态电解质将空气电极和锂负极分开,避免了空气中水分等与锂金属直接反应,使电池具备在空气中运行的能力,理论上固态电解质体系电池能够从根本上解决安全性和稳定性问题。然而,由于固态电解质的锂离子电导率通常比液态的水系和非水系电解液低,锂金属和正极之间的界面阻抗也较大,从而造成固态锂空气电池的能量利用效率和输出功率相对较低。目前,研究比较多的是非水体系(有机体系)锂空气电池,K. M. Abraham 和 Jiang 于 1960 年首次报道了该电池体系。非水体系锂空气电池主要由金属锂负极、有机电解质及空气电极组成。锂空气电池在充、放电过程中,正极主要基于氧还原(Oxygen Reduction Reaction,ORR)及氧析出(Oxygen Evolution Reaction,OER)反应,负极则基于锂的溶解沉积。放电时,锂负极溶解转变为 Li^+,通过电解液迁移到正极(空气电极),电子则通过外电路流向正极,从而实现给负载供电;同时氧气在正极还原,并与锂离子结合生成 Li_2O_2,沉积在多孔的空气电极内部。充电时,正极放电产物发生氧化分解,释放出氧气;Li^+ 在负极表面还原沉积为金属锂。

1. 阐述化学电源的工作原理。
2. 常见的化学电池有哪些?
3. 分析对比几种化学电池的优点和缺点。

第四章　氢气储能与发电技术

章前导读

氢气储能是近两年德国等欧洲国家进行氢能综合利用后提出的新概念。氢是21世纪人类最理想的能源之一。制氢的原料是水，其燃烧的产物也是水，因此，氢的原料用之不竭，也无环境污染问题。氢的单位质量热值高，比体积小，管道运输最经济。它的转化性也好，可以从火力发电及核能、太阳能、风能、地热能、水能发电等转化而得。

学习目标

1. 了解氢气储能发电现状及发电研究与示范性项目。
2. 掌握氢气的储存技术特点，能分析行业工程案例中氢气储存技术的应用。

案例导入

氢气储能发电正在成为燃料电池企业争相抢滩的热门领域。近日，丰田汽车公司透露正与美国能源部(DOE)的国家可再生能源实验室(NREL)合作，在科罗拉多州阿瓦达的NREL Flatirons园区建造、安装和评估1兆瓦(MW)质子交换膜(PEM)燃料电池发电系统。

2022年8月1日，国鸿氢能固定式燃料电池发电系统在榆林科创新城零碳分布式智慧能源中心成功运行。8月18日，东方电气股份有限公司向中国长江三峡集团有限公司批量交付氢燃料电池热电联供装备系统。其他燃料电池企业如高成绿能、爱德曼、氢途科技、明天氢能、鲲华科技等均在推进氢气储能发电业务的展开(图4-1)。

图4-1　氢气储能

氢气储能作为电储能的补充可以在多个场景发挥重要作用，对于促进新能源高比例消纳和保障电力电量实时平衡具有重要作用。氢气储能在长周期、大规模储能的场景中具有突出优势，其灵活性最好、自然地理环境限制最少，可在新型电力系统建设中发挥重要作用。氢气储能已经成为燃料电池企业进击的新市场。

——引自《搜狐公众平台》

第一节　氢气储能发电现状

一、氢气储能发电介绍

氢气储能发电作为一种清洁、高效的发电方法，是继火电、水电和核电之后的第四代发电方式，是电力能源领域的革命性成果。其具有绿色环保、发电效率高、机械传动部件少、启动快、成本低等优点。它容易实现小型分布式电力系统的普遍建设，来克服大型电力开发的不足，通过洁净能源的使用，来解决环保问题；并借由分布式小型发电，减少电力传输损失及提供高质量、高可靠度的电力。随着氢气制备与安全储运技术的发展，其燃料来源将极为丰富，还可采用再生资源，因此，氢气储能发电技术的研究与开发已在世界范围内引起人们的高度重视，在国家电网、工程电源、备用电源、便携电源、电动汽车、航空航天和军事装备领域等市场潜力巨大，前景十分广阔。世界各地都掀起了利用氢能源的浪潮。其中，美国、日本、英国和德国等发达国家都将氢气储能作为电网新能源应用长期的重点发展方向进行战略规划，并加大了研发投入。

常见的氢气储能发电方法有燃料电池、氢直接产生蒸汽发电、氢直接作为燃料发电。其中采用燃料电池方式的发电效率最高。系统主要由风力发电机组或太阳能发电系统、电解水装置、储氢装置、燃料电池、电网等组成。图 4-2 所示为可再生能源发电系统示意。从图中可见，把太阳能、风能、地热等新能源发电多余的电量进行电解水制氢，将氢气储存，需要时通过燃料电池进行发电，具备能源来源简单、丰富，存储时间长，热机转换效率高，极小污染排放，并网稳定等优点，是一种具有非常广泛前景的储能及发电形式，可有效地解决新能源稳定并网问题，并大幅度降低碳排放。

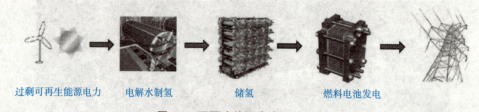

过剩可再生能源电力　　电解水制氢　　储氢　　燃料电池发电

图 4-2　可再生能源发电系统示意

积极发展智能电网，推动清洁能源大规模利用，实现低碳经济以适应未来可持续发展的要求，已成为当今世界能源科技发展的最新动向。但风能、太阳能等可再生能源发电具有随机性和间歇性，会对电网产生冲击，大规模可再生能源发电并网困难已成为当前电网发展的瓶颈之一。因此，迫切需要发展大容量、高功率、长寿命、高安全和低成本的储能技术，实现电网系统的安全稳定，以及可再生能源的充分利用。氢气储能是一种清洁、环保、高效的储能技术，可削峰填谷，有效地解决新能源稳定并网问题，并大幅度降低碳排放。

二、氢气能发电前景分析

风能、太阳能等可再生能源发电具有随机性和间歇性，与大电网用电高峰不同步，在电网高峰或低谷时，不能及时补充调控，在并入电网时会引起电网电压的大幅度波动。为此，可能需要建造比风电场总容量大2～3倍的"调压控制电站"，来调控和抑制这种大量电能的波动，以解决风力发电输出电能不稳定问题。因此，迫切需要发展大容量、高功率、长寿命、高安全和低成本的储能技术，实现电网系统的安全稳定，以及可再生能源的充分利用。必须建立一个高效的储能系统。下面将分析几种储能方式的可行性。

"抽水蓄能"是一个成熟的技术方案，但是受特定的条件限制，首先要有大量的水源，还要有合适的地形高差，才能够实现利用水流的落差能量进行调控发电，从而得到稳定的可控制的电能。另外，从规模上看也是差距太大，刘家峡水电站有十分巨大的水坝和5台水轮发电机组，其总发电量也只有130万千瓦，假设要将1 000万千瓦的电能进行这样的抽水储能，那就要建10个刘家峡水电站和储能水库，是现有刘家峡水电站的10倍规模的上、下水库和10倍的发电机组才能够满足需要，这是很难实现的。并且现在已经规划和建设中的3个国内最大的"千万千瓦级风电场"，都位于极度缺水的地区（2个在内蒙古，1个在甘肃酒泉），地形平坦（风能资源好的地方都是平坦的地形、地貌），也没有落差高的地形环境，所以不能应用。使用"抽水储能"调控风电的方式不可能大规模地采用，只能够小规模地在特殊的有条件的地区采用。

使用铅酸电池也不行，因为没有这么大的功率容量，并且价格特别高，大量使用还会导致铅污染问题；镍氢电池与锂离子电池受限于这两种元素的数量限制（全球的储量也是不多的）和特别高昂的价格限制，也不能够采用；还有全钒氧化还原液流电池在研发中，但是多次还原过程中的离子膜污染问题也一直没有很好解决，要达到实用的程度还要相当长的时间，商业化的应用究竟会不会影响环境还是未知数。其他的储能方式，如压缩空气储能、飞轮储能等都因为效率太低、容量太小，也不能采用。

氢能源是一种最干净的、可以循环的、可大规模利用的能源方式。可以利用大规模的风电、太阳能电等进行大规模的电解水制氢，会得到大量的干净能源，能够实现大规模的能量储存，解决现有模式的风电并网难题并且不会对环境造成任何影响。

氢气能源可以长时间储存、可以管道长距离输送，可以直接用来大规模发电，更可以提供给汽车、火车、飞机、轮船等移动的交通运输工具使用，氢气燃烧利用后除产生能量外，只产生水蒸气，冷凝后就是纯水，是最清洁、最环保的能源。地球上有70%的面积是水，作为一种能量的转换物质，是取之不尽、用之不竭的，风电在这里只是起到了一种能量的转换作用，将巨大的风能、太阳能等资源，通过风力能发电→电解海水→制氢制氧→氢气能源→发电、制热、炊事、取暖、交通工具使用等过程后又变成了水，这些水返回到大自然的水系统循环中为下一次的能量转换循环中再利用。我国应该是世界第一大产氢国，大概年产 1 000 多万吨的氢气。全世界最大的一个制氢工厂就在我国的鄂尔多斯，是用煤来制氢的，一年能够生产 18 万吨氢气。还有，我国与日本一样，是世界最大的储氢材料产品国。中国和日本两国拥有全世界绝大多数金属储氢材料的生产；而且我国的销售量比日本还大。

氢气燃烧热值很高，除核燃料外，氢的发热值是所有化石燃料、化工燃料和生物燃料中最高的，为 142 351 kJ/kg(32 352kcal/kg)，是汽油发热值的 3 倍。

氢气的密度小，纯氢的密度仅为空气的 1/14，为 0.089 9 g/L。

氢能源是能够储存的，既可以直接提供给发电厂发电(燃气轮机方式，省去产生蒸汽的环节最好)，产生的电力在电网高峰需要时大量地并入电网(这是高质量的特别平稳、可调、可控的电流，是电网十分欢迎的高质量电能)，得到良好的经济效益，又可以在电网低谷时脱离电网，将氢气供给大量使用氢能源的汽车、火车、飞机、轮船等移动交通工具使其变成实实在在的收益，或者是通过管道方式输送到大城市，提供给千千万万的家庭炊事使用，这种模式就是氢能源模式。氢气储能发电不仅产出巨大，而且可以大幅度地降低风力发电机的制造成本，提供和产出多种有直接经济效益的产品，达到了大量减排二氧化碳的目的，具有很好的经济效益和环保效益。

三、氢气储能及发电研究与示范性项目

日本已建立万千瓦级燃料电池发电站，美国有 30 多家厂商在开发燃料电池。德、英、法、荷、丹、意和奥地利等国家也有 20 多家公司投入了燃料电池的研究，这种新型的发电方式已引起世界的关注。2012 年，美国氢气储能发电占比为 7.9%，比例次于火力发电、水力发电和核能发电，但高于风能发电。德国计划 2030 年把可再生能源在总发电量中所占的比例提高到 50%。丹麦提出了 2050 年之前摆脱化石燃料的目标，可再生能源的比例与德国一样，计划 2035 年之前提高到 50%。近年来，美国、日本、欧盟都制定了氢能发展规划，投入大量经费支持氢能开发和应用示范活动。全球都掀起了利用氢能源的浪潮。世界很多国家都在氢气储能发电方面投入了大量的人力、物力和财力，以期早日实现氢能的广泛使用。例如，2002 年，美国提出氢能路线图。2003 年 1 月，由 15 个国家和欧盟组成的国际氢能经济合作组织成立。2004 年，美国能源部公布了《氢能技术研究、开发与示范行动计划》，将在 2040 年基本实现向氢能经济转变。德国、英国、欧盟、日本等国家也制订了类似计划。美国、日本、英国、意大利、阿联酋相继开始建设较大规模的氢气储能发电示范站。日本经 BP 清洁技术研究所 2015 年 10 月 24 日发行的报告《世界氢基础设施项目总览》显示，全球氢基础设施的市场规模到 2050 年将达到约 160 万亿日元。各国的市场规模将显著增长，中国的市场规模到 2050 年将达到约 30 万亿日元，欧洲也将达到同等规模，而日本将会达到 12 万亿日元。其中，氢电站的市场规模将逐年显著增长。各国包括家用燃料电池、商用燃料电池、氢气储能发电站及燃料电池车等在内的氢能电力呈稳步增长，至 2050 年，全球平均氢气储能发电量占总发电量的 8%～9%，基本与风力发电和太阳能发电的总量持平。而日本的氢气储能发电量占总发

电量的78%，成为最主要的发电方式，是利用氢气储能发电最多的国家。欧洲和北美则紧随日本之后，氢气储能发电量则占总发电量的51%和42%，与风力发电并行成为国内最主要的发电方式。而中国也会成为氢气储能发电的国家之一，其所占比例将会达到20%。如美国和韩国启动的"燃料电池发电站"。这种发电站将作为分散电源向当地供电，以降低二氧化碳排放量。将来，如果能使用通过可再生能源的电力电解水生成的"可再生氢"，就会实现二氧化碳零排放。另外，还有企业计划在南非尚未通电的地区设置大型固定式燃料电池。通过构筑微电网，由燃料电池发电站向当地供电。如果该项目能取得成功，还会将其扩大到整个非洲市场。

在已经在建和正在计划中的氢气储能发电建设方面，世界很多国家都投入了大量的人力、物力和财力，美国、欧洲和日本走在了世界的前列，包括韩国、阿联酋、加拿大等国家已经相继开始建设或已经建成较大规模的氢气储能发电示范站。

（一）美国

美国一直重视氢能。2003年，布什政府投资17亿美元，启动氢燃料开发计划，该计划提出了氢能工业化生产技术、氢能存储技术、氢能应用等重点开发项目。2004年，美国建立了第一座氢气站，2005年年底，加利福尼亚州的一个固定制氢发电装置"家庭能量站第三代"开始试用。这个装置用天然气制造氢气维持燃料电池。第三代比第二代的质量轻了30%，发电量却提高了25%，同时，氢气的制造和储存能力提高了50%。

美国BP公司与埃迪逊国际公司组成一个合资企业在加利福尼亚州建设了一座价值10亿美元的氢发电厂。这座电厂在美国史无前例，它使用氢气流带动涡轮机发电50万千瓦，足以为南加利福尼亚州32.5万个家庭提供电力。该电厂允许BP公司扩大在加利福尼亚州的油田生产量。作为电力生产过程的一部分，BP公司将控制二氧化碳排放，把二氧化碳注入废弃地下油矿。

（二）日本

日本研究氢能比较早，目前燃料电池是日本氢能的主要发展方向。日本政府为促进氢能实用化和普及，进一步完善了汽车燃料供给制，全国各地建造了不少"加氢站"，近百辆燃料电池车已经取得牌照上路，计划到2030年，发展到1 500万辆。迄今，日本燃料电池的技术开发及氢的制造、运输、储藏技术已基本成熟。日本市场氢的导入比例较高，燃料电池和氢发电加在一起来计算，氢在发电中所占的比例一直保持在全球首位，但市场规模不如欧美大。氢气发电主要问题包括高燃料成本及能否稳定调度，由于丰田汽车公司等各国大公司相继投入氢燃料电池汽车量产研究，氢燃料价格将降至一定程度后，氢气发电成本也可与煤炭或瓦斯发电相抗衡，预测至2030年世界氢气发电设备市场可达2万亿日元。

2014年，隶属于日本政府的新能源及产业技术综合开发机构（NEDO）发布了日本第一份《氢能源白皮书》，提出未来日本将利用氢能来实现电厂发电，以氢为燃气轮机燃料的氢发电技术有望成为家用燃料电池和燃料电池车之后的第三大支柱，进而成为一个"氢能社会"。据报道称,日本政府希望到 2030 年可实现电厂氢气储能发电,而 NEDO 也将联同发电厂讨论产生一个详尽的有关电厂实现氢气储能发电的路线图。NEDO 专家认为,氢能最终可为日本提供约 10% 的电力,但要实现这个目标也会面临一系列困难,如生产氢气的高成本、新设施如储罐和运输设备的建设等。

日本福岛核事故后,日本关闭了一些核发电厂,因此,对石油、天然气等化石燃料的依赖更加严重,目前日本 80% 的石油和 30% 的天然气进口自中东地区,而若实现电厂氢气储能发电,毫无疑问可降低对进口能源的依赖度。

(1) 福岛可再生能源研究所的设立。日本产业技术综合研究所(简称"产综研")响应日本政府指定的关于"东日本大地震的复兴方针",以"使福岛成为再生能源的先兴之地"为目标,设立了福岛可再生能源研究所。该研究所拟建设"可再生能源网络",旨在充分发挥风能、太阳能、氢能等清洁能源的优势,推行可再生能源的普遍化。该研究所也和日本的主要国立大学的研究室合作。其中氢能部门的目标是,设计开发能够大量储存电力的体系。

(2) 尼桑:大型镍氢电池转换与存储电力。委托川崎重工制作所生产的大型镍氢电池可以存储 102 kW·h 电力。其目的是转换与储存煤炭发电、太阳能发电的剩余电力。已经开始性能测试。

(3) 东芝:固体氧化物燃料电池。东芝公司是日本推行燃料电池转化与储存剩余电力的主力。东芝公司倡导的是用高分子固体氧化物电解电池,电解水制氢,再通过反过程的固体氧化物燃料电池生电。

(4) 降低氢气发电成本以便普及。根据日本经济新闻 2014 年 2 月 16 日报道,日本川崎重工宣布于 2017 年生产氢气发电设备,并就长期来看,氢气发电成本将降至与天然气火力发电相当后开始普及。

(5) 制造实用化氢气发电设备。川崎重工计划制造世界首部实用化氢气发电设备,预计在其兵库县明石工厂量产 7 000 kW 级中小机型,大约可供应 2 000 户家庭用电,售价设定较瓦斯涡轮机高 1~2 成。

(6) 解决太阳能的剩余电力。在日本,随着光伏发电等的大量导入,在春季和秋季的假日等电力需求较低的时期,会有大量的剩余电力流入系统电网,这个问题越来越严重。为解决这个问题,开始探讨利用氢基础设施相关事宜。

(7) 测试风电驱动氢能供应链。日本的大企业和公共部门于 2015 年 9 月 8 日宣布合作建立一个可再生风能驱动的碳中和氢能源供应链,该项目试验场地在临近横滨和川崎的京滨沿海地区。在该项目中,风力发电用于制取氢气和氧气,氢气储存于本地。该项目包括一个通过风力发电获得电能来电解水制氢的系统,一个用来优化氢气储存罐运输的系统。该项目于 2016 年 4 月已实施。

(8) 引入氢能为城区供电。日本的大林组和川崎重工将在 2018 年使用氢作为燃料为神户市部分地区供电,这是世界上首次引入氢能为城区供电。该项目投资额约 20 亿日元。在日本政府提供补助的情况下,按照与目前相差无几的电价向区域内的酒店和会场等供电。供电量可满足约 1 万人上班的商务区用电,氢的年使用量相当于 2 万辆燃料电池车的年使用量。

(三)欧盟

欧盟也在加紧对氢能的开发利用。在2002—2006年欧盟第六个框架研究计划中，对氢能和燃料电池研究的投资为2 500万～3 000万欧元。北欧五国最近成立了"北欧能源研究机构"，通过对生物制氢系统分析，提高生产生物氢能力。欧盟此举旨在把燃料电池和氢能源技术发展成为能源领域的一项战略高新技术，使欧盟在燃料电池和氢能源技术方面处于世界领先地位，欧盟希望尽快建立一个燃料电池和氢能源的庞大市场。

在欧洲，风力发电和光伏发电等输出变动较大的可再生能源的比例越来越高，如何利用剩余电力成为课题。如在德国，剩余电力就无法定价出售，所以，构筑采用剩余电力的新业务模式颇为重要。于是，欧洲陆续启动了利用剩余电力电解水生成氢，然后以多种形式利用氢的实证试验。

(四)挪威

挪威于2004年在西海岸修建了新型的氢气储能发电厂。该发电厂位于尤兹拉岛，距离挪威西海岸20 km，居住250名居民。把风力发电机产生的剩余电能用于分解海水，通过电解水产生氢气后储存在一个储氢容器里，再注入燃料电池，一旦没有风或风力过小不能发电时，使用氢气来发电供人们使用。该岛从而实现了能源的自给自足。

(五)丹麦

丹麦提出了2050年之前摆脱化石燃料的目标，目前，以风力发电和生物质发电为中心，该国的可再生能源在供电中所占的比例已经达到约30%。另外，最近几年丹麦还迅速导入光伏发电。现在，容易受天气影响的风力发电和光伏发电在系统电力中所占的比例提高到20%左右。丹麦政府计划确立2035年之前把风力发电等输出变动较大的可再生能源在供电中所占的比例提高到50%。那么，怎样才能储存这些输出变动较大的能源是丹麦人长期以来的困扰。而氢能的开发，正是解决这一大难题的最佳选择，通过利用多余的风能将水电解为氧气和氢气，就可以使风能以氢能的形式得到保存，遇到风能不足时，氢能电池便能大显身手。

盛行风力发电的洛兰岛于2007年5月已经启动了氢项目验证实验，实验基地位于洛兰岛最大的城市纳克斯考以南5 km远的Vestenskov地区。利用氢作为储藏风力发电剩余电力的介质。具体做法就是，利用风力发电和太阳能发电的剩余电力电解水制造氢，然后将氢储藏在氢气罐中；反之，当电力供应不足时，则利用储藏的氢让燃料电池发电，使用电力和废热。生成的氢还会导入住宅，通过住宅内的燃料电池发电，提供电力和热。

在从2008年开始的第二阶段，在普通住宅的5户家庭里设置了冰箱大小的燃料电池系统实际进行使用。采用额定输出功率为1.5 kW的固体高分子型燃料电池(PEFC)。

从2011年开始的第三阶段，设置燃料电池系统的住宅数量增加到了35户，其中约一半家庭为改良型燃料电池系统。开发该燃料电池的是丹麦的风险企业 IRD Fuel Cells。系统价格目前为 10.9 万克朗。

(六) 法国

法国科西嘉岛于 2012 年启动了 "MYRTE(Mission Hydrogene Renouvelable pour l'in Tegration au reseau Electrique：以并网为目的的可再生氢任务)" 项目，将光伏发电和储氢技术组合起来，使光伏发电的电力变动平均化，从而顺利并入电网。

MYRTE 项目共设置了 560 kW 的太阳能电池板，利用并网的剩余电力，以 50 kW 的电解装置将水分解成氢气和氧气，分别储存在储气罐中。系统与 15 000 V 的电网联动，在需要电力时，向 100 kW 的 PEFC 高分子固体电解质型系统提供氢和氧来发电。电解和燃料、电燃料电池发电时的废热作为温水回收，储藏在温水罐中。

(七) 希腊

在希腊建立的 ReS2H2 项目受国家 Excellency 项目的支持，并且也与国家可再生能源项目相结合，旨在增大风力发电的能力，优化风能发电及从商业角度改善风力产氢的技术性和经济性。

希腊的 ReS2H2 项目是为了研究氢的生成和储存于风能相结合而实施的。该系统包括一个 25 kW 的电解水装置、6 个 3.6 kg 氢容量的金属氢化物储氢罐和一个氢气压缩器，所有装置配给一个 500 kW 的风力涡轮。电解水装置为先进的碱性电解系统，在 2×10^6 Pa 压力下每小时产氢 0.45 kg。随后加压至 2.2×10^7 Pa，出现了 10% 的能量损耗。氢随之被储存在金属氢化物储氢罐(60 m^3)中，不仅可供应氢燃料汽车，而且也用来供给一个 7.5 kW 的质子交换膜燃料电池，PEM 用来在风速小的时候输送发电系统。

储氢罐由弗雷德里克理工学院设计，Labtech SA 公司制造，采用的储氢材料为 AB5 型 La0.75Ce0.25Ni5 合金，材料本身储氢容量为 1.28%(质量)，而储氢罐整天的储氢容量则为 0.66%(质量)。

(八) 西班牙

(1) ReS2H2 项目。受国家 Excellency 项目支持的 ReS2H2 计划同样在西班牙建立了实验基地。但不同于希腊的是，储氢罐采用的是高压储氢的方式。罐体材料采用的是不锈钢。

(2) ITHER 项目。该项目采用一个 OVONICS 公司生产的容量为 90 g 的金属氢化物储氢罐和 3 个 LABTECH 公司生产的容量为 7 Nm^3 的金属氢化物储氢罐。每个罐能够储存 100 kW·h 的能量，共计能够储存 400 Nm^3 的氢气。储氢罐中的氢气能够用来供应两个 1.2 kW 的燃料电池。

(九) 英国

(1) HARI 项目。HARI 是第一个可再生能源综合利用研究项目，在英国的 West

Beacon Farm(WBF)，Leicestershire 已经成功安装运行。该系统由一个 34 kW 的电解装置、气体压缩装置、48 个氢压为 $1.37×10^7$ Pa 的高压储氢罐和两个功率分别为 2 kW 和 5 kW 的燃料电池组成，投资约 60 万英镑。

该项目的储氢装置采用的是由 BOC 提供的 48 个高压储氢罐。每个储氢罐长 3.7 m，直径为 0.475 m，壁厚为 38 mm，质量约为 1 t，最大承受压力为 $1.37×10^7$ Pa，48 个储氢罐整体储氢容量为 2 856 m^3。这样的氢气量可供给燃料电池发电 3.8 MW·h，能够维持 3 个星期的供电量。针对储氢系统，金属氢化物储氢罐将是非常有吸引力的，但在那时金属氢化物储氢罐技术还不成熟，商业上还没有得到实际应用。

(2)谢德兰群岛项目。氢能在自给式可再生能源系统中获得重要应用，如利用风能＋电解制氢＋燃料电池系统提供海岛山区等偏远地区的电能源。英国北部 Shetland(谢德兰)群岛 Unst 岛，有 650 户居民，居民支出的 20% 用于取暖和交通的能源。

(十)意大利

世界上首座氢能源发电站 Fusina 项目于 2010 年 7 月 12 日在意大利正式建成投产。这座电站位于水城威尼斯附近的福西纳镇。据报道，意大利国家电力公司投资 5 000 万欧元建成这座清洁能源发电站，该发电站功率为 16 MW，年发电量可达 6 000 万千瓦小时，可满足 2 万户家庭的用电量，一年可减少相当于 6 万吨的二氧化碳排放量。该电站 7 万吨燃料来自威尼斯及附近城市的垃圾分类回收。

福西纳氢气储能发电厂的设备有以下几种：

(1)碱性电解制氢装置。在 $3×10^6$ Pa 的压力下每小时产生 10 m^3 的氢气。

(2)ENEL 和 ERSE 制造的 Mg 基金属氢化物储氢罐。如图 4-3 所示，将镁的氢化物粉装在 24 根 55 cm 长的管子里，整个系统含镁的氢化物粉 1 500 g 能储存 90 g 的氢。吸放氢反应通过由传热流体控制氢化物的温度以实现热交换过程。热流体的温度为 320～360 ℃，流体管路位于制件外侧。吸氢过程大约需要 1 h，最大氢气流速为 15 NL/min，而放氢过程则需要 2 h，最大氢气流速则仅为 2 NL/min。

图 4-3 Mg 基金属氢化物储氢罐

(十一)德国

德国的风氢电项目和其他储能项目(如热能储存、分布式电池储能系统和分级储能等)一直受到德国政府专项资金支持,相关储能技术将由德国多家科研机构及德国5所高等院校跨学科合作完成。德国政府希望在2050年之前国家的80%电力来自可再生能源,因此,高效率、高容量的能源储存方式将是实现该目标的关键,风电制氢就是其大力发展的项目中之一。下面是氢气储能发电相关项目在德国的实施情况。

1. ENERTRAG(英奈特拉克)综合发电厂

德国东北部勃兰登堡州普伦茨劳市的ENERTRAG(英奈特拉克)综合发电厂,是德国首座风能、氢能、生物质能和太阳能混合能源发电厂,是实现可再生能源利用转化即RES风力发电制氢路线的典型示范厂。风力发电设备投资2 100万欧元,制氢部分的直接投入超过400万欧元,另外,还有300万欧元的研发费用。总共可生产6 MW的电力。

ENERTRAG综合发电厂的工作原理如图4-4所示。该发电厂利用附近啤酒厂的生产废料制取生物沼气。同时,利用风能生产的电力一部分直接并入电网;一部分用来电解水生产氢气,并通过储氢装置存储起来,以备风力不足时作为补充能源。当风力发电机受天气影响无法满负荷运转时,用储存的氢气和生物质气体作为燃料,通过两台热电装置供应补充电能。存储的氢不仅可以直接生产电,还可以作为机动车燃料,供应附近计划中的氢燃料供应站。由于勃兰登堡州的普伦茨劳地区拥有较丰富的太阳能,这座混合可再生能源电厂在设计中还增加了太阳能发电装置,使电厂生产和并网的电能更加稳定。每个热电联产装置每年能够产生约2.776 MW·h的电力和2.250 MW·h的热能,该厂正在计划将产出的热量并入普伦茨劳市政热电站,此部分热量可满足80户家庭的供暖需求。ENERTRAG综合发电厂的储氢装置采用的是高压储氢罐。

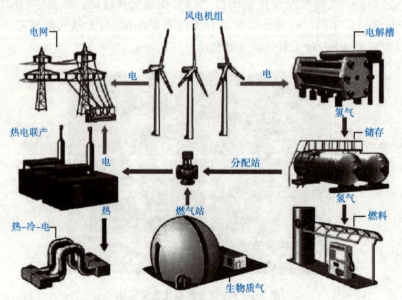

图4-4　ENERTRAG综合发电厂流程示意

2. 柏林勃兰登堡国际机场项目

柏林勃兰登堡国际机场(BBI)将建造世界首个公共碳平衡加氢站,通过在机场附近建设一个风车农场,为加氢站自身提供零排放的风电供应,并为汽车提供氢燃料,其减少的 CO_2 排放量相当于站内传统燃料间接排放的 CO_2 量。该项目是柏林机场、ENERTRAG 和 TOTAL(道达尔)公司合作建设的,共投资 1 000 万欧元,加氢站和机场一起在 2011 年 10 月开放并投入运行。电解槽由 ENERTRAG 综合发电厂的风车供电,制取气态氢气。这确保氢气以一种完全可持续的方式制取,实现了氢气作为一种燃料来应用的基本需求。

北莱茵-威斯特法伦州于 2010 年建成了第一座风氢电站,主要利用氢和燃料电池独立地生产供应氢气作为洁净的可再生能源使用,以利于将来能源的可持续利用。建造电站共计投资 390 万美元,该电站有望实现 15 年寿命。将电解水产生的氢气储存。德国 E. ON 和 Greenpeace Energy 等能源公司利用风力发电的剩余电力电解水生成氢,然后提供给现有的燃气管道网络。在利用剩余电力的同时,通过在城市燃气中添加氢,预计可削减硫氧化物(SO_x)和氮氧化物(NO_x)等有害物质的排放。

德国 Solar Fuel 公司建设了利用光伏发电和风力发电的剩余电力、水及大气中的 CO_2,通过甲烷化反应制造甲烷的工厂,已经开始推进验证实验,2009 年运行了利用可再生能源的 25 kW 试制品,以 40% 的效率成功制造了甲烷。

(十二)韩国

2008 年,韩国浦项钢铁公司(Posco)在庆州北道迎日海湾沿岸工业园区建设的世界规模最大的发电用燃料电池工厂。该工厂发电用燃料电池的年生产总量为 50 MW,可满足约 1.7 万户普通家庭的用电。其规模超出目前拥有世界上最大生产能力的美国燃料电池能源公司 1 倍。发电用燃料电池采用氢和大气中的氧产生化学反应进行发电,其发电效率为 45%,高于普通火力发电效率(35%),二氧化碳减排效果也优于普通火力发电。

(十三)中国(未含中国台湾地区)

中国在 2012 年 1 月召开的"燃料电池与分布式发电系统关键技术"项目研讨会上,科技部表示要以此项目为牵引,加速氢能产业化步伐。该项目是 2011 年 863 能源领域启动的"十二五"主题项目之一,其目标是提高集成创新能力和形成战略产品原型及技术系统,探索新型燃料电池的系统集成技术,实现小规模独立发电系统的应用示范。"十二五"以前没有立项,支持项目也是以制氢、发电、储氢等过程单独资助的,但"十三五"期间该概念已经列入国家电网公司规划。氢气储能技术被认为是智能电网和可再生能源发电规模化发展的重要支撑,并日趋成为多个国家能源科技创新和产业支持的焦点。

中国在积极推动"风能+电解制氢+燃料电池"的电力系统,2012 年 8 月,中国移动通信集团有限公司(简称"中国移动")结合风能、太阳能、氢能的电力自给式绿色通信基站在河北廊坊投入运行,并在南海区域大力推广这一能源解决方案。绿色基站的能源体系把风能和太阳能作为主要的能源供应。风和太阳都不是 24 h 都有的能源,所以,通过比较超量电的供应再采用电解水的技术,把多余的电使用到基站以后,多余的电用于电解水,电解水以后就产生了氢气,再把氢气储存下来,然后通过燃料电池返回到基站里面进行使用。据悉,中国移动2011年一年总共耗电130亿千瓦时,电费大概110亿元人民币。实施这样的绿色基站解决方案,对于中国移动来说,是节能减排的一个重要突破。

中国风能资源总储量为32亿千瓦,技术可开发的装机容量约为2.53亿千瓦。目前,风电产业规模为2 627万千瓦,根据《新能源产业振兴和发展规划》,2020年,中国风电产业规划超过1亿千瓦。2009—2020年,风电产业年复合增长率超过10%。风能资源主要分布在新疆、内蒙古等北部地区和东部至南部沿海地带及岛屿。把风力发电和电解水制氢联合起来,为风电发展开辟崭新的道路,可以实现风力发电较为平稳的输出、提高风力发电在电网中的比例、制取真正环保的绿色氢能源。目前不能大规模应用该技术的主要原因是电解水装置及相关设备(燃料电池、储氢罐等)成本高、风力发电的成本高、缺乏相关政策支持等。但随着技术和社会发展的进步,必将实现技术、经济皆可行,并在未来能源世界中扮演重要角色。

第二节 氢气的储存技术

目前所采用或正在研究的主要储氢技术是高压气态储氢、低温液态储氢及固态储氢。其中,固态储氢技术具有储氢量大、可逆性好、高效安全等优势,是最有前途的储氢方式。但目前储氢材料的研究大多是以电动汽车为主要应用方向开展的。衡量一种氢气储存技术好坏的依据有储氢成本、储氢密度和安全性等几个方面,对于电网氢气储能用储氢材料有着不同于电动汽车的要求,上述指标显得更为重要。下面将详细介绍各种储氢方式的优点、缺点。

一、高压气态储氢

高压气态储氢是目前较常用的一种储氢技术,是通过提高储存压力来达到增加氢气储存密度的目的。其储氢压力一般为20～35 MPa,近年来,70 MPa储氢已经进入示范使用阶段。普通高压气态储氢是一种应用广泛、简便易行的储氢方式,而且成本低,充放气速度快,且在常温下就可以进行。日本选择70 MPa高压氢作为主要的流通方式,有着技术和产业的双重原因。在技术方面,日本有先进的碳纤维技术,车用气瓶采用铝合金内胆外加碳纤维缠绕的方式,安全性有保障。在产业方面,本田、丰田和日产主导了氢燃料电池汽车的相关标准,受其影响进入产业链需要遵循它们制定的标准。

目前,高压气态储氢存在的问题如下:

(1)高压气态储氢的体积储氢密度较低,35 MPa的高压气态储氢密度为22.9 g/L,而70 MPa的高压气态储氢密度为39.6 g/L。随着压力的增高,储氢增加的速度会越来越慢,仅靠单纯提高储氢压力,难以满足美国能源部(DOE)提出的要求。

(2)要消耗较大的氢气压缩功,从能量效率的角度,气态储氢要消耗较大压缩功,将常压氢气压缩到70 MPa,即使采用多级压缩、级间冷却技术,其所需要的最小压缩功耗仍要达到10 161 kJ/kg,压缩过程的强化传热技术则是降低压缩功耗的关键。

(3) 需要厚重的耐压容器，传统钢制压力容器质量重，金属强度有限，为提高工作压力，容器非常厚重。随着碳纤维复合材料压力容器的出现，高压储氢罐的轻量化已经得到了明显的改善。

(4) 存在氢气易泄漏和容器爆炸等不安全因素。

目前，主要的高压气态储氢的运输方式是采取将氢气加压，然后装在高压容器中，用牵引卡车或船舶进行较长距离的输送。在技术上，这种运输方法已经相当成熟。我国常用的高压管式拖车一般装8根高压储气管。其中高压储气管直径为0.6 m，长度为11 m，工作压力为20 MPa，工作温度为$-40 \sim 60 \ ℃$，单只钢瓶的容积为2.25 m^3，装水后质量为2 730 kg。连同附件，这种车总质量为26 030 kg，装氢气质量为285 kg，输送氢气的效率只有1.1%。可见，由于常规的高压储氢罐的本身质量很重，而氢气的密度又很小，所以装运的氢气质量只占总运输质量的1%~2%。它只适用将制氢厂的氢气输送到距离不太远而同时需用氢气量不很大的用户。按照每月运送氢252 000 m^3，距离130 km计，目前氢的运送成本约为0.22元/m^3。

对于大量、长距离的氢气输送，可以考虑用管道。氢气的长距离管道输送已有60余年的历史。最早的长距离氢气输送管道于1938年在德国鲁尔建成，其总长达208 km，输氢管直径为0.15~0.30 m，额定的输氢压力约为2.5 MPa，连接18个生产厂和用户，从未发生任何事故。欧洲大约有1 500 km输氢管。世界最长的氢气输送管道建在法国和比利时之间，长约为400 km。目前，使用的氢气输送管道一般为钢管，运行压力为1~2 MPa，直径为0.25~0.30 m。经过管道输送氢是最有效的长距离输送方法，值得一提的是输送过程中的氢损失问题。有报道认为管道输送过程中的氢损失率是同样距离输电过程能量损失率(7.5%~8%)的一倍。而美国普林斯顿大学的奥格登(Ogden)等人提出，通过氢气管网进行长距离能量输送的成本比通过输电线送电的成本要低得多。以美国为例，我们来比较氢气管道和天然气管道。

① 管线长度。美国现有氢气管道720 km，而天然气管道有208万千米，两者相差将近1万倍管道造价，美国氢气管道的造价为31万~94万美元/千米，而天然气管道的造价仅为12.5万~50万美元/千米，氢气管道的造价是天然气管道造价的2倍多。

② 输气成本。由于气体在管道中输送能量的大小取决于输送气体的体积和流速。氢气在管道中的流速大约是天然气的2.8倍，但是同体积氢气的能量密度仅为天然气的1/3。因此，用同一管道输送相同能量的氢气和天然气，用于压送氢气的泵站压缩机功率要比压送天然气的压缩机功率大得多，导致氢气的输送成本比天然气输送成本高。

能否利用现存天然气管道输送氢气呢？如果能，则对氢能的发展大有好处。实际上现有的天然气管道就可用于输送氢气和天然气的混合气体，也可经过改造输送纯氢气，这主要取决于钢管材质中的含碳量，低碳钢更适合输送纯氢。

二、低温液态储氢

常压下，液氢的熔点为20 K、气化潜热为921 kJ/kmol。常温、常压下液氢的密度为气态氢的845倍，液氢储存的体积能量密度比高压储氢高好几倍。液氢的热值高，每千克热值为汽油的3倍。因此，液氢储存特别适宜储存空间有限的运载场合，如航天飞机用的火箭发动机、汽车发动机和洲际飞行运输工具等。液氢储存的质量最小，储箱体积也比高压压缩储氢小得多。因而，若仅从质量和体积上考虑，液化储存是一种极为理想的储氢方式。

液态储氢面临两大技术难点：一是氢液化能耗大，理论上液化1 kg氢气约需耗电4 kW·h，占1 kg氢气自身能量的10%，而工程实际中约为此值的3倍，即氢液化耗费的能量占氢气热值的30%；二是液氢储存容器的绝热问题，由于储槽内液氢与环境温差大，为控制槽内液氢蒸发损失和确保储槽的安全(抗冻、承压)，对储槽及其绝热材料的选材和储槽的设计均有很高的要求。美国国家航空航天局(NASA)的"航天发射系统"(SLS)新一代重型火箭芯级的首个液氢燃料罐在路易斯安那州米丘德装配厂制造完成。这个燃料罐为铝合金，大约6.7 m高，质量约4t。液氢储存的经济性与储量的大小密切相关：储氢量较大时，液氢储存成本较高。对于储存容积较小的小型储存器(<100 L)，一般采用真空超级绝热或外加液氮保护屏的真空超级绝热，蒸发损失大约为0.4%(质量)/天。而对于真空粉末绝热的大型储槽而言，其蒸发损失为(1~2)%(质量)/天。

与其他低温液体储存时相似，为提高液氢储存的安全性和经济性，减少储存容器内蒸发损失，需要提高储存容器的绝热性能和选用优质轻材，对储存容器进行优化设计，这是低温液体储存面临的共同问题。

当液氢生产厂离用户较远时，可以把液氢装在专用低温绝热槽罐内，放在卡车、机车、船舶或飞机上运输。这是一种既能满足较大输氢量又比较快速、经济的运氢方法。液氢槽车是关键设备，常用水平放置的圆筒形低温绝热槽罐。汽车用液氢储罐储存液氢的容量可达100 m³，铁路用特殊大容量的槽车甚至可运输120~200 m³的液氢。据文献报道，俄罗斯的液氢储罐容量从25~1 437 m³不等。其中，25 m³的液氢储罐质量约19 t，可储液氢1.75 t，储氢质量百分比为9.2%，储罐每天蒸发损失为1.2%；1 437 m³的液氢储罐质量约为360 t，可储液氢100.59 t，储氢质量百分比为27.9%，储罐每天蒸发损失为0.13%。可见液氢储存密度和损失率与液氢储罐的容积有较大的关系，大型液氢储罐的储氢效果要比小型液氢储罐好。液氢可用船运输，这与运输液化天然气(LNG)相似，但是需要更好的绝热材料，使液氢在长距离运输过程中保持液态。美国宇航局(NASA)还建造了输送液氢的大型专用驳船。驳船上装载有容量很大的液氢储存容器。这种驳船可以通过海路把液氢从路易斯安那州运送到佛罗里达州的肯尼迪空间发射中心。驳船上液氢储罐的液氢储存容量可达1 000 m³左右。显然，这种大容量的液氢海上运输要比陆上的铁路或高速公路运输更经济，同时也更安全。日本、德国、加拿大都有类似的报道。1990年，德国材料研究所宣布，液氢和液化石油气(LPG)、液化天然气(LNG)一样安全，并允许向德国港口运输液氢。陆运要优于海运，因为液氢的密度小，有利减少运费，而运输时间短液氢挥发也少。在特别的场合，液氢也可用专门的液氢管道输送，由于液氢是一种低温(-253 ℃)的液体，其储存的容器及输送液氢的管道都需有高度的绝热性能。即便如此，还会有一定的冷量损耗，所以，管道容器的绝热结构就比较复杂。液氢管道一般只适用短距离输送。

三、固态储氢

固态储氢是近些年备受关注的一种储氢技术，是通过化学反应或物理吸附将氢气储存于固态材料中，能量密度高且安全性好，被认为是最有发展前景的一种氢气储存方式。常有两种储氢方式：一种是通过氢化学吸附形成化合物，包括典型的金属氢化物和相关化合物；另一种是进行可逆吸附分子氢，储氢介质主要采用高度多孔固体材料，包括多种碳材料（活性炭、碳纳米管、多孔碳等）和非碳固体纳米材料（如无机纳米管、纳米线）。以活性炭、碳纤维、碳纳米管为代表的碳基储氢材料，依靠异常大的比表面积通过物理吸附储氢，吸放氢平衡压较低，"滞后"现象不明显，但是只能在超低温下才能大量吸放氢，室温下的吸放氢性能不理想。固态储氢技术主要具有以下特点。

(1)固态储氢技术储氢工作压力不高，安全性强，使用寿命长。首先，固态储氢技术的氢气储存压力在 2.5 MPa 以内，远低于普通高压钢瓶的 15 MPa 和碳纤维复合瓶的 35~70 MPa。由于储存和使用的压力很低，相对于高压气瓶，固态储氢的氢气泄漏风险大大降低。其次，固态储氢技术储存的氢气以金属氢化物的形式存在，储氢容器内只用氢气和固体颗粒，没有任何溶液或腐蚀性物质，长期储存不会发生自腐蚀、自放氢和容量衰减现象。由于容器内氢气压力低，大大降低了器壁氢脆风险，因此，在不遭受外界破坏和严重的环境侵蚀时，可长期放置。

另外，储氢合金具有优良的循环使用性能。目前，部分使用的储氢材料在循环吸放氢 5 000 次后，其储氢容量仍可达初始容量的 80% 以上。如以每年 200 次吸放氢循环计算，则材料的使用寿命可达 25 年。

(2)固态储氢技术放氢纯度高、有利于提高燃料电池的工作效率和使用寿命。燃料电池工作时，膜催化剂对杂质气体非常敏感，微量的杂质气体即可导致催化剂部分或全部中毒而失去活性，从而缩短电池的使用寿命。目前，使用寿命短是制约燃料电池大规模应用的一个重要因素。由于储氢材料可吸附上述杂质气体，实现对 H_2 的纯化，因此，对固态储氢系统充入普通纯氢，便可释放出纯度达 6 N(99.999 9%)的超高纯氢，从而大大降低燃料电池膜催化剂的中毒风险，提高燃料电池的使用期限。

(3)固态储氢技术放氢吸热，有利于燃料电池工作的散热，提高整个系统的能量效率。目前，燃料电池正常工作时的发电效率约为 50%，其余能量基本转化为热能。以 2 kW 燃料电池为例，其在额定功率下工作，每分钟的发热量为 120 kJ，耗氢量约为 30 L/min，即 1.34 mol 的 H_2，实用的储氢合金放氢需要吸收的热量为 27~40 $kJ/molH_2$，即每分钟的吸热量为 36~54 kJ，储氢合金可以吸收掉燃料电池工作热量的 30%~45%，所以通过合理的一体化结构设计，燃料电池电源工作释放的热量可确保储氢系统的正常工作，而储氢系统吸收的热量可大大缓解燃料电池的散热负担，使系统的整体能量利用效率得到提升。

(4)固态储氢技术系统体积小，对氢的储存密度大，结构紧凑。固态储氢模块的体积储氢密度可达 50 kg/m^3，是标况下 H_2 体积密度的 560 倍，是普通高压氧气钢瓶 4 倍以上，与超高压碳纤维复合瓶相比是 2 倍以上。

(5)固态储氢技术再充氢压力低，充氢方便。固态储氢系统在室温下的充氢压力一般不高于 3 MPa，可方便地实现在线充氢，操作简便、安全。

从现有的情况看，气态压缩氢技术由于体积庞大和高要求的加注技术应用价值不大；液态储氢存在液态蒸发的问题，且储存温度低，能耗大，安全性能差，不适合车载和燃料电池的使用；固态储氢单位体积储氢量大，占地面积小，可以根据需要进行稳定的吸放氢，安全性能好，适用车载、燃料电池、移动供氢等的氢源，是最有发展前景的一种氢气储存方式。[①]

第三节 储氢材料

储氢材料具有在特定条件下吸附和释放氢气的能力。在实际应用中，由于要经常补充氢燃料，所以，要求材料对氢的吸附要有良好的可逆性。衡量储氢材料的主要性能的指标有理论储氢容量、实际可逆储氢容量、循环利用次数、补充燃料所需时间及对杂质（空气中和材料中）的不敏感程度等。目前，研究的储氢材料主要有两大类：一类是基于化学键结合的化学储氢方式的储氢合金、金属配位氢化物、化学氢化物等；另一类是基于物理吸附的储氢材料，由于氢气通常与储氢材料以范德华力相结合，因此，具有吸放氢速率快，循环性能好等优点，但由于结合力较弱，吸放热较小，需要在较低的温度下使用。典型代表材料有金属有机框架材料（MOF）、碳质及石墨烯材料等。

一、储氢合金

所谓储氢合金，顾名思义就是可以储存氢气的合金。氢是化学周期表内最小且较为活泼的元素，不同的金属元素与氢之间有着不同的亲和力，将与氢之间有强亲和力的 A 金属元素与另一与氢之间有弱亲和力的 B 金属元素，依一定比例熔合成 A_xB_y 合金，若 A_xB_y 合金内 A 原子与 B 原子排列得非常规则，而介于 A 原子与 B 原子间的空隙也排列得很规则，则这些空隙很容易让氢原子进出，当氢原子进入后形成 $A_xB_yH_z$ 的三元合金也就是 A_xB_y 的氢化物，此 A_xB_y 合金称为储氢合金。

储氢合金产生吸氢/放氢化学反应（可逆反应）的过程时，也伴随着放热/吸热的热反应（为可逆反应），同时，也产生充电/放电的电化学反应（为可逆反应）；具有实用价值的储氢合金应该具有储氢量大、容易活化、吸氢/放氢的化学反应速率快、使用寿命长及成本低等特性。目前，常见的储氢合金主要为稀土系、钛系、铁系与镁系 4 类。

二、配位氢化物

与储氢合金相比，碱金属或碱土金属（如 Li、Na、Mg 等）与硼、铝等形成的金属配位氢化物具有更高的储氢容量。日本的科研人员首先开发了氢化硼钠（$NaBH_4$）和氢化硼钾（KBH_4）等配位氢化物，它们通过加水分解反应可产生比其自身含氢量还多的氢气。例如，$LiBH_4$ 的储氢量为 18%，远远超出了储氢合金如 AB_5、AB_2 及 Fe-Ti 系的储氢量。

---

① 杨宇，于宏源，鲁刚，等. 世界能源百年变局与国家能源安全[J]. 自然资源学报. 2020，35(11)：2803-2820.

三、金属氮氢化物

在金属氮氢化物储氢材料中,$LiNH_2$ 是其中一种具有较高储氢量的储氢载体。2002 年,Chen 等人首先报道了 $LiNH_2$—LiH 材料通过以下反应实现可逆吸放氢。

其理论可逆吸放氢量达 10.4%(质量),但该体系完全放氢温度为 400 ℃,难以满足实际应用,且 Li_3N 的氢化物分解时会产生 NH_3,这种气体会破坏催化剂的活性。Ichikawa 等研究了催化剂对上述反应的影响,发现在球磨 $LiNH_2$ 和 LiH 混合物时中加入 $TiCl_3$ 催化剂,可以在经过 3 个吸放氢循环后达到 5.50%(质量)的吸氢量。最近,Hu 等人报道了多孔金属氮氢化物储氢材料中可经过多次循环后仍能保持 3.10%(质量)的可逆吸氢量。Pinkerton 等人报道了具有 10%(质量)以上的高吸氢量的金属氮氢化物储氢材料,可惜存在可逆性问题。Ichikawa 等人利用基于密度泛函理论的第一性原理方法,通过计算 $LiNH_2$ 生成焓,认为采用电负性强的元素取代 $LiNH_2$ 中的 Li,可使体系放氢温度降低。Zhang 等人通过计算 Mg 和 P 部分取代 $LiNH_2$,发现用 Mg 取代 Li,降低了体系的放氢温度,而共价能力弱的 P 元素取代 N 也降低了体系的放氢温度。进一步研究发现,用 $Mg(NH_2)_2$ 代替 $LiNH_2$ 和 LiH 混合形成的 Li-Mg-N-H 储氢材料可以降低放氢温度。$Mg(NH_2)_2$ 的分解温度比 $LiNH_2$ 的低,并且 LiH 能和 $Mg(NH_2)_2$ 快速反应。

四、氨硼烷化合物

氨硼烷化合物(NH_3BH_3,简称 AB)是一类由双氢键连接的氢化物,同时具有高的储氢密度和良好的化学稳定性,其是被科学家们紧密关注的新型化学氢化物储氢材料之一。例如,硼烷氨 NH_3BH_3 具有 19.6% 的理论储氢容量,可通过催化热解等方式实现放氢,在 110~155 ℃ 的温度范围内通过热分解放出 13.4%(质量)的氢,但因需要较长的热诱导期,放氢温度较高,速度慢且释放少量 NH_3。为了降低放氢温度,Gutowska 等人将 NH_3BH_3 装填入 SBA-15,成功地将分解放氢温度降低到 100 ℃ 以下。Xiong 等人用 Li 或 Na 元素替代氨硼烷[NH_3]基团上的 H,发现了新型碱金属氨基硼烷化合物 $LiNH_2BH_2$ 和 $NaNH_2BH_3$,这两种物质分别实现了在 91 ℃ 温度下放氢约 11%(质量)和 7.5%(质量),显著实现了氨硼烷类化合物分解温度的降低,并且没有多余的副产物环硼氮六烷(硼吖嗪),避免了长期的热诱导期和发泡过程。陈萍和王平采用固相反应在 NH_3BH_3 引入过渡金属制备了新型金属氨硼烷化合物。最近,科学家们研究了一系列策略来降低氢释放温度并提高该系统的其他性能。宾夕法尼亚大学化学教授 Larry G. Sneddon 等发现当硼烷氨在离子液体中脱氢时,氢的释放量和释放速度大大提高;新墨西哥州国家实验室的 R. Tom Baker 及其合作者发现,用镍基催化剂介导反应可以大大提高氢的释放量。

金属氨基硼烷化合物虽然具有较高的储氢量和较低的放氢温度,但其致命的缺点是可逆吸氢非常困难,尚未发现与其相关的报道。因此,如何实现其可逆吸放氢是进一步研究的重点。

五、金属有机框架材料

金属有机框架材料(Metal-Organic Frameworks,MOFs)是一类由金属离子与含氧、氮等的多齿有机配体(大多数是芳香多酸)自组合形成的微孔网络结构的配位聚合物。在构筑金属有机多孔骨架时，有机配体选择起着关键性的作用。目前，已经有大量的金属有机框架材料被合成，主要是以含羧基有机阴离子配体为主，或与含氮杂环有机中性配体共同使用。这些金属有机骨架中多数具有高的孔隙率和好的化学稳定性。通过设计或选择一定的配体与金属离子组装得到了大量新颖结构的金属有机多孔骨架化合物。也可以通过修饰有机配体，对这些聚合物的孔道的尺寸进行调控。

20世纪90年代，以新型阳离子、阴离子及中性配体形成的孔隙率高、孔结构可控、比表面积大、化学性质稳定、制备过程简单的 MOFs 材料开始被大量合成出来。美国的 Yaghi、日本的 Kitagawa、法国的 Ferey 及国内陈军、李星引、朱广山等人的多个研究小组在金属有机框架材料的合成、结构和储氢性能研究方面获得了许多引人注目的研究成果。美国密歇根大学 Yaghi 教授的课题组于1999年首次发布了具有储氢功能、由有机酸和锌离子合成的 MOF-5 材料，并于2003年报道了 MOF-5 材料的储氢性能。结果表明：MOF-5 材料在 298 K、2×10^6 Pa 的条件下可吸收 1.0%(质量)的氢气，在 78 K、0.7×10^5 Pa 的条件下可以吸收 4.5%(质量)的氢气。美国加利福尼亚大学伯克利分校的 Long 教授研究组与 Yaghi 教授课题组合作，通过暴露于空气中制得的 MOF-5 材料在 77 K、4×10^6 Pa 条件下的储氢量为 5.1%(质量)，而不暴露于空气中制得的 MOF-5 材料在同样条件下的储氢量达到了 7.1%(质量)。北京大学的李星国等报道了他们制备的 MMOFs 材料在 77 K 和 298 K 下的吸氢量分别达到 3.42% 和 1.20%，Co(HBTC)(4，4-bipy)·3DMF 材料在 77 K 和 298 K 下的吸氢量分别达到 2.05% 和 0.96%。然而，金属有机框架材料目前仍有许多关键问题亟待解决。这些问题的切实解决将对提高 MOFs 材料的储氢性能并将之推向实用化进程发挥非常重要的作用。

六、碳质储氢材料

碳质材料由于具有吸氢量大、质量轻、抗毒化性能强、易脱附等优点，其物理吸附储氢被认为是非常有应用前景的储氢方式。碳质储氢材料主要有碳纳米管(CNT)、超级活性炭(AC)、石墨纳米纤维(GNF)和碳纳米纤维(CNF)几种。

(1)碳纳米管(CNT)。由于碳纳米管(CNT)具有储氢量大、释放氢速度快、可在常温下释氢等优点，被认为是一种有广阔发展前景的储氢材料。碳纳米管可分为单壁碳纳米管(SWNT)和多壁碳纳米管(MWNT)，它们均是由单层或多层的石墨片卷曲而成，具有长径比很高的纳米级中空管。中空管内径为 0.7 nm 到几十纳米，特别是 SWNT 的内径一般小于 2 nm，而这个尺度是微孔和中孔的分界尺寸，这说明 SWNT 的中空管具有微孔性质，可以看作是一种微孔材料。国内外对碳纳米管储氢做了大量的研究。Dillon 等研究的单壁碳纳米管在 -140 ℃、6.7×10^4 Pa 下的储氢密度为 5%(质量)。Chen 等报道在 380 ℃、常压下碳纳米管的储氢密度达 20.0%(质量)。Liu 的研究也表明，室温下纯 CNTS 的储氢质量密度仅有 1.7%。Ye 等采用容积法通过检测吸附解吸过程的压力变化，他们测定的单壁纳米碳管最高储氢容量在 80 K、12 MPa 条件下达到了 8%。Liu 等人测定的单壁纳米碳管(713 K 热处理和纯盐酸浸泡)在室温、10 MPa 条件下的储氢容量达到了 4.2%。尽管人们对碳纳米管储氢的研究已取得了一些进展，但至今仍不能完全了解纳米孔中发生的特殊物理化学过程，也无法准确测得纳米管的密度。

(2)超级活性炭(AC)。超级活性炭(AC)储氢始于20世纪70年代末，是在中低温(77～273 K)、中高压(1～10 MPa)下利用超高比表面积的活性炭作吸附剂的吸附储氢技术。AC吸氢性能与温度和压力密切相关，温度越低、压力越大，则储氢量越大，但在某一温度下，吸附量随压力增大将趋于某一定值。压力的影响小于低温的影响。周理发现，在超低温77 K、2～4 MPa条件下，AC储氢量达5.3%～7.4%。詹亮等人的研究结果表明，在93 K、6 MPa条件下AC储氢量达到9.8%，而且吸脱氢速率较快。AC的缺点在于吸附温度较低，使其应用范围受到限制。

(3)石墨纳米纤维(GNF)。石墨纳米纤维(GNF)是一种由含碳化合物经所选金属颗粒催化分解产生，截面呈十字形，面积为(30～500)×(10～20)m²、长度为10～100 μm的石墨材料，其储氢能力取决于直径、结构和质量。Chambers等人用鲱鱼骨状的纳米碳纤维在12 MPa、25 ℃下得到的储氢质量分数为67%，此结果至今无人能重复。Angela等报道了经过各种预处理的GNF，其在预处理阶段具有显著的储氢水平，通过最好的预处理方法，预处理阶段在7.04 MPa和室温条件下储存氢气的质量分数为3.80%。

(4)碳纳米纤维(CNF)。碳纳米纤维(CNF)具有较高储氢密度，原因：CNF具有很大的比表面积，使大量的H_2吸附在碳纳米纤维表面，为H_2进入碳纳米纤维提供了主要通道；而且由于CNF的层间距远远大于H_2分子的动力学直径(0.289 nm)，大量的H_2可进入CNF的层面之间；同时，CNF有中空管，可以像碳纳米管一样具有毛细作用，H_2可凝结在中空管中，从而形成碳纳米纤维。CNF的储氢量与其直径、结构和质量有密切关系。在一定范围内，直径越小，质量越高，纳米碳纤维的储氢量越大。采用催化浮动法制备的碳纳米纤维，在室温、11 MPa条件下储氢量为12%。毛宗强等测得室温、10 MPa条件下CNF的储氢量可达10%。白朔等的研究表明，在室温、12 MPa条件下，经过适当表面处理的CNF的储氢量也可达到10%。

七、玻璃微球储氢

按当今技术水平，用中空的玻璃球(直径在几十至几百微米之间)储氢已成为可能。在高压(10～200 MPa)下，加热至200～300 ℃的氢气扩散进入玻璃空心球，然后等压冷却，氢的扩散性能随温度下降而大幅度下降，从而使氢有效地储存于空心微球中。使用时，只需加热储器就可将氢气释放出来。

微球成本较低，由性能优异的耐压材料构成的微球(直径小于100 mm)可承受1 000 MPa的压力。与其他储氢方法相比，玻璃微球储氢特别适用氢动力车系统，是一种具有发展前途的储氢技术，其技术难点在于制备高强度的空心微球。工程应用的技术难点是为储氢容器选择最佳的加热方式，以确保氢足量释放。[①]

八、储氢材料研究小组及研究方向

近年来，储氢材料的研究也随着对氢能源的利用需求而快速发展。目前，各国家争

---

① 王善友. 海外光伏储能项目的发展现状和前景探究[J]. 现代商业. 2019 (33)：55-56.

相投入力量从事储氢材料方面的研究。美国、日本、德国、英国、瑞士、加拿大等国家进行了大量卓有成效的研究工作。我国有关大学和科研机构也正在开展这方面的研究工作，并取得令人瞩目的成绩。根据发表的 SCI 论文统计，在储氢材料方面研究较多的主要是中国科学院、浙江大学、华南理工大学、北京大学、美国能源部、美国加州大学系统、日本国家先进工业科学技术研究院、俄罗斯科学院、德国马普学会及日本的东京大学等。并且每个机构均有各自研究的侧重点。在金属储氢材料方面，中国占据着研究的主要力量，如燕山大学、浙江大学、兰州理工大学、北京大学等。而在配位氢化物的研究中，主要是中国、日本和北欧国家在从事相关的研究。另外，针对金属有机框架材料的合成、结构和储氢性能方面的研究，美国的 Yaghi 及中科院等多个研究小组获得了许多引人注目的研究成果。

第四节　储氢容器

根据储氢方式的不同，储氢容器主要包括高压储氢罐、液化氢气储罐、金属氢化物储氢罐、复合储氢罐及其他固态储氢罐。

一、高压储氢罐

高压储氢罐是一种已经商业化的储氢技术，虽然它结构简单和所需附件少，目前工业上标准氢气的压缩钢瓶气压一般为 35 MPa 大气压，相当于 22.9 kg/m³ 的氢气密度；在 70 MPa 下，氢气密度可达到 39.6 kg/m³。高压储氢罐主要经历了金属储氢容器、金属内衬纤维环向缠绕储氢容器、金属内衬环向＋纵向缠绕容器和螺旋缠绕容器、全复合塑料内衬储氢容器 4 个阶段。

金属储氢容器由对氢气有一定抗腐蚀能力的金属构成。由于金属强度有限，为提高容器工作压力，只能增加容器厚度。但这会增加容器的制造难度，且容易造成加工缺陷。同时，金属材料密度较大，容器质量大，单位质量储氢密度较低。

为了提高容器的承载能力，并减轻质量，采用了金属内衬纤维缠绕结构。该结构中金属内衬并不承担压力荷载作用，仅仅起到盛装氢气的密封作用。内衬材料通常是不锈钢或铝合金。压力荷载由外层缠绕的碳纤维、玻璃纤维或碳纤维—玻璃纤维混合纤维承担。由于纤维强度大大高于普通金属，且比体积小，可以减小容器的质量。受到纤维缠绕工艺的限制，该技术也经历了从单一环向缠绕，到环向＋纵向缠绕，再到多角度复合缠绕的发展过程。随着纤维质量的提高和缠绕工艺的不断改进，在提高容器承载能力的同时，减小了容器的质量。

全复合纤维缠绕结构除减薄纤维增强层厚度外，通过减小内衬质量，也能进一步减小容器质量，提高单位质量储氢密度。通过结构优化设计，改进加工工艺，现已开发出工程热塑料内衬结构的全复合纤维缠绕结构。内衬采用具有很好阻隔性的工程热塑料。这种结构的缺点：抗外部冲击能力低；随着温度和压力增大，氢气等气体的渗透量增大，与金属接嘴连接处往往是薄弱环节，易泄漏。但是，工程热塑料材料具有质量小、易于加工成形、耐腐蚀、耐冲击、机械性能好、价格较低等优点，且经过一定的处理以后对氢气也具有较好的阻隔性。以 HDPE(高密度聚乙烯)内衬为例，其比铝质内衬复合结构气瓶减重 30%，制造成本只有金属内衬的 50%。因此，全复合纤维缠绕结构是轻质高压储氢容器的一个主要发展方向。

碳纤维复合材料组成的新型轻质高压储氢罐(图 4-5)：铝内胆外面缠绕碳纤维的材料。这种储氢罐质量小，可耐高于 75 MPa 的氢气，但机械强度还存在可开发的空间。

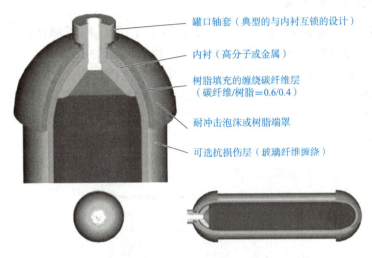

图 4-5　轻质高压储氢罐结构示意

二、液化氢气储罐

液化氢气储罐是将氢气储存在 20.3 K 温度和一个大气压下的制冷罐中，其储氢密度可达 70.8 kg/m³，接近压缩氢气在 7×10^7 Pa 的 39.6 kg/m³ 的两倍。液化氢气储存技术是另一种商业化了的技术。18 加仑(55 4130 L)[①]的液化氢装置可储存 5 kg 的液态氢，能使一般的燃料电池汽车行驶 300 英里(482.7 km)。[②] 液化氢气的优点是加氢时间短，相对于压缩氢气感觉上要安全点，同时有利于运输。一个制冷液化氢卡车可运输 3 370 kg 液化氢，比压缩氢气要多出 10 倍以上。然而液化过程需要消耗很多能量，在储存中液态氢极易气化而漏掉。

氢气的液化过程(把氢气从室温冷却到 20.3 K)包括高压、热交换制冷等一系列的焦耳-汤姆逊循环。液态氢的储存需要高度制冷的绝热罐。为了减少热从外界传入绝热罐，罐壁上通常装有 30 层以上的隔热层，隔热层之间的接触点越少越好以减少热传导所导致的损失。无论如何，热量从外界传入绝热罐内部是不可避免的。因此，绝热罐的内压随着热量的传入而升高，造成氢的气化。通常可采用两种方法来消除这种影响：一种是再制冷，也就是在绝热罐外层注入液化空气，当然需要一些能量；另一种就是在绝热罐上

---

① 1 加仑＝3.785 L。
② 1 英里≈1.609 km。

加入保护气压阀，随着压力的提高，氢气也随之排掉以保护绝热罐。这两种方法均不能排除液化氢的损失。即使用液化空气保护，液态氢的气化率也会达到每天4%。氢的气化源于液体在罐中的流动，具体表现在车用液态储氢罐上。各种振动加速液氢的气化。由此可见，液化储氢并不是一个最好的储氢方法。液化氢通常需要热交换器加热至室温后才能用在燃料电池或氢气内燃机上，这对整个系统来说无疑会增加成本。

三、金属氢化物储氢罐

世界上第一台金属氢化物储氢罐始于1976年，采用Ti-Fe系储氢合金为工质，储氢容量为2 500 L。经过40多年的发展，金属氢化物储氢罐已经逐步完善，在许多领域（如氢气的安全储运系统、燃氢车辆的氢燃料箱、电站氢气冷却装置、工业副产氢的分离回收装置、氢同位素分离装置、燃料电池的氢源系统等领域）得到了实际应用。其由储氢材料（金属氢化物）、容器、导热机构（铝制散热片）、导气机构（管子）和阀门5部分组成，如图4-6所示。

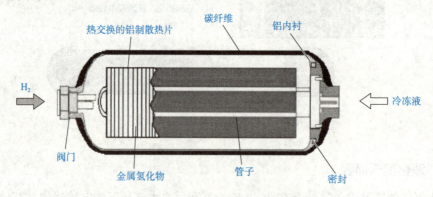

图4-6 金属储氢罐的结构示意

四、复合储氢罐

轻质高压储氢容器能够满足其质量密度，但是体积太大，而普通的金属氢化物体积密度很小，但是目前使用的金属氢化物的质量密度很难超过3.0%（质量）。在2003年，日本产业技术综合研究所的Takeichi等人首先提出了轻质混合高压储氢容器（Hybrid hydrogen storage vessel）的概念。该混合储氢罐由轻质高压罐和储氢合金反应床联合构成。高压罐是铝-碳纤维复合材料罐，储氢合金采用的是$LaNi_5$体系。将金属氢化物装入高压容器，通过调整储氢合金的装入比例来调整混合容器的体积和质量储氢密度。随着装入容器内的储氢合金的体积分数增加，系统体积不断减小，而系统的质量增加，特别是在小于20%之前，系统的体积降低得十分明显，但是当大于30%后，曲线开始变得平缓，对于这种混合储氢容器储氢合金的体积分数最好不要超过30%。

作为高压储氢合金必须要有大的质量储氢密度和放氢量，这样才能保证有足够的氢用量，金属氢化物具有高的分解压也是不可或缺的重要条件，一方面在较低的温度环境下就可以得到需要的氢气；另一方面从热交换的角度，分解压提高，放氢过程中的反应热降低，吸放氢时的热交换就更加容易。另外，良好的动力学性能和平台性能也不可忽略。D. Mori 等人对高压储氢合金的研究提出了几个目标：第一，质量储氢密度大于 3%；第二，合金形成氢化物的生成热，即生成焓<20 kJ/mol；第三，合金在 243 K 吸氢时的平衡压低于 35 MPa，在 393 K 放氢平衡压高于 1 MPa。

日本 Samtech 正在开发将高压罐与储氢合金合而为一的复合储氢罐。这种复合储氢罐是日本汽车研究所、日本重化学工业及 Samtech 受日本新能源及产业技术综合开发机构（NEDO）的委托联合开发的，它采用在高压罐中设置储氢合金管芯的结构。管芯中充填有粒状储氢合金，并安装有配管（热交换器），这些配管用于在释放氢气时通入温水及为消除吸留氢气时产生的热量而向四周通入冷却水。其思路是使氢气吸留在粒状的储氢合金上，使高压氢气填入储氢合金的缝隙。通过温水或热水促进合金吸放氢过程中与外界的热交换；利用高压储氢吸放氢速度快、质量储氢密度高的优点及固态储氢体积储氢密度大、安全性能好的特点，综合两者的优势，得到质量储氢密度和体积储氢密度相对较高的复合装置。此次开发的复合储氢罐中的储氢合金，采用了以往 NEDO 委托研究项目中开发出的 V-Ta-Cr 合金。首次试制品的内容积（不含管芯）为 40.8 L，总质量（不含阀门）为 89.6 kg，氢存储量为 1.5 kg（计算值），与同体积的 35 MPa 容器的 1.0 kg 氢存储量相比，达到了后者的 1.5 倍。

在复合储氢罐方面，丰田也正在进行开发。该公司以往公布的性能数据显示，采用有效氢吸留量为 1.9%（质量）的 Ti-Cr-Mn 类储氢合金、以 35 MPa 的压力向体积为 180 L 的罐中充填氢气时，可注入最多 7.3 kg 的氢气。这相当于同体积的 35 MPa 罐的 2.5 倍，即使与 70 MPa 罐相比，也相当于其 1.7 倍的容量。但是，在罐的质量方面，与 35 MPa 罐为 100 kg 以下的质量相比，复合储氢罐则达到 420 kg，重了 4 倍多。浙江大学的葛红卫开发了一种复合储氢装置，采用储氢材料作为介质，制造了 40 MPa 的轻质高压气瓶，在内部装填储氢容量质量分数为 1.6% 的 (Mm-Ml)0.8Ca0.2(Ni-Al)5 储氢合金后，当体积为 20% 时，复合储氢罐的体积储氢密度与单纯的高压储氢相比，增大 50%。张沛龙等发明了一种复合储氢系统，由一级金属氢化物储氢罐、二级高压储氢罐、散热器和温度传感器组成。散热器在一级储氢罐内，与内壁紧密接触，散热器内部为弓字形通路或加入金属翅片形成扇形结构，可提高储氢合金粉和氢气的接触面积，温度传感器插入储氢合金粉内部，可实时监测温度；2 个储氢罐之间以管路和阀门连接，通过阀门来控制氢气的对流。该系统具有较高的体积储氢密度、质量储氢密度，可有效提高储氢装置的热交换效率，实现快速充放氢。

随着质量储氢密度更高的高吸放氢平台合金材料的不断开发，气-固复合储氢方式展现出较好的发展前景。然而，这一储氢方式尚存在许多制约因素：

(1) 为提高质量储氢密度，高压容器多采用全纤维缠绕结构，该类容器要求充放氢时最高温度不超过 85 ℃，而充氢时合金的放热效应与高压氢气充装时的温升效应的协同作用，温度会超过此限制值，劣化纤维增强层树脂材料的性能。若要降低温度效应的影响，需要在储氢容器内部增设换热部件，并设置配套的冷却液循环装置，从而导致系统的质量储氢密度降低。

(2) 高压氢气在加注过程中，容器内会形成涡流，若将金属氢化物简单地装填在容器内。强涡流会造成金属氢化物粉末的泛起，降低合金使用寿命；若将金属氢化物置于专门设计的床层结构中，必须增加额外的附着基体，从而降低系统质量储氢密度，且全纤维缠绕结构容器一旦成型很难再将金属氢化物取出进行活化，因此，在储氢合金充放氢寿命得到大幅度提升前，将这储氢技术推向实用化尚有较大难度。

五、其他固态储氢罐

(一) $NaAlH_4$ 储氢罐

在美国能源部价格分析报告中，$NaAlH_4$ 储氢罐是可以与高压储氢罐相竞争的。其设计结构如图 4-7 所示。从图中可以看到，该储氢罐最外层为绝缘层，向里依次为玻璃纤维、碳纤维、内衬及泡沫铝(Al)组成。内部还有一些不锈钢过滤器及通导热液体的管道。可用燃料电池的废热来作为放氢能。

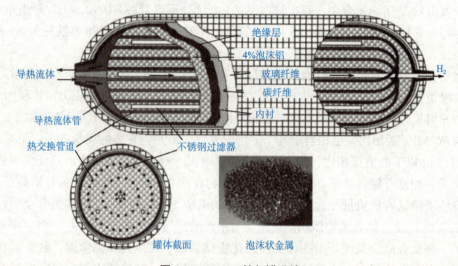

图 4-7 $NaAlH_4$ 储氢罐设计

德国的赫蒙霍兹沿海研究中心为了 EU STORHY(汽车用储氢)项目研制了一个 8 kg 的 $NaAlH_4$ 储氢罐。储氢材料选用了 $TiCl_3$、$AlCl_3$ 掺杂的 $NaAlH_4$，经在 126 ℃、$(1 \sim 1.09) \times 10^7$ Pa 氢气流下测试，其材料本身和罐体总储氢密度(储氢材料储存的氢气和罐体内残留的氢气量总和)相差 0.8%。从其罐体的吸放氢循环性能上，可以看到，在测试的 18 个吸放氢循环中具有良好的循环稳定性。

(二) MOF 吸附型储氢罐

图 4-8 所示为美国能源部价格分析报告中关于吸附型储氢罐的设计结构。该储氢罐是用 AX-21、MOF-177 或 MOF-5 等吸附型储氢材料作为吸附剂制成的。用 Al 做成金属外壳，与内部真空隔绝，由碳纤维、内衬作为内部壳体，AX-21、MOF-177 或

MOF-5 等储氢材料装在壳体内，壳体内装有多条通氢气的管道，可储存 5.6 kg 的氢气。

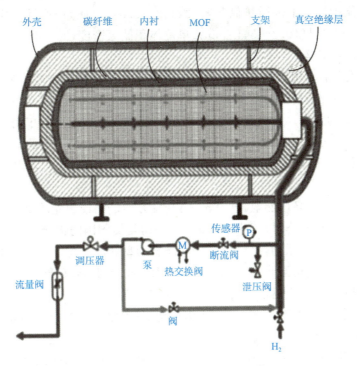

图 4-8　MOF 吸附型储氢罐的结构

(三)碳纳米管

由于单壁碳纳米管具有纳米尺度的中空孔道，也被认为是以一种极具发展潜力的储气材料。由于目前对碳纳米管的制备还停留在试验室阶段，难以制备大量的高纯度的碳纳米管供科学研究，以对其进行结构表征、性能测试。尽管碳纳米管潜在的高储氢容量十分诱人，但按照美国 DOE 车载储氢的标准要求，特别是单位体积储氢质量，差距甚远。对此，浙江大学储氢材料研究室曾引用相关技术参数，设计了一个储氢容量为 500 L 的碳纳米管储氢器。假定碳管在常温和 12 MPa 的吸附氢量为 5%（质量），应装填碳纳米管量为 900 g；容器采用耐压 15 MPa 的、厚 60 mm、直径 3 mm 的铝瓶，碳纳米管装料堆堆积密度以 1.125 kg/L 计算，那么铝瓶的内容积为 0.8 L，实际占位体积为 2.0 L，总质量（含阀）为 1 500 g，如此计算出的单位质量储氢密度约为 3.0%（质量），单位体积储氢密度约为 23 kg/m^3，这是一个理想的计算数值。显然，如果碳纳米管的吸附氢量在 3.0%（质量）以内，即使不考虑其高昂价格，与其他技术比较也缺乏竞争优势。

六、国内外金属氢化物储氢罐生产状况

目前，全球做燃料电池的厂家有数千家，而做供氢、储氢的只有十几家。从国际上生产的储氢罐数量看，新加坡为储氢罐最大的生产国。储氢罐产业利润惊人，售价高出

成本接近10倍之多。全球生产储氢罐的公司不到10家，包括芬兰的OyHydrocell公司、美国的Ovonic公司、中国的上海清能燃料电池公司、天津海蓝德能源技术发展有限公司等。主要的性能指标：单位质量储氢密度(1.2～2.0)%（质量）；氢气纯度＞6N（表示99.999 9%)；放氢速度(0.2～3)L/min；单位体积储氢密度(30～60)kg/m³；吸放氢压力可根据用户要求调整。

燃料电池汽车的车用储氢器必须具有较高的单位质量储氢密度。美国能源部认为，车用高压储氢的单位质量密度至少应为6%，即每立方米储存60 kg氢气。为了满足汽车480 km续航能力的要求，一次需储氢4～7 kg。目前，小型汽车的车用储氢方式大多采用高压储氢，工作压力为70 MPa的碳纤维储氢瓶是目前家用汽车的最佳选择，其售价大约为3 000美元。研究人员正在致力于开发新的材料和制造工艺，以进一步降低储氢气瓶成本。

目前，在车载氢气高压储氢罐的研究与开发方面，比较领先的是加拿大的Dynetek公司和美国的Quantum公司。美国Quantum公司与美国国防部合作，成功开发了移动加氢系统——HyHauler系列，分为HyHauler普通型和改进型。普通型HyHauler系统的氢源为异地储氢罐输送至现场，加压至35 MPa或70 MPa存储，进行加注。改进型HyHauler系统的最大特点是氢源为自带电解装置电解水制氢，同时具有高压快充技术，完成单辆车的加注时间少于3 min。美国国防部已经前瞻性地将HyHauler系统应用到部分车辆上进行检测。加拿大Dynetek公司也开发并商业化了耐压达70 MPa、铝合金内胆和树脂碳纤维增强外包层的高压储氢容器，广泛用于与氢能源有关的行业。2008年，由浙江大学化工机械研究所郑津洋教授带领课题组研制成功了5 m³固定式高压(42 MPa)储氢罐，成为世界上最大的固定式储氢罐，它比美国最大的高压储氢罐大11倍（美国最先进的技术是把高压储氢罐容积做到0.411 m³)。

我国储氢罐生产企业多生产传统耐压程度相对较低的无缝不锈钢、铝合金等金属制的储氢罐或储氢瓶。这类企业如南通中集罐式储运设备制造有限公司、北京天海工业有限公司、哈尔滨哈机联机械制造有限公司等。除生产各类储气罐外，也生产反应罐和气体发生装置等系列产品，储氢罐只是其众多产品之一，单品实际产量并不是很大。

国内也有部分企业生产相对高端的碳纤维复合材料、轻质铝内胆纤维全缠绕的储氢罐，可提高储氢效率，增大耐压程度，增加储氢百分比。例如，浙江巨化装备制造有限公司与浙江大学进行技术合作，生产出可耐75 MPa高压的储氢罐。但这类高端产品也并未出现产业化生产和大量应用，产量很少。

目前，应用于汽车动力电池的合金储氢罐是市场关注重点，虽然我国有稀土资源优势，储氢合金产量已经可达10 000 t左右，是世界最大的生产国，但国内已经产业化生产合金储氢罐的企业数量仍然很少。河南茂旭新能源有限公司、北京浩运金能科技有限公司等企业已经有产品。北京浩运金能科技有限公司生产的金属氢化物储氢罐具有快速、大流量放氢性能，可为各种规格燃料电池提供氢源。储氢罐体采用304不锈钢或铝合金，金属氢化物采用的是AB_5型和AB_2型储氢合金，储氢量达到1.4%（质量）以上。吸氢压力稳定，充放气循环3 000次后，储氢量仍保持在初始容量的90%以上。可在室温下实现快速充放氢。放氢纯度大于 99.999%。这类企业普遍在 2010 年后开始生产储氢合金技术储氢罐，由于生产时间较短，加上下游应用市场发展并未成熟等因素，企业实际产量不大。

整体看，我国各类储氢罐的整体生产仍以传统钢制或铝合金制气态压力储氢罐为主，其他新型储氢罐已经有所生产，但仍未大批量生产和应用。

第五节　燃料电池

氢燃料电池是将氢气和氧气的化学能直接转换成电能的发电装置。其基本原理是电解水的逆反应，把氢和氧分别供给阳极和阴极，氢通过阳极向外扩散和电解质发生反应后，放出电子通过外部的负载到达阴极。

一、特点

（一）折叠无污染

燃料电池对环境无污染。它是通过电化学反应，而不是采用燃烧（汽油、柴油）或储能（蓄电池）方式——最典型的传统后备电源方案。燃烧会释放像 CO_x、NO_x、SO_x 气体和粉尘等污染物。如上所述，燃料电池只会产生水和热。如果氢是通过可再生能源产生的（光伏电池板、风能发电等），那么整个循环就是彻底的不产生有害物质排放的过程。

（二）折叠无噪声

燃料电池运行安静，噪声大约只有 55 dB，相当于人们正常交谈的水平。这使得燃料电池适合室内安装，或是在室外对噪声有限制的地方。

（三）折叠高效率

燃料电池的发电效率可以达到 50% 以上，这是由燃料电池的转换性质决定的，直接将化学能转换为电能，不需要经过热能和机械能（发电机）的中间变换。

二、燃料电池与储氢材料工作匹配的条件

（一）必须使燃料电池与储氢材料完好匹配

金属氢化物在放氢过程主要取决于与放氢温度及放氢压力，为了确保氢气作为燃料电池的燃料，使燃料电池正常有效地工作，必须使燃料电池与储氢材料工作条件达到完好的匹配。

为掌握燃料电池在不同工况下的需氢量，须了解储氢器的工作特性，利用实际的系统匹配试验进行研究与评价。拟匹配的储氢容器在保证足够大的储氢量的同时必须能够满足以上放氢条件，即在不同负载状态下能够为燃料电池提供相应足够的瞬时氢气量。

储氢合金的不同决定了形成产品后储氢器性能的差异。要实现储氢器与整体燃料电池系统的匹配。

(1)在力求提高储氢合金自身充放氢特性的基础上，必须将其与燃料电池系统相结合考虑。带载阶段，随着放氢量的增加，储氢器的压力和温度均呈下降趋势。在整个放氢过程中，储氢器放氢参数的变化伴随着自身温度的较大幅度变化，可见温度是影响储氢器放氢性能的因素之一。总体而言，在自然放置状态下，储氢器放氢一定时间后就无法为燃料电池持续提供足够的氢气。

(2)反应气体的压力对电池性能有很大的影响，增大反应气的压力有利于提高反应气通过扩散层和催化层的传质速度，同时可以减小浓差极化，增大反应气体的压力，也有利于提高电流密度，在过电位相同的情况下，提高电流密度，电池的性能也会随之提高。然而增大气体的压力同时也会增大电池的能耗，从而降低了系统的输出功率。

(3)气体流量的提高对电池性能的影响很大，反应气的量增多，气体的利用率也提高，因为在阳极和阴极催化层上氢氧浓度提高，使电化学反应更充分。

(二)固体金属氢化合物储氢合金作为燃料电池发电系统储氢单元的技术方案

(1)放氢速率。负载状态燃料电池的负载大小(输出功率)与储氢器的放氢速率有一一对应的关系，储氢器的放氢速率必须达到所匹配的实际需求量。

(2)储氢器的加热保温。在实际发电系统工作中，由于不可能利用额外的热源提供给储氢器，必须利用系统自身产生的热量实现系统内部的热量均衡；可以利用燃料电池和变换电路产生的余热对储氢器进行加热，以改善储氢器的放氢性能；还可以优化发电系统各单元的热量分布。

(3)放氢压力。储氢器放氢压力的下降速率和放氢量的大小与自身的环境温度和负载状态有关。在低的环境温度下，大的负载储氢器放氢速率较高，放氢压力下降较快，放氢量较少；反之，放氢压力下降较慢，放氢量较多。

(4)要保证正常工作储氢器的放氢压力必须高于燃料电池的供氢压力，采用增压空气或纯氧为氧化剂时供氢压力适当提高。另外，在设计储氢器的有效放氢量时必须考虑到燃料电池的实际负载大小。

贵研铂业股份有限公司是集贵金属系列功能材料研究、开发和生产经营及镍资源的开发利用于一体的高技术企业，主营业务包括贵金属特种功能材料、贵金属高纯功能材料、贵金属信息功能材料、贵金属环境及催化功能材料、镍矿冶炼、开发和深加工。产品用户涵盖电子信息、航空、航天、船舶、汽车、生物医药、化学化工、建材、矿产冶金、环保能源等行业。

思考与练习

1. 氢气的储存技术有哪些？
2. 储氢材料有哪些？
3. 简述燃料电池的特点。

第五章　太阳能发电技术

章前导读

太阳能的能源是来自地球外部天体的能源(主要是太阳能),是太阳中的氢原子核在超高温时聚变释放的巨大能量,人类所需能量的绝大部分直接或间接地来自太阳。我们生活所需的煤炭、石油、天然气等化石燃料都是因为各种植物通过光合作用把太阳能转变成化学能在植物体内贮存下来后,再由埋在地下的动植物经过漫长的地质年代形成的。另外,水能、风能、波浪能、海流能等也都是由太阳能转换来的。

学习目标

1. 了解新型太阳能电池和太阳能光伏发电技术。
2. 掌握太阳能光伏发电系统的工作原理和分类。

案例导入

随着全国首个分布式潮流控制器示范工程等电网示范工程和一系列"光伏倍增"项目高效落地,浙江省湖州市电网"源网荷储"协同互动加速推进,为湖州市打造共同富裕绿色样本的基本盘强劲"加码"。近年来,湖州市着力发展高质量、高技术、高效益的先进生产力。将电能与城市绿色发展深度融合,源源不断把绿色能源转化为地方发展优势。

在浙江省湖州市德清县泰合盛新材料科技有限公司,屋顶光伏面板在阳光下熠熠生辉(图5-1)。"厂房屋顶面积有29 800多平方米,一共安装了2.4 MW屋顶太阳能光伏板,2021年年底开始采用'自发自用、余电上网'的模式并网发电,2022年以来已经发电27.8万千瓦时,共省下了电费7.78万元。"企业基建部经理杨国宝说。

图5-1　屋顶上的光伏面板

湖州推进新型电力系统建设，提升电网弹性，让电力成为在好风景里布局新经济的不竭动能。根据湖州电力发布的《"获得电力"缩小城乡差距建设三年行动计划》，到2023年，湖州将力争实现90%行政村抢修到达时限缩短至45 min内，电能在城乡终端能源消费中占比40%以上；同时积极建设智慧配电网，自动化、智能化的配电网惠及更多乡村。越来越多的用户也与电网进行着良好互动。农村水、电、气、网联动报装，城乡用电场景越来越丰富和便捷，强有力的供电保障有效支撑了乡村产业的蓬勃发展，让多种产业在乡村落地生根。

——引自《学习强国》

第一节　新型太阳能电池介绍

一、硅基太阳能电池

以硅作为主要光电转换材料的研究型太阳能电池技术路线有6种，除人们平时熟知的单晶硅和多晶硅太阳能电池外，还有聚光单晶硅、硅基异质结（HIT）、薄膜晶硅和薄膜无定型硅（非晶硅）太阳能电池。其中，效率最高的单结电池是聚光单晶硅太阳能电池，其效率可达27.6%。

以硅作为主要光电转换材料的太阳能组件技术路线有9种，除人们平时熟知的PERC、IBC等外，还有多晶硅、单异质结IBC、薄膜硅、无定形硅、双结硅、三结硅、其他硅路线。

二、多元化合物太阳能电池

多元化合物太阳能电池是由两种或两种以上元素形成的化合物半导体作为光电转换材料的太阳能电池。在研究型太阳电池中记录的主要有GaAs（砷化镓）、CIGS（铜铟镓硒）、CdTe（碲化镉）、CZTSSe（铜锌锡硫/硒）太阳能电池等。其中，单结效率最高的为GaAs太阳能电池，聚光条件下可达35.5%，非聚光条件下薄膜晶体太阳能电池效率可达29.1%。

对于电池组件来说，该类型中单结电池效率最高的是GaAs太阳能电池，可达25.1%。GaAs太阳能电池早期以其较高的光电转换效率被选择用于人造地球卫星。

三、染料敏化太阳能电池

染料敏化太阳能电池是20世纪90年代初发展起来的一类新型太阳能电池，以半导体材料作为电子传输层，以合成染料作为光吸收材料。该类型太阳能电池兴起之初曾受到研究人员的高度重视，被视为"第三代"太阳能电池，一度形成世界范围的研究热潮。目前，该类型太阳能电池的实验室最高转换效率为13.0%，尚未有组件效率纪录上榜，距离实用尚有一定的差距，仅在一些特殊应用场景下有少量产品投入试用。

四、有机太阳能电池

有机太阳能电池是在 21 世纪初兴起的一种新型太阳能电池，主要以人工合成的有机供体、受体分子作为光电转换材料。有机太阳能电池的最大优势在于可以做成柔性可弯曲折叠的太阳能电池，而且比较容易实现卷对卷的批量生产。该类型研究型太阳能电池的最高效率可达 18.2%，组件效率可达 11.7%，具有一定的应用前景，特别是在一些要求特殊形状的应用场景。

五、钙钛矿太阳能电池

钙钛矿太阳能电池是在染料敏化太阳能电池基础上发展起来的一种新型太阳能电池，最初是以人工合成的钙钛矿材料替代染料作为光吸收层，后来逐渐抛弃染料敏化太阳能电池的部分成分而发展成一种独立的类型。这种太阳能电池出现的时间只有 10 多年，但其研究型太阳能电池的效率已经达到 25.5%，组件效率已经达到 17.9%，成为全球范围内的超级研究热点。目前国内外已经有数家企业开始建设兆瓦级的钙钛矿太阳能电池生产线，成为最有希望进入市场的新型太阳能电池。

六、量子点太阳能电池

量子点太阳能电池是在染料敏化太阳能电池的基础上发展而来的，以不同尺寸和光吸收特性的量子点作为光电转换材料。量子点太阳能电池的研究型效率目前可达 18.1%，尚未有组件效率上榜，仍处在研究中。

七、多结太阳能电池

为了充分利用不同波段的太阳光，进一步提高光电转换效率，相关研究人员将具有不同光吸收波段的太阳能电池串联叠加起来，组成了多结太阳能电池。目前，有效率纪录追踪的最高结数为四结，其研究型效率在聚光条件下可达 47.1%，非聚光条件下可达 39.2%；组件效率在聚光条件下四结可达 40.6%，非聚光条件下三结可达 31.2%。

第二节　太阳能光伏发电概述

一、太阳能光伏发电简介

太阳能光伏发电是利用太阳电池（一种类似晶体二极管的半导体器件）的光伏特效应直接把太阳的辐射能转变为电能的一种发电方式，太阳能光伏发电的能量转换器就是太阳电池，也称光伏电池。当太阳光照射到太阳电池（由 P、N 型两种不同类型的同质半导体材料构成）上时，其中一部分光线被反射，一部分光线被吸收，还有一部分光线透过电池片。被吸收的光能激发被束缚的高能级状态下的电子，产生电子-空穴对，在 PN 结的内建电场作用下，电子、空穴相互运动（图 5-2），N 区的空穴向 P 区运动，P 区的电子向

N区运动,使太阳电池的受光面有大量负电荷(电子)积累,而在电池的背光面有大量正电荷(空穴)积累。若在电池两端接上负载,负载上就有电流通过,当光线一直照射时,负载上将源源不断地有电流流过。单片太阳电池就是一个薄片状的半导体PN结,标准光照条件下,额定输出电压为0.5~0.55 V。为了获得较高的输出电压和较大的功率容量,在实际应用中往往把多片太阳电池连接在一起构成电池组件,或者用更多的电池组件构成光伏方阵,如图5-3所示。太阳电池的输出功率是随机的,不同时间、不同地点、不同光照强度、不同安装方式下,同一块太阳电池的输出功率也是不同的。

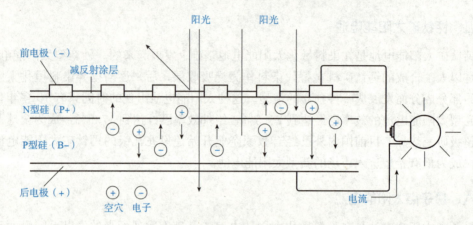

图5-2 太阳能光伏电池发电原理

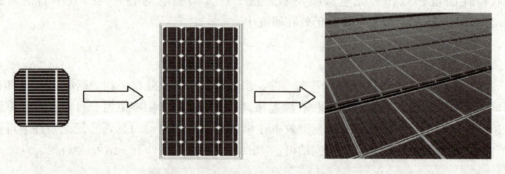

图5-3 从电池片、电池组件到光伏方阵

二、太阳能光伏发电的优点

太阳能光伏发电的过程简单,没有机械转动部件,不消耗燃料,不排放包括温室气体在内的任何物质,无噪声,无污染;太阳能资源分布广泛且取之不尽、用之不竭。因此,与风力发电和生物质发电等新型发电技术相比,光伏发电是一种最具可持续发展特征(最丰富的资源和最洁净的发电过程)的可再生能源发电技术。其主要优点如下:

(1)太阳能资源取之不尽、用之不竭,照射到地球上的太阳能要比人类目前消耗的能量大近6 000倍,而且太阳能在地球上分布广泛,只要有光照的地方就可以使用光伏发电系统,不受地域、海拔等因素的限制。

(2)虽然在地球表面，维度的不同、气候条件的差异等因素会造成太阳能辐射的不均匀，但由于太阳能资源随处可得，可就近解决发电、供电和用电问题，不必长距离输送电能，避免了长距离输电线路投资及电能损失。

(3)太阳能光伏发电是直接从光子到电子的转换，没有中间过程(如热能转换为机械能、机械能转换为电磁能等)和机械运动，不存在机械磨损。根据热力学分析，光伏发电具有很高的理论发电效率，可达80%以上，技术开发潜力大。

(4)太阳能光伏发电本身不用燃料，温室气体和其他废气物质的排放极少，不产生噪声，也不会对空气和水产生污染，对环境友好，不会遭受能源危机或燃料市场不稳定的冲击，太阳能是真正绿色环保的可再生新能源。

(5)太阳能光伏发电过程不需要冷却水，发电装置可以安装在没有水的荒漠、戈壁上。太阳能光伏发电还可以很方便地与建筑物的屋顶、墙面结合，构成屋顶分布式或光伏建筑一体化发电系统，不需要单独占有土地，可节省宝贵的土地资源。

(6)太阳能光伏发电无机械传动部件，操作、维护简单，运行稳定可靠。一套光伏发电系统只要有太阳、电池组件就能发电，加之自动控制技术的广泛采用，基本上可实现无人值守，维护成本低的要求。

(7)太阳能光伏发电系统工作性能稳定可靠，使用寿命长(30年以上)，晶体硅太阳电池寿命可长达25～35年。在光伏发电系统中，只要设计合理、选型适当，蓄电池的寿命也可长达10～15年。

(8)太阳电池组件结构简单，体积小、质量小，便于运输和安装。光伏发电系统建设周期短，而且根据用电负荷其容量可大可小，方便灵活，极易组合、扩容。

另外，近几年来应用最为广泛的是利用各种建筑物屋顶和农业设施屋顶及家庭住宅屋顶建设的分布式光伏发电系统，除同样具有上述优点外，还具有以下优越性：

(1)分布式光伏发电基本不占用土地资源，可就近发电、供电，不用或少用输电线路，降低了输电成本。光伏组件还可以直接代替传统的墙面和屋顶材料。

(2)分布式光伏发电系统在接入配电网时是发电用电并存。在电网供电处于高峰期发电，可以有效地起到平峰的作用，削减城市昂贵的高峰供电负荷，能够在一定程度上缓解局部地区的用电紧张状况。

三、太阳能光伏发电的缺点

当然，太阳能光伏发电也有它的缺点，归纳起来有以下几点：

(1)能量密度低。尽管太阳投向地球的能量总和极其巨大，但由于地球表面积也很大，而且地球表面大部分被海洋覆盖，真正能够到达陆地表面的太阳能只有到达地球范围辐射能量的10%左右，致使在陆地单位面积上能够直接获得的太阳能量较少，通常以太阳辐照度来表示，地球表面最高值约为$1.2\ kW·h/m^2$，且绝大多数地区和大多数的日照时间都低于$1\ kW·h/m^2$。太阳能的利用实际上是低密度能量的收集、利用。

(2)占地面积大。太阳能能量密度低，这就使得光伏发电系统的占地面积会很大，每10 kW光伏发电功率占地约$70\ m^2$，平均每平方米面积的发电功率为160 W左右。随着分布式光伏发电的推广及光伏建筑一体化发电技术的成熟和发展，越来越多的光伏发电系统可以利用建筑物、构筑物的屋顶和立面，逐步改善了光伏发电系统占地面积大的不足。

(3) 转换效率较低。太阳能光伏发电的最基本单元是太阳电池组件。光伏发电的转换效率指的是光能转换为电能的比率。目前，晶体硅光伏电池的最高转换效率在21%左右，做成的电池组件转换效率为16%～17%，非晶硅光伏组件的转换效率最高超不过13%。由于光电转换效率较低，使光伏发电系统功率密度低，难以形成高功率发电系统。

(4) 间歇性工作。在地球表面，光伏发电系统只能在白天发电，晚上则不能发电，这与人们的用电方式和习惯不符。除非在太空中没有昼夜之分的情况下，太阳能电池才可以连续发电。

(5) 受自然条件和气候环境因素影响大。太阳能光伏发电的能量直接源于太阳光的照射，而地球表面上的太阳光照射受自然条件和气候的影响很大，一年四季、昼夜交替、地理纬度和海拔高度等自然条件及阴晴、雨雪、雾天甚至云层的变化都会严重影响系统的发电状态。另外，环境因素的影响也很大，特别是空气中的颗粒物（如灰尘等）降落在电池组件表面，会阻挡部分光线的照射，使电池组件转换效率降低，发电量减少。

(6) 地域依赖性强。不同的地理位置，使各地区的日照资源相差很大。光伏发电系统只有在太阳能资源丰富的地区应用效果才好，投资收益率才高。

(7) 系统成本高。太阳能光伏发电的效率较低，到目前为止，光伏发电的成本仍然比其他常规发电方式（火力和水力发电等）高。这也是制约其广泛应用的主要因素之一。但是我们应看到，随着太阳电池产能的不断扩大及电池片光电转换效率的不断提高，光伏发电系统成本下降得非常快，太阳电池组件的价格已经从前几年的每瓦十几元下降至目前的2.5元/瓦左右。

(8) 晶体硅电池的制造过程高污染、高能耗。晶体硅电池的主要原料是纯净的硅。硅是地球上含量仅次于氧的元素，主要存在形式是沙子（二氧化硅）。从沙子一步步变成含量为99.999 9%以上纯净的晶体硅，期间要经过多道化学和物理工序，不仅要消耗大量能源，还会造成一定的环境污染。

尽管太阳能光伏发电有上述缺点，但是全球化石能源的逐渐枯竭及因化石能源过度消耗而引发的全球变暖和生态环境恶化，给人类带来了很大的生存威胁，因此，大力开发可再生能源是解决这个问题的重要措施之一。由于太阳能光伏发电是一种最具可持续发展特征的可再生能源发电技术，近年来，我国政府也相继出台了一系列鼓励和支持新能源及太阳能光伏产业的政策法规，这使得太阳能光伏产业迅猛发展，光伏发电技术和水平不断提高，应用范围逐步扩大，并在能源结构中占有越来越大的比重。

四、太阳能光伏发电的应用

太阳电池及光伏发电系统已经逐步应用到工业、农业、科技、国防及老百姓的日常生活中，预计到21世纪中叶，太阳能光伏发电将成为主要的发电形式之一，在可再生能源结构中占有一定比例。太阳能光伏发电的具体应用主要有以下几个方面：

(1)通信领域的应用：包括太阳能无人值守微波中继站，光缆通信系统及维护站，移动通信基站，广播、通信电源系统，卫星通信和卫星电视接收系统，农村程控电话、载波电话光伏系统，小型通信机，部队通信系统，士兵 GPS 供电等。

(2)公路、铁路、航运交通领域的应用：如铁路和公路信号系统，铁路信号灯，交通警示灯、标志灯、信号灯，公路太阳能路灯，太阳能道钉灯，高空障碍灯，高速公路监控系统，高速公路、铁路无线电话亭，无人值守道班供电，航标灯灯塔和航标灯电源等。

(3)石油、海洋、气象领域的应用：石油管道阴极保护和水库闸门阴极保护的太阳能电源系统，石油钻井平台生活及应急电源，海洋检测设备，气象和水文观测设备、观测站，电源系统等。

(4)农村和边远无电地区的应用：在高原、海岛、牧区、边防哨所等农村和边远无电地区应用的太阳能离网光伏发电系统由村庄、学校、医院、饭店、旅社、商店等的小型风光互补发电系统。解决无电地区的深水井饮用、农田灌溉等用电问题的太阳能光伏水泵。另外，还有太阳能喷雾器、太阳能电围栏、太阳能黑光灭虫灯等应用。

(5)太阳能光伏照明方面的应用：太阳能路灯、庭院灯、草坪灯，太阳能景观照明，太阳能路标标牌、信号指示、广告灯箱照明等，还有家庭照明灯具及手提灯、野营灯、登山灯、垂钓灯、割胶灯、节能灯、手电筒等。

(6)大型地面光伏发电系统(电站)的应用：主要应用在光照资源好、有大量非农业用地的我国中西部地区。

(7)分布式光伏发电及光伏建筑一体化发电系统(BIPV)的应用：利用工商业屋顶、公共设施屋顶与家庭住宅屋顶等安装分布式光伏发电系统，以及用太阳能电池组件代替建筑材料，作为建筑物的屋顶和外立面使用，使得各类建筑物都能实现光伏发电系统与电力电网并网运行，以自发自用为主、剩余电力送入电网(图 5-4)。这将是目前和今后一段时期光伏发电应用的主要形式与发展方向。

图 5-4 太阳能光伏建筑一体化

(8)太阳能商品及玩具的应用：太阳能收音机、太阳能钟、太阳帽、太阳能手机充电器、太阳能手表、太阳能计算器、太阳能玩具等。

(9)其他领域的应用：太阳能电动汽车、电动自行车、太阳能游艇，太阳能充电设备，太阳能汽车空调、换气扇、冷饮箱等，还有太阳能制氢加燃料电池的再生发电系统，海水淡化设备供电，卫星、航天器、空间太阳能电站等。

第三节　太阳能光伏发电系统的构成、工作原理和分类

一、太阳能光伏发电系统的构成

通过太阳电池将太阳辐射能转换为电能的发电系统称为太阳能光伏发电系统，简称为光伏发电系统。尽管太阳能光伏发电系统的应用形式多种多样，应用规模也跨度很大（从小到不足 1 W 的太阳能草坪灯应用，到几百千瓦甚至几十兆瓦的大型光伏电站应用），但系统的组成结构和工作原理基本相同，主要由太阳电池组件（或方阵）、储能蓄电池（组）、光伏控制器、光伏逆变器（在有需要输出交流电的情况下使用）等，和直流汇流箱、直流配电柜、交流汇流箱或配电柜、升压变压器、光伏支架及一些测试、监控、防护等附属设施构成。

（一）太阳电池组件

太阳电池组件也称光伏电池板，是光伏发电系统中实现光电转换的核心部件，也是光伏发电系统中价值最高的部分。其作用是将太阳光的辐射能量转换为直流电能，送往蓄电池中存储起来，也可以直接用于推动直流负载工作，或通过光伏逆变器转换为交流电为用户供电或并网发电。当发电容量较大时，需要用多块电池组件串联、并联构成太阳电池方阵。目前，应用的太阳电池组件主要分为晶硅组件和薄膜组件。晶硅组件可分为单晶硅组件、多晶硅组件；薄膜组件包括非晶硅组件、微晶硅组件、铜铟镓硒（CIGS）组件、碲化镉（CdTe）组件等。

（二）储能蓄电池

储能蓄电池主要用于离网光伏发电系统和带储能装置的并网光伏发电系统，其作用主要是存储太阳电池发出的电能，并可随时向负载供电。光伏发电系统对蓄电池的基本要求是自放电率低、使用寿命长、充电效率高、深放电能力强、工作温度范围宽、少维护或免维护及价格低。目前，光伏发电系统配套使用的主要是铅酸电池、铅碳电池、磷酸铁锂电池、三元锂电池等，在小型、微型系统中，也可用镍氢电池、镍镉电池、锂离子电池或超级电容器等。当有大容量电能存储需求时，就需要将多只蓄电池串联、并联起来构成蓄电池组。

（三）光伏控制器

光伏控制器是离网光伏发电系统中的主要部件，其作用是控制整个系统的工作状态，保护蓄电池；防止蓄电池过充电、过放电、系统短路、系统极性反接和夜间防反充等。

在温差较大的地方，控制器还具有温度补偿的功能。另外，光伏控制器还有光控开关、时控开关等工作模式，以及对充电状态、用电状态、蓄电池电量等各种工作状态的显示功能。光伏控制器一般可分为小功率控制器、中功率控制器、大功率控制器、风光互补控制器等。

(四)光伏逆变器

光伏逆变器的主要功能是把电池组件或储能蓄电池输出的直流电能尽可能多地转换成交流电能，提供给电网或用户使用。光伏逆变器按运行方式不同，可分为并网逆变器和离网逆变器。并网逆变器用于并网运行的光伏发电系统。离网逆变器用于独立运行的光伏发电系统。由于在一定的工作条件下，光伏组件的功率输出将随着光伏组件两端输出电压的变化而变化，并且在某个电压值时组件的功率输出最大，因此，光伏逆变器一般都具有最大功率点跟踪(MPPT)功能，即逆变器能够调整电池组件两端的电压使电池组件的功率始终输出最大。

(五)直流汇流箱

直流汇流箱主要是用在几十千瓦以上的光伏发电系统，其用途是把电池组件方阵的多路直流输出电缆集中输入、分组连接到直流汇流箱中，并通过直流汇流箱中的光伏专用熔断器、直流断路器、电涌保护器及智能监控装置等的保护和检测后，汇流输出到光伏逆变器。直流汇流箱的使用，大大简化了电池组件与逆变器之间的连线，提高了系统的可靠性与实用性，不仅使线路连接井然有序，而且便于分组检查和维护。当电池组件方阵局部发生故障时，可以局部分离检修，不影响整体发电系统的连续工作，保证光伏发电系统发挥最大效能。

(六)直流配电柜

在大型的并网光伏发电系统中，除采用许多个直流汇流箱外，还要采用若干个直流配电柜作为光伏发电系统中二、三级汇流之用。直流配电柜主要是将各个直流汇流箱输出的直流电缆接入后再次进行汇流，然后输出与并网逆变器连接，有利于光伏发电系统的安装、操作和维护。

(七)交流配电柜与汇流箱

交流配电柜是在光伏发电系统中连接逆变器与交流负载或公共电网的电力设备，它的主要功能是对电能进行接受、调度、分配和计量，保证供电安全，并显示各种电能参数和监测故障。交流汇流箱一般用在组串式逆变器系统中，主要作用是把多个逆变器输出的交流电经过二次集中汇流后送入交流配电柜。

(八)升压变压器

升压变压器在光伏发电系统中主要用于将逆变器输出的低压交流电(0.4 kV)升压到

与并网电压等级相同的中高压(如 10 kV、35 kV、110 kV、220 kV 等)，通过高压并网实现电能的远距离传输。小型并网光伏发电系统基本都是在用户侧直接并网，自发自用、余电直接馈入 0.4 kV 低压电网，故不需要升压环节。

(九)光伏支架

光伏发电系统中使用的光伏支架主要有固定倾角支架、倾角可调支架和自动跟踪支架几种。自动跟踪支架又可分为单轴跟踪支架和双轴跟踪支架。其中，单轴跟踪支架又可以细分为平单轴跟踪支架、斜单轴跟踪支架和方位角单轴跟踪支架 3 种。在光伏发电系统中，目前以固定倾角支架和倾角可调支架的应用最为广泛。

(十)光伏发电系统附属设施

光伏发电系统的附属设施包括系统运行的监控和检测系统、防雷接地系统等。监控检测系统全面监控光伏发电系统的运行状况，包括电池组件串或方阵的运行状况，逆变器的工作状态，光伏方阵的电压、电流数据，发电输出功率、电网电压频率、太阳辐射数据等，并可以通过有线或无线网络的远程连接进行监控，通过计算机、手机等终端设备获得数据。

二、太阳能光伏发电系统的工作原理

太阳能光伏发电系统从大类上可分为离网(独立)光伏发电系统和并网光伏发电系统两大类。

图 5-5 所示是离网(独立)光伏发电系统的工作原理示意。太阳能光伏发电的核心部件是太阳电池组件，它将太阳光的光能直接转换成电能，并通过光伏控制器把电池组件产生的电能存储于蓄电池中。当负载用电时，蓄电池中的电能通过光伏控制器合理地分配到各个负载上。电池组件所产生的电流为直流电，可以直接以直流电的形式应用，也可以用交流逆变器将其转换成为交流电，供交流负载使用。太阳能光伏发电的电能可以即发即用，也可以用蓄电池等储能装置将电能存储起来，在需要时使用。

离网光伏发电系统适用下列情况及场合：需要移动携带的设备电源；远离电网的边远地区、农林牧区、山区、岛屿；不需要并网的场合；不需要备用电源的场合等。

一般来说，在远离电网而又必须电力供应的地方，以及如柴油发电等需要运输燃料、发电成本较高的场合，使用离网光伏发电系统比较经济、环保，可以优先考虑。有些场合为了保证离网供电的稳定性、连续性和可靠性，往往还需要采用柴油发电机、风力发电机等与光伏发电系统构成风光柴互补的发电系统。

图 5-6 所示是并网光伏发电系统的工作原理示意。并网光伏发电系统由电池组件方阵将光能转变成电能，并经直流汇流箱和直流配电柜进入并网逆变器，有些类型的并网光伏发电系统还要配置储能系统储存电能。并网光伏逆变器由功率调节、交流逆变、并网保护切换等部分构成。经逆变器输出的交流电通过交流配电柜后供用户或负载使用，多余的电能可通过电力变压器等设备逆流馈入公共电网(可称为卖电)。当并网光伏发电

系统因气候原因发电不足或自身用电量偏大时,可由公共电网向用户负载补充供电(称为买电)。系统还配备监控、测试及显示系统,用于对整个系统工作状态的监控、检测及发电量等各种数据的统计,还可以利用计算机网络系统远程控制和显示数据。

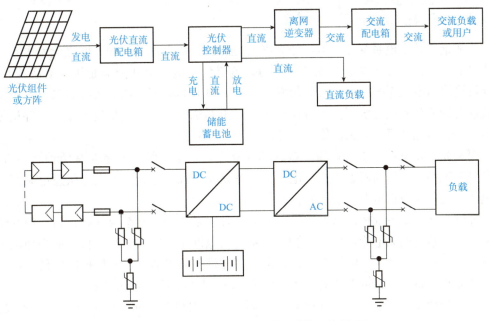

图 5-5　离网(独立)光伏发电系统的工作原理

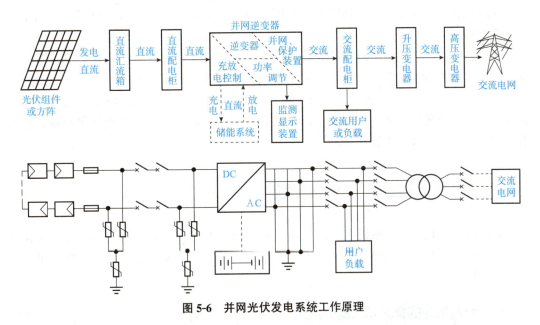

图 5-6　并网光伏发电系统工作原理

并网光伏发电系统可以向公共电网逆流供电,其"昼发夜用"的发电特性正好可对公共电网实行峰谷调节,对加强供电的稳定性和可靠性十分有利。与离网光伏发电系统相比,并网光伏发电系统可以不用储能蓄电设备(特殊场合除外),从而扩大了使用范围和灵活性，并使发电系统成本大大降低。

对于有储能系统的并网光伏发电系统，光伏逆变器中将含有充放电控制功能，负责调节、控制和保护储能系统正常工作。

三、太阳能光伏发电系统的分类

太阳能光伏发电系统按大类可分为离网(独立)光伏发电系统和并网光伏发电系统两大类。其中，离网光伏发电系统又可分为直流光伏发电系统和交流光伏发电系统及交、直流混合光伏发电系统。而直流光伏发电系统又可分为有蓄电池的系统和没有蓄电池的系统。并网光伏发电系统可分为有逆流光伏发电系统和无逆流光伏发电系统，并根据用途也可分为有储能系统和无储能系统等。

离网光伏发电系统主要是指分散式的独立发电供电系统，其主要有两种运行方式：一种是系统独立运行向附近用户供电；另一种是系统独立运行，但在光伏发电系统与当地电网之间有保障供电的自动切换装置[①]。

并网光伏发电系统按运行方式又可分为3种：系统与电网系统并联运行，但光伏发电系统对当地电网无电能输出(无逆流)；系统与电网系统并联运行，且能向当地电网输出电能(有逆流)；系统与电网系统并联运行，并带有储能装置，可根据需要切换成局部用户独立供电系统，也可以构成局部区域或用户的"微电网"运行方式。

并网光伏发电系统按接入并网点的不同可分为用户侧并网和电网侧并网两种模式，其中用户侧并网又可分为可逆流向电网供电和不可逆流向电网供电两种模式。

并网光伏发电系统按发电利用形式不同可分为完全自发自用、自发自用+余电上网和全额上网3种模式。

并网光伏发电系统按装机容量的大小可分为小型光伏发电系统($\leqslant 1$ MW)；中型光伏发电系统($1 \sim 30$ MW，包含30 MW)和大型光伏发电系统(>30 MW)。

并网光伏发电系统按并网电压等级不同可分为小型光伏电站，接入电压等级为0.4 kV低压电网；中型光伏电站，接入电压等级为$10 \sim 35$ kV高压电网；大型光伏电站，接入电压等级为66 kV及以上高压电网。

第四节 离网(独立)光伏发电系统

离网(独立)光伏发电系统主要由太阳电池组件、光伏控制器、储能蓄电池、光伏逆变器、交直流配电箱、光伏支架等组成。离网光伏发电系统根据用电负载的特点可分为下列几种形式。

一、无蓄电池的直流光伏发电系统

无蓄电池的直流光伏发电系统如图5-7所示。该系统的特点是用电负载是直流负载，

[①] 李恩，张国飞，姚俊超. 浅析风力发电实现绿色低碳经济的影响[J]. 中国新通信，2020，22(19).239-241.

对负载使用时间没有要求,负载主要在白天使用。太阳电池与用电负载直接连接,有阳光时就发电供负载工作,无阳光时就停止工作。该系统不需要使用光伏控制器,也没有蓄电储能装置。其优点是减少了电能通过光伏控制器及在蓄电池的存储和释放过程中造成的损耗,提高了太阳能的利用效率。这种系统最典型的应用是太阳能光伏水泵。应用太阳能光伏水泵除可以在阳光充足的时候直接抽水灌溉外,还可以利用光伏水泵把水抽到蓄水池内储存起来,将太阳能转换为势能,以供夜晚和阴雨天使用。

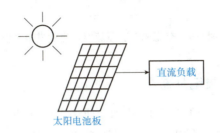

图 5-7　无蓄电池的直流光伏发电系统

二、有蓄电池的直流光伏发电系统

有蓄电池的直流光伏发电系统如图 5-8 所示。该系统由太阳电池、光伏控制器、蓄电池、直流负载等组成。有阳光时,太阳电池将光能转换为电能供负载使用,并同时向蓄电池存储电能。夜间或阴雨天时,则由蓄电池向负载供电。这种系统应用广泛,小到太阳能草坪灯、庭院灯,大到远离电网的移动通信基站、微波中转站、边远地区农村供电等。当系统容量和负载功率较大时,就需要配备太阳电池方阵和蓄电池组了。

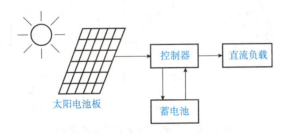

图 5-8　有蓄电池的直流光伏发电系统

三、交流及交、直流混合光伏发电系统

交流及交、直流混合光伏发电系统如图 5-9 所示。与直流光伏发电系统相比,交流光伏发电系统多了一个光伏逆变器,用以把直流电转换成交流电,为交流负载提供电能。有阳光时,光伏电池将光能转换为直流电能向储能蓄电池充电,并同时通过光伏逆变器把直流电转换成交流电,为交流用户或负载提供电能。夜间或阴雨天时,则将储能蓄电池存储的直流电能通过光伏逆变器转换为交流电向负载供电。交、直流混合系统则既能为直流负载供电,也能为交流负载供电。

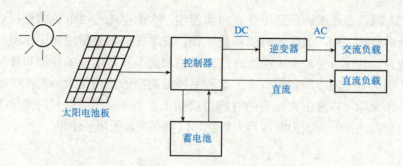

图 5-9　交流和交、直流混合光伏发电系统

四、市电互补型光伏发电系统

市电互补型光伏发电系统如图 5-10 所示。所谓市电互补光伏发电系统，就是在独立光伏发电系统中以太阳能光伏发电为主，以普通 220 V 交流电补充电能为辅。这样，光伏发电系统中电池组件和蓄电池的容量都可以设计得小一些，基本上是当天有阳光，当天就用太阳能发电，遇到阴雨天时就用市电能量做补充。在我国大部分地区全年基本上都有 2/3 以上的晴好天气，这样系统全年就有 2/3 以上时间可以用太阳能发电，剩余时间用市电补充能量。这种形式既减小了太阳能光伏发电系统的一次性投资，又有显著的节能减排效果，是太阳能光伏发电在推广和普及过程中的一个过渡性的好办法。这种形式原理上与下面将要介绍的无逆流并网型光伏发电系统有相似之处，但还不能等同于并网应用。

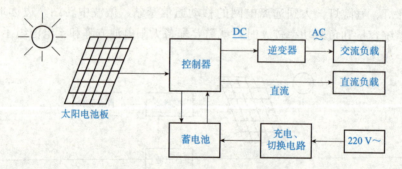

图 5-10　市电互补型光伏发电系统

应用举例：某市区路灯改造，如果将普通路灯全部换成太阳能路灯，一次性投资很大，无法实现。而如果将普通路灯加以改造，保持原市电供电线路和灯杆不动，更换节能型光源灯具，采用市电互补光伏发电的形式，用小容量的电池组件和蓄电池（仅够当天使用，也不考虑连续阴雨天数），就构成了市电互补型太阳能路灯，投资减少一半以上，节能效果显著。

五、能自动切换的光伏发电系统

能自动切换的光伏发电系统如图 5-11 所示。所谓自动切换就是离网光伏发电系统具有与公共电网自动运行双向切换的功能。一是当光伏发电系统因多云、阴雨天及自身故障等导致发电量不足时,切换器能自动切换到公共电网供电一侧,由电网向负载供电;二是当电网因为某种原因突然停电时,光伏发电系统可以自动切换使电网与其分离,成为独立光伏发电系统。有些带切换装置的光伏发电系统,还可以在需要时断开为一般负载供电,接通对应急负载的供电。

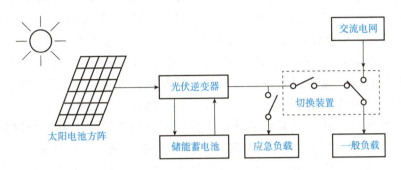

图 5-11　能自动切换的光伏发电系统

六、风光互补及风光柴互补型发电系统

风光互补及风光柴互补型发电系统如图 5-12 所示。所谓风光互补是指在光伏发电系统中并入风力发电系统,使太阳能和风能根据各自的气象特征形成互补。一般来说,白天只要天气晴好,光伏发电系统就能正常运行,而夜晚无阳光时往往风力又比较大,风力发电系统恰好弥补光伏发电系统的不足。风光互补型发电系统同时利用太阳能和风能发电,对气象资源的利用更加充分,可以实现昼夜发电,提高了系统供电的连续性和稳定性,但在风力资源欠佳的地区不宜使用。

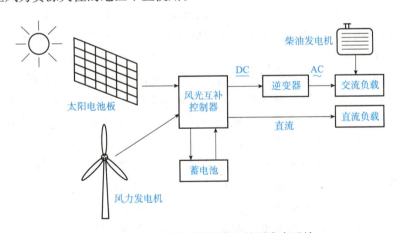

图 5-12　风光互补及风光柴互补型发电系统

另外,在比较重要或对供电稳定性要求较高的场合,还需要采用柴油发电机与光伏发电系统、风力发电机构成风光柴互补型发电系统。其中,柴油发电机一般处于备用状态或小功率运行待机状态,当风光发电不足和蓄电池储能不足时,由柴油发电机补充供电。

第五节　并网光伏发电系统

并网光伏发电系统就是将电池组件或方阵产生的直流电经过并网逆变器转换成符合市电电网要求的交流电之后直接接入公共电网。并网光伏发电系统有集中式大型地面光伏电站系统，也有分布式光伏电站系统。大型地面光伏电站一般都是国家级电站，主要特点是将所发电能直接输送到电网，由电网统一调配向用户供电。这种电站投资大，建设周期长，占地面积大，需要复杂的控制设备和远距离高压输配电系统，其发电成本要比传统能源发电成本高 1 倍以上，目前在我国西部地区得到广泛的开发与建设，一些项目还处在国家政策补贴阶段。而分布式光伏电站，特别是与建筑物相结合的屋顶光伏发电系统、光伏建筑一体化发电系统等，由于投资小，建设快，占地面积小甚至不占用土地，政策支持力度大等优点，是目前和未来并网光伏发电应用的主流。

那么，什么是分布式光伏发电呢？分布式光伏发电主要是指在用户的场地或场地附近建设和并网运行的，不以大规模远距离输送为目的，所生产的电力以用户自用及就近利用为主，多余电量上网，支持现有电网运行，且在配电网系统平衡调节的光伏发电设施。

分布式光伏发电系统一般接入 10 kV 以下电网，单个并网点总装机容量不超过 6 MW。以 220 V 电压等级接入的系统，单个并网点总装机容量不超过 8 kW。

国家能源局在《关于进一步落实分布式光伏发电有关政策的通知》(国能综新能〔2014〕406 号)文件中，又将分布式光伏发电的定义扩展：利用建筑屋顶及附属场地建设的分布式光伏发电项目，在项目备案时可选择"自发自用、余电上网"或"全额上网"中的一种模式。在地面或利用农业大棚等无电力消费设施建设、以 35 kV 及以下电压等级接入电网(东北地区 66 kV 及以下)、单个项目容量不超过 2 万千瓦(20 MW)且所发电量主要在并网点变电台区消纳的光伏电站项目，可纳入分布式光伏发电规模指标管理。

该文件指出，国家鼓励开展多种形式的分布式光伏发电应用。充分利用具备条件的建筑屋顶(含附属空闲场地)资源，鼓励屋顶面积大、用电负荷大、电网供电价格高的开发区和大型工商企业率先开展光伏发电应用。鼓励各级地方政府在国家补贴基础上制定配套财政补贴政策，并且对公共机构、保障性住房和农村适当加大支持力度。鼓励在火车站(含高铁站)、高速公路服务区、飞机场航站楼、大型综合交通枢纽建筑、大型体育场馆和停车场等公共设施系统推广光伏发电，在相关建筑等设施的规划和设计中将光伏发电应用作为重要元素，鼓励大型企业集团对下属企业统一组织建设分布式光伏发电工程。因地制宜利用废弃土地、荒山荒坡、农业大棚、滩涂、鱼塘、湖泊等建设就地消纳的分布式光伏电站。鼓励分布式光伏发电与农户扶贫、新农村建设、农业设施相结合，促进农村居民生活改善和农村农业发展。

分布式光伏发电倡导就近发电、就近并网、就近转换、就近使用的原则，不仅能够有效提高同等规模光伏电站的发电量，同时，还有效解决了电力在升压及长途运输中的损耗问题。其能源利用率高，建设方式灵活，将成为我国光伏应用的主要方向。目前，应用最为广泛的分布式光伏发电系统是建设在各种建筑物屋顶和农业设施屋顶及家庭住宅屋顶的光伏发电项目。对这些项目应用的要求是必须接入公共电网，或与公共电网一起为附近的用户供电，所发电力一般直接馈入低压配电网或 35 kV 及以下中高压电网。

常见的并网光伏发电系统一般有下列几种形式。

一、有逆流并网光伏发电系统

有逆流并网光伏发电系统如图 5-13 所示。当光伏发电系统发出的电能充裕时，可将剩余电能馈入公共电网，向电网送电（卖电）；当光伏发电系统提供的电力不足时，由电网向负载供电（买电）。由于该系统向电网送电时与由电网供电时的方向相反，所以，称为有逆流并网光伏发电系统。

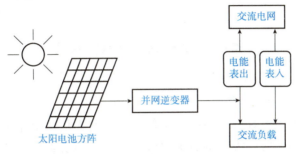

图 5-13　有逆流并网光伏发电系统

二、无逆流并网光伏发电系统

无逆流并网光伏发电系统如图 5-14 所示。无逆流并网光伏发电系统即使发电充裕时也不向公共电网供电，但当光伏发电系统供电不足时，则由公共电网向负载供电。

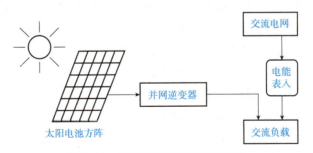

图 5-14　无逆流并网光伏发电系统

三、有储能装置的并网光伏发电系统

有储能装置的并网光伏发电系统如图 5-15 所示，就是在上述两种并网光伏发电系统中根据需要配置储能装置。带有储能装置的光伏发电系统主动性较强，当电网出现停电、

限电及故障时，可独立运行并正常向负载供电。因此，带有储能装置的并网光伏发电系统可作为紧急通信电源、医疗设备、加油站、避难场所指示及照明等重要场所或应急负载的供电系统。同时，带有储能装置的并网光伏发电对减少电网冲击，削峰填谷，提高用户光伏电力利用率，建立智能微电网等具有非常重要的意义。光伏＋储能也会成为今后扩大光伏发电应用的必由之路。

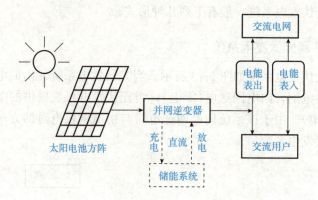

图 5-15　有储能的并网光伏发电系统

四、大型并网光伏发电系统

大型并网光伏发电系统（图 5-16），由若干个并网光伏发电单元组合构成。每个光伏发电单元将太阳电池方阵发出的直流电经光伏并网逆变器转换成 380 V 交流电，经升压系统变成 10 kV 的交流高压电，再送入 35 kV 变电系统后，并入 35 kV 的交流高压电网。35 kV 交流高压电经降压系统后变成 380～400 V 交流电作为发电站的备用电源。

五、分布式智能电网光伏发电系统

分布式智能电网光伏发电系统如图 5-17 所示。该发电系统利用离网光伏发电系统中的充放电控制技术和电能存储技术，克服单纯并网光伏发电系统受自然环境条件影响使输出电压不稳、对电网冲击严重等弊端，同时，能部分增加光伏发电用户的自发自用量和上网卖电量。另外，利用各自系统储能电量和用电量的不同及时间差异，可以使用户在不同的时间段并入电网，进一步减少对电网的冲击。

该系统中每个单元都是一个带有储能装置的并网光伏发电系统，都能实现光伏并网发电和离网发电的自动切换，保证了光伏并网发电和供电的可靠性，缓解了光伏并网发电系统启停运行对公共电网的冲击，增加了用户用电的自发自用量。

分布式智能电网光伏发电系统是今后并网光伏发电应用的趋势和方向。其主要优点有以下几条：

(1) 减少对电网的冲击，稳定电网电压，抵消高峰时段的用电量。

(2) 增加用户的自发自用量或卖电量。

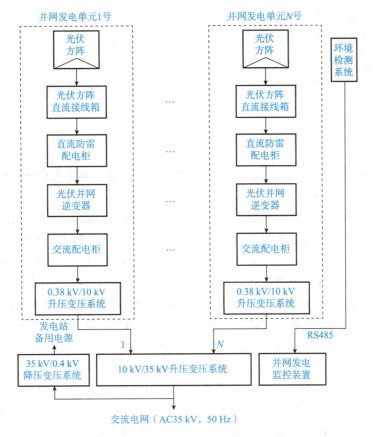

图 5-16 大型并网光伏发电系统

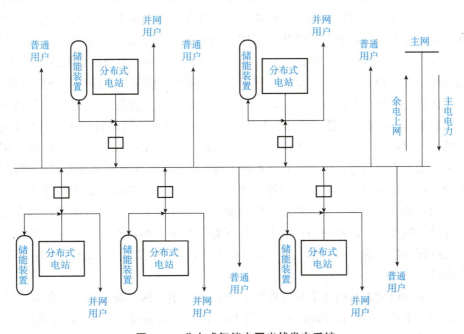

图 5-17 分布式智能电网光伏发电系统

(3)在电网发生故障时能独立运行,解决覆盖范围的正常供电。
(4)确保和增加光伏发电在整个能源系统中的占比和地位。

第六节　太阳能热气流发电系统

一、太阳能热气流发电系统及商业电站建设进展

历史上最早提出利用热气流驱动透平转动获得能量这一新奇思想的科学家是杰出的画家、发明家和学者 Da Vinci(达·芬奇,1452—1519 年)。他最初的做法是在壁炉上的烟囱喉部布置一个透平,使热的空气进入烟囱时驱动透平转动。达·芬奇的这一概念成为利用热气流驱动透平发电的最早雏形。1903 年,一位名为 Isidoro Cabanyes 的西班牙陆军上校首次提出了太阳能热气流发电系统的概念。该系统包含一个用于收集太阳能的集热棚、一个和外界保持隔热良好的高烟囱,在集热棚和烟囱的连接处安装有旋转的风机,从而源源不断地产生能量。1926 年,Bernard Dubos 提出了在沙漠的大山上建立的斜坡式太阳能热气流发电系统的概念模型。之后,德国科学家 Hanns Gunther 于 1931 年对太阳能热气流发电系统的特征也进行了深入全面的阐述。

1980 年,斯图加特大学 Schlaich 等在一次国际会议上再次阐述了太阳能热气流发电系统的概念。1981 年,联邦德国政府研究技术部提供了 1 500 万马克,与西班牙电力公司联合投资,由 Schlaich 教授负责,在马德里以南 150 km 的 Manzanares 附近,建成了世界上第一座太阳能热气流发电系统实验电站。该实验电站的烟囱高为 194.6 m,直径为 10.8 m,集热棚面积为 46 000 m^2(直径大约为 242 m),为减小集热棚内的流动阻力,自周边进口至棚中央沿流动方向高度线性增加,高度变化范围为 2～6 m,用金属支架支撑。该电站的最大输出功率为 50 kW,采用单层玻璃、双层玻璃、塑料等不同材料作为集热棚顶棚对系统的性能进行测试。集热棚靠近外边缘、远离中央的低温部分作为温室,在其内部种植农作物。在运行过程中,利用 180 个传感器测定集热棚内、外空气的温度、湿度和风速等。系统空载运行条件下,其烟囱出口处空气流速为 15 m/s,满负荷运行时速度为 9 m/s,运行成本很低。设计人员用了 9 年时间不断改进设计,在连续 8 年的运行中,电站运行时间超过预期运行时间的 95%。Haaf、Lautenschlager 等对西班牙实验电站进行了详细的实验报道,建立了能量平衡方程,阐述了系统运行基本原理、储能效应、驱动机制、透平压降因子,以及不同规模太阳能热气流发电系统的成本估算等。西班牙实验电站的集热棚顶棚采用玻璃和塑料联合铺设,烟囱采用金属拉杆固定,棚内地面有些地方种植了农作物。遗憾的是,由于没有好好保护固定烟囱的金属拉杆,经过风吹雨打,金属拉杆很快生锈。8 年后,在一场暴风雨中,烟囱倒塌,西班牙实验电站于 1989 年正式退役。

之后,不少研究人员构建了不同规模和形式的太阳能热气流发电系统的小型实验装置。1983 年,Krisst 在美国 Connecticut 的 Hartford 西部搭建了一座"庭院式"太阳能热气流发电实验装置。该装置的烟囱高为 10 m,集热棚直径为 6 m,输出功率达到 10 W。

1985年，Kulunk在土耳其的Izmit建造了一座微型太阳能热气流发电示范装置。

1998年，Sherif教授课题组在美国佛罗里达大学所在的Gainesville搭建了3个不同形式的太阳能热气流发电系统实验电站模型，并进行了示范实验，测定了系统内的温度、速度分布随太阳辐射的变化。该电站具有如下特点：第一，将集热棚的外边缘进行了斜坡式扩展；第二，引入蓄热介质作为吸热器；第三，烟囱呈渐缩型，透平放在烟囱出口处。

澳大利亚的淡水资源相当匮乏，以维多利亚州为例，由于种植根深叶茂的大树以代替浅根植物，大量引水灌溉致使土壤盐渍化严重。2007年，Zhao等提出了将太阳池与太阳能热气流相结合的概念，在澳大利亚维多利亚州北部的皮拉米德希尔建造了一座太阳池与太阳能热气流相结合以实现海水淡化与发电两个目标的综合系统，该太阳池占地面积为3 000 m²，深度为3 m，烟囱高为200 m，直径为10 m，同时建造了一座小型的太阳池-太阳能热气流海水淡化发电综合系统，其想法是将太阳池内盐水的能量传递给空气，驱动烟囱内的透平发电。

2005年，杨家宽等在华中科技大学一座实验室的楼顶上建造了一座太阳能热气流发电系统小型试验装置，该装置集热棚下面的蓄热材料采用沥青加砾石、黄沙的复合层，烟囱高度为8 m，直径为0.3 m，集热棚直径为10 m，周边离地间隙高度为0.05 m（间隙高度可调）；烟囱底部布置了一个多叶片涡轮。研究结果显示，集热棚内的温升可达24 ℃以上，从集热棚入口至出口，空气温度逐渐升高，速度先减小后增加，烟囱内沿流动方向空气温度略有降低，在早上烟囱出口附近出现逆温层，且其持续时间随太阳辐射的增强而变短，逆温层的出现使太阳能热气流发电系统运行变得困难。

2008年，明廷臻等在华中科技大学实验室内搭建了一座微型太阳能热气流发电系统模型，烟囱高度为2.5 m，直径为106 mm；顶棚为轻质隔热材料，隔热材料厚约为30 mm，棚四周开口和环境相连，高度为55 mm；棚底部为钢板以利于更好地传热，钢板下部是一个封闭空间，其内均匀铺设8个并联的加热器来模拟太阳辐射，每个加热器的电阻约为602 Ω，加热封闭空间的底部是以珍珠岩为隔热材料的隔热层。实验结果表明，系统温升可达56 ℃。

2008年，Maia等在巴西大学校园内建造了一座利用太阳能热气流发电系统来实现食品干燥的试验装置，集热棚为玻璃纤维材质，呈水平状铺设，高为0.5 m，为了减少集热棚内热气流与环境空气在入口处的质量、能量交换，避免损失过多的热量，将集热棚入口处高度突然降低到0.05 m。烟囱通过玻璃纤维包覆木质竖直框架制作而成，由5个模块组成，每个模块高2.2 m，模块间通过螺栓衔接。

2007年，Koyun等在土耳其厄斯帕尔塔的Suleyman Demirel大学校园建造了一座小型太阳能热气流发电系统原型装置。烟囱高度为15 m，直径为1.19 m，集热棚的玻璃覆盖直径为16 m，整个温室面积约为200 m²，集热棚进口截面面积为31.15 m²。

2011年，Kasaeian等报道了建在伊朗Zanjan大学的一座太阳能热气流发电系统模型，烟囱高度为12 m，集热棚直径为10 m。涡轮机安装在不超过0.55 m的高度，涡轮机的平台安装在下面。实验测量了温度和风速，对不同日期内集热器和烟囱的指定位置进行了温度及速度的观测。由于集热器产生的温室效应，集热器出口与周围环境的温差达到 25 ℃，在寒冷和炎热的天气里，日出后可观察到烟囱底部的空气逆温现象。烟囱内记录的最大风速为 3 m/s，而集热棚入口处风速为零。

Kalash 等在叙利亚的大马士革大学南校园建造了一座斜坡式太阳能热气流发电系统。该倾斜集热棚呈三角形，向南倾斜 35°，面积约为 12.5 m²。烟囱高度为 9 m，直径为 0.31 m。18 个温度传感器安装在倾斜集热棚内，以测量集热棚不同点的玻璃、空气和蓄热层温度，每 40 min 记录一次实际数据，以研究倾斜集热棚的温度变化。实验结果表明，尽管是在冬季进行的测量，空气温度也能上升到最大值（19 ℃），在烟囱中产生了上升气流，速度最大值为 2.9 m/s。

2010 年 12 月，在内蒙古乌海市金沙湾的沙漠边缘由内蒙古科技大学的魏毅力教授负责建成一座 200 kW 的太阳能热气流发电系统，该发电系统的烟囱高度为 50 m，直径为 10 m，烟囱位于一个近似劣弧形集热棚的一侧。该发电系统坐东朝西，面朝绿洲，背朝一望无垠的沙漠；正面是集热棚进口，由 10 个可控制的风门组成，可使环境风进入集热棚。集热棚顶棚由透明玻璃铺设并由金属钢架结构支撑，地面采用当地随处可见的砂石作为蓄热材料。烟囱侧面布置 3 个风力透平，可根据实际的运行工况关掉若干个风力透平从而实现出力调节。集热棚顶棚上铺设太阳能电池，从而希望实现风能、太阳能热气流和光伏的综合发电。该工程总规划装机容量为 27.5 MW，共占沙漠 4 162 亩（1 亩≈666.67 m²），计划投资 13.8 亿元。工程分三期，第一期工程于 2009 年 5 月开工，建设 200 kW 太阳能热风发电示范项目，占沙漠 60 亩，投资 1 000 万元，主要建设内容有烟囱、集热棚、电气系统。这是自 20 世纪 80 年代西班牙实验电站建成以来世界上最大的太阳能热气流发电系统，魏毅力教授说："这个项目只占用沙漠和荒地，运行与维护也十分简单，不会产生任何污染，环保性能极好，可以覆盖大片的沙漠，可以有效抑制沙尘暴，对改良气候有重要意义。"

二、太阳能热气流发电系统的理论研究进展

（一）太阳能热气流发电系统的热力学理论

2000 年，Gannon 和 von Backstrom 将太阳能热气流发电系统的工质在其内部及环境中的流动全部考虑在内，将其视为标准闭式、理想的布雷顿（Brayton）循环，他们认为，工质在集热棚内为定压吸热过程，自烟囱底部进口至出口为绝热膨胀过程，自烟囱出口温度冷却至高空温度为定压放热过程，自高空下降进入集热棚进口之前为绝热压缩过程。由上述 4 个过程他们获得了循环的过程参数和过程方程，得到了系统理想循环效率；建立了带有损失的系统实际循环，分析了各损失对系统性能的影响。

Gannon 和 von Backstrom 除建立了系统热力学循环外，还基于此计算了太阳能热气流发电系统的热力学循环效率。首先，他们分析了太阳能热气流发电系统的理想气体标准循环，提出了系统的极限性能、理想效率及各主要变量之间的关系；然后，对系统实际循环的各个具体部位的损失，包括烟囱摩擦，集热棚、透平及烟囱等部件的沿程和局

部动能损失进行了详细的分析与考虑，得到了实际系统的极限性能、理想效率及各主要变量之间的函数关系；最后，以西班牙实验电站为依据，对理论模型的正确性进行了分析验证，预测了大规模发电系统的性能参数、效率及输出功率。

2000年，Michaud采用不同于Brayton循环的闭式理想气体热力学循环来分析上升气流的自然对流过程，分别用平均温度法来表示气体向高温热源吸热及向低温热源放热的过程，由此得到空气热功转换效率接近卡诺循环的效率。分析结果认为该效率不依赖于上升气流是否连续，也不依赖于热量是以潜热方式还是以显热方式传递。此后，研究人员以太阳能热气流发电系统为例对系统的效率及其可用能进行了分析。Ninic和Nizetic对系统的热力学循环进行了分析，并基于此建立了空气的可用能与集热棚中所吸收的热量、空气湿度、空气压力、高度的函数关系，分析了干空气和湿空气进入系统时对不同集热棚的影响，建立了空气可用能与烟囱高度的关系模型，分析了旋流式流体流过风力透平以取代烟囱的可行性。

2009年，周洲等对Gannon的Brayton循环进行了修正，认为Gannon的Brayton循环建立在总压和总温的基础上，同时，在循环图上考虑了动能损失，这不符合循环图上的点是状态点的原理；对太阳能热气流发电系统的热力学性能进行了分析，建立了系统的热力学循环，进一步分析了系统的实际循环效率和理想循环效率，对不同规模的太阳能热气流发电系统的热力学特性进行了计算比较。结果表明：与西班牙实验电站相同压力下太阳能热气流发电系统的标准Brayton循环效率约为8%，而西班牙实验电站的理想循环效率的变化范围是1%~4%，其实际循环效率为0.2%~0.8%；中型规模的太阳能热气流发电系统相对应的标准Brayton循环效率、理想循环效率及实际循环效率分别为16%、12%和0.2%~1%；大规模太阳能热气流发电系统相对应的标准Brayton循环效率、理想循环效率及实际循环效率分别为35%、10%~25%和0.9%~2.0%。

(二)太阳能热气流发电系统的流动与传热理论

1985年，Thomas对太阳能热气流发电系统的能量转换效率建立了分析模型。他认为，对于太阳能热气流发电系统的温室，红外辐射和水的蒸发是造成能量损失的主要因素，通过在集热棚布置选择性穿透材料，如玻璃、薄膜等，可有效地减少长波辐射损失。集中在集热棚顶棚上面的雨水也是影响能量损失的一个因素，应设法使其离开集热棚顶棚并将其导入地底。1987年，Mullett基于能量守恒原理及系统的流动与传热机制建立了太阳能热气流发电系统总效率的完整数学模型，研究了影响系统效率的主要因素，针对西班牙实验电站模型及10 MW、100 MW和1 000 MW太阳能热气流发电系统，预测、计算并分析了不同规模的太阳能热气流发电系统的效率。预测计算结果表明，系统总效率与太阳能热气流发电系统的规模密切相关，规模越大，系统总效率越高，大规模系统的效率为0.96%~1.92%。Lodi等对太阳能热气流发电系统的能量收集和储存特性进行了研究。

1988—1999年，佛罗里达大学的Sherif课题组对太阳能热气流发电系统进行了深入的理论分析，建立了一整套流动与传热数学模型。Sherif课题组针对自己已建成的太阳能热气流发电系统实验装置，建立了集热棚内部的流动与传热特性数学模型，分析了内部热阻对能量损失的影响，以及烟囱内部的流动特性，认为透平的能量转换遵循贝茨理论；分析了不同集热棚形状对系统流动与传热特性的影响，实验结果与其建立的数学模型的计算结果非常吻合。此后，为了便于计算，Padki 和 Sherifo 还建立了一个十分简单的数学模型对系统的流动与传热及功率输出特性进行了预测，计算结果表明，其简化模型的误差在 6% 以内。

1999 年，Coetzee 建立了集热棚、烟囱和透平的瞬态流动与传热特性数学模型，考虑了太阳辐射变化对系统输出功率的影响，设计了一种新型的喷嘴式烟囱结构和金字塔形集热棚结构，并对其进行了设计优化计算。2000—2003 年，von Backstrom 课题组建立了太阳能热气流发电系统烟囱内空气的可压缩流动与传热特性数学模型，研究认为，烟囱内空气出口密度与进口密度相比显著减小。之后，该课题组建立了一维可压缩流体动力学模型来描述烟囱高度、壁面摩擦、内部结构突缩和突扩造成的局部阻力损失对系统热力学参数的影响；分析了马赫数、流体密度及其流动速度对烟囱内压力变化的影响；预测了大规模太阳能热气流发电系统的各种能量损失及烟囱进出口的压力变化，为烟囱内流体流动特性提供了详细的数据分析报告。

2003 年，Bernardes 等建立了太阳能热气流发电系统完整的传热与流动数学模型，描述了太阳能热气流发电系统的特性。该模型对系统的输出功率进行了估计，同时，分析了外界环境温度、系统结构参数对系统输出功率的影响。计算结果与西班牙实验电站的实验结果进行了对比，两者可以很好地吻合。此后，该模型用于预测大规模太阳能热气流发电系统的性能，预测结果显示，烟囱高度、透平压降因子、集热棚的直径及其光学特性均是太阳能热气流发电系统的重要影响参数。

2004 年，Pastohr 等对西班牙实验电站进行了数值模拟，建立了包括集热棚蓄热层、透平和烟囱区域的流动与传热特性数学模型，Pastohr 等模型也做了两点重要处理：一是将蓄热层视为固体；二是将透平视为逆向风扇。基于贝茨理论计算透平压降，他们对稳态数值计算与采用 SIMPLE 计算的结果进行了对比，对数学模型的细节提出了改进措施。2005 年，Serag-Eldin 建立了预测太阳能热气流发电系统内流体流动的计算模型，该模型由质量、动量和能量守恒方程及两个湍流方程组成，并首次提出采用一个 Actuator Disc 模型来描述透平的效应，该模型可用于估测系统尺寸和几何参数变化对系统输出功率的影响。Pretorius 和 Kroger、Bilgen 和 Rheault 分别建立了相应的太阳能热气流发电系统数学模型，考虑了太阳辐射的变化、地球纬度、对流换热系数的选取、上升气流的流动特性等对系统特性参数的影响。

(三) 热气流透平的设计及其优化技术

Schlaich 等对太阳能热气流发电系统轴流式透平的运行机制进行了初步阐述。1985 年，Kustrin 和 Tuma 认为安装在烟囱底部的风力透平应当是单级且基于压力式的，只能将流动空气中的一部分动能转换为电能，此后，他们描述了透平运行的基本原理，以西班牙实验电站的风力透平为基础进行了计算优化，给出了优化结果。

南非的 von Backstrom 课题组对风力透平的运行原理、流道设计及优化、输出功率及布置方案等特性参数进行了详尽细致的分析并进行了实验研究,其主要工作如下:第一,设计了单机转子,引入烟囱进口导流叶片,诱导产生了通过转子之前的流体预旋转流动,这有助于减少转子入口处的动能损失,给出了基于相似模型的透平的两组运行工况下的性能和效率实验结果,其测量结果表明,设计的全(total-to-total)效率达到 85%~90%,全静(total-to-static)效率达到 77%~80%。第二,建立了基于透平区域流体流动、负荷因素、反动度等的系统输出功率数学模型。数学模型分析结果得到了最优的反动度、最大透平效率下的输出功率,以及最大透平效率下的透平尺寸。对直径为 720 mm 透平模型进行测量的结果表明了理论分析的正确性。对给定的小模型太阳能热气流发电系统的实验表明最大的透平 total-to-total 效率可达 90%。第三,对包含入口导流叶片、单机透平的集热棚出口和烟囱进口的太阳能热气流发电系统的透平区域进行了流体流动数值模拟,分析了壁面阻力损失系数、集热棚顶棚高度、烟囱直径、透平直径和叶片形状对透平进出口压降的影响。实验结果与通过计算流体动力学(Computational Fluid Dynamics,CFD)商用代码预测的流动角、速度分量、内部及壁面静压计算结果具有良好的一致性。

在透平的设计和计算及其能量转换过程中,一个非常重要的参数是透平压降因子,定义为系统运行过程中的透平压降与系统总压降的比值。对于给定的条件,最优的透平压降因子可以获得最大的电力输出。Haaf 等首先提出了压降因子的概念,并且指出其最优值为 23。然而,之后的研究工作表明,系统运行过程中可以达到更高的透平压降因子值,仅当集热棚内空气温升为一个定值时,该系数为 23。Bernardes 等认为,当透平压降因子大约为 0.97 时可获得最大的系统输出功率,但是该系数值在实际运行过程中很难达到,期望值范围为 0.8~0.9。von Backstrom 和 Fluri1 分析了不同空气动力损失和透平工作特性条件下,空气体积流量对系统发电功率的影响,其透平压降因子预测分析模型所得到的结果与其他研究人员的结果相一致。研究表明,最优的透平压降因子值为 0.9,其他的研究成果依次:Bernardes 等为 0.83;Schlaich 等为 0.8。Bernardes 和 von Backstrom 的进一步研究表明:透平压降因子变化范围为 0.67~0.97,且一天之内的最佳透平压降因子受到集热棚表面的传热系数的影响,所以不是一个定值。

(四)太阳能热气流发电系统的经济性与可行性研究

由于太阳能热气流发电系统涉及能源、环境、电力、土木建筑等许多重要领域,关于其经济性、可行性的研究从来就没有间断过。其主要原因之一是系统总效率很低,国际上也有相关的研究人员对此提出过质疑,但目前关于太阳能热气流发电系统的经济性已经取得一致的意见,即从系统的总投资成本、运行成本、环境友好性等方面来讲,太阳能热气流发电系统是经济、可行的。

Schlaich 等对太阳能热气流发电系统的经济性和可行性进行了报道,他们分析了目前世界能源形势、环境及人口对经济的影响,提出建设太阳能热气流发电系统是解决欠发达国家和地区或干旱与半干旱地区能源问题的重要措施。Mullett、Lodhi 和 Sulaiman、

Lodhil、Stinnes、Onyango 和 Ochieng、Dai 等均对系统的经济性及可行性进行了分析与研究，认为在欠发达地区和沙漠地带建设太阳能热气流发电系统是行之有效、技术上可行的。印度学者 Beerbaum 和 Weinrebel 对煤电、槽式太阳能高温热发电，塔式太阳能高温热发电，碟式太阳能高温热发电及太阳能热气流发电的经济性进行了深入的比较和分析，详细分析了印度的能源形势和太阳能分布，提出发展太阳能热气流发电技术是印度最经济、最可行的方案，在印度沙漠地带和欠发达地区可大力推行。

毫无疑问，太阳能热气流发电系统具有良好的生态效应和环境效应，这方面也引起了学者的广泛关注。Lodhi 和 Bernardes 分别对太阳能热气流发电系统的环境影响和生命周期评价进行了深入的分析，认为太阳能热气流发电系统与煤电相比，可以减少大量 CO_2 的排放，是改善城市建设环境和控制世界环境污染的一条重要措施。

2012—2016 年，学者对太阳能热气流发电技术的经济性和可行性研究得非常多，其模型大多是建立在一维能量方程基础之上的，然后根据不同地区的太阳辐射特点、环境特点、地形特点分析系统的技术和经济可行性。

三、中国关于太阳能热气流发电技术的研究

1985 年，孙喆和刘征最早在我国开始了太阳能热气流发电技术的研究工作，对用于太阳能热气流发电系统的温室集热器的性能进行了数值分析。1992 年，严铭卿等将透平视为一个无厚度的圆盘，导出了可在工程中实用的空气流速度、流率、功率输出和系统的热力-流体效率。2003 年，潘垣等分析了建设和发展太阳能热气流发电系统对解决中国能源及环境问题的深远影响。此后，关于太阳能热气流发电技术的研究在中国发展得非常迅速，中国在世界太阳能热气流发电技术的研究中具有举足轻重的地位。

2003 年，上海交通大学的王如竹教授和代彦军教授对在中国西北部建设太阳能热气流发电系统进行了一个较为详细的案例分析和可行性分析。华中科技大学的刘伟教授课题组对太阳能热气流发电系统的热力学特性、商业应用、驱动机制、蓄热特性、流道结构优化和透平布置位置、电运行机制、小型实验系统的传热特性、热力学循环效率、系统优化及制造成本等做了深入、全面的研究工作。杨家宽课题组在华中科技大学操场旁边的艺术楼楼顶搭建了一座小型的太阳能热气流发电系统，做了大的实验研究和数值模拟计算。天津大学王一平教授课题组对太阳热气流发电系统用于海水淡化及发电等进行了大量的研究分析。之后，利用太阳能的海水淡化技术研究工作不断发展。西安交通大学张楚华教授对集热棚直径为 3 600 m、烟囱高度为 950 m、设计功率为 100 MW 的商用太阳能热气流发电系统进行数字模拟分析，揭示了风力透平轴功率随质量流量和太阳辐射变化的规律。青岛科技大学的李庆领教授团队依托城市高层建筑提出了立式集热板太阳热气流发电系统，围绕该系统做了大量理论分析、数值模拟和实验研究工作，验证了与高层建筑相结合以充分利用城市空间并用于城市建筑发电和节能的可行性。上海理工大学的张华教授课题组为提高太阳能热气流发电系统的发电量和发电效率，对系统中集热器热性能的影响因素进行了实验研究。随后王治云等建立了适用太阳能热气流发电系统中气流的数值计算模型，分析集热棚入口参数和热流参数对系统流动与传热特性的

影响。

超高耸的烟囱结构力学及可靠性方面也值得关注，浙江大学的袁行飞教授团队运用CFD方法，针对发电功率为100 MW的太阳能热气流发电系统进行几何尺寸设计和平均风荷载数值模拟，得到烟囱和集热棚内、外风场及风压分布规律，进一步根据风工程理论计算烟囱表面的压力系数和风载体型系数，对超高耸太阳能热气流发电系统的结构体系及在风荷载作用下两种阳能热气流发电系统结构的性能进行了分析，并通过概念性模型实验为太阳能气流发电系统的结构设计提供了实验依据。秦鹏基于数值模拟方法系统地研究了高达1 000 m的烟囱结构在自重和风荷载作用下的静力性能，比较分析了烟囱结构在不同脉动风荷载作用下的动力响应特性，并对烟囱结构进行了抗震性能研究。

近10年来，关于太阳能热气流发电技术的研究进一步飞速发展，西安交通大学的郭烈锦院士课题组、陶文铨院士课题组、王元教授课题组等对太阳能热气流发电技术的流动与传热特性、工程应用、整体性能及斜坡式太阳能气流发电系统均进行了细致深入的理论分析和实验研究，这些科研团队的突出作用使太阳能热气流发电技术研究在我国出现了新的研究热潮。东华大学的朱海林结合理论分析和数值模拟方法，对太阳能热气流发电系统的集热棚的传热和流特性进行了较为深入的研究。河海大学左潞副教授在太阳能热气流发电系统的非稳态传热特性、蓄热特性，以及与海水淡化结合方面做了大量卓有成效的理论分析和数值模拟研究工作，华北电力大学的李文艳和汪涛设计了一种新型立式集热板太阳能热气流发电系统，通过数值方法分析了该发电系统烟囱内的速度场、压力场，分析了烟囱高度和太阳辐射变化对烟囱内空气速度及压力分布特性的影响。由于烟囱的建造成本占了较高的比例，出于降低成本的目的，利用山体的斜坡太阳能热气流发电系统也引起了广泛的关注。山东大学马加朋利用全玻璃太阳能真空集热管能吸收太阳辐射并快速加热内部空气的特性，一直让其代替常规太阳能热气流发电系统，计算了全玻璃太阳能真空集热管测试状态下的压力场、流场和温度场的分布规律，分析了全玻璃太阳能真空集热管压力场、流场和温度场的影响因素。

太阳能热气流发电系统的效率比较低，而烟囱的建造成本很高，所用的技术都比较简单，很难有较明显的技术革新和降低成本的措施，因此，单纯利用太阳能热气流发电系统来发电以大规模替代常规能源的可能性很小，必须将太阳能热气流发电系统与其他的需求相结合以实现综合应用。这里最典型的一个例子是利用太阳能热气流发电系统实现温室气体的大规模移除，太阳能热气流发电系统可以充当一个巨大的光催化反应器，从而达到调节地球气候的效果。

四、太阳能热气流发电系统的未来发展展望

关于太阳能热气流发电系统方面的研究内容相当多，不少理论与技术问题尚未彻底解决，虽然众多专家与学者进行了大量的研究，但是只能起到抛砖引玉的作用。

需要指出的是，由于太阳能热气流发电系统主要利用温室效应、烟囱效应、大规模低成本储热原理和基于压力的风力透平等技术手段综合而成，单纯从发电的角度来看，系统建设与运行成本及系统效率决定了其上限。因此，其与现有传统的发电技术相比，

通过技术改进很难获得压倒性的优势，从而限制了太阳能热气流发电系统的商业应用，必须寻求与其他系统、技术、应用等的结合，综合集成，才能显示出新的生命力。

(一) 海水淡化

太阳能热气流发电系统主要利用空气密度随温度的升高而下降的特性，由浮力驱动热气流上升，从而推动风力透平发电，它属于非聚焦形式的太阳能热发电系统。它的优势在于其单位电力价格最低，但如果单纯用于电力生产，则能量转换效率比较低，一般小于 1%。Zhou 等研究了一种结合发电与海水淡化功能的太阳能热气流发电系统。他们运用一维可压缩流动模型比较了经典的太阳能热气流发电系统和结合了发电与海水淡化功能的太阳能热气流发电系统的性能差异，发现大量的热充当了水蒸发时的潜热，这样的发电与海水淡化的联合太阳能热气流发电系统的功率小于经典太阳能热气流发电系统。另外，他们在进行经济性分析时发现，淡水量和电力的价格高低取决于烟囱的高度。天津大学的王一平课题组，将温室技术和烟囱技术应用于太阳能海水蒸发过程的强化，对太阳能热气流海水淡化和水力发电的综合利用系统进行了初步的研究，为太阳能热气流海水综合利用系统提供了实验和理论基础，同时为太阳能热气流技术利用寻找到一条有效的途径。另外，太阳能海水淡化技术因其不消耗常规能源、污染少、运行费用低、所得淡水程度高而受到人们的广泛关注。现在主要的技术手段是利用太阳能产生热能来驱动海水的相变过程，也就是通常所说的蒸馏，但在经济上依然不能与传统的海水淡化技术相比。

为了将建造成本尽可能降低，Bonnelle 提出了无集热棚的太阳能热气流发电系统，如能量塔、下降气流冷凝潜热塔。Bonnelle 设计了一种空气和暖水混合的装置，用来确保两种流体之间达到充分的热力学接触，可以将它设想为漂浮在温暖海水的表面。海水的表面温度一年四季都很高($>25\ ℃$)，并且如果装备有风帆，则可以被风牵引。而烟囱本身是可以在风中漂浮的薄的柔管，并且在其顶部设有透平，通过内部超压保持它的刚性。这些热带太阳能热气流发电系统的驱动力是水蒸气凝结的潜热，因此，这些没有集热棚的装置也可以称为上升气流冷凝潜热塔。该系统使用黑色管道来代替集热棚的作用。海水可以在暴露于光照下的黑色管道中被加热。如果空气和水温度相近，那么空气的加湿过程将冷却海水。通过对比，安装的黑色长塑料管比建造集热棚成本低，并且如果水泵(从海水到淋浴)不会因为非常长的管道摩擦而导致压降过多，那么用于温室的集热棚就可以省略。

这些黑色管道不仅充当为集热棚加热的作用，而且有储热的作用。在白天，这些装满水的黑色管道暴露在阳光下，吸收太阳辐射加热管道中的水。到晚上，当空气开始降温时，管道中的水将会释放白天储存的热量。另外，由于水的比热容较高，它储存热量的效率也更高。

(二) 城市污染治理

20 世纪，伦敦因空气污染造成的光化学烟雾事件举世震惊。Asimov 和 Pohl 提到，该空气污染物在遇到施工时建造的烟囱时，浓度有所减少，原因是烟囱将这些空气污染物排放到了高空数百及至千米之外。后来，在伦敦出现的空气质量问题，在斯堪的纳维亚(Scandinavia)半岛转变为酸雨和硫黄沉积的问题，从一个污染问题转变为另一个环境问题，城市空气污染的问题一直没有得到良好的解决。但也如 Lomborg 所指出的那样，事实上空气污染问题在当时并没有引起人们的重视。大城市或密集的城市地区因高度污染的空气每年均会造成数千人死亡，甚至引发更多的疾病，从而缩短人类的寿命。稀释或排走污染的空气一直都不是最好的解决办法。因此，在试图建立更有效的空气污染问题处理办法时，可以将地球的自我恢复和修复能力考虑进来。基于此，一些工程师如 Moreno 提出将太阳能热气流发电系统作为巨大的真空吸尘器，用于治理高污染城市的城市大气。当然，该装置的主要功能不一定是提高其功率输出或发电能力。例如，可以在一座高大的城市塔楼中装满颗粒和碳素空气滤清器，以便清理通过烟囱的空气，从而有效地改善城市空气质量。太阳能热气流发电系统的恒定拔风效应也将有助于抵抗热岛效应。特别地，在炎热的气候中，可以安装带有半透明膜的遮蔽层，增加反射率，遮挡部分阳光，同时降低城市内温度梯度。Sorensen 提出的轻型加压上升管道比较容易安装在高层摩天大楼之间(并且在冬季容易移除)，并且价格也不会太高，主要是因为"吸尘器"功能不需要涡轮机，该结构比常规太阳能热气流发电系统轻得多。

一直以来，颗粒物、黑碳和煤烟是影响人类健康的严重问题，同时，其与对流层臭氧成为城市空气质量下降及全球变暖的主要影响因素。据 Shindell 等统计，如果用现有的环境工程技术来控制城市空气质量及温室效应，那么每年因为空气污染死亡的人数可以减少 70 万～470 万人。Shindell 等确定了控制甲烷和黑碳(Black Carbon，BC)排放量的 14 项措施，并推测通过这些措施，到 2050 年全球平均温室效应将降低 0.5 ℃，并且可以减少室外空气污染导致的每年过早死亡。

(三)干旱地区的下沉气流能源塔

水力-航空电站也称为下沉气流能源塔(Downdraft Energy Tower，DET)最初由洛克希德—马丁公司的 Carlson 提出，之后 Zaslavsky 等和 Altmann 等对其进行了进一步研究。再后来，这一概念得到了科研人员的广泛关注，并成为许多博士学位论文的主题，甚至开始应用于抽水蓄能电站及海水淡化厂方向。近年来，很少有文献报道这种能源塔的概念。它被认为是与太阳能热气流发电系统相反的概念装置，不需要温室集热棚，因此在成本上会低得多。同时，因为它的产能过程是基于水的蒸发的，所以，可以安装在空气湿度水平较低的国家。

DET 主要是利用炎热沙漠中聚集的太阳能或海水来产生电能，它包括高耸的下沉蒸发塔、蓄水池、管道及泵与透平。DET 一般需要建于内陆，最好是比较干旱的地区，因为空气的水分过多会减少其输出产量；但 DET 也不应离海太远，因为还需要通过泵与管道来供给海水。当海水被泵送至塔顶时，在塔顶附近布置有多个喷雾装置。水滴落下而蒸发，从而形成密度大于环境空气的下沉冷空气。为了获得湿度饱和的状态，将塔设计为大而高的结构(通常直径为 400 m，高度为 1.4 km)。在塔底部，可以使用较重的风力透平驱动装置，而仅需要其所产生电能的 1/3 就足以将海水泵送至塔的顶部。

在炎热而干燥的沙漠，塔的底部会释放大量湿润而凉爽的空气，如果在寒冷的夜晚发生外部冷凝，则它同时会有助于沙漠绿化。如果 DET 建于山区，它可能会形成逆温层。沙尘可以作为良好的凝结核，因此，可以在较低的高度形成近地云，从而增加了地面的反射率。如果咸水能够返回大海，则地质工程师想象使用这种咸水来美化沙漠没有地下水存在的限制地区。

根据 Zyga 所说，DET 可以通过降低沙漠中的空气温度，使地球表面降温，并且抵抗全球变暖的趋势。因此，DET 可以扩大全球自然冷却过程的效果，即哈得来环流圈，可以冷却地球自身，但这主要是发生在赤道附近。

Weinrebe 和 Schiell 通过比较传统 DET 与太阳能热气流发电系统的优缺点发现：太阳能热气流发电系统产生的利润可能更大，但是他们没有充分评估横风的潜在作用。如果投资成本较低，则即使空气中的湿度较高，结合风电和 DET 的联合电站也可以选择建立在靠近海岸的地方。外界空气越潮湿，水分蒸发越少，产生的冷空气越少，因此，电厂蒸发部分的减少也使得输出功率变小。但这样也会节约抽水泵功（估计消耗了将近 1/3 的总产能），并且由于联合电站对陆风和海风的利用，在一定程度上可以对其进行补偿。因此，盐水可以直接送往大海，这样也节省了对管道和电聚结装置（除盐作用）的初期投资。太阳能热气流发电系统和 DET 相对于目前的风力涡轮机具有许多优点：它们处于地面高度，相对于风力透平较易维护；使用无间歇性，可以 24 h/7 d 不间断产生人造热风或冷风；可以利用当地的材料以及增加更多相同尺寸的涡轮机建造更大的设备，而无须改变道路等基础设施。事实上，目前如果只有一台 5~6 MW 大型风力透平，要想达到这样的规模，从生产现场到其最终的安装地的运输会存在较大困难。

目前，Solar Wind Energy Tower 公司提出了太阳能风力发电塔这项专利技术，这成为市场上首个混合太阳能风能可再生能源的技术网。该专利技术中包括一个高空的圆柱体、顶部附近的注水喷雾系统及底部包含涡轮机的风洞。在太阳能风力发电塔运行时，首先会通过一系列的泵将水输送到顶部的注水喷雾系统，在整个开口位置处喷放细雾。之后，由注射系统引入的水在被阳光加热的干燥空气中进行蒸发，从而增加了空气的水分，并提高了空气相对湿度。其结果是，塔内的空气变得比外部空气更冷、更重，并同时会以高达 80 km/h 的速度下沉。当下降气流经过塔底的风洞时，可以通过风洞内围绕设置的涡轮机进行发电。另外，在大气条件有利的地理区域内，塔的外部还可以由垂直的"风叶"构成，从而可以捕获盛行风并对其进行有利的引导以产生电力。因此，太阳能风力发电塔这种结合双重可再生能源的技术，可以大大提高其清洁能源生产能力。例如，首先，它在时间上没有任何的操作限制，能够全天候运行，每天 24 h，每星期 7 天。其次，当太阳能集热棚单独使用时，其局限性仅在阳光照射下才起作用，而一般情况下，风力发电机也只有在空气流动时起作用，因此，这个太阳能风力发电塔可以有效结合两种技术的优点，并平衡两者的缺点。另外，它的产能具有无燃料消耗或污染物产生的特点，不会排放出温室气体，还可以产生清洁、成本效益高和效率较高的电力，且不会损害环境。

第七节　太阳能利用发展现状和趋势

目前，光伏发电全面进入规模化发展阶段，中国、欧洲一些国家、美国、日本等传统光伏发电市场继续保持快速增长，东南亚、拉丁美洲、中东和非洲等地区光伏发电新兴市场也在快速启动。太阳能热发电产业发展开始加速，一大批商业化太阳能热发电工程已建成或正在建设，太阳能热发电已具备作为可调节电源的潜在优势。太阳能热利用继续扩大应用领域，在生活热水、供暖制冷和工农业生产中逐步普及。

太阳能产业发展背景如下。

一、国际背景

(一)资源与环境要求

首先，继20世纪出现的两次能源危机之后，能源紧缺、环境污染等问题日渐尖锐。其次，传统能源造成了气候变暖、环境恶化等一系列的问题。在2008年12月11日的联合国气候变化大会上，联合国秘书长潘基文提出了"绿色新政"的概念，倡导各国实施环境友好型政策，而经济发展与传统能源污染的矛盾日益突显，实施能源转型、发展太阳能是大势所趋。

(二)国际太阳能热发电产业迅速发展

截至2015年年底，全球太阳能发电装机累计达到2.3亿千瓦，当年新增装机超过5 300万千瓦，占全球新增发电装机的20%。2006—2015年，光伏发电平均年增长率超过40%，成为全球增长速度最快的能源品种；太阳能热发电5年内新增装机400万千瓦，进入初步产业化发展阶段。

截至2022年3月底，全球累计光伏装机总量已经成功跨越1太瓦（TW/dc）大关，光伏正式进入太瓦级"T"时代！

中国共产党第十八次全国代表大会以来，国家将生态文明建设放在突出战略位置，积极推进能源生产和消费革命成为能源发展的核心任务，确立了我国在2030年左右二氧化碳排放达到峰值，以及非化石能源占一次能源消费比例提高到20%的能源发展基本目标。伴随新型城镇化发展，建设绿色循环低碳的能源体系成为社会发展的必然要求，为太阳能等可再生能源的发展提供了良好的社会环境和广阔的市场空间。

(三)政策背景

"十二五"时期，国务院发布了《关于促进光伏产业健康发展的若干意见》(国发〔2013〕24号)，光伏产业政策体系逐步完善，光伏技术取得显著进步，市场规模快速扩大。太阳能热发电技术和装备实现突破，首座商业化运营的电站投入运行，产业链初步建立。太阳能热利用持续稳定发展，并向供暖、制冷及工农业供热等领域扩展。

2021年4月，国家能源局对《关于2021年风电、光伏发电开发建设有关事项的通知（征求意见稿）》，提出2021年，全国风电、光伏发电量占全社会用电量的比重达到11%左右，后续逐年提高，到2025年达到16.5%左右。在政策支持下，光伏行业地位逐步提升，引发众多企业跨界入局。

二、太阳能利用技术的发展战略与趋势

（一）分布式能源系统

分布式能源系统是指分布在需求侧的能源梯级/综合利用、资源综合利用和可再生能源设施。它通过减少能源中间环节损耗，将能源利用效率提高到一个新的水平，同时达到治理环境污染和降低能源成本的目标。分布式能源是未来世界能源工业发展的趋势，是人类可持续发展的一个重要组成部分。

（二）太阳能利用装置是分布式能源系统的一个组成部分

"十二五"时期，我国光伏制造规模复合增长率超过33%，年产值达到3 000亿元，创造就业岗位近170万个，光伏产业表现出强大的发展新动能。2015年，多晶硅产量为16.5万吨，占全球市场份额的48%；光伏组件产量为4 600万千瓦，占全球市场份额的70%。近年来，我国光伏行业及半导体行业的迅速发展，市场对多晶硅的需求不断增加。据统计，我国多晶硅产量逐年增长，截至2021年我国多晶硅产量为50.2万吨，同比增长28.8%。

我国光伏产品的国际市场不断拓展，在传统欧美市场与新兴市场均占主导地位。我国光伏制造的大部分关键设备已实现本土化并逐步推行智能制造，在世界上处于领先水平。

"十二五"时期，我国太阳能热发电技术和装备实现较大突破。八达岭1 MW太阳能热发电技术及系统示范工程于2012年建成，首座商业化运营的1万千瓦塔式太阳能热发电机组于2013年投运。我国在太阳能热发电的理论研究、技术开发、设备研制和工程建设运行方面积累了一定的经验，产业链初步形成，具备一定的产业化能力。太阳能热利用行业形成了材料、产品、工艺、装备和制造全产业链，2015年年底，全国太阳能集热面积保有量达到4.4亿平方米，年生产能力和应用规模均占全球70%以上，多年保持全球太阳能热利用产品制造和应用规模最大国家的地位。截至2021年年底，新增太阳能集热系统总量为2 705.2万平方米。太阳能供热、制冷及工农业等领域应用技术取得突破，应用范围由生活热水向多元化生产领域扩展。

（三）太阳能在建筑领域的应用是太阳能利用发展的主流趋势

一些国家政府大力推动太阳能建筑进入建筑市场。美国加利福尼亚州能源委员会制定了为期10年，拨款3.5亿美元的财政计划，以补贴买主的方式鼓励在新建房屋设计中采用太阳能利用装置；2006年8月加利福尼亚州州长签署了SB1法案，在加利福尼亚州

发展百万光伏屋顶计划。德国在 2000 年已启动了 10 万光伏屋顶计划。丹麦规定了新建的低能耗建筑的节能指标为 50%～75%。我国住房和城乡建设部、财政部于 2006 年 9 月联合下发了《关于推进可再生能源在建筑中应用的实施意见》等。欧盟太阳能热利用产业联盟制定了至 2030 年太阳能热利用在太阳能建筑中的发展规划，预期到 2030 年，主动式太阳能供热系统(热水、采暖和空调的综合系统)(主动式太阳能供热系统是指通过设备，如集热器、水泵/风机、管道系统等，实现能量转换和输送)将列入欧洲建筑标准，太阳能供热将占欧洲低温热能需求的 50%。光伏制造商们看好这个未来巨大的市场。有些公司已开发了各种适用屋顶、墙体和窗户(半透明)等的光伏产品供建筑师们选用。一些针对降低太阳能建筑造价的新产品，如集热式光伏组件(PVT)(集热器作为光伏组件的冷却装置，在提高光伏转换效率的同时还可获得一定量的热水)，正处于研发和示范阶段，预计它的成本比分别采用光伏组件和集热器的设计要低 10%。太阳能建筑的商业化关键在于降低太阳能利用装置的成本和设计的标准化。

(四)集中式大型太阳能发电站

全球有相当广阔的太阳光充足的沙漠地带，如非洲北部、南欧、中东等，这些地区是建立集中式大型太阳能发电站的理想地点。集中式大型太阳能发电站将是未来电网电力的来源之一。

(1)光伏发电。近 10 年来，全球太阳能光伏电池年产量增长约 6 倍，年均增长 50% 以上。2010 年，全球太阳能光伏电池年产量 1 600 万千瓦，其中我国年产量 1 000 万千瓦。并网光伏电站和与建筑结合的分布式并网光伏发电系统是光伏发电的主要利用方式。到 2010 年，全球光伏发电总装机容量超过 4 000 万千瓦，主要应用市场在德国、西班牙、日本、意大利，其中，德国 2010 年新增装机容量 700 万千瓦。随着太阳能光伏发电规模、转换效率和工艺水平的提高，全产业链的成本快速下降。太阳能光伏电池组件价格已经从 2000 年 4.5 美元/瓦下降到 2010 年的 1.5 美元/瓦以下，太阳能光伏发电的经济性明显提高。

截至 2021 年年底，全国光伏发电量 3 259 亿千瓦时，较上年增加 648 亿千瓦时，同比增长 24.82%，约占全国全年总发电量的 4.0%。

(2)光热发电。尚未实现大规模发展，但经过较长时间的试验运行，开始进入规模化商业应用。目前，美国、西班牙、德国、法国、阿联酋、印度等国家已经建成或在建多座光热电站。[①]

太阳能发电逐步成为电力系统的重要组成部分。在 2010 年欧盟新增发电装机容量中，太阳能发电首次超过风电，成为欧盟新增发电装机最多的可再生能源电力。随着全球太阳能发电产业技术进步和规模扩大，太阳能发电即将成为继水电、风电之后重要的可再生能源，成为电力系统的重要组成部分。

---

① 邹才能，潘松圻，赵群. 论中国"能源独立"战略的内涵、挑战及意义[J]. 石油勘探与开发. 2020,47(2): 416-426.

三、太阳能发电利用"十三五"发展目标

太阳能发电发展的总目标：全面推进太阳能发电大规模开发和高质量发展，优先就地就近开发利用，加快负荷中心及周边地区分布式光伏建设。在太阳能资源禀赋较好、建设条件优越、具备持续整装开发条件、符合区域生态环境保护等要求的地区，有序推进光伏发电集中式开发，加快推进以沙漠、戈壁、荒漠地区为重点的大型光伏基地项目建设，积极推进黄河上游、新疆、冀北等多能互补清洁能源基地建设。积极推动工业园区、经济开发区等屋顶光伏开发利用，推广光伏发电与建筑一体化应用。开展光伏发电制氢示范。积极发展太阳能热发电。

2025 年可再生能源开发利用主要目标见表 5-1。

表 5-1　2025 年可再生能源开发利用主要目标

类别	单位	2020 年	2025 年	属性
1　可再生能源发电利用				
1.1　可再生能源电力总量消纳责任权重	%	28.8	33	预期性
1.2　非水电可再生能源电力消纳责任权重	%	11.4	18	预期性
1.3　可再生能源发电量	万亿千瓦时	2.21	3.3	预期性
2　可再生能源非电利用	万吨	—	6 000	预期性
3　可再生能源利用总量	亿吨标准煤	6.8	10	预期性

思考与练习

1. 新型太阳能电池有哪些？
2. 阐述太阳能光伏发电的工作原理、优点、缺点。
3. 对比分析几种太阳能发电系统，讨论其优点、缺点及适用性。

第六章　其他零碳发电技术

随着社会的发展和科技的进步，能源问题越来越成为世界各国都重视的问题。能源是人类存在发展的根本动力。传统的能源（包括煤炭、石油等）终将有一天将会枯竭。新能源技术一直是人类探索的方向，是高技术的支柱，打破了以石油、煤炭为主的传统能源的概念，开创了能源的新时代。零碳发电技术一直是世界各国都在进行的项目。我国在该方面也取得了非凡的成就。

学习目标

1. 了解几种零碳发电技术和优点、缺点。
2. 掌握各种零碳发电技术的原理及如何在实际中应用。

案例导入

2021年11月26日，在江西省赣州市会昌县清溪乡盘古嶂风力发电场，一台台风电机组在晚霞的映衬下，呈现出一幅秀美的画卷。会昌县清溪乡盘古嶂风力发电场共有24台风力发电机组，装机容量为52 MW，每年可节约标煤3.8万吨，有效促进区域节能降耗、低碳减排，助力"碳达峰""碳中和"目标实现。同时，依托当地丰富的高山生态资源和风力特色景观带来的旅游经济收益，有效助推乡村振兴，带动村民增收致富（图6-1）。

图6-1　盘古嶂风力发电场

——引自《学习强国》

第一节　风力发电技术

众所周知，能源和环境是当今世界共同面临的重大问题，为此，大力发展可再生能源已经成为人类共识。风电是目前技术最成熟、最具市场竞争力且极具发展潜力的可再生清洁能源，发展风电对于改善能源结构、保护生态环境、保障能源安全和实现经济的可持续发展等方面有着极其重要的意义。我国政府高度重视风电发展，已将风电作为未来战略性新兴产业之一，并通过采取优惠电价、全额收购及成本分摊等方式，积极推动风电产业发展。

风力发电是风能利用的主要方式，而风力发电技术是风能持续健康发展的重要保障，其主要涉及气象学、流体力学、固体力学、材料力学、电子技术、机械工程、电气工程、海洋工程、环境工程等多个学科和专业。有效掌握风电技术，不仅需要扎实的基础理论知识，电场实际工程经验的积累也非常重要。[①]

在多年来持续、稳定的扶持政策引导下，我国风电实现了持续快速发展，累计装机容量和新增装机容量已位居世界第一；在规模化开发和技术创新的双轮驱动下，我国风电研发能力和制造水平不断提高，形成了大容量风电机组整机设计体系，并建立了完整的风电设备制造产业链，为实现风电平价上网奠定了坚实的基础。

尽管我国风电机组和风电场技术都取得了长足进步，但与国外先进技术相比，还存在相当大的差距，突出表现如下：

（1）在风电机组方面，主流机型整机和关键部件设计技术大多来自国外，风况研究、风力机气动、结构和控制系统等设计技术还不扎实，机组故障率高、可靠性低，质量有待改进。

（2）在关键部件方面，控制系统、变频器、变桨器和轴承等还主要依赖进口，而叶片设计基本参照国外产品。

（3）在风电场设计、运营和维护方面，风电场设计技术有待提高，风电场可利用率不高，大型、特大型风电场的建设、上网、送出、吸纳都有问题，风电并网受到限制，风电产生的谐波、无功消耗和低电压穿越问题还需进一步研究。

（4）在海上风电方面，海上风电场建设刚刚起步，具有一定盲目性，亟待解决的技术问题还比较多。

因此，为了彻底攻克这些技术难题，除政府在政策上给予支持外，还必须继续加大风电科研投入和人才培养，以建立完善的风电公共技术服务平台和产业化体系。

一、技术特点

风力发电是利用风力带动风车叶片旋转，驱动发电机发电的过程，其涉及的能量转换过程包括风能转化为机械能和机械能转化为电能。风机根据转速调节方式不同可分为恒速恒频风机和变速恒频风机，变速恒频风机具有较高的风能利用效率，是主流风机机型；根据叶轮驱动发电机方式的差异可分为双馈型风机、直驱型风机和半直驱型风机，双馈型风

---

① 孟庆双. 新能源技术现状及发展趋势[J]. 农机使用与维修，2022（5）：57-59.

机采用了多级齿轮箱驱动有刷双馈式异步发电机，具有转速高、体积小等优势，现有风机装备多采用双馈型风机。风电场根据建设地点的差异，可分为陆上风电和海上风电，相比于陆上风机，海上风机重点着重加强各个系统的冗余设计、容错功能和防腐，并在风机基础设计方面与陆上风机有较大的差异。河北省张家口市张北某风电场如图6-2所示。

图6-2 张北某风电场

二、发展前景

风电是我国能源转型的重要推动力量之一，也是提高我国可再生能源利用水平的重要组成部分。

风电发展已经进入全面平价前的关键时期。我国风电发展将从过去的补贴推动转向平价上网，由高速发展向高质量发展转变。

对于增量项目，相关文件已经明确2021年年底是全部新增陆上风电和海上风电并网的补贴截止时间，2022年新增风电项目将不再纳入中央财政补贴范围；对于存量项目，国家重点支持已并网或在核准有效期、需国家财政补贴的风电项目自愿转为平价上网项目。

合理的风电开发布局及消纳模式对落实我国能源转型目标、实现平价风电稳定健康发展具有重要的意义。

"三北"地区是基地型风电项目开发的重点区域，随着"三北"地区弃风限电情况有所好转、一批特高压外送通道建成投运、跨省跨区电力配置规模不断优化，"三北"地区新能源就地和外送消纳空间稳步提升。宜根据送端电源侧调峰能力、输送通道利用情况、受端负荷侧消纳能力，统筹合理配置基地型风电装机规模，实现一体化、科学化、集约化开发利用。中东部地区和南方地区是分散型风电项目开发的主战场，在国家和地方政府推动分散式风电发展的鼓励政策下，随着适应中东部地区低风速、高海拔、低环境温度等复杂地理环境条件的风电技术持续进步，中东部地区和南方地区分散式风电仍有较大发展空间。海上风电风况条件好、靠近东南部用电负荷中心，在配套政策的鼓励支持下，我国海上风电装机规模发展迅速、关键设计制造技术逐渐成熟。虽然海上风电技术成本实现了快速下降，但仍面临建设成本较高的主要问题，随着国家补贴的退坡，地方补贴对海上风电的支持力度将对其发展产生较大影响。

三、技术动态

截至 2020 年年底，全球风电累计装机容量 651 GW，新增装机容量 60.4 GW，是现阶段发展最快的新能源之一。在大型风电机组设计与制造方面，国外发达国家目前已大规模应用 5~7 MW 陆上风电机组，已示范运行 10 MW 陆上风电机组；近海风电已规模化开发，远海风电（漂浮式）已示范运行，美国通用电气公司（GE）于 2019 年年底发布了 12 MW 海上风电机组 Haliade-12 MW，该风机最高可达 260 m，风轮直径 260 m，已在美国马萨诸塞州进行测试。在资源评估、试验平台建设方面，国外规模化应用雷达等资源评估技术、机组及风电场设计软件成熟，试验平台可进行风机现场测试、传动链平台测试、风电并网仿真等。在系统接入友好性方面，国外设备厂商对于风机在故障穿越中的动态特性、安全极限、机群的互动稳定性等方面进行深入研究并做了相应的测试，德国风电场具备零电压穿越能力，且能在低穿过程中提供无功电流。丹麦风电场具备高电压穿越能力，有功调节和一次调频能力。在风机智能化、风电场智慧化方面，国外已实现风电场间的相互通信和控制，自适应控制、风电场场群尾流控制、数字化运维管理等技术已示范应用。漂浮式海上风电方面，全球累计装机规模为 65.7 MW，集中在英国、日本、葡萄牙、挪威等国家。

2020 年，我国风电新增并网装机容量 2 578 万千瓦，累计并网风电装机容量 21 005 万千瓦，占全国电源总装机容量的 10.4%，占非化石电源装机容量的 24.9%。大型风电机组设计与制造方面，1.5~2.9 MW 是我国现阶段和新增陆上风机主力机型，我国已经形成大容量风电机组整机设计体系和较完整的风电装备制造技术体系，叶片、齿轮箱、发电机、电控系统等主要部件均实现国产化和产业化，主轴承、半导体开关绝缘栅双极型晶体管（GBT）等关键部件尚未实现国产化，广泛应用于中东部和南部地区的中低风速风力发电技术取得突破性进展，风电机组可适应高/低温、高海拔、沙尘、雷暴、腐蚀等不同环境；海上风电方面，单机容量以 4 MW 为主，7 MW 风机已实现商业化运行，2019 年，东方电气风电有限公司 10 MW 海上风力发电机组在福建生产基地下线。在资源评估、试验平台建设方面，国内风资源测量以测风塔为主，评估软件中的模型普遍采用国外通用模型。在系统接入友好性方面，大规模风电并网、故障穿越与保护、脱网防御等技术加速创新发展，低电压穿越大范围应用，高电压穿越技术、调频技术处于应用示范阶段，新能源并网智能控制和调度运行技术得到突破，先进的风电并网技术可有效抑制因风电接入引起的电网超/次同步振荡，风电已从满足电网要求逐渐发展到可以主动支撑电网。在风机智能化、风电场智慧化方面，云计算、大数据、人工智能等技术应用于风场微观选址、风机本体设计、风电场开发投融资、风电场设计、风电场的工程建设、风电场运行维护管理等方面，数字化、网络化、智能化的智慧风电场建设加速。漂浮式海上风电方面，三峡阳江、海装湛江等项目仍在方案论证和规划设计阶段，我国从事漂浮式风机的研究还在起步阶段，对漂浮式风机基础理论研究投入与国外还存在差距。

四、发展趋势

风力发电技术的发展趋势是更适应我国风能特点，加可靠和高效。近期，风力发电技术发展重点不仅有适应"三北"的高风速风电技术升级，还有进一步提高适应中东部和南部低风速风机的效率、容量及可靠性。为了进一步降低成本，需尽快推动人工智能、云计算、大数据等新一代信息技术用于风机的智能制造、风电场设计和运维、风电场间的协同控制。

融入人工智能、云计算、大数据、5G等信息技术的风电机组智能化和信息化已成为全球风电行业的重要发展方向。借助大数据技术和人工智能等手段可以在风电场设计中快速、精准寻找最优质的风能资源；在风电运行中，提高风功率预测精准度，风机的可靠性和可用率，便于发电机组状态诊断与健康管理，增加风电场的发电量，实现风电项目全生命周期效益提升。

"十四五"期间，需要推广风电大规模高比例先进并网技术，开展风电场与储能协同运行技术研究。

随着大规模高比例风电发展，电力系统呈现弱惯性、弱电气阻尼及弱电压支撑的运行特性，安全稳定运行面临重大挑战。未来，风电机组需要完成从补充性电源向主力电源的角色转变，主动参与电网运行控制，满足电网对风电场的零电压穿越、高电压穿越、惯量及一次调频等方面的要求，使得风电场主动适应弱电网、抵御电网扰动/故障、提供频率/电压主动支撑。

推动基于柔性直流输电技术、漂浮式技术的海上风电示范建设，为开发远海风电提供技术储备。

柔性直流输电技术不受距离限制，可提供良好的动态无功支撑，有效抑制风电场和系统之间的相互干扰，降低海上风电退网风险，是大型远距离海上风电并网的最佳选择之一。由于远海的风资源远远优于近海，在这类型海域里，相较于固定基础，漂浮式基础具有明显的技术和成本优势，为充分发掘深海风能资源，漂浮式风机将成为未来海上风电的重要技术路线之一。

超导技术与风电技术的融合，有望加速超导技术风机商业化进程。

高温超导技术的出现，将助力大容量海上风力发电的发展。相对于常规风机，由于超导材料具有更强的载流能力，增强了发电机的功率密度，减小了大容量风力发电机的质量和体积，降低了海上风电运输和组装的难度及成本。另外，已有研究表明，相同功率的超导风机的发电效率将比永磁风机高，超导风机的发电量也相应较传统风电机组高。对于10~20 MW及以上超导风机的商业化，需要同时解决超导和大容量风机设计制造的两个难题，但兆瓦级超导风机可以在已有风机基础上进行改进，设计及批量生产难度相对较低，是实现兆瓦级超导风机商业化应用的重要路线之一。

提高主轴承、齿轮箱轴承、IGBT开关器件等部件国产化率，开发拥有自主知识产权的风电核心设计软件，则是全面降低风电度电成本、增强国产风电机组的国际竞争力的关键。

风电机组制造需要主轴承、齿轮箱轴承、IGBT 开关器件等部件国产化率较低，仍主要依赖进口。国内整机厂商、研发机构、轴承制造厂家、IGBT 生产企业等正在积极开展这些部件的研发制造，在深入、有效地吸收和借鉴国外核心部件设计制造思路的基础上，正在积极建立完善国产化生产供应体系。以 IGBT 为例，由于国内企业在大功率 IGBT 的设计、制造、封装各环节的技术和累积都还不足，短期内赶上国际水平还比较困难，国内企业和科研单位正在开发采用第六代或第七代 IGBT 技术的产品，已实现六代 IGBT 小批量生产。

另一方面，国内风电行业目前使用的主流设计软件，基本来自美国、挪威、丹麦、德国、法国等几个国家。例如，用于风电整机荷载仿真的主流软件 GH Bladed、LMSSWT、HAWC2、FAST，风资源分析软件中的 WAsP、WindPRO、WindFamer、WindSim、Windographer，海上风机基础设计分析软件中的 SACS、Sesam 等，这些软件在整个风电产业的风机设计、风电场设计中起着至关重要的作用。据统计，目前国内 90% 以上的设计人员使用国外风电计算仿真软件。以风电整机荷载软件为例，目前上海电气集团风电设备有限公司正在进行荷载计算软件的开发。通过对超长柔性叶片建模方法研究、传动链高精度建模与动力仿真技术研究、多场耦合分析技术研究、荷载仿真与实验的一致性研究，中国企业也具备开发具有完全自主知识产权的国际一流荷载计算软件的能力。预计未来 5 年，我国将逐渐突破主轴承、IGBT、风电核心设计软件等风电关键技术。

第二节　海洋能发电技术

随着全球化石能源日趋短缺及全球气候变暖问题的出现，海洋能作为一种重要的可再生能源，已被国内外作为战略性资源普遍关注。许多国家早在 20 世纪初就出台了关于海洋能发展的相关政策，从确立发展目标、提供资金支持、实施激励政策、支持行业发展等方面，引导和激励海洋能发电技术发展，并将其作为新兴战略产业加以培育和推进。2014 年 6 月，国务院发布《能源发展战略行动计划(2014—2020 年)》，强调要坚持统筹兼顾、因地制宜、多元发展的方针，积极推进海洋能示范工程的建设，并将海洋能发电作为推进能源科技创新重点战略方向之一。

海洋覆盖着地球 70% 以上的面积，蕴含着巨大的能量。随着人类对海洋能资源的认识能力和利用技术的不断进步，被称为"蓝色能源"的海洋能有望成为人类清洁能源的一大主要来源。

海洋能包括潮汐能、潮流能、波浪能、温差能、盐差能等多种形式。海洋能发电技术主要是指利用潮汐能、潮流能和波浪能进行发电的技术，另外，还包括温差能和盐差能发电技术。

一、技术特点

潮汐能是指海水涨落潮运动携带的能量。潮汐能发电是利用潮水涨落的水位差发电。在多种海洋能发电类型中，潮汐能发电技术的成熟度最高、投入商业化运行项目最多。

潮流能是指海水流动的动能，主要是指海底水道和海峡中较为稳定的流动及由于潮汐导致的有规律的海水流动。潮流能发电技术近年来发展迅速。潮流涡轮机在退潮和涨潮周期内往复流动，一般设计为双向发电。依据转换装置运行原理不同，可分为轴流式涡轮机、横流式涡轮机和往复式装置。潮流能发电装置结构较为简单，但涡轮机通常位于海水中，存在易受海水腐蚀、投资成本高、安装维护困难等问题。

波浪能发电是将波浪的动能和势能转换成电能。波浪能发电装置由波浪能采集装置、能量传递转换装置、发电装置3个部分构成。当前波浪能发电技术处于实海况示范阶段。

温差能是指以表、深层海水温度差的形式所储存的海洋热能，能量主要源于蕴藏在海洋中的太阳辐射能。我国温差能储量丰富，分布非常密集，90%以上的温差能集中在南海海域。温差能发电是利用表层温海水加热低沸点工质使之汽化，驱动汽轮机发电；同时利用深层冷海水将做功后的乏汽冷凝为液体，形成系统循环。温差能发电在生产电能的同时可生成淡水，但工作效率较低，施工维护困难，工程造价较高。[①]

盐差能是指海水和淡水之间或两种含盐浓度不同的海水之间以化学形态贮存的电位差能。我国的盐差能主要分布在上海、广东等地区河流入海口处。盐差能发电主要有渗透压法、反电渗析法和蒸汽压法3种。渗透压法、反电渗析法成本居高不下，渗透膜是制约发展的关键技术；蒸汽压法最大优势在于不需使用渗透膜，但发电装置庞大昂贵，运行中需消耗大量淡水。海洋能发电如图6-3所示。

图6-3 海洋能发电

二、发展前景

我国为海洋大国，海洋开放活动方兴未艾。中国共产党第十九次全国代表大会做出了"坚持陆海统筹，加快建设海洋强国"的重大部署。习近平总书记在中共中央政治局第八次集体学习时强调要进一步关心海洋、认识海洋、经略海洋，推动海洋强国建设不断取得新成就。能源是开发海洋、发展海洋经济的重要基础，是建设海洋强国的重要保障。随

---

① 黄维和，韩景宽，王玉生，等. 我国能源安全战略与对策探讨[J]. 中国工程科学. 2021, 23(1)：112-117.

着我国海洋强国建设的逐步深入，海上能源短缺的问题日益突出，海洋能利用的需求更加迫切，国家连续出台《海洋可再生能源发展"十三五"规划》《全国海洋经济发展"十三五"规划》等多个文件支持海洋能发展，我国海洋能利用技术研究面临着前所未有的大好局势。

三、技术动态

（一）潮汐能发电技术

韩国始华湖潮汐电站总装机容量为 254 MW，装有 10 台 25.4 MW 灯泡贯流式水轮机组，是世界上装机容量最大的潮汐电站，年发电量约为 5.5×10^8 kW。法国朗斯潮汐电站为单库双向型，共装设 24 台水轮机，单机功率 10 MW，总装机容量为 240 MW，年发电量约为 5.4×10^8 kW。加拿大芬地湾安娜波利斯潮汐试验电站总装机容量为 20 MW。

我国的潮汐能电站主要有江厦潮汐试验电站和海山潮汐电站，江厦潮汐试验电站总装机为 4.1 MW，年发电量约 1 000 万 kW；海山潮汐电站总装机为 250 kW，目前仅有 1 台发电机组运行，年发电量约 20 万 kW。潮汐能发电技术原理相对简单，且已经过多年验证，成熟度高。但由于潮汐能发电站建设对地形要求较高，需要选择潮差大的地方建设拦坝，对海洋环境影响较大，因此，在推广应用方面存在一定难度。

（二）潮流能发电技术

近年来，潮流能技术发展迅速，英国、荷兰、法国均实现了兆瓦级机组并网运行，其中英国 MeyGen 潮流能电站装机容量为 6 MW、荷兰 Tocardo 公司潮流能电站装机容量为 1.2 MW。我国潮流能技术水平总体进展较快，目前约有 20 台机组完成了海试，最大单机功率为 650 kW，部分机组实现了长期示范运行，我国已成为世界上为数不多掌握规模化潮流能开发利用技术的国家。

浙江舟山联合动能新能源开发有限公司在舟山秀山岛海域设置的 LHD 模块化海洋潮流能发电平台于 2017 年实现全天候连续并网发电。LHD 模块化海洋潮流能发电机组采用垂直轴式工作原理，单机容量最高为 300 kW。目前浙江舟山联合动能新能源开发有限公司正在设计单机 1.2 MW 的水平轴式机组。

国电联合动力技术有限公司与浙江大学联合研制的 300 kW 半直驱双叶片机组在国际上首次实现 270°变桨技术，实现了双向潮流能高效捕获和发电。2018 年在摘箬山岛海域进行海试时，月均发电约 4 万 kW，在 1.9 m/s 流速下机组实现满发，启动流速仅为 0.5 m/s，整机转换效率接近 40%。

杭州江河水电科技有限公司和东北师范大学联合研制的 300 kW 自变距三叶片机组，采用漂浮式安装方式。2019 年在摘箬山岛海域进行海试时，启动流速低于 0.7 m/s，整机转换效率高于 36%。

哈尔滨工业大学锚定式双导管涡轮潮流发电技术采用带水下锚固系统的浮体式安装的涡轮发电方式，研制了 1 kW 样机，并开展了短期海试。

与国际先进机组相比，我国潮流能技术在能量捕获、并网供电等方面处于并跑水平，但在单机装机容量、智能化运维等方面仍有一定差距，急需开展兆瓦级潮流能机组的研制，并针对智能化、低成本、规模化方向开展攻关。

(三)波浪能发电技术

国际上波浪能技术研究主要分布在欧洲和美国。美国OPT公司研发了PowerBuoy点吸收式波浪能发电装置，完成了3 kW、40 kW、150 kW系列化装备研建，主要用于水下海洋观测设备供电，可有效解决水下海洋观测设备长期供电可靠性的问题。西班牙Mutriku振荡水柱式波浪能电站，总装机296 kW，由16台发电装置组成，自2011年以来实现长期稳定运行。英国海蓝宝石能源公司(Aquamarine Power)开展装机功率800 kW的Oyster波浪能装置实海况试验，并与南苏格兰电网公司签订协议，开展大型波浪能发电场建设。葡萄牙于2004年开展阵列化波浪能装置研究，并于2008年完成2.25 MW的波浪能示范场建设，实现了3台单机功率为750 kW的波浪能装置阵列化布置。

中科院广州能源所研建的100 kW鹰式波浪能装置"万山号"在2017年实现为珠海万山岛并网供电，升级改建的260 kW海上可移动能源平台于2018年实现为南海偏远岛礁持续供电，装置发电能力得到验证，目前正在开展500 kW波浪能装置建设。山东大学开发完成的120 kW漂浮式液压海浪发电装置在山东成山头海域进行了海上实验。中国海洋大学完成了10 kW级组合型振荡浮子波能发电装置研建，并在山东省斋堂岛海域开展了实海况实验。

目前，我国波浪能研发工作实现了原理样机验证到实型样机、再到工程装备并网示范的技术进步，但单台装机功率、实海况试验时间与国外先进机组相比仍有一定差距，急需进一步开展能量俘获、高效转换、抗台风锚泊等关键技术工作。在阵列化应用方面，国外已开展大型波浪能装置发电场建设，而我国在该方面尚处于初步探索阶段，还没有开展实质性的研究工作，与国外相比差距较大，急需加快大型波浪能装置阵列化技术研究，推动波浪能装置规模化发展和波浪能场建设规范化发展。

(四)温差能发电技术

世界上第一座海水温差能电站于1930年在古巴海滨建造，发电容量为10 kW。但目前，温差能发电技术仍处于初期样机研发阶段，美国夏威夷州立自然资源实验室正在研发开放式温差能电站，日本、印度等国家重点开展封闭式温差能电站研究。

"十三五"期间，我国温差能利用方面研究主要集中在提高海洋温差能热力循环效率上，开展了30 kW南海海洋温差能发电平台样机海试和温差能开发与深层海水综合利用的技术研究。我国温差能利用已通过原理样机验证。

(五)盐差能发电技术

盐差能发电是近年来新兴的课题，相关技术尚处于初级研发阶段。挪威Statkraft公司于2009年建成的全球首个盐差能示范电站采用10 kW压力延缓渗透式盐差能发电装置，2013年12月因成本过高停止运行。目前，荷兰REDStack公司在荷兰Afsluitdijk建成的 50 kW 反电渗析盐差能示范电站仍在运行。

我国也在盐差能利用方面进行了一定的理论研究和实验，但世界上盐差能发电技术仍处于关键技术突破期，渗透膜、压力交换器等关键技术和部件研发仍需突破，需进一步推动原理样机研发。

四、发展趋势

海洋能发电技术需解决设备易受海水腐蚀、能量俘获和安装维护困难等关键技术问题。短期内对海洋能发电技术的需求仍以科技研究和工程示范为主。

结合国内外海洋能发电技术发展情况，通过持续深入研究，在资源选划方面，宜掌握深远海海洋能资源选划技术，建立海洋能开发利用环境影响评价方法体系，支撑海洋能规模化开发利用；在潮流能利用方面，宜掌握大型高效潮流能发电装备整机中叶片、发电机、变流器等关键部件设计及加工技术，研发最大发电效率≥40%的兆瓦级潮流能发电机组，掌握双向对流自适应智能变桨控制技术，实现潮流能发电机组低成本规模化推广应用；在波浪能利用技术方面，宜掌握非稳态能流密度下波浪能高效能量俘获系统及能量转换系统、恶劣海况下生产保障、锚泊等关键技术，提高系统的可靠性与稳定性，完成阵列化兆瓦级波浪能装置并网示范验证；在温差能利用方面，宜掌握海洋温差能发电、综合利用关键技术，提升系统净输出效率，研制透平等关键部件，建设兆瓦级大型海洋温差能发电和综合利用平台并完成示范验证，开展冷海水淡化和冷海水空调综合利用。

第三节 核能技术

"十一五"时期，我国核电发展步入快车道，"十二五"时期，一批百万千万级压水堆核电机组相继建成投产，产业发展成就举世瞩目，"十三五"时期，我国核电开创了安全高效发展的新局面。"华龙一号"堆型机组批量化建设和"国和一号"成功研发标志着我国成为继美国、法国、俄罗斯等核电强国后又一个拥有独立自主三代核电技术及全产业链的国家。2018—2020 年，随着我国首批三代核电机组（浙江三门 1、2 号和山东海阳 1、2 号 AP1000 机组，广东台山 1、2 号 EPR 机组）陆续建成并投入商业运行，我国已成为世界上三代核电机组投运数量最多、型号最全的国家。我国四代先进核能系统研发取得了一系列重大突破，在多个细分领域达到国际先进水平，为后续实现工业化应用奠定了坚实基础。核能综合利用在居民供热、蒸汽供应、制氢和海水淡化等非电领域的作用逐渐凸显，尤其核能供热将对我国北方地区实现清洁供暖发挥重要的积极作用。

一、技术特点

核能（或称原子能）是通过核反应从原子核释放的能量。核能的开发利用有两种途径：一是重原子核的裂变，如铀的裂变；二是轻原子核的聚变，如氘、氚、锂等的聚变。核能有巨大的威力，1 kg 铀原子核（铀-235）全部裂变释放出来的能量约等于 2 700 t 标准煤燃烧所放出的化学能。当前，利用核能发电是世界上核能和平利用最主要的方向。随着技术的发展，尤其是第四代核能技术的逐渐成熟和应用，核能有望超脱出仅仅提供电力的角色，通过供热、制氢、海水淡化等各种综合利用形式保障全球能源安全。

二、核能发电

核能发电是指通过核裂变或核聚变释放的大量热能，按照核能—机械能—电能进行转换获得电力。目前，核聚变发电远未到商业应用阶段，全球在运及在建商业核电机组均为核裂变堆型，其中铀裂变在核电厂中最常见。

核电厂中能够维持自持链式核裂变反应以实现核能利用的装置称为核反应堆。核反应堆的种类有很多，一般根据堆内中子慢化材料和将热量带到堆外的冷却剂类型来命名。采用轻水慢化中子并带出堆芯热量的称为轻水堆。轻水堆又可以根据堆内水的状态分为压水堆和沸水堆。全球核电机组超过90%采用轻水堆技术，其中75%为压水堆型。我国已投入运行及正在建设的核电机组除霞浦示范快堆工程、石岛湾高温气冷堆示范工程和秦山第三核电厂重水堆外，其余都是压水堆。

核电厂单体容量大，燃料能量密度高，是当今世界上可大规模发展、持续稳定提供清洁低碳电能的主要方式之一。核能发电与传统火力发电厂十分相似，只是以核蒸汽供应系统替代火电中的锅炉；然而相比于火电，核电具有不排放二氧化硫、氮氧化物、烟尘等污染物的清洁属性，更具有不排放二氧化碳的低碳优势。压水堆核电厂只能产生饱和蒸汽或微过热蒸汽，蒸汽参数较低导致汽轮发电机组热效率较低，因而，比一般化石燃料电厂排放更多废热到环境中，造成一定程度的热污染。

三、核能综合利用

发电只是核能利用的一种形式，从能源效率来看，直接使用热能是更为理想的方式。随着技术的发展，核能的非电应用（如核能供热、核能制氢、海水淡化等）逐渐成熟。

四、核能供热

核能供热是以核裂变产生的能量为城市集中供热或工业供热。核能供热低碳清洁、供热能力大，对替代燃煤燃气供热、减少环境污染和温室气体排放、促进供热热源多元化具有重要的意义。核能供热主要有两种方式，分别是核电厂对外供热（热电联产）和单一核能供热。

相比于常规热电机组，核电机组对外供热低碳清洁，单台机组有更大的供热能力，对比同等规模火电机组，核燃料成本相对较低，可以以较低的成本为热网提供热源。但是，由于大型核电厂的厂址往往离大城市较远，长输管网投资大，输热距离长，热损失也大，仅限于为电厂周边合理半径地区供热。

单一核能供热方式是指以供热为目的建造的低温核供热反应堆，其中具有代表性的是泳池式低温供热堆。其原理是将堆芯放置在一个常压水池的深处，利用水层的静压力提高堆芯出口水温至 90～100 ℃，以满足供热要求。堆芯热量通过两级热交换传递给供热回路，再通过热网将热量输出。泳池式低温供热堆结构简单，具备固有安全性，厂址条件要求简化、选址灵活，初始投资低。与加压反应堆相比，系统和设备大大简化，具有"零"堆熔、"零"排放，无须厂外应急、易退役的技术特点。

五、核能制氢

以超高温气冷堆、熔盐堆为代表的第四代核反应堆，其出口温度可以达到 700 ℃以上，高温热可直接作为工业生产过程的热源，可用于天然气的蒸汽重整、煤的气化和液化、合成氨、乙烯生产、制氢等高耗能领域。随着氢能在现代清洁能源结构中扮演越来越重要的角色，核能制氢将成为核能高温工艺热的热门应用方向。核能制氢技术的核心是利用反应堆提供的高温工艺热来提高制氢效率、降低制氢成本。目前，核能制氢主要采用热化学循环制氢方法。

热化学循环制氢是将核反应堆与热化学循环制氢装置耦合，以核反应堆提供的高温作为热源，使水在 800～1 000 ℃催化热分解，从而制取氢和氧。目前，国际上公认最具应用前景的催化热分解方式是硫碘循环，其中的硫循环从水中分离出氧气，碘循环分离出氢气。与电解水制氢相比，热化学制氢效率较高，高温热化学制氢的总效率预计可达 50% 以上，如将热化学制氢与发电相结合，还能将效率提高到 60%。

六、海水淡化

海水淡化技术是利用蒸发、膜分离等手段，将海水中的盐分分离出来，获得含盐量低的淡水技术。其中，反渗透法（RO）、多效蒸馏法（MED）、热压缩多效蒸馏法（MED-VC）和多级闪蒸法（MSF）是经过多年实践后认为适用大规模海水淡化的成熟技术。上述几种海水淡化技术都是利用热能或电能来驱动，因此，在技术上都可以实现并适合与核反应堆耦合。

七、发展前景

核能是我国非化石能源供应体系的重要组成部分，对深度替代常规化石能源、持续优化能源结构、保障能源安全具有重要的作用。

安全高效发展核能利用可以增强我国非化石能源供应能力，从规模和程度上加大、加深对煤炭、石油、天然气等传统化石能源的替代程度，从而加速改变我国能源结构过于依赖煤炭的现状，有利于优化能源结构，确保能源安全。这既是践行"四个革命、一个合作"能源安全新战略的重要举措，也是适应我国能源转型、完成碳中和目标的客观需要。

发展核电是提升我国装备制造业国际竞争力、支撑我国核大国地位的重要手段。

核能是现代高科技密集型的国家战略产业，其发展涉及材料、冶金、化工、机械、电子、仪器制造等众多行业最复杂、最前沿的技术。安全高效地发展核电有利于产业结构升级，有利于提升我国核电装备制造业的国际竞争力，有利于提升自主创新能力，有利于维持核科技工业体系的完整性。

核能综合利用是有效减少污染物和温室气体排放、促进我国能源安全和高质量发展的重要途径。随着我国城市化进程加快及"蓝天保卫战"行动推进，北方地区清洁供暖正酝酿出巨大的核能供热市场空间。

2017年,由国家发改委、国家能源局、环保部等10部门共同制定的《北方地区冬季清洁取暖规划(2017—2021年)》明确提出,研究探索核能供热,推动现役核电机组向周边供热,安全发展供暖示范。2019年,国家发改委修订发布《产业结构调整指导目录(2019年本)》,将核能综合利用(供暖、供汽、海水淡化等)列入核能行业鼓励类目录。在这种背景下,核能供热产业在国内获得极大的关注,有着广阔的市场前景。

当前制约我国核电产业快速发展的主要因素:第一,全产业链上下游可持续技术仍存在短板;第二,核电社会接受程度有所下降。

我国天然铀资源并不充裕,如果大规模发展核电,我国核燃料依赖进口的局面难以避免;我国自主化压水堆燃料组件技术还未经受工程考验、先进核燃料关键技术仍处于攻关阶段;全球乏燃料和放射性废物处理处置技术进展缓慢,我国放射性废物处置压力将越来越大。日本福岛核事故后,核电的社会接受度有所下降,甚至出现邻避现象,我国核电将长期面临公众质询的常态。另外,科技自主创新动力不足、政策标准出台与技术发展进度不匹配、延寿与退役技术起步晚等问题也不同程度地制约我国核电产业发展。

八、核电技术动态

世界核电技术不断完善、逐步升级换代,目前已经从二代核电向三代核电整体升级,四代核电技术部分堆型已进入示范验证阶段。

主流核电技术全面向三代升级。日本福岛核事故后,国际社会对核电机组的安全性提出了更高的要求。第三代核电技术要求有更高的安全性能,美国核电用户要求文件(URD)和欧洲核电用户要求(EUR)提出堆芯熔化概率小于等于1.0×10^{-5}/(堆·年),大量放射性向外释放概率小于等于1.0×10^{-6}/(堆·年);要求具有更好的经济性,能与联合循环的天然气电厂相竞争。

目前,三代核电已经成为引领全球核电产业发展的技术主流。作为核电技术大国,俄罗斯、法国、美国等国家的三代大型压水堆核电技术仍然在全球核电市场中占据主导地位。美国西屋公司AP1000技术中的"固有安全""非能动"等设计理念继续引领全球设计;俄罗斯国家原子能公司的VER核电技术品牌已经形成多种系列型号,在全球核电出口市场中非常具有竞争力;法国阿海珐公司的EPR、韩国电力工程公司的APR1400均有一定的发展。

"华龙一号"及"国和一号"是我国拥有自主知识产权的三代核电技术。"华龙一号"全球首堆示范工程——福清核电5号机组于2020年10月22日首次达到临界状态,标志着机组正式进入带功率运行状态,向建成投产迈出了重要一步。"国和一号"于2020年9月28日正式发布,其示范工程正在建设中。

我国三代核电技术工程应用走在世界前列。三门核电厂1号机组于2018年9月21日顺利完成168 h满功率连续运行考核,成为全球首台商业运行的AP1000机组;台山核电厂1号机组于2018年12月13日投入商业运营,成为全球首个投运的EPR机组;"华龙一号"全球首堆福清核电厂5号机组全部重大工程节点均超前或按期完成,有望在2020年内投入商业运行;采用俄罗斯AES-2006(VER-1200)技术的田湾核电厂7号、8号机组工程和徐大堡核电厂3号、4号机组工程具备核准条件。

第四代先进核能系统有序发展。为实现更高安全性和经济性的核能系统，有效减少核废料和降低核扩散风险，美国于21世纪初期提出了第四代核电系统概念的倡议，包括我国在内的多国逐步成立了第四代核能系统国际论坛(GIF)，提出6种第四代核能系统的推荐技术路线，包括液态钠冷却快堆(SFR)、铅合金液态金属冷却快堆(LFR)、气冷快堆(GFR)、超高温气冷堆(VHTR)、超临界水冷堆(SCWR)和熔盐反应堆(MSR)，发展目标是2030年达到技术实用化程度。GIF组织在《第四代核能系统技术路线图升版，2013年》明确了6种第四代核能系统的研发时序。

第四代反应堆堆型众多，且处于不同的发展阶段，一个国家没有必要也没有能力多堆型全面发展。自GIF组织提出第四代核能系统后，国内外各组织和研究机构陆续对其开展过技术成熟度分析评估，总体研判是液态钠冷却快堆(SFR)、超高温气冷堆(VHTR)、铅合金液态金属冷却快堆(LFR)技术成熟度相对较高，熔盐反应堆(MSR)、超临界水冷堆(SCWR)、气冷快堆(GFR)技术成熟度相对较低。

另外，小型堆技术正逐步成熟：根据国际原子能机构(IAEA)的定义，小型堆通常是指电功率在300 MW以下的先进小型核反应堆。按照反应堆类型，全球正在开发和建设的主流小型堆可分为7种类型，包括小型压水堆、小型沸水堆、小型(超)高温气冷堆、小型铅冷快堆、小型钠冷快堆、小型熔盐堆和小型气冷快堆。其中，除小型沸水堆不符合我国水堆技术发展方向外，其余6类小型堆在我国均有研发或潜在的研发潜力。另外，除压水堆、沸水堆外的5种小堆，均属于第四代核能系统。

据IAEA统计，全球有近50种小型堆的概念设计，技术成熟度不同，其中以小型压水堆最为成熟。目前已开展工程建设的小堆技术有俄罗斯KLT-40S、RITM-20、BREST-OD-300、阿根廷的CAREM和中国的HTR-PMo。

相比于三代大型压水堆核电厂，小型堆技术发展方向具有以下特征：功率规模小，系统简单，模块化程度高；建造投资少，建造周期短，具有较小的初投资融资压力，市场适应能力强；固有安全性高，环境友好，从设计上可实现大幅简化场外应急准备，甚至可以取消场外核应急准备而纳入工业事故应急体系；厂址要求简化、选址灵活，更易于靠近需求侧布局，可作为分布式清洁能源靠近城镇及高能耗工厂建设，让核能贴近城市、靠近用户成为可能；运行灵活，适应负荷变化能力强，可以与工业供热结合成"混合能源系统"，在供热和发电之间交替使用。小型堆的创新提升了核能在能源系统中的应用价值。

小型堆具有广阔的应用空间。美国能源部提出模块化小型堆概念之初就确定了小型堆应用场景，即用于小火电替代或城市附近电、热、淡水、蒸汽联供。国际原子能机构也于2004年6月倡导成立"革新性小型核能装置"协作研究项目，主要致力于核能区域供热、海水淡化、海洋能源开发等多用途利用。国内相关机构也正在开展"核电+"市场机会与发展策略研究，探索国内核能供热、供汽技术方案、市场需求、经济性竞争力及安全要求和相关政策。

全球多个国家重视小型堆技术发展，并将其列入本国核能发展战略。美国引领了小型堆创新设计理念，提出一体化反应堆概念。2020年9月3日，NuScale Power通过了美国核管会的技术审查，这是美国首次批准小型商业核反应堆设计，也是商业电力公司首次向核管会申请建设小型模块化反应堆。俄罗斯在小型堆浮动式应用方面具有丰富经验，"罗蒙索夫院士"号浮动核电站装载 2 台 KLT-40S，已经完成核能装置实验，于 2019 年 8 月正式启航；各装载 2 台 RITM-200 小型堆的破冰船有 3 艘，第一艘"北极"号已于 2020 年 9 月正式启航，另外两艘"西伯利亚"号和"乌拉尔"号预计将在 2020 年年底和 2022 年交付。此外，俄罗斯未来的破冰船计划使用更高性能的 RITM-400 型小堆。韩国 SMART 小型堆、阿根廷 CAREM 小型堆等也都由概念设计阶段步入发展实践阶段。

我国已形成中核"玲珑一号"（ACP100）和"燕龙"泳池式低温供热堆，中广核 ACPR50S，以及国家电投一体化供热堆等多种小型堆堆型，模块式高温气冷堆 HTR-PM 也属于小型堆范畴。

在我国实现部署的小型堆型号中，泳池式供热堆具有较强的市场竞争潜力，在安全可靠的前提下可实现更高经济性、更低热价。

九、核能综合利用技术动态

随着技术的发展，核能非电应用，如供热、制氢及海水淡化等，将在全球能源保障和可持续性发展方面发挥巨大的作用。

（一）核能供热

1. 泳池式低温堆供热

我国泳池式低温堆供热技术起步较早，中核集团中国原子能科学研究院 49-2 游泳池反应堆（研究堆）至今已运行半个世纪之久。在此技术基础上，中核集团自主研发了可用来实现区域供热的"燕龙"泳池式低温供热堆及"燕龙"泳池式多用途堆。

2. 核电厂对外供热

我国核电厂均具有厂内自供热的能力。2019 年冬季，山东海阳核电的核能供热项目一期工程第一阶段正式投用，向包括山东核电有限公司员工倒班宿舍、海阳部分居民小区在内的 70 万平方米的居民用户供热 129 天。海阳核能供热项目首个供暖季运行良好，开创了国内核能商业供热的先河。据测算，该项目首个供暖季累计对外供热 28.3 万吉焦，节省标准煤 9 656 t，减排烟尘 92.67 t、二氧化硫 158.9 t、氮氧化物 151 t 及二氧化碳 2.41 万吨，环保效益显著。

3. 核能制氢

核能制氢耦合热化学循环制氢技术的主要挑战在于优化技术路线、提高整个过程的效率、解决反应器腐蚀等问题。目前，日本原子能机构完成碘硫循环制氢中试，制氢速率达到 150 L/h；清华大学建立了实验室规模碘硫循环实验系统（60 L/h），并已实现系统的长期运行。然而热化学循环是一个典型的化工过程，其工艺的规模化放大还存在一定风险。

目前，美国、德国、丹麦、韩国、日本和中国等国家都在积极开展高温电解制氢相关研究工作。中国科学院上海应用物理研究所在 2015 年研制 5 kW 高温电解制氢系统基础上，以及中国科学院战略性先导科技专项的支持下，于 2018 年开展了 20 kW 高温电解制氢中试装置的研制,并计划于 2021 年建成国际首个基于熔盐堆的核能制氢验证装置,设计制氢速率达到 50 Nm/h。

4. 海水淡化

过去十几年来,许多国家对核能海水淡化的技术给予越来越多的关注。包括中国在内的许多成员国参加了由 AEA 组织的国际合作研究计划,提出了各自不同的高安全性核反应堆方案以应用于海水淡化系统。国内核电厂大多建于沿海地区,其中红沿河核电厂、宁德核电厂、三门核电厂、海阳核电厂、田湾核电厂,以及山东荣成示范核电厂的厂区淡水供应均通过海水淡化技术实现,具备推动基于核能海水淡化实施的良好基础。

(二)趋势研判

核能的应用有助于大规模减排二氧化碳,实现能源低碳转型,是我国实现碳中和目标必不可少的能源选项。

我国三代核电技术目前处于固化技术、型号升级、批量推广阶段。近期主要目标是通过积极推进设计优化创新、提升核能产业供给体系、进一步推进投资多元化,在保证安全的前提下提高核电的经济性,提升三代核电在清洁低碳能源选项中的经济竞争力;在我国电力系统大比例消纳可再生能源的背景下,提高大型核电机组在电网中的适应性。针对仍需依靠进口的部分核岛设备及关键部件,积极开展设备国产化攻关,以及关键设计软件和安全分析软件的自主化。

1. 在先进小型堆方面

国内已有若干供热堆、多功能堆完成设计方案并通过审查,目前处于产业化推广阶段,部分项目正积极推进前期工作。近期宜以提高小型堆技术经济性,示范推广供热堆、多功能堆等先进小型堆为主要方向。中远期目标攻关铅铋堆、熔盐堆关键技术,完成移动式小型堆示范工程设计。

2. 在四代堆方面

目前还处于建设液态钠冷却快堆示范工程、掌握高温堆运行维护领域关键技术和示范工程验证优化阶段。近期宜在示范工程基础上推进大型高增值钠冷却快堆和超高温气冷堆技术研发。中远期突破超高温气冷堆、熔盐堆耦合核能制氢关键技术。

3. 在核能综合利用方面

现阶段核能供热技术在核电厂中已得到部分应用,核能制氢等应用在国内尚处于前期研究策划阶段。近期的发展重点是池式低温供热堆、一体化供热堆等较成熟堆型的工程化示范。中远期的关注重点要结合四代堆技术进展,研究耦合热化学循环制氢等领域的应用。

第四节 农林电技术

生物质能产业按终端产品细分为生物质发电、生物质供热、生物质燃气、生物质液体燃料和生物质成型燃料等。生物质发电技术有利于生物质能资源化利用,减少不当处置带来的生态和环境危害，提升我国生物质能利用的品质、可再生能源消费比重和清洁取暖水平，可在高比例新能源发电系统与碳中和能源体系中发挥重要的作用。

一、技术特点

农林生物质发电技术包括生物质纯烧发电技术和燃煤耦合生物质发电技术。

(一) 生物质纯烧发电技术

生物质纯烧发电技术可分为生物质直燃发电、生物质气化发电和生物质气化多联产。

1. 生物质直燃发电

生物质直燃发电原理与燃煤发电相同，将生物质燃料送入锅炉燃烧，加热给水产生过热蒸汽，推动汽轮发电机组发电。生物质发电的核心是锅炉，进入锅炉的燃料可以是秸秆、稻壳、木屑等农林剩余物或农林加工剩余物，也可以是生物质压块、成型燃料，或者发酵后的城乡生活垃圾。

生物质直燃发电技术成熟，产业推广较快。目前，在丹麦、芬兰、瑞典、荷兰等欧洲国家，以农林生物质为燃料的发电厂有300多座。丹麦的农林废弃物直接燃烧发电技术处于世界领先水平。南亚国家在以稻壳、甘蔗渣等为原料的生物质直接燃烧方面也取得了一定的发展。

生物质直燃发电技术，以采用生物质能水冷式振动炉排炉和循环流化床锅炉为主。前者投资和运行成本较低，理论发电容量可达到50 MW，国内实施的项目单机一般不超过30 MW，一般选用高温高压锅炉和汽轮机，蒸汽参数一般为8.83 MPa/535 ℃；后者燃烧效率较高、热容量大、对燃料的适用性较强，能够适应生物质燃料的多变性和复杂性，发电容量理论上不受限制，国内已投产单机容量最大的生物质发电项目为50 MW、40 MW及以上机组一般选用高温超高压锅炉和汽轮机，蒸汽参数一般为13.8 MPa/540 ℃/538 ℃。

2. 生物的气化发电

生物质气化发电先利用气化炉将生物质原料气化，再利用净化后的可燃气体发电。根据气化工艺的不同，生物质气化可分为空气气化、富氧气化、水蒸气气化和热解气化。生物质气化炉可采用固定床、流化床或气流床。根据气化规模和利用形式的不同，发电工艺可采用内燃机、燃气轮机、燃气锅炉甚至是燃料电池。

3. 生物质气化多联产

生物质气化多联产产品多样，"热、电、气、炭、肥"，具有气化副产物经济效益高等特点。

生物质纯烧发电和燃煤耦合生物质发电发展均较为成熟，技术上具备大规模推广应用的条件。

生物质纯烧发电需要解决锅炉高温受热面腐蚀问题，提升蒸汽参数和发电效率，降低发电成本；燃煤耦合生物质发电技术方面，研究农林生物质大比例掺烧技术；在政策方面，有待形成统一的政策机制，推动不同生物质发电技术的市场化竞争。

推动生物质发电技术的大规模应用，在高比例新能源发电系统中发挥出力稳定、灵活可调和维护电网频率稳定等重要作用。

(二)燃煤耦合生物质发电技术

燃煤耦合生物质发电利用燃煤电厂的锅炉、汽轮发电机和辅助设备,具有诸多优势。

1. 社会效益好

燃煤耦合生物质发电可资源化利用农林残余物,破解秸秆焚烧环境污染问题;同时,还可以增加优质可再生能源,减少煤炭利用及碳排放。

2. 投资成本低

燃煤耦合生物质发电可以利用燃煤电厂的锅炉、汽轮机及辅助系统,初投资更低。

3. 发电效率高

燃煤耦合生物质发电依托高效煤电机组,供电效率一般可以达到40%以上。

4. 减少土地占用

燃煤耦合生物质发电项目新建设施较少,通常在燃煤电厂厂内建设,利用电厂既有土地,一般不需要新增用地。

5. 燃料收购有保障

燃煤耦合生物质发电不完全依赖生物质燃料供应,在生物质燃料市场上具有更强的议价能力。

6. 经济性更好

采用燃煤耦合生物质发电方式,可减少电价补贴的需求,带动生物质发电量的规模化增长。

燃煤耦合生物质发电技术主要包括生物质气化耦合发电、直燃耦合发电、蒸汽耦合发电3条技术路线。

二、生物质气化耦合发电

生物质气化耦合发电技术利用生物质气化装置将生物质散料或成型颗粒转化为生物质燃气,后经高温燃气管道输送进入燃煤锅炉中与煤进行混燃,利用电厂现有的发电设备进行高效发电。该方案具有便于生物质能发电量监测计量和计算等优点。

三、蒸汽耦合发电

蒸汽耦合发电方案采用新建生物质锅炉,产生的高温高压蒸汽进入依托煤电机组汽轮机做功发电。可在生物质给料机上进行称重计量,并检测在线水分;在生物质锅炉出口计量蒸汽压力、温度和流量。

四、生物质直燃耦合发电

相比气化耦合技术,生物质直燃耦合发电技术原料要求较低、投资/运行成本较低、配置人员较少、处理容量较大、系统更为简单。我国燃煤发电机组锅炉形式主要包括煤粉炉和循环流化床锅炉,由于循环流化床锅炉燃料适应性较大,改造工作量相对较少,全国燃煤耦合生物质试点项目采用直燃耦合发电的均依托循环流化床机组。

在国际上，挪威、瑞典、芬兰等国家的燃煤耦合生物质发电技术均处于世界领先水平。国外燃煤耦合生物质发电技术包括直燃耦合发电和气化耦合发电。

我国燃煤耦合生物质发电技术在"十三五"期间受到重视。2017年5月，《国家能源局关于支持吉林大唐长山热电厂开展燃煤耦合生物质气化发电技术改造试点工作的复函》（国能函电力〔2017〕9号）批复了吉林大唐长山热电厂开展燃煤耦合生物质气化发电技术改造试点工作。2018年6月，《国家能源局生态环境部关于燃煤耦合生物质发电技改试点项目建设的通知》（国能发电力〔2018〕53号）批复了84个（89个单项）燃煤耦合生物质发电技改试点项目。其包括59个农林生物质耦合试点项目，其中3个试点项目建成。

五、生物质气化发电技术

生物质气化发电处于产业商业化推广阶段，主要针对具有大量生物质废弃物的木材加工厂、碾米厂等工业企业，具有规模灵活、投资较低的优势。我国中、小型生物质气化发电技术应用也一直处于国际领先行列，已经成功研制了从10 kW到400 kW不同规格的气化发电装置，出口到泰国、缅甸、老挝等国家，为国际上中小型生物质气化发电应用最多的国家之一。但大型生物质气化发电系统的产业模式尚未成熟，焦油处理和燃气轮机改造技术难度较高，商业化项目较少，目前处于研究和示范阶段。

六、农林生物质发电技术发展前景

我国农林生物质资源丰富，能源化利用潜力大。考虑农业、林业、能源作物等产业的未来发展，据有关研究预计，到2030年我国生物质原料（干）可用量将达到9.3亿吨。目前，我国生物质能源化利用率较低，在"碳中和"背景下，作为碳中性的可再生能源技术，生物质能源化利用率需要进一步提升；与此同时，鼓励和引导生物质能源林的推广种植，可用于能源化利用的生物质资源还将进一步增加。

我国生物质发电的发展主要存在以下制约因素：

（1）农林生物质发电成本较高。农林生物质纯烧发电和垃圾发电是我国生物质发电的主要力量。垃圾发电除享受上网电价补贴外，还享受地方政府支付的垃圾处理费，故具有较好的经济效益。农林生物质纯烧发电没有额外的处置费用收入，一方面受限于农林生物质来源分散，存在生物质原料供应不足和原料价格高等问题；另一方面生物质发电单机规模较小，单位千瓦投资高，厂用电率高，供电效率一般不超过30%。这两个主要因素导致农林生物质纯烧发电成本处于较高的水平。

（2）农林生物质发电补贴退坡。《关于〈关于促进非水可再生能源发电健康发展的若干意见〉有关事项的补充通知》（财建〔2020〕426号）和《关于印发〈完善生物质发电项目建设运行的实施方案〉的通知》（发改能源〔2020〕1421号）明确：生物质发电项目全生命周期合理利用小时数为82 500 h；自2021年起，规划内已核准未开工、新核准的生物质发电项目全部通过竞争方式确定上网电价；新纳入补贴范围的项目补贴资金由中央和地方共同承担，分地区合理确定分担比例，中央分担部分逐年调整并有序退出。生物质发电补贴寿命周期明确为15年，中央财政补贴逐步退出，给生物质发电带来不利影响。

(3)生物质耦合发电支持政策尚不明朗。《关于公布可再生能源电价附加资金补助目录(第七批)的通知》(财建〔2018〕250号)明确，燃煤与农林生物质、生活垃圾等混燃发电在内的其他生物质发电项目，不纳入国家可再生能源电价附加资金补助目录，由地方制定出台相关政策措施，解决补贴资金问题。随着能源行业标准《燃煤耦合生物质发电生物质能电量计算》系列的制定，有望解决燃煤耦合生物质发电量计量问题。

截至2021年年底，全球生物质发电累计装机容量约12 380万千瓦，发电量5 890亿千瓦时，自2009年以来，平均装机增长率73%，主要分布在中国、巴西、美国、印度、德国和英国等国家。

"十三五"以来，我国生物质发电发展迅猛，年均增长率约为21.6%。2019年，我国生物质发电项目装机容量2 254万千瓦，占全国发电总装机的1.1%，生物质发电年利用小时数为5 181.4 h，年发电量1 110.92亿千瓦时。垃圾焚烧发电装机容量为1 202万千瓦，发电量约为610亿千瓦时；农林生物质纯烧发电装机容量约973万千瓦，发电量约468亿千瓦时；沼气发电装机比例最低，约80万千瓦，发电量约为33亿千瓦时。

第五节　地热发电技术

地热能是一种绿色低碳的可再生能源，具有储量大、分布广、清洁环保、稳定可靠等优点。

按照温度的高低，地热能资源可分为高温地热(150 ℃以上)、中温地热(90~150 ℃)和低温地热(90 ℃以下)。目前用于发电的地热能资源主要是中高温地热。

一、技术特点

地热发电有地热蒸汽发电(包括干蒸汽发电技术和蒸汽扩容发电技术)、双工质循环发电、联合循环发电和增强型地热发电等多种方式。

干蒸汽发电是将从热井喷出的地热干蒸汽送入汽轮发电机组发电。该技术成熟，具有无污染、设备简单、成本低等优点，但是对蒸汽品质要求高、干蒸汽资源有限、开采难。

蒸汽扩容发电又称闪蒸发电，是先将地热井喷出的汽水混合物引入汽水分离装置或扩容器，再将分离或扩容出来的蒸汽送入汽轮发电机组发电。该技术也具有开采难度低、主设备门槛低、成本较低等优点，但是地热能利用率低、腐蚀/结垢问题显著、辅助设备门槛高、环境污染大。双工质循环发电是将地热流体作为热源，通过换热器把热量传递给有机工质(如正戊烷、异戊烷、丁烷)，使其从液态变成气态，然后将有机工质的蒸汽送入汽轮发电机组发电。该技术具有地热能利用率高、环境污染小等优点，但是技术门槛高、设备成本高于蒸汽扩容发电。联合循环发电是将地热蒸汽发电与双工质循环发电这两种基本发电方式相结合，即将地热背压汽轮机的排汽用于加热有机工质，然后将有机工质的蒸汽送入汽轮发电机组发电；或者将汽水分离装置分离出的蒸汽送入汽轮发电机组发电，以分离器排出的地热水作为热源，加热有机工质，然后用有机工质的蒸汽送入汽轮发电机组发电。该技术也具有地热能利用率高、环境污染小等优点，但是技术门槛高、设备成本高于蒸汽扩容发电。

二、发展前景

我国地热资源丰富，同时也是地热利用大国，经过多年的地热资源开发，我国地热直接利用连续多年位居世界首位，但用于发电的地热能较少。我国水热型地热资源每年可开采量折合标准煤18.65亿吨，其中适合发电的水热型地热资源主要分布于西藏南部、云南西部、四川西部和台湾省。西南地区高温水热型地热能年可采资源量折合1 800万吨标准煤，发电潜力约为7 000 MW。

"十三五"期间，我国地热发电装机容量有较大突破，新增16 MW双工质循环发电机组，达44.36 MW。虽然地热能发电利用在"十三五"期间发展总体向好，但离《地热能开发利用"十三五"规划》中提出的"新增地热发电装机容量500 MW"的目标有较大差距，仍需进一步发展地热能开发利用。

作为可再生能源发电形式，发展地热发电有助于我国优化能源结构、推动能源低碳发展。

三、技术动态

截至2020年年底，全球地热发电装机容量达15 406 MW。其中，排名前五的国家的装机容量均突破1 000 MW，分别为美国（3 676 MW）、印度尼西亚（2 133 MW）、菲律宾（1 918 MW）、土耳其（1 526 MW）和新西兰（1 005 MW）。我国地热发电装机容量约为44.36 MW。

目前，国际上主流的地热发电方式为地热蒸汽发电和双工质循环发电。地热蒸汽发电中的干蒸汽直接发电以意大利和美国的电站为代表，占全球地热发电总装机容量的22.7%，其只适用特定的地热资源——产生饱和或过热的高温干蒸汽的地热田。全球仅少数地热田属于干蒸汽地热田，知名的是美国盖塞斯和意大利拉德瑞罗地热田。我国尚未发现干蒸汽地热田的存在。

蒸汽扩容发电技术适用大多数地热资源——湿蒸汽地热田，占全球地热发电总装机容量的61.7%，在新西兰等多国家均有工程案例。经过扩容后的地热蒸汽，压力低、流量大、带腐蚀性和结垢趋势的特点更加明显，因此，蒸汽扩容发电的地热型蒸汽轮机的设计便需要做相应调整以适应这些特点。迄今为止，我国仅青岛捷能汽轮机厂具有地热型蒸汽轮机的投产业绩，单机容量为3 MW。国外的地热蒸汽发电技术经过几十年的发展，经过深入研究，已经实现了降低成本、提高效益的目标。目前，全球范围内，单机容量稍大的蒸汽扩容发电蒸汽轮机，一半以上由日系汽轮机厂商供应，代表有东芝、日立、三菱和富士等公司。

双工质循环发电多采用有机朗肯循环，工质为低沸点烷烃类有机化合物，占全球地热发电总装机容量的14.2%，在欧美有大量成功应用案例。我国地热资源以150 ℃以下的中、低温地热资源为主，而这个热源温度范围，正好是低沸点有机工质发电技术的经济适用领域。装备制造方面，有机朗肯循环发电以美国和意大利厂商为代表，如奥马特、

Exergy 和 Turboden 公司，单机容量为 1～50 MW，且具备发电岛成套设备的供应能力。目前，我国尚无兆瓦级有机朗肯循环地热发电设备的投产业绩。在"十三五"期间，国内已有研究团队在该领域开展工作，进行技术储备，天加集团通过收购意大利 Exgergy 公司业务，引进有机朗肯循环地热发电技术；东方汽轮机有限公司通过对标西藏羊易地热电站设计方案，完成了有机朗肯循环地热发电设备部件自主化设计的初步方案，试验样机开发研究也在准备中。预计在"十四五"期间，国内将涌现一批地热装备制造企业完成有机朗肯循环地热发电技术升级，推动我国地热发电装备的国产化发展。

联合循环地热发电方式比单一发电方式效率更高，适用中、高温地热田，可达到充分利用地热能的目的。例如，蒸汽扩容发电和有机朗肯循环发电技术组合而成的联合发电方式比单一发电方式效率更高；在地热流体的高温利用阶段，首先采用扩容式蒸汽发电系统；此时分离出的地热水温度仍较高，就可采用有机朗肯循环发电系统，最大限度地提高地热发电循环的效率。但是，联合循环发电要求对两套发电系统进行有机结合，设计方案较为复杂，电站投资造价和运维成本也大幅提高。因此，目前全球范围内采用联合循环发电技术的地热电站不多，我国尚无相关工程建设经验。

四、发展趋势

由于中、低温地热发电成本较高，除早期建立的小型试验性中、低温地热电站外，我国地热发电项目主要基于高温地热。因此，从近期来看，我国地热能发电技术的发展需要实现地热蒸汽轮机发电 5 MW 级以上机组关键设备自主化，推动研发适用地热蒸汽的防垢、防腐、高效汽轮机组设备，提升我国高温地热发电技术装备水平。

我国地热资源以中、低温为主。有机朗肯循环发电技术对于地热田资源温度要求不高，不仅在我国西藏地区的高温水热型地热田容易实现，在西南、中南和华东沿海地区的中、低温地热田同样能实现。

近期在这一领域开展单机容量 MW 级以上规模的有机朗肯循环地热发电系统关键设备（如有机工质透平机、有机工质空冷凝汽器等）及系统集成技术研发，鼓励相关设备制造厂商进行技术升级，从而实现有机朗肯循环地热发电设备整体国产化，对于中远期推动我国中、低温地热发电，以及中、低温地热发电与地热直接利用结合的梯级利用技术的应用，从而实现我国地热发电的规模化、高效化、低成本发展，是十分必要的。

第六节 CO_2 捕集技术

工业生产过程产生的 CO_2，在经过捕集及提纯工艺处理后，可通过公路、船运、管道运送到目的地进行利用或封存，这一全流程 CO_2 处理技术又称碳捕集利用与封存（CCUS）技术。CO_2 捕集技术主要可分为燃烧前捕集技术、富氧燃烧技术、燃烧后捕集技术 3 类；CO_2 利用技术主要包括 CO_2 地质利用技术、CO_2 化工利用技术及 CO_2 生物利用技术；CO_2 封存技术通过管道将高纯度的超临界/密相 CO_2 输送并注入封存地点，有效、可靠、规模化的封存方式主要有枯竭油气藏封存、深部咸水层封存和煤层封存。

一、技术特点

(一)燃烧前捕集技术

燃烧前捕集技术主要是指燃料燃烧前将 CO_2 从燃料中分离出去,参与燃烧的燃料主要是 H_2,从而使燃料在燃烧过程中不产生 CO_2。该技术的主要优势是浓度高达85%以上的 CO_2 在燃烧前分离出去,捕集系统能耗较低。但系统工艺流程较复杂,且水煤气变换和制成合成气的过程会损失燃料化学能。

(二)富氧燃烧技术

富氧燃烧技术是用高纯度的氧代替空气作为主要的氧化剂燃烧化石燃料的技术。它在保留原来的发电站结构的基础上,将深冷空气分离过程与传统燃烧过程结合起来,经过压缩和提纯过程可以达到95%以上,同时,还能大幅度脱除 SO_2、NO_x 污染物,是一种燃煤烟气污染物和温室气体一体化协同脱除的技术。

(三)燃烧后捕集技术

燃烧后捕集技术就是从燃烧生成的烟气中分离 CO_2,主要包括化学吸收法、物理吸附法、膜分离及低温分馏等技术。燃烧后捕集技术不影响上游燃烧工艺过程,并且不受烟气中 CO_2 浓度影响,适合所有的燃烧过程,目前是燃煤发电 CO_2 捕集的首选技术。但是,由于排烟尾气中 CO_2 浓度通常较低(小于等于15%),需处理的燃煤烟气量大,蒸汽消耗量大。

二、发展前景

发展 CO_2 捕集技术是我国未来有效控制 CO_2 排放的重要技术选择,同时,有助于实现化石能源的低碳化、集约化利用,是我国未来实现碳中和目标、保障能源安全和实现可持续发展的重要手段。

我国燃烧后和燃烧前捕集技术已开展工业化规模的示范,富氧燃烧处于中试研究阶段。对于现役煤电机组,可以重点实施燃烧后 CO_2 捕集技术,进一步降低 CO_2 排放浓度;对于新建煤电机组,应结合建设条件、各种碳捕集技术的技术成熟度、经济性等,适当选择 CO_2 捕集技术。

我国的 CO_2 捕集技术仍然存在着经济、技术、政策等方面尚待解决的问题,要实现规模化发展还存在很多挑战。

(一)技术方面

目前所有 CO_2 捕集技术均存在能耗高、系统复杂度高、集成难度大等问题,以燃煤电站为例,配置全烟气 CO_2 捕集装置将使厂用电率提高5%~10%。

(二)成本方面

安装 CO_2 捕集装置将产生额外的资金投入和运行维护成本等,以燃煤电站安装为例,将额外增加 140~600 元/吨 CO_2 的运行成本,直接导致发电成本大幅增加。

(三)政策方面

尚未建立完善的碳减排政策机制。

三、技术动态

截至 2020 年 12 月,全球共 72 个大型一体化 CCS 项目,其中 18 个处于商业运行阶段,5 个处于建设阶段,加拿大和美国开展了大规模示范应用。在燃烧前捕集技术方面,2010 年西班牙和荷兰以 IGCC(煤气化整体联合循环技术)为基础,分别建成了捕集规模为 1 万吨/年和 3.5 万吨/年的中试试验系统;富氧燃烧技术方面,国外煤粉富氧燃烧 CO_2 捕集技术已基本完成 30~40 MWth 级中试试验,奠定了商业规模示范电站的技术基础;燃烧后捕集技术方面,2014 年,世界首个燃煤电厂 100 万吨/年 CO_2 捕集工程—加拿大边界大坝项目正式投运,CO_2 排放由 1 100 g/(kW·h)降至 120 g/(kW·h)。2017 年,世界最大的燃烧后 CO_2 捕集工程美国佩特拉诺瓦(Petra Nova)项目正式运行,设计规模 140 万吨/年。

我国在 CCUS 技术研发、实验示范和商业化探索方面已开展了大量工作,截至 2020 年年底,全国已建成或运营的万吨级以上 CCUS 示范项目约 16 个,处于准备阶段的大规模全流程的集成项目有 18 个,规模大多在 100 万吨以上。

目前,国内已建成的最大的燃烧后 CO_2 捕集装置规模为 12 万吨/年,再生热耗 2.8 GJ/tCO_2,最大的燃烧前 CO_2 捕集装置规模为 9.6 万吨/年,单位能耗 2.2GJ/tCO_2,捕集成本仍较高,不具备大规模使用条件。国家能源集团正在国华锦界电厂建设 15 万吨/年燃烧后 CO_2 捕集装置,预期实现 CO_2 捕集率＞90%,CO_2 纯度＞99%,再生能耗＜2.4 GJ/tCO_2。目前是国内最大规模的 CO_2 捕集项目。

四、发展趋势

我国的 CO_2 捕集技术还处于商业示范的起步阶段,仍然存在总体规模偏小、CO_2 捕集能耗和成本较高等问题,同时,我国的 CO_2 捕集项目运行期较短,示范经验有限,需进一步开展工程实践,在长时间的工程应用中积累经验。

"十四五"期间,结合资源禀赋特色与技术发展阶段,加强燃烧后 CO_2 捕集技术研发、降低 CO_2 捕集能耗,重点掌握低能耗、大规模 CO_2 捕集利用与封存(CCUS)技术,优先推动 CO_2 富集浓度较高的煤化工等行业实施 CO_2 捕集,完成大规模 CO_2 捕集、驱油与封存示范工程技术评估,建成百万吨级全流程捕集示范工程。另外,中远期,为了实现碳减排、碳中和目标,现役及新建煤电机组均需增设 CO_2 捕集装置。

思考与练习

1. 列举几种零碳发电技术,并分析其技术特点。
2. 海洋能发电技术有哪几种?
3. 阐述地热发电技术的特点、发展前景、技术动态。

第七章 中国低碳电力发展

章前导读

我国是全球 CO_2 排放量最大的国家之一，实施低碳经济战略，是我国发展经济的必由之路。从我国 CO_2 的排放结构上看，由于我国的能源结构以煤为主，当前 CO_2 的排放主要来自能源部门，尤其电力行业占总排放量的主体。因此，发展低碳经济是应对全球气候变暖、实现经济可持续发展的迫切要求。作为 CO_2 减排的主力军，电力行业实现低碳化发展具有重要的现实意义与战略意义。

学习目标

1. 了解中国低碳发展的趋势。
2. 掌握低碳电力各项政策。

案例导入

日前，广州市从化区与南方电网广东广州供电局签订战略合作协议，广州供电局将以此次签约为契机，探讨"新电气化"、能源低碳等方面在从化区的应用，助力从化经济社会高质量发展。广州供电局加快构建广州超大型城市新型电力系统，促进能源低碳转型。围绕构建平台型企业、现代化电网发展等发展路径，加快实施电氢协同、节能低碳等关键核心技术方向攻关，建设以南沙粤港澳全面合作、琶洲数字电网、从化多元互动、电氢一体化等为代表的"三片两点一平台四拓展"特色示范，打造一批具有低碳转型属性、国际领先特征的标杆项目（图 7-1）。

图 7-1 广州低碳电力项目

在珠海横琴粤澳深度合作区，2022年6月，南方电网广东珠海供电局"零碳"建筑示范项目——珠海横琴供电局线路工区大楼工程主体结构顺利封顶，为未来新能源交易及场外零碳能源应用提供支撑，探索打造"零碳岛"的初步路径。

聚焦推动经济社会发展绿色化、低碳化这一实现高质量发展的关键环节，在"十四五"这一我国碳达峰的关键期、窗口期，广东电网按照"点面结合、示范引领、全面推进"的思路，坚持因地制宜，综合考虑各地区的资源禀赋、基础条件等，按"省级示范＋市级示范＋县区级示范＋园区级镇村级示范"的模式，分层分级加快29个新型电力系统示范区建设。

——引自《新快报》

第一节　重要影响因素

一、电力行业是实现碳达峰、碳中和目标的关键力量

我国是世界最大的能源生产和消费国，是世界最大的煤炭生产和消费国，也是世界最大的温室气体排放国。在此背景下，我国提出"二氧化碳排放力争于2030年前达到峰值，努力争取2060年前实现碳中和"（以下简称"30—60"目标），对于我国国内是一场影响经济社会各个领域、广泛而深刻的低碳转型革命，对于国际社会是自《联合国气候变化框架公约》制定以来在应对气候变化领域中最大的事件之一，如图7-2所示。

图7-2　碳中和宣传图

（一）减少碳排放是"30—60"目标的核心要义

碳中和是指2060年当年的国民经济和社会发展中直接或间接产生的温室气体总量，与通过植树造林、减碳或购买碳信用等措施减少的碳排放相加后的净排放量为零，即碳中和包括减少碳排放和增加碳汇两个方面。因此，碳中和的要素中包含了时间节点、以年度为碳排放量核算时间单位、全国范围、温室气体（折算到二氧化碳，以下简称碳）、直接排放（燃烧化石燃料排放或工业过程排放等）和间接排放（生产或服务过程中所消耗的中间产品中隐含的间接碳排放）、碳吸收、低碳、零碳、负碳排放（如采用生物质发电并捕集和封存其碳排放）、购买碳排放权等。但对于中国而言，由于能源体系以化石能源尤其是以高碳的煤炭为主，减少煤炭的消费是中国完成碳中和任务的关键。[1]

（二）"30—60"目标下的任务逐渐清晰，对电力低碳转型提出了更高要求

党中央、国务院在多个重要会议中明确了"30—60"目标下的具体任务要求，如"到

---

[1] 王志轩，张建宇，潘荔，等. 中国低碳电力发展政策回顾与展望——中国电力减排研究2020[M]. 北京：中国环境出版集团，2021.

2030年，中国单位国内生产总值二氧化碳排放将比2005年下降65%以上，非化石能源占一次能源消费比重将达到25%左右，森林蓄积量将比2005年增加60亿立方米，风电、太阳能发电总装机容量将达到12亿千瓦以上"等。其中，能源电力既是温室气体排放最大的领域，又是落实"30—60"目标、实现低碳转型的关键领域。电力低碳转型不仅是减少化石能源使用的主要措施，也在改变中国能源结构、促进经济社会向低碳转型发挥着基础性和决定性的作用。

二、煤电定位发生历史性转变

从电力供给侧来看，随着大量的风电、太阳能发电接入电网，其发电的随机性、波动性、间歇性特点使供电特性发生重大变化。为保障可再生能源尽可能利用及电网安全，对电力系统灵活性电源的数量和快速调节能力提出了更高要求。燃机发电和抽水蓄能是国际上公认的技术成熟、经济可行、广泛使用的灵活性电源，但由于我国燃气价格高、燃气供应困难，抽水蓄能存在建设步伐慢、电力辅助服务的电价机制不完善等方面的困难，装机容量占比仅约为6%。与发达国家灵活性电源占比为30%~50%的情况相比有明显差距。相较而言，煤电承担起灵活性电源的功能是符合我国国情的一种不得已但具必然性的选择。煤电机组开展灵活性改造的结果就是进一步降低机组可带负荷下限的能力、提高机组快速加载负荷的能力、提高机组适应电网智能化发展的能力，而这些能力是以降低煤电设备利用率、降低发电效率为代价的。也就是说，通过煤电效率和利用率的降低，换来整体能源电力系统的清洁低碳、安全高效的发展。从电力需求侧来看，随着经济社会发展阶段的演进和技术进步使电力负荷特性发生了重大变化，由第二产业工业负荷占绝对高比重向第三产业、居民用电负荷比重增加的方向转移，峰谷差进一步拉大，尖峰负荷时间区间变窄，年负荷、季负荷、日负荷特性都发生较大改变。在能源电力低碳转型的大趋势下，煤电在新的历史使命中的功能定位必将发生变化，即煤电将逐步转为托底保供和系统调节型电源。短期来看，煤电还要继续发挥好保障电力、电量供应的主体作用；长期来看，持续降低煤炭在能源结构中的比重，大幅提高非化石能源比重，使清洁能源基本满足未来新增能源需求是趋势，煤电的主体地位最终将被取代。

三、新能源将成电源增长主力

我国以风电和太阳能发电为代表的新能源发电，经过"十一五"的蓄势待发，"十二五"的长足发展及"十三五"的持续增长，发电规模已跃居世界首位。我国新能源发电规模和消纳实现快速增长，有利于提高非化石能源消费比重，有利于降低电力行业温室气体排放。尽管新能源发展过程中还存在综合协调性不够、系统灵活性不够、输电通道建设不匹配、新能源自身存在技术约束、需求侧潜力发挥不够、市场机制不完善等一系列问题，但是能源电力清洁低碳转型趋势非常明确，通过科学规划新能源布局、加强系统调峰能力建设、推进智能电力系统发展、建立完善市场消纳机制等措施解决新能源发展中的制约性因素，我国新能源发电必将成为电源增长的主力，也将逐步成为承担电力电量负荷的主力。

四、储能稳定系统的潜力巨大

随着新能源发电装机和发电量在电源中占比的不断升高,电力系统的瞬时平衡和安全问题日益凸显,储能技术在新能源发电、电力供需平衡、电能质量、节能减排等方面正发挥着越来越重要的作用,是破解系统灵活性不足的重要技术之一。储能技术在电力系统各环节中均有应用,发电侧储能一般用于新能源发电平滑输出或火电机组与储能联合调频,用户侧储能一般通过峰谷电价移峰填谷、提高电能质量,电网侧储能主要是用作电网的调控单位替代"尖峰"。在储能技术方面,目前呈现技术路线齐头并进的发展局面,电化学电池技术中固态半固态锂电池、钠系电池、液流电池新体系快速发展;物理储能技术中抽水蓄能、压缩空气、蓄冷蓄热、飞轮等实现突破,储氢技术也正在快速进步。抽水蓄能仍然占据储能界的主流,无论是技术的成熟度还是市场份额都首屈一指。伴随着电动汽车的发展迅速崛起,电化学储能高效、灵活、响应快、高能量密度等特点得到了市场和资本的青睐,各种电化学储能项目遍布发电侧、电网侧、用户侧各个应用场景,具有巨大的发展潜力和前景,但电池安全问题是这一技术类型发展中的最大隐患。在储能产业方面,储能不仅与灵活性的火电机组有竞争,甚至储能内部各技术类型和应用模式之间也存在互相竞争。之所以需要火电机组进行灵活性改造,是因为储能无论是技术还是成本尚且无法支持大规模的系统调节需求,一旦储能的技术和成本都有显著的突破,那么火电机组就没有必要继续进行较大规模的灵活性改造了;反之,火电机组如果进行了大规模的灵活性改造,那么在现有的储能技术和成本下,它的市场空间便相对有限。

当前,储能产业的困境是在技术水平、市场空间、供需形势等综合因素的作用下所导致的。

如果储能技术本身在安全、性能、成本上都可以凭借自身优势开拓市场,以及全社会用电量需求仍呈现快速增长势头,储能市场需求就会大规模发展。

五、低碳转型中能源安全新风险

在"30—60"目标下,由于可再生能源将大规模、大比例进入能源电力系统,使能源安全问题的性质发生着新的重大变化。新能源大规模应用后,就全国而言,能源自主供给比例加大,可以逐步减轻由能源对外依存度大带来的各种风险;就局部而言,也会降低一些地区在传统能源配置方式下能源供给不足的风险。这种风险主要由两类情况构成:第一类情况是大概率事件造成的风险,如风电、光伏等新能源发电的波动性、不稳定性、随机性对电力系统安全稳定造成的影响。在小范围、低比重可再生能源电力系统中,日周期和季节性高峰时段的影响原则上不能称为能源电力安全风险。但随着大比例再生能源的发展,电力系统难以满足安全稳定的要求,发生大面积电力系统崩溃风险的概率增大,使短周期的风险叠加酿成能源安全大风险。对于此类风险,电力行业尤其是电网方面已有高度认知,且对策研究较多,但仍然处于破解难题阶段。第二类情况是由小概率自然现象引起的能源安全大风险,如大面积、持续时间长的阴天、雨天、静风天对光伏、风电为主体的电力系统造成重大电力断供风险。对于此类风险,各方面的认识远远不够,国家体制性、战略性的对应也大概是空白,应提高重视。

第二节 "十四五"中国低碳电力发展展望

一、发展趋势

"十四五"时期是我国由全面建成小康社会向基本实现社会主义现代化迈进的关键时期，是落实碳达峰、碳中和目标的重要起步时期，是能源电力清洁低碳转型和高质量发展的重要发展时期。总体来看，我国经济社会长期向好的基本面没有改变，要素投入、结构优化和制度变革将对我国经济发展长期持续稳定起到积极的支撑作用。提高电气化水平已成为时代发展的大趋势，是能源电力清洁低碳转型的必然要求。受新冠肺炎疫情的影响，短期内电力需求有所放缓，但长期看，多重因素推动我国用电需求增长，我国电力需求还将处在较长时间的增长期。未来可再生能源将作为能源电力增量的主体，清洁能源发电装机与发电量占比将持续增加；风电、光伏发电等新能源保持合理发展，在"三北"地区加快建设以新能源为主要电源形式的清洁化综合电源基地，实现集约、高效开发；煤电有序、清洁、灵活、高效发展，煤电的功能定位将向托底保供和系统调节型电源转变。

根据中电联分析预测，"十四五"时期，中国全社会用电量年均增速保持在约5%；2020—2035年中长期发展阶段，中国全社会用电量年均增速保持在约3.6%。到2025年，中国非化石能源发电装机比重将超过50%，燃煤发电装机比重将降低到45%以下。

"十三五"期间电力工业发展情况："十三五"期间，电力工业发展重要目标、指标按进度完成或提前完成，如非化石能源消费比重、供电煤耗、煤电装机控制都完成了规划目标，新能源发展、电能替代明显快于规划预期。"十三五"期间电力工业发展情况见表7-1。

表7-1 2015年和2020年电力工业发展情况

类别	指标	2015年实际值	2020年目标值	完成进度
电力总量	总装机/亿千瓦	15.25	20	提前完成规划目标
	西电东送/亿千瓦	1.4	2.7	符合规划预期
	全社会用电量/万亿千瓦时	5.69	6.8~7.2	提前完成规划目标
	电能占终端能源消费比重/%	22.1	27	符合规划预期
	人均装机/(千瓦·人$^{-1}$)	1.11	1.4	提前完成规划目标
	人均用电量/[千瓦时·人$^{-1}$]	4142	4 960~5 140	提前完成规划目标
电力结构	非化石能源消费比重/%	12.1	15	提前完成规划目标
	非化石能源发电装机比重/%	35	39	提前完成规划目标
	常规水电/亿千瓦	2.96	3.4	符合规划预期
	抽水蓄能/万千瓦	2 305	4 000	慢于规划预期
	核电/亿千瓦	0.27	0.58	符合规划预期
	风电/亿千瓦	1.31	2.1	快于规划预期
	太阳能发电/亿千瓦	0.42	1.1	提前完成规划目标

续表

类别	指标	2015年实际值	2020年目标值	完成进度
电力结构	煤电装机比重/%	59.0	55%	提前完成规划目标
	煤电/亿千瓦	9.00	<11	符合规划预期
	气电/亿千瓦	0.66	1.1	符合规划预期
节能减排	火电机组平均供电煤耗/（克标准煤/千瓦时）	315	<310	提前完成规划目标
	线路损失率/%	6.64	<6.50	提前完成规划目标
民生保障	充电设施建设/万个	—	满足500万辆电动汽车充电	慢于规划预期
	电能替代用电量/亿千瓦时	—	4 500	快于规划预期

二、主要任务

(一)快速有序发展可再生能源发电

综合各地资源条件、电网条件、负荷水平等因素，优化可再生能源项目开发时序，坚持集中式和分布式并举开发新能源，风电和光伏发电进一步向中东部地区和南方地区优化布局，在东部地区建立多能互补能源体系，在西部的北部地区加大风能、太阳能资源规模化、集约化开发力度。因地制宜地推动分布式清洁电源开发，依托新能源微电网等先进电网技术实现分布式清洁能源的高效利用。在新能源发展方面，保持风电、光伏发电的合理发展，在"三北"地区风能、太阳能资源富集区加快建设以新能源为主要电源形式的清洁化综合电源基地，实现新能源集约、高效开发。通过基地内风能、太阳能、水能、煤炭等资源高效组合，实现风、光、水、火、储各类能源优势互补，促进可再生能源规模化开发利用。积极推进风电、光伏发电平价上网示范项目建设，强化风电、光伏发电投资监测预警机制，控制限电严重地区的风电、光伏发电建设规模。在东、中部用电负荷中心地区稳步发展分散式风电、低风速风电、分布式光伏，在东部沿海地区大力推动海上风电项目建设，在青海、甘肃、新疆、内蒙古等省（自治区）有序建设光热发电项目。可再生能源发电宣传图如图7-3所示。

在常规水电发展方面，统筹优化水电开发利用，坚持生态保护优先，妥善解决移民安置问题，积极稳妥推进西南水电基地建设，严控小水电开发。完善流域综合监测平台建设，加强水电流域综合管理，推动建立以战略性枢纽工程为核心的流域梯级联合调度体系，实现跨流域跨区域的统筹优化调度。进一步完善水电综合效益评价体系，加快建立涵盖水电开发成本的电价形成机制。在核电发展方面，统筹兼顾安全性和经济性，核准建设东部沿海地区三代核电项目，做好内陆与沿海核电厂址保护。核电机组主要带基荷运行。根据市场需求，适时推进沿海核电机组实施热电联产，实现核电合理布局与可持续均衡发展。

图 7-3 可再生能源发电宣传图

(二)推动煤电高质量发展

按照"控制增量、优化存量、淘汰落后"的原则,管理好煤电项目。以安全为基础、需求为导向,发挥煤电托底保供和系统调节作用,服务新能源发展。严格控制煤电新增规模,在布局上优先考虑煤电一体化项目,有效解决煤炭与煤电协调发展问题;优先考虑发挥在运特高压跨区输电通道作用,有序推进西部、北部地区大型煤电一体化能源基地开发;采取等容量置换措施或通过碳排放总量指标市场化交易方式,在东中部地区严控煤电规模的同时,合理安排煤电项目;在北方城镇散煤消费集中地区与长江经济带寒冷地区,统筹区域供热需求和压减散煤消费要求,稳妥有序发展高效燃煤热电联产。推动煤电机组延寿工作,构建煤电机组寿命评价管理体系,科学推进运行状态良好的 30 万千瓦等级煤电机组延寿运行评估工作,建立合理煤电机组寿命评价机制,对煤电机组的延续运行进行科学管理。根据煤电机组所在区域煤炭消费总量控制、系统接纳新能源能力等因素,结合机组技术寿命和调峰、调频、调压性能,开展煤电机组寿命差异化评价,拓展现役煤电机组的价值空间,充分发挥存量煤电机组的调节作用,有序开展煤电机组灵活性改造运行。

(三)提高电力系统综合调节能力

1. 煤电灵活性改造方面

大容量、高参数机组以带基本负荷为主、适度调节为辅,充分提供电量保障。重点对 30 万千瓦及 30 万千瓦以下煤电机组进行灵活性改造,作为深度调峰的主力机组,部分具备条件的机组参与启停调峰。对于新能源消纳困难的"三北"部分地区、限制核电出力的省级行政区,对部分 60 万千瓦亚临界煤电机组进行灵活性改造参与深度调峰。在新能源发电量占比高、弃风弃光较严重的地区,提高辅助服务补偿费用在总电费中的比重,激励煤电机组开展灵活性改造。优化煤电灵活性改造技术路线,确保机组安全经济运行。做好煤电灵活性改造机组运行维护和寿命管理,加强关键部件检验检测,适当预留调峰安全裕度,确保机组安全运行。

2. 抽水蓄能建设方面

加快推进河北、河南、山东、安徽、浙江、广东等系统调节能力，提升重点地区已核准的抽水蓄能电站建设。结合新能源基地开发，在"三北"地区规划建设抽水蓄能电站。统筹抽水蓄能在电力系统的经济价值与利益分配机制，理顺抽水蓄能电价机制，调动系统各方积极性，充分发挥抽水蓄能电站为电力系统提供备用、增强系统灵活调节能力的作用，促进抽水蓄能良性发展。

3. 储能技术发展方面

加大先进电池储能技术攻关力度，提升电储能安全保障能力建设，推动电储能在大规模可再生能源消纳、分布式发电、微电网、能源互联网等领域示范应用，推动电储能设施参与电力辅助服务，研究促进电储能发展的价格政策，鼓励社会资本参与电储能装置投资和建设，推动电储能在电源侧、电网侧、负荷侧实现多重价值。

4. 优化调度运行方式

充分利用大电网统一调度优势，深挖跨省跨区输电能力，完善省内、区域、跨区域电网备用共享机制。构建调度业务高度关联、运行控制高度协同、内外部信息便捷共享的一体化电力调控体系，充分发挥各类发电机组技术特性和能效作用，提高基荷机组利用效率。构建电网系统和新能源场站两级新能源功率预测体系，提升新能源功率预测准确率，全面提升清洁能源消纳水平。

（四）优化电网促进清洁能源消纳

1. 优化电网主网架结构

坚持以华北、华东、华中、东北、西北、西南、南方7个区域电网为主体，推动各级电网协调发展。构建受端区域电网1 000 kV特高压交流主网架，支撑特高压直流安全运行和电力疏散，满足大容量直流馈入需要；优化750 kV、500 kV电网网架结构，确保骨干电网可靠运行，总体形成送受端结构清晰、各级电网有机衔接、交直流协调发展的电网格局。

2. 稳步推进跨区跨省输电通道建设

统筹区域资源禀赋与送受端需求，坚持市场引导与政府宏观调控并举，结合光热、储能和柔性直流输电技术发展，科学规划建设跨区输电通道，持续提升系统绿色清洁电力输送和调节能力，为更大规模输送西部新能源做好项目储备。配套电源与输电通道同步规划、同步建设、同步投产，建立新能源跨省跨区消纳交易机制，确保跨区输电工程效益的发挥，提高电力资源配置效率。

（五）发挥碳市场低成本减碳效用

碳市场机制具有坚实的理论基础和实践经验，通过市场竞争形成的碳价能有效引导碳排放配额从减排成本低的排放主体流向减排成本高的排放主体，激发企业和个人的减排积极性，有利于促进低成本减碳，实现全社会范围内的排放配额资源优化配置。经过多年碳市场试点经验积累，全国碳排放权交易市场启动在即，目前确定的首批纳入全国碳市场的重点行业仅有发电行业，今后还将逐步纳入其他行业。碳市场是一个高度依赖政策设计的市场，需要做好基础建设、稳步推进，特别是初始配额分配不宜过紧，应给产业调整和企业转型留足时间，减小阻力。碳市场的顶层设计需要长期视野，在碳市场逐渐成熟完善的过程中，需要国家对碳市场发出更加清晰和明确的信号，提供稳定的应对气候变化政策环境和市场机制。如制定清晰可靠的国家碳达峰与碳中和路线图，加快应对气候变化立法进程，发布与碳市场阶段性建设目标相匹配的政策框架，保持严格的市场监管，维持碳配额的适度从紧，逐步引入各类碳金融产品，使市场参与各方形成长期稳定的碳价预期，并通过有效的价格传导机制激发全社会减排潜力，激励企业加强低碳技术与产品的创新，鼓励企业采用长效节能减排措施。发展可再生能源是降低电力行业碳排放的主要途径，是中国能源行业转型的主要方向。为充分体现可再生能源清洁低碳的环境价值，国家有关部门建立了绿证和可再生能源电力消纳保障机制，鼓励可再生能源项目通过绿证交易获得合理收益，保障可再生能源的长期发展空间，但这些措施还不足以为可再生能源的大规模发展提供资金支持。我国碳市场逐步引入抵消机制后，允许控排企业使用国家核证自愿减排量（CCER）完成履约及随着碳市场的发展，通过创造并扩大减排量市场，"净零排放"的可再生能源将成为绿色投融资的重要领域，将会有力支持能源电力的低碳转型。与此同时，电力市场化改革同步推进，有利于进一步激发市场活力、畅通电价传导机制。未来电力市场和碳市场必将逐步融合，通过碳市场发现碳价，将碳排放成本传导至社会生产生活的各个方面，以便更好地发挥市场在气候容量资源配置中的决定作用，推动全社会逐渐形成减少碳排放意识，为市场提供长期稳定的碳价格预期，从而影响利益相关者的投资决策和消费行为，推动节能减碳的技术创新和技术应用，推动我国经济发展和产业结构低碳转型。

第三节　政策建议

一、以碳统领完善电力节能减排各项政策

中国的节能减排经过几十年的发展取得了巨大的成就，尤其是工业部门的节能减排大多达到了世界先进水平。碳减排与节能虽然具有较大的同效性，但在一些领域不完全一致，在碳达峰、碳中和的目标下，应当以碳减排作为直接目标，将节能减排统领在碳减排之下，有利于碳市场发展。碳市场已经是国家确定的基础经济政策，"十四五"的关键是要在启动碳市场之后快速将碳市场扩大到工业和社会各方面。尤其是将低碳政策与碳市场综合考虑，以发挥碳市场的更大作用。

二、科学制定规划并发挥引导约束作用

为实现电力行业低碳发展的目标，结合新形势新要求及电力行业特点，科学制定规划并推动规划方案的有效落实，实现规划对电力产业结构调整、绿色低碳转型的约束和引导。完善规划与电力项目的衔接机制，项目按核准权限分级纳入相关规划，原则上未列入规划的项目不得核准，提高规划对项目的约束引导作用。完善规划动态评估机制，电力规划实

施中期，对规划实施情况进行自评估或第三方评估，必要时按程序对规划进行中期滚动优化调整。完善规划实施监管方式，坚持放管结合，建立高效透明的电力规划实施监管体系。

三、多措并举促进可再生能源发展及有效消纳

严格执行国家可再生能源项目建设相关政策，合理控制建设速度、规模和布局，在保障消纳的前提下继续发展新能源，在保障安全和保护生态的前提下启动一批核电、大型水电建设，因地制宜地确定发展方式。深入挖掘新能源消纳潜力，加快电气化发展，更大范围地实施电能替代。不断提升电力系统的灵活调节能力，因地制宜地推进煤电机组灵活性改造，加快布局电化学储能、抽水蓄能项目，建设调峰气电等灵活资源，同时挖掘用户侧的更多灵活资源，发挥大电网的统筹协调作用。继续加强电网建设，解决新能源送出通道不足的难题，进一步全面破除省间壁垒。

四、以低碳标准为引领，加强电力与相关领域以及电力系统自身各环节协调统筹

电力系统自身正经历着深刻的结构调整，传统"以火为主"的高碳发展模式逐渐退去，而以风、光为代表的新能源低碳发展模式逐渐呈现。电力低碳转型正面临新问题新挑战，但是适用电力低碳转型的跨行业、跨领域、跨系统等方面的标准化工作严重滞后，无法为电力低碳发展提供有力支撑。考虑电力低碳发展"领域广、专业深、层级高"的特点，亟须以低碳标准为引领，加强电力与相关领域及电力系统自身各环节协调统筹。[①]

五、加快新电气化发展，推动能源电力清洁低碳转型

传统电气化概念主要以"发电用能占一次能源消费比重""电能占终端能源消费比重"等指标来衡量。随着以清洁低碳的新能源大规模替代高碳的化石能源为特征的能源革命在全球兴起，电气化的内涵已突破传统概念，拓展到促进现代化、电力可靠性、电能绿色供应等新维度。新电气化不仅是能源革命、技术革命、经济社会发展共同推动的结果，也是推动构建清洁低碳安全高效的能源体系、构建绿色循环低碳的经济体系的基础和动力。

六、同步推进电力市场化改革和碳市场建设

进一步完善辅助服务市场，丰富辅助服务参与主体，提高煤电灵活性改造积极性，提升系统灵活调节能力；探索新能源与储能等灵活资源"打捆"参与的辅助服务交易补偿规则并实现盈利，推动新能源主动配置储能设施，提高系统灵活性及新能源渗透率。碳市场可以使低碳发展价值以货币方式展现出来，并通过电力市场将减碳的价值传导至电力终端用户，做好两者统一设计和衔接联动。

思考与练习

1. 阐述中国低碳电力发展的重要影响因素。
2. "十四五"期间中国低碳电力发展的主要任务有哪些？

[①] 汪军. 碳中和时代——未来40年财富大转移[M]. 北京：电子工业出版社，2021.

参考文献

[1] 王志轩，张建宇，潘荔，等. 中国低碳电力发展政策回顾与展望——中国电力减排研究2020 [M]. 北京：中国环境出版集团，2021.

[2] 汪军. 碳中和时代——未来40年财富大转移[M]. 北京：电子工业出版社，2021.

[3] 王勇. 垃圾焚烧发电技术及应用[M]. 北京：中国电力出版社，2020.

[4] 刘青，吴陈锐，张春成，等. 新冠肺炎疫情对2020年电力消费影响及趋势研究[J]. 中国电力，2020，53(12)：248-257.

[5] 蒋茂荣，肖新建. 碳达峰碳中和背景下，我国煤炭减量发展途径初步分析与建议[J]. 中国能源，2021，43(9)：38-43.

[6] 卫小将. 中国零碳社会建设的社会学之思：内涵、挑战与出路[J]. 江海学刊，2022(3)：113-121，255.

[7] 王永耀. 碳达峰. 碳中和目标下山西煤炭产业高质量发展的路径[J]. 三晋基层治理，2021(2)：108-112.

[8] 蒋茂荣，肖新建. 做好煤炭供应保障 发挥低碳转型不可替代作用 2020年煤炭供需形势分析与2021展望[J]. 中国能源，2021，43(3)：34-38，48.

[9] 谢和平，任世华，谢亚辰，等. 碳中和目标下煤炭行业发展机遇[J]. 煤炭学报，2021，46(7)：2197-2211.

[10] 杨春平. 建立健全绿色低碳循环发展经济体系是建设现代化强国的必然选择[J]. 中国经贸导刊，2021(5)：65-68.

[11] 黄维和，韩景宽，王玉生，等. 我国能源安全战略与对策探讨[J]. 中国工程科学，2021，23(1)：112-117.

[12] 于宏源，张潇然，汪万发. 拜登政府的全球气候变化领导政策与中国应对[J]. 国际展望，2021，13(2)：27-44，153，154.

[13] 王能全. 碳达峰美国的现状与启示[J]. 科学大观园，2021(10)：36-39.

[14] 陈浮，于昊辰，卞正富，等. 碳中和愿景下煤炭行业发展的危机与应对[J]. 煤炭学报，2021，46(6)：1808-1820.

[15] 金雅宁，倪正，田喆，等. 碳中和愿景目标对油气行业的挑战与机遇[J]. 石油化工技术与经济，2021，37(1)：1-6.

[16] 王双明，申艳军，孙强，等. 西部生态脆弱区煤炭减损开采地质保障科学问题及技术展望[J]. 采矿与岩层控制工程学报，2020，2(4)：5-9.

[17] 田惠文，张欣欣，毕如田，等. 煤炭开采导致的农田生态系统固碳损失评估[J]. 煤炭学报，2020，45(4)：1499-1509.

[18] 邹才能，潘松圻，赵群. 论中国"能源独立"战略的内涵、挑战及意义[J]. 石油勘

探与开发，2020，47(2)：416-426.

[19] 杨宇，于宏源，鲁刚，等. 世界能源百年变局与国家能源安全[J]. 自然资源学报，2020，35(11)：2803-2820.

[20] 孟庆双. 新能源技术现状及发展趋势[J]. 农机使用与维修，2022(5)：57-59.

[21] 王善友. 海外光伏储能项目的发展现状和前景探究[J]. 现代商业，2019(33)：55-56.

[22] 鄢健，周德彦，陈玉妍. 老挝电力发展现状及光伏项目发展前景[J]. 国际工程与劳务，2021(8)：42-46.

[23] 黄建钟，钟宇星，刘明浩. 大数据背景下的电力信息技术[J]. 电力设备管理，2021(5)：194-196.

[24] 洪毅. 大数据背景下的电力信息技术[J]. 数字技术与应用，2021，39(9)：201-203.

[25] 覃洪森，李天明. 低碳经济背景下电力行业节能减排策略[J]. 皮革制作与环保科技，2021(10)：143-144.

[26] 李亚飞. 低碳经济背景下电力行业节能减排路径研究[J]. 科技经济市场，2021(4)：89-90.

[27] 李恩，张国飞，姚俊超. 浅析风力发电实现绿色低碳经济的影响[J]. 中国新通信，2020，22(19)：239-241.

[28] 刘超，赵刚，岳园园，等. 考虑风电不确定性与需求侧管理的电力系统低碳经济调度[J]. 重庆理工大学学报(自然科学版)，2020，34(4)：157-164.

[29] 陶丽君. 低碳经济时代下电力企业实现新能源经济策略探讨[J]. 低碳世界，2019，9(11)：39-40.

[30] 谢彩霞，高一波. 低碳经济视域下节能减排的创新发展路径研究[J]. 中国资源综合利用，2019，37(12)：92-94.

[31] 方建国，林凡力. 绿色金融与经济可持续发展的关系研究——基于中国30个省际面板数据的实证分析[J]. 中国石油大学学报(社会科学版)，2019，35(1)：14-20.

[32] 李乔楚，陈军华，敬雷，等. 双碳目标下中国能源行业低碳经济效率研究[J]. 天然气技术与经济，2022，16(1)：67-72.

[33] 张勇，谭琦，蔡隆晶. 成渝地区双城经济圈战略下的能源体系发展研究[J]. 天然气技术与经济，2021，15(4)：63-66.

[34] 隋朝霞，孙曼丽，张丹. 碳中和目标对我国天然气行业影响分析及对策思考[J]. 天然气技术与经济，2021，15(3)：69-73.

[35] 雷超，李韬. 碳中和背景下氢能利用关键技术及发展现状[J]. 发电技术，2021，42(2)：207-217.

[36] 黄忠友. 试析生物质发电发展现状及前景[J]. 科技风，2019(2)：185.

[37] 王尽孝. 试论生物质发电的现状及发展前景预测[J]. 商情，2020(6)：151.

[38] 张东旺，范浩东，赵冰，等. 国内外生物质能源发电技术应用进展[J]. 华电技术，2021，43(3)：70-75.

[39] 宋开慧，周景月，张培栋，等. 中国省域生物质发电潜力评价及规划目标配额分析[J]. 中国科技论坛，2016(1)：124-129.